聚焦课改　决胜课堂

——新课程改革论文荟萃

谢广田　黄崇龙　周松庆　主编

ZHEJIANG UNIVERSITY PRESS
浙江大学出版社

图书在版编目(CIP)数据

聚焦课改 决胜课堂:新课程改革论文荟萃 / 谢广田,黄崇龙,周松庆主编. —杭州:浙江大学出版社,2010.11

ISBN 978-7-308-08141-2

Ⅰ.①聚… Ⅱ.①谢… ②黄… ③周… Ⅲ.①课程－教学改革－中小学－文集 Ⅳ.①G632.3-53

中国版本图书馆 CIP 数据核字(2010)第 222923 号

聚焦课改 决胜课堂

——新课程改革论文荟萃

谢广田 黄崇龙 周松庆 **主编**

责任编辑	傅百荣	
封面设计	姚燕鸣	
出版发行	浙江大学出版社	
	(杭州市天目山路 148 号 邮政编码 310007)	
	(网址:http://www.zjupress.com)	
排 版	杭州求是图文制作有限公司	
印 刷	杭州杭新印务有限公司	
开 本	710mm×1000mm 1/16	
印 张	20.75	
字 数	430 千字	
版 印 次	2010 年 11 月第 1 版 2010 年 11 月第 1 次印刷	
书 号	ISBN 978-7-308-08141-2	
定 价	45.00 元	

序　言

　　课堂教学是课程改革的主阵地。因此,教学改革是基础教育课程改革系统工程中的重要一环。近十年来,广大教师无论在课堂教学理念改革与教学策略的革新方面,都进行了创造性的研究与实践,取得了丰硕的成果。

　　2008 年起,浙江省小学教师教育分会与杭州市教育实验专业委员会联合主办了三届新课程教改论文评选活动,收到参评论文 2000 余篇。内容涉及基础教育各学科教学的基本理论、教学目标与功能、教学模式、教学方式、教学手段、教学组织形式、教学管理与评价以及校本课程开发等课堂教学改革的方方面面。这些论文虽然略显稚嫩,却是一线教师聚焦课改,决胜课堂,促进自身专业成长与人才培养质量提高的成果与经验,既有对教育教学理论探索的真知灼见,也有从感性具体到思维具体的可供操作的宝贵经验,值得教育界同行学习与借鉴。

　　为了让广大教师学习参赛论文所提供的理论与经验,我们从参赛论文中精选了60 余篇论文汇编成集,以期与读者共享。

　　全面推进素质教育,是我国教育事业的一场深刻变革,也是我国现代化建设对教育的基本要求。专业化的教师队伍是全面推进素质教育的基本保证。我国《教师法》规定:"教师享有从事科学研究、学术交流、参与专业的学术团体,在学术活动中充分发表意见的权利。"我们认为:当广大的教育工作者把教育科研既当作义务,又作为"权利",真心诚意地把教育科学研究作为提高自己改进工作,丰富生活的源泉的时候,就是我国的素质教育真正落实之时。我们相信,将会有更多的教师加入到研究者的队伍中来。

谢广田、黄崇龙、周松庆

2010 年 8 月

目　录

小学中高段学生知识结构中文理
发展差异的调查与分析

杭州师范大学第一附属小学　何静雅

一、导　言

在 2001 年颁布的《基础教育课程改革纲要(试行)》中明确规定了基础教育阶段学生的培养目标,其中有这样一条:"要使学生具有初步的创新精神、实践能力、科学素养和人文素养以及环境意识;具有适应终身学习的基础知识、基本技能和方法",在上述的目标中可以明确看到在知识方面作为基础教育的任务是要培养具备良好的人文素养和科学素养的人。国务院《全民科学素质行动计划纲要(2006-2010-2020)年》提出,"十一五"期间将实施未成年人科学素质行动。教育的根本目的就是培养全面发展的人,使人从不完善走向完善。全面发展的人,完善的人,不仅要求掌握科学知识、科学思维、科学方法和科学精神,同时也应该具备人文知识和人文精神;可以说,人文素养与科学素养兼备是受教育者是否全面发展的标志。但是由于儿童的强可塑性和思维发展的特点,以及个体差异的存在,在其知识结构中各类知识会存在一定的差异,笔者通过调查,阐述与分析小学生知识结构中最主要的两种知识(文科知识和理科知识)之间的差异,并进行相关的研究,进而提出若干建议。

二、研究方法

(一)被试的选取

随机抽取在校四、五年级学生共 155 名。其中男生 77 名、女生 78 名。

(二)调查内容

语文素养(包括阅读能力、习作能力等方面在校成绩)、数学素养(包括数学知识、能力、思想方法等方面在校成绩)、科学素养(包括科学探究方法、情感态度和价值观、科学知识的问卷调查及在校成绩)。

三、结果分析

(一)结果呈现

1. 语、数知识总体的差异

表1　语、数知识分数统计表

科目	人数	平均分数	样本标准差	相关系数
语文	155	79.06	10.20	0.42
数学	155	88.78	8.20	

利用两个相关样本平均数间差异的显著性检验。

采取双尾检验，取 $\alpha = 0.01$。由于 $|Z| = 12.04^{**} > Z_{0.01/2} = 2.58$，所以在0.01显著性水平上初步认为学生语文和数学知识素养上存在非常显著差异。

2. 科学素养分布情况

(1)科学素养总体分布情况

表2　小学四、五年级科学素养水平分布统计表

等级	优	良好	中等	及格	不及格
分数	90分以上	80～89分	70～79分	60～69分	60分以下
人数	2	34	36	31	5
百分比	1.85%	31.48%	33.33%	28.70%	4.62%

从统计出的情况显示，四、五年级科学素养水平总体上呈现正态分布。但从分布情况上看中等水平以下的占了总体的66.65%。中国科协2001年公布的我国公众科学素养调查结果表明：在不同职业公众群体中，学生具备基本科学素养的比例最高，为11.42%。本次调查所得的结果虽然存在一定的误差，但相较而言学生的科学素养是有较大的提高的，但是还没有达到理想的水平。

(2)科学素养具体指标分析

三方面得分率呈相对接近的梯度分布。情感态度价值观方面的得分稍稍高于其他两个方面，科学知识与科学探究方法相对较弱，尤其是科学探究方法。

表3　科学素养具体指标统计表

	情感态度价值观	科学探究方法	科学知识
得分率	68.59%	52.21%	55.82%

3. 语文、数学、科学的差异比较

(1)数学与科学的差异

表4 数学、科学知识素养分数统计表

科目	人数	平均分数	样本标准差	相关系数
科学	108	74.19	8.93	0.50
数学	108	87.79	9.12	

采取双尾检验，取 $\alpha=0.01$。由于 $|Z|=15.65^{**}>Z_{0.01/2}=2.58$，所以在 0.01 显著性水平上初步认为数学和科学知识素养上存在非常显著差异。从调查的结果来看数学的水平明显高于科学知识素养水平。

（2）语文与科学的差异

表5 语文、科学知识素养分数统计表

科目	人数	平均分数	样本标准差	相关系数
科学	108	74.19	8.93	0.53
语文	108	83.00	9.55	

采取双尾检验，取 $\alpha=0.01$。由于 $|Z|=10.2^{**}>Z_{0.01/2}=2.58$，所以在 0.01 显著性水平上初步认为语文和科学知识素养上存在非常显著差异。就调查的结果显示语文的水平也是要高于科学知识素养水平的。

4. 语文、数学、科学三者相关性比较

（1）语文与数学相关性比较

取 $\alpha=0.01$，根据 $df=4$，得 $\chi^2=30.41^{**}>\chi^2_{0.01(4)}=13.28$，$p<0.01$，所以可以初步得出语文和数学知识素养成绩从总体上存在显著相关性，列联相关系数 $C=0.405$。一般而言，语文素养好的其数学素养也好，反之则差。

表6 语文、数学知识分数统计表

语文素养	数学素养			总和	χ^2
	75 分以下	75~90 分	90 分以上		
上	0	7	15	22	
中	1	30	49	80	$\chi^2=30.41^{**}$
下	7	27	19	55	$p<0.01$
总和	8	64	83	155	

说明：本统计表将成绩按 90 分以上、75~90 分、75 分以上分为上、中、下三个水平，以下充计表类似。

（2）数学和科学知识素养相关性比较

表7 数学、科学知识素养分数统计表

数学素养	科学素养			总和	χ^2
	75分以下	75～90分	90分以上		
上	17	32	2	51	
中	31	16	1	47	$\chi^2 = 17.54^{**}$
下	9	1	0	10	$p < 0.01$
总和	57	49	2	108	

取 $\alpha = 0.01$，根据 $df = 4$，得 $\chi^2 = 17.54^{**} > \chi^2_{0.01(4)} = 13.28$，$p < 0.01$，所以可以初步得出科学和数学知识素养成绩从总体上存在显著相关性，列联相关系数 $C = 0.374$。一般而言，数学素养好的其科学知识素养也相对好，反之则差。

（3）语文、科学知识素养相关性比较

表8 语文、科学知识素养分数统计表

语文素养	科学素养			总和	χ^2
	75分以下	75～90分	90分以上		
上	1	24	1	26	
中	41	22	1	64	$\chi^2 = 32.97^{**}$
下	15	3	0	18	$p < 0.01$
总和	57	49	2	108	

取 $\alpha = 0.01$，根据 $df = 4$，得 $\chi^2 = 32.97^{**} > \chi^2_{0.01(4)} = 13.28$，$p < 0.01$，所以可以初步得出科学和语文知识素养成绩从总体上存在显著相关性，列联相关系数 $C = 0.484$。一般而言，语文素养好的其科学知识素养水平也相对好，反之则差。

（二）结果讨论

1. 对小学中、高段学生知识结构中文理的差异分析

本次调查呈现出的情况可以初步看出，小学文理知识是存在显著的差异的，从表4、表5可以看出现阶段小学中高年级学生的科学素养总体上不如语文素养和数学素养，且学生的科学素养总体的水平不是很理想。

笔者调查中还发现，在科学素养情感态度指标中创造性与坚持性的得分率在50％以下，在坚持性方面大部分学生是持有"科学探究活动需要坚持"态度的，但是主要停留在认识的层面上，而在被调查者中很少有学生有实际的行动。在创造性方面很多学生习惯了等待标准答案，遇到开放性的、涉及动手方面的创造性活动，由于习惯被动式的接受而极少有创造性的成果。而创造性思维以及创新能力是语文、数学

与科学新课标中明确指出的培养目标,因此在基础教育的各个学科中都渗透着对创新精神的培养。以上现象除去被调查者主观原因以外,还与学生在日常课堂学习以及生活中教师与家长的教育是分不开的。除去试题本身原因以外,学生在语文与数学方面明显积累了更多的直接经验和间接经验,相对而言得分可能较高。但是,在基础教育阶段,需要实现的是各方面的知识全面综合的发展。

2. 语文、数学、科学三者相关性分析

通过调查数据分析根据表6、表7、表8可以发现,语文、数学、科学三门学科之间相关关系较强,是相辅相成、相互促进的整体。如在调查中发现语文的阅读能力会影响到数学解应用题的能力,两者是相辅相成的;数学所培养学生的严谨的思维方式,对学生在设计科学实验时有比较大的影响。

四、思考与建议

(一)整合的可能性

科学精神和人文精神是现代教育的灵魂,科学教育和人文教育是现代教育的两翼。科学精神是现代人文精神不可分割的重要组成部分,科学的价值体系转化为人的内心活动的指导原则,能净化人的思想,美化人的心灵,塑造人的灵魂,从而对人的内心世界具有重要的建构作用。科学教育中要培养学生的情感态度价值观。

加德纳多元智能理论认为人在实际生活中所表现出来的智能是多种多样的,这些智能可被区分为七项:语言文字智能、数学逻辑智能、视觉空间智能、身体运动智能、音乐旋律智能、人际关系智能和自我认知智能。这一理论启示我们,学生接受教育要使其多种智能得到协调发展,这样就更促使教育者树立课程整合的思想。

(二)整合是课程改革与发展的趋势

我国新一轮基础教育课程改革提出:"改变课程过于注重知识传授的倾向,强调形成积极主动的学习态度,使获得知识与技能的过程成为学会学习和形成正确价值观的过程。"这对于在基础教育领域全面实施素质教育,培养学生具有社会责任感、健全人格、创新精神和实践能力、终身学习的愿望和能力、良好的信息素养和环境意识等具有重要意义。此次课程改革,将知识与技能、过程和方法、情感、态度、价值观三个方面进行整合,体现了新课程的价值追求,每一门学科课程标准都是按照这三个方面构建的。

在课程改革过程中还要改革课程结构中过于强调学科本位、科目过多、缺乏整合的现状;从整齐划一走向多样化,从分科走向综合,合理设置课程门类和课时比例,体现均衡性、综合性、选择性。因此,文理的渗透、科学素养和人文精神的整合贯穿在整个课程改革之中,是其发展的趋势所在。

(三)关于实施课程整合的建议

1. 全面提高小学各学科教师的综合素养

教师是学生学习的引导者。作为新时代的教师,在学科整合的背景下,必须广收并蓄,对人类文化的各个领域、各个层面的知识都有所涉猎。只有熟谙专业,触类旁通,在"专"的基础上追求"博",做到"一专多能",才能在教学中旁征博引、得心应手、游刃有余,做到文理渗透、科学与人文结合。

飞速发展的社会还要求教育者与时俱进不断学习,不断改进自身的知识结构,拓宽自己的知识面,更重要的是具备对知识进行融合的能力,这样才能跟上社会发展的脚步。教师要有意识地自我规划,提高科学文化素养,谋求最大程度的自我发展,建立适应科学教育与人文教育融合的思维模式。教师良好的道德情操、高尚的道德品质和健全的人格修养,是课堂教学内容以外重要的教育资源。

2. 在学科教学中实现文理渗透、科学素养和人文精神的整合

(1)激发学生学习动机,培养学习兴趣使学生产生多元化学习的动力。兴趣是认识和从事活动的巨大动力,是推动人们去寻求知识和从事活动的心理因素。因此教师在学科教学过程中要充分激发学生的探究的兴趣,而不仅仅在于给学生以多少具体的知识。

关注学生的情感——教师要关注学生学习的过程和学习的方式,关注学生的情感生活和情感体验,关注学生的学习习惯、学习意识、学习态度、学习品质;还要注重学生生活情趣和才艺的培养。教学过程应该成为学生愉悦的情绪生活和积极情感体验。

(2)充分利用教材优势,实现文理渗透以及人文精神与科学素养的整合。在选择小学课程教学内容时应遵循综合性原则,因此在现行小学教材中有相当一部分内容体现了整合的思想或在教师教学过程中融入整合的思想。如人民教育出版社出版的语文教材三年级上第七课《奇怪的大石头》介绍我国著名的地质学家李四光从小具有探究精神,对自己所感兴趣的事情有永不放弃的追求,从而造就了一个伟大的地质学家的事情。学习这篇课文除了学习语文学科本位上的生字、词以外,教师在教学的过程中就会融入其具有探究、好奇、善于观察的科学精神方面的情感领悟。同样,在数学教学过程中有许多地方体现了整合的思想,如在教授"对称图形"时,可以让学生充分地感受到数学的美,在教授圆周率的时候可以穿插介绍数学家祖冲之的背景,让学生充分体会到数学的文化底蕴。

(3)运用师生互动,创新教学组织形式。在新课程的背景下,现行小学课堂教学组织形式也发生了巨大的变化。在传统教学形式中多以教师讲授学生听讲、练习为主;但在现在的课堂上教师多以启发式教学、探究式教学为主,在这样教学组织形式下教师启发学生对新知识反复思考、推测、猜想,对所要解决的问题进行假设猜想,学生带着问题去实验、分析、思考。如在一堂三年级探求"物体的沉浮"的科学课上,教师在上课的一开始就请学生观察一个瓶盖是沉还是浮并阐述自己的理由,这时便出

现了两组学生对立的场面。教师此时引导学生去分析解决问题,尊重学生的发现与表达,更重要的是引导学生相互交流与认真倾听同学的讲述,尊重同学的不同的意见。在这样的教学过程中,学生就自然会感悟到并在潜移默化中学会了坚持真理、实事求是的科学态度,以及谨慎谦虚、相互尊重的人文精神。

(4)运用教师自身的人格力量,达到文理渗透、科学素养与人文精神整合之目的。课堂不仅是学科知识传递的殿堂,更是人性养育的圣殿。学生在学习知识的过程中,学会正确的价值选择,形成对人类、对社会的责任感。在这种过程中学生正确的价值观、人生观和世界观得到潜移默化的培养。对于学生而言,教师就是一个很好的榜样。教师的学识、为人以及教师的人格力量是相当巨大的,都会给学生以深刻的启迪。

3. 创设良好的文理渗透、人文精神与科学素养的整合的教育环境

文明优雅的校园环境,对学生的发展起着重要的作用。在学校合适的地方,建构内容相对丰富的科技廊,提供学生最前沿的科技信息;建构如课间图书角,给学校建筑取具有丰富内涵的名字等等。可以让学校形成良好的文化和科学的氛围,让学生在浓厚的文化和科学氛围中感受整合。

小学生语文家庭作业的现状调查与研究

——以杭州市江干区 5 所小学为例

杭州市滨江第一小学　魏丹凤

一、研究背景与目的

语文家庭作业是指教师布置学生在家中利用课外时间完成的作业,一般包括课前预习指向性作业、课后练习巩固性作业、课外拓展延伸性作业三大类。课前预习指向性的家庭作业,能使学生树立学习期待,做好学习准备;课后练习巩固性的家庭作业,能使学生及时地复习当天的学习内容,日有所"省";课外拓展延伸性的家庭作业,能使学生课堂联系课外,把语文变成"大语文"。

语文家庭作业是学生学习语文的重要环节,是重要的课程资源。教师应高度重视学生家庭作业资源的开发与利用,创造性地设计和评价学生家庭作业,增强学生学语文、用语文的意识,多方面提高学生的语文能力。

然而,目前的小学语文教师,在重视发挥课堂教学功能、减轻学生负担的同时,不太注意语文家庭作业这一环节,相应弱化了语文家庭作业的功能,直接或间接地影响了学生语文能力的提高。

本研究试图通过调查,揭示目前小学语文家庭作业的现状与存在的问题,并提出相应对策。笔者于 2009 年 9 月至 2010 年 4 月对杭州市江干区的 5 所小学进行了问卷调查、访谈等资料收集活动。并通过调查分析,了解小学生语文家庭作业与学习兴趣的基本现状,找到合理布置语文家庭作业的切入口,为培养小学生学习兴趣,合理布置家庭作业提供建议。

二、研究对象和方法

(一)研究目的

根据 5 个调查问卷维度来研究小学语文家庭作业的现状与存在的问题,并试图提出相应对策。

(二)调查问卷实施对象

本次调查为自填式随机调查,由问卷发放人员进入小学发放问卷调查,共发放问卷 150 份,收回有效问卷 147 份,回收率为 98%。

1. 调查样本年龄与性别分布:问卷调范围年龄为 6~13 岁,其中男生占 53%,女生占 47%。

2. 调查样本年级分布:问卷调查年级分布情况是低段占 30%,中段占 34%,高段占 36%。

（三）访谈实施对象

江干区小学语文教师 10 名。

（四）调查的主要内容

1. 目前小学语文家庭作业分量是否恰当?

2. 目前小学语文家庭作业设计是否体现了"个别化"原则?

3. 目前小学语文家庭作业类型是否"多样性"?

4. 目前小学语文家庭作业有无家长参与?

5. 目前小学语文家庭作业的评价及反馈情况。

三、调查结果统计分析

（一）目前小学语文家庭作业分量基本恰当

现以学生所花时间为依据来衡量家庭作业的分量是否恰当。

表 1 低段小学生每天花费时间统计表（单位:人）

需要时间	小于 10 分钟	10~20 分钟	21~30 分钟	大于 30 分钟
人数	28	14	2	0

表 2 中段小学生每天花费时间统计表（单位:人）

需要时间	小于 10 分钟	10~20 分钟	21~30 分钟	大于 30 分钟
人数	9	27	10	4

表 3 高段小学生每天花费时间统计表（单位:人）

需要时间	小于 10 分钟	10~20 分钟	21~30 分钟	大于 30 分钟
人数	2	9	32	10

由上述三表得,小学生的语文家庭作业在量上有明显的阶段特点,呈低、中、高递增。中低段学生的作业量一般控制在 20 分钟以内,高段绝大部分不超过 30 分钟。学生花在语文家庭作业上的时间基本恰当,不会增加小学生的学习负担,也不会遏制小学生学习语文的兴趣。

（二）目前小学语文家庭作业设计尚未体现"个性化"原则

表 4　语文家庭作业选择情况统计表

调查项目	人数	百分比（%）
所有学生做一样的作业	117	79.6
根据不同学生的兴趣与能力设置套餐作业	15	10.2
对有能力的学生布置课外扩展作业	13	8.8
让学生选择自己喜欢的作业类型	2	1.4

由表 4 得，79.6％的小学生没有家庭作业的选择权。教师布置的作业基本上"一视同仁"，没有做到因材施"业"，没有对不同层次的学生提出不同的学习要求，这不利于不同层次的学生都得到发展。每个学生的家庭背景、学习习惯、性别、年龄、兴趣乃至语文素养不同，整齐划一的作业不可能满足所有学生的需要。

（三）目前小学语文家庭作业类型做到了"多样性"

语文家庭作业主要分为生字、词语、句型、阅读、写话、其他等 6 个模块。本研究对学生家庭作业类型做了如下统计。

表 5　语文作业类型选择情况统计表（多选题）

调查项目	人数	百分比（%）
选一项的	25	17.0
选两项的	19	12.9
选三项和四项的	71	48.3
选五项和六项的	32	21.8

由表 5 得目前多数（48.3％）学生的语文家庭作业类型是三四种的，这亦符合本研究访问杭州市滨江第一小学语文教师的情况。灵活多变的作业类型符合小学生的身心特点，有利于培养学生对语文学习的兴趣。当然，从更高的层面看，目前小学生语文家庭作业类型有很大的开发空间。

（四）目前小学语文家庭作业家长参与尚不普遍

有 44.2％的家长没有参与孩子的语文家庭作业，其中女生家长的比例更高（58.0％）。经 χ^2 检验，$p<0.01$，表明学生的性别与家长参与家庭作业指导有非常显著相关。

表 6　小学语文家庭作业家长协作情况调查表

性别	参与（人数）	不参与（人数）	总和
男	53（43.51）	25（34.49）	78
女	29（38.49）	40（30.51）	69
总和	82	65	147

出现如此现象，本研究认为有以下原因：

1. 小学阶段，智力发育水平女生高于男生，女生有一定优势，加上女生比较听话，会认真做作业，家长较放心；

2. 一定的重男轻女现象。

（五）目前小学语文家庭作业的评价与反馈不尽如人意

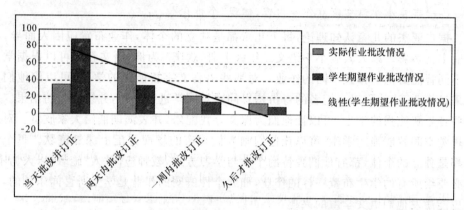

图 1　小学语文家庭作业批改情况统计图（单位：人）

由图 1 得，大多数小学语文教师是在两天内批改家庭作业并发放学生订正的，但绝大多数的学生希望教师当天批改并发放订正。小学语文教师及时、有效地对作业进行批改并发给学生订正，能使学生及时巩固所学知识。目前作业反馈不够及时。

表 7　小学语文家庭作业评价情况统计表（人数）

	预习作业	巩固作业	拓展作业	总和
分数	40(53.33)	80(53.33)	40(53.33)	160
评语	30(39.33)	11(39.33)	77(39.33)	118
分数加评语	7(27.00)	52(27.00)	22(27.00)	81
既没分数也没评语	70(27.33)	4(27.33)	8(27.33)	82
总和	147	147	147	441

从总体上看，竟有 18.6% 的作业未得到教师的点评（既没分数也没评语）。尤其是对预习性作业，有 47.6% 的教师对学生作业置若罔闻、放任自流。经 χ^2 检验，$p<0.01$，说明作业类别与教师批改情况有非常显著相关。

课前预习作业，教师一般当天就在课堂上校对，少有批改痕迹；课后巩固作业，教师批改以分数为主；课外拓展作业，教师批改以评语为主。

四、研究结果与建议

上述调查分析表明，小学生语文家庭作业的分量基本恰当，体现了"轻负担、高质量"的课程改革理念;家庭作业的类型比较丰富多样,有利于调动学生学习语文的积极性,但尚有进一步开发的空间;语文家庭作业的布置缺乏"个性化",不利于满足不同层次学生对语文学习的个性化要求;家长对孩子语文家庭作业缺乏有效的指导与参与,女孩子家长更甚;教师对家庭作业的反馈不够及时,评价方法有待改进。为此,笔者提出如下建议:

（一）丰富小学语文家庭作业内容,体现"个性化"

据皮亚杰的儿童认知理论,每个儿童都是独立的个体,作业布置应因人而异,内容应丰富多彩。以人教版小学语文二年级上册《欢庆》为例,语文教师可以根据学生的不同智能对他们布置不同的作业。对那些语言文字智能强的学生,可以给他们布置采访作业,让他们以小记者的身份构思问题对同学进行采访,并统计采访结果。对那些音乐智能强的学生,可以让他们为课文寻找配乐,并表演朗诵给大家欣赏。对那些视觉空间智能强的学生,可以让他们画人们欢庆的场面并配上课外诗歌。每个学生都是独立的个体,都有他们独特的个性与学习方式,教师应因"人"施教,以人为本,没必要给所有的学生布置一样的作业,如此个性鲜明的作业是学生所喜闻乐见的,当然更能激发他们语文学习的兴趣。

（二）丰富小学语文家庭作业形式,体现"多样性"

教师布置家庭作业时应避免千篇一律地抄写、造句等形式,可设置套餐作业,可提供 ABC 等不同的套餐,让学生自主选择搭配。但必须注意的是,每个子套餐必须都能体现一样的教学目标。以生字预习作业为例,设计套餐作业,请你选择以下任意一种方式预习本课生字:A. 熟读生字,给生字注音;B. 在课文中圈划出本课生字,并多读几遍;C. 熟读生字,并在字典中找找它的位置;D. 自制生字卡片,卡片上得包括字、字音、词语。A、B、C、D 四个子套餐的教学目标是一样的,都是学生认识生字,上课时能更好地掌握知识点。但它们的形式却是迥然不同的,每个子套餐都会吸引不同的学生。体现"多样性"的语文家庭作业,能极大地激发语文学习的兴趣。

（三）合理利用家长资源

小学语文教师无论时间还是精力都是有限的,必须合理使用"外援"。但现在家长资源利用不够理想,尤其是男女生家长资源利用很不均衡。建议作如下工作:

1. 通过家长会等活动让家长意识到他们在小学语文家庭作业中的作用与培养小学生语文学习兴趣的贡献。

2. 多布置一些需要家长参与的语文作业,如听写词语、亲子对话练习、亲子阅读等,促使男女生家长一起参与。

3. 语文教师可以通过短信、电话、网络、家访等形式指导家长如何正确、高效地督促指导小学生完成语文家庭作业并保护其学习积极性。

（四）教师应对语文家庭作业进行及时、恰当的反馈与评价

小学语文老师应尽快批改家庭作业并发给学生订正(最好是当天)。语文家庭作

业反馈及时,既符合艾宾浩斯记忆遗忘曲线对知识掌握时间上的要求,也满足学生和家长对反馈时间的期望。小学语文教师还可以增加面批家庭作业的机会,这也是改进作业批改及时性的一种有效方法。预习性家庭作业直接关系到新授课的教学效果,教师应予以足够的重视。

　　小学生在学习语文过程中犯错误是不可避免的。教师对家庭作业进行评价时,不能仅仅关注纯知识结果,还要"用发展的眼光看孩子",评价应以鼓励为主,要多发现学生的闪光点。光有一个分数或等级的成绩显得冷冰冰的,因此分数加评语的评价方式被认为是目前比较有效的评价手段。比如有的学生的作业尽管正确率不是很高,但是书写很工整,教师可以给个成绩并在旁边加上这样的评语"你漂亮的书写让老师疲倦的心灵得到滋润!"或者"我希望你的作业能像你的书写一样精彩!"。这样的评价能保护小学生语文学习的兴趣与积极性。

小学一年级新生数学水平的测查与分析

杭州市天长小学　许海燕

一、测查的目的和方法

《数学课程标准》指出:"数学教学活动必须建立在学生的认知发展水平和已有的知识经验基础之上。"学生的数学学习活动应是在教师组织和引导下的自我建构和自我生成的过程。孩子从出生就开始接受教育,从家庭教育到幼儿教育,从课堂教学到生活中的渗透,他们或多或少都学到了知识,这导致学生的学习起点与教材编排的逻辑起点很难保持同步。如何准确地把握学生学习的现实起点,做到"以学定教"是进行有效教学的基础,也是我们需要研究的问题。

笔者试图通过对小学一年级新生数学水平的测查,了解一年级新生在数学知识和能力上的学习起点,旨在为教师进行因材施教提供有效的基础,从而使教学更具有针对性。

二、测查对象

×××学校 2007 年 9 月 1 日入学的一年级(7)班新生,被试者共 25 人(全班共 29 人,4 人病假未参加),入学 2 天,没有接受过小学课堂数学教学。

测查采用问卷调查和个别谈话相结合的方法。

三、测查内容

测查内容包括:(1)数数;(2)数的组成和分解;(3)数序;(4)写数;(5)数的守恒。

四、测查的结果及分析

从数数能力看,96%以上的人能正确地按物数简单的数,并写出记数结果。说明学生对于只有一种图形的、数字简单的按物点数掌握较好。并能理解数到最后一个物体所对应的数字就表示这一组物体的总数,也就是在数字与物体的数量之间已建立起联系。而对于较复杂的看图统计,学生感到比较困难主要原因是因为孩子口手眼的动作还不是很协调,在点物统计时,由于图形较多,当数数没有一定的顺序时,就会出现漏数、重复数数的情况。访谈时发现,在"看图统计"时,很多孩子没有按一定的顺序数,教师建议能不能按从左到右的顺序数数看,也许就不会漏掉时,很多孩子都很不以为然说:"不用这么麻烦的,只要下次数的时候认真点就不会数错的,怎么数是没关系的。"有了先入为主的方法,学生就会对新的正确的方法产生抵触情绪。

从数的组成和分解看,学生对于较小数的组成与分解掌握得比较好,特别是组成要优于分解。其中要求写出 9 的全部分解,写出的有 9 人,全部按一定的顺序,即函数型和互逆型。半数以上的学生能写出一半或一半以上,大部分学生遗漏"0"和"9"组成 9。有 9 人无序思考,占 36%。说明在教学数的组成与分解时应在重视动手实践的基础上,重视思考有序性的指导。访谈中发现,会做的以及部分会做的学生都是在幼儿园的时候学过的,但大都只是就数进行抽象的分解,没有经过实物操作的过程,学生对于分解和组成的意义不是很理解。

从顺数与倒数这方面看,顺数的正确率明显高于倒数的正确率。学生对于有间隔的填数困难较大,主要是因为孩子的数数只是停留在顺口溜型的背诵,并没有真正理解数与数之间的关系。在孩子的头脑中没有形成数轴的概念。学生对数的概念没有真正掌握,仅限于口头的说数,对数的构成并不理解,就形成了"天天念叨,见面却不相识"的状况,在个别谈话中,很多孩子都能数到 1000,但 48% 的孩子对于 100 以上的数的书写及 150 以上的数的认读有困难。

从写数上看,全班 25 人中,22 人对 10 以内的书写能完全正确,3 人出现反写的情况。但由于对数理解不够,100 以上的数出现错误的人数为 13 人,占总人数的 52%。从卷面上看,大部分孩子都会书写,但是发现很多字体很怪异,笔顺是完全错误的。在个别访谈时发现,很多孩子是在很小的时候开始机械模仿,对于笔顺以及注意点都是不知道的,先入为主造成的问题在改变时需要花大力气。

从序数上看,学生对左右和第几个的含义基本理解,但仅限于正向思维,一旦反过来,需要用序数的思想来考虑现实问题时,出现困难。答对的 8 人中,仅有 3 人想到了先把遮住的水果画出来帮助思考。全班有 6 人没有做,个别谈话后发现,除 1 人跟不上以外,4 人理解不了题目,2 人觉得无从下手。说明学生对于几个和第几个的知识是清楚的,但含义不够理解。解决问题的方法还有待提高。

数的守恒方面,全班 25 人中 13 人全对。在错误的同学中,存在下列情况:苹果的个数是否一样这一题中,有 2 个孩子提出图画中的两边的苹果不一样,所以就选了不一样。仅停留在图画表面,没有从图中抽象出"个数"进行比较。在访谈的过程中发现,现在的孩子很自信,甚至有些自负,对于自己不会做的部分不愿意接受,老师在讲解时,无所谓的样子,一点也不想听。看来,在教学中如何让学生树立正确的学习观,调动积极性是当务之急。

五、结　论

会做了不等于学会了。从测查结果中看,虽然大部分新生对于几个知识点掌握情况较好,但是教师不能被这种表象所迷惑,因为这些知识的习得大都是机械的模仿,支离破碎不成体系,且知识点的掌握与能力的形成差异较大,数感、有序思考等数学能力非常欠缺。这样的知识对后面的学习有一定的帮助,但不能起绝对的促进作用,更严重的是很多家长、学生甚至是教师都将数学学习与做题等同了起来,只重结果而忽视过程,认为只要会做题就可以了,对于学生对数学学习是否感兴趣很不重视。

有人会了不等于人人都会了。从本次测查来看,学生之间的差异是非常大的,学生基本有以下三种:第一种是基本都懂型,这些孩子对要学的内容已经基本了解,甚至课本上的题目都已经做过一遍,但是对数理是不理解的,有时解决的方法往往是很死板的,在课堂中表现往往比较极端,或是急于表达或是不感兴趣,对于老师介绍的不同方法比较排斥。第二种是似懂非懂型,在班里占了多数,对所学的知识都有所听说,但不能很好地表达出来,或是对将要学习的知识的内容了解一部分,但不全面,在课堂上的表现就是很有兴趣,但急于尝试、急于交流,不善于听取。第三种是基本不懂型,是班里的弱势群体,对所要学习的内容基本没有接触或了解,有时甚至对要学的内容一无所知,在课堂上表现出来是很愿意听,但面对大部分人都说知道了的时候,容易自卑,没听懂也不敢问,课后会处于似懂非懂的状态。

六、建　议

1. 根据学生整体情况,整合内容调整进度

一般来说,教材内容的呈现更多地关注知识的逻辑起点,这涉及教材本身知识体系的完整性,这也是教材编写的局限性之一。一线教师可以根据现有学生的起点,进行教材的二次开发,对部分教学内容进行适度调整,适当地扩充课时或整合课时,提高教学效率。特别是当学生的现实起点远远高于逻辑起点时,教师有必要对教材的教学顺序进行适度调整。以"9 以内的加法"这个单元的内容为例,教材中的教学建议是首先结合具体的操作活动积累感知,然后引导学生看着得数想加法算式。这样的教学设计是基于学生零教学起点来设计的,测查结果显示已经有相当比例的学生能正确计算。基于这样的认识,教师可以改为第一步,从计算有规律的加法算式的得数,来感受不同加数在计算时的规律,在学生交流中进行思维的碰撞,比较中引导学生选择科学合理的方法,并掌握计算的方法。有规律的加法算式更容易凸显出科学的计算方法,同时也让已经掌握计算方法的学生感受到学习数学的乐趣;第二步,通过实践操作理解加法计算的内在意义。在操作中,让基本不懂型的学生进一步理解

其中的算理,让已经学会的学生在边摆边说中理清计算的法则,锻炼说理能力,以学生的现实起点为基础对教材进行合理、适度、准确的开发。

2.根据学生学习起点,强化意义主动建构

从测查情况看,很多学生会计算一些零散的题,但是不清楚为什么这么做,这样的学习是不系统的、模糊的、浅层次的。在教学中更要强调知识的内在联系,将教材科学有序的知识结构转化为学生良好的认知结构。学生认知结构的建构很大程度上取决于教师能否从学生已有知识出发,引导学生找到新旧知识的联结点,把握新知识的生长点,帮助学生实现同化与迁移,同时也使学生感受到学习的过程,掌握学习方法。因此,在课堂教学中要突出数学知识的意义建构过程,促进学生知识的理解和内化。在教学中尽量多地提供丰富而典型的学习材料,结合直观形象的演示或操作活动,通过动手操作,多媒体演示等手段,使定义与直观形象和感觉经验结合起来。以"10的认识"这课为例,"10的认识"是在学生已掌握0~9的认识和应用的基础上进行的。它是学生学习十几的基础,不仅表示一个基数,一个序数,还表示一个新的计数单位。要了解并掌握它的组成、把它看作一个新的计数单位、学写10,同时又要培养数感等都不是很容易,因此,建议创设类似于"星球旅行"的学习情境给学生一个知识学习的有趣载体;从动手摆一摆,捆一捆,串一串,增强学生的动手操作能力,促进对知识的理解和内化;通过说一说,让数字飞走的游戏,培养学生的发散思维。这样的操作活动不仅能直观地表现知识的内在意义,促进知识的理解,更有助于批判性思维的培养。

3.对不同的学生采用不同的方式

《数学课程标准》的理念之一是关注学生的个体差异和不同需求,确保每个学生都受益。因此教学设计中既要注意学生的"共同点",更要关注和研究学生的"特殊性",并根据这一差异性确定学习目标、选择合适的教学方法,使每个学生都能体验到学习和成功的乐趣,以满足学生的身心发展。同样,在教学过程中也要考虑学生差异,因为教师在教学设计时虽然已经充分预想了学生的差异,但是教学活动是鲜活的,具有动态生成的特点,必然会有一些情况在教师的预料之外。当学生各异的思维充分暴露在我们眼前时,需要教师进行合理而有效的调控,将这些"信息"进行分类、筛选、取舍,尽可能将学生的某些错误转化为可利用的学习资源,提高课堂教学效率。在学习方式指导中要尊重学生差异,允许不同的学生有不同的学习方法。在多种学习方法中,教师可以引导学生找到最合适自己的方式,从而实现最佳的学习效果。在练习设计中要充分考虑学生的差异,设计有层次的练习,使不同水平的学生都有收获,力求让所有的学生通过努力能完成,使每个学生的学习潜能都在原有的基础上得到充分的发展。在教学评价中承认学生差异,对学生的评价要因人而异、因时而异、因境而异,这样才有利于学生对评价的认同和接受,有利于学生个性的发展和潜能的激发。

小学数学课堂中优生学习状况分析与研究

杭州天地实验小学　朱　强

一、问题的提出

在提倡素质教育与和谐教育的今天,我们"不抛弃、不放弃"每一个学生,关注学习上的弱势群体,把目光投向"后 30％",把更多的精力与心思花在对学困生的帮助上。这样的做法,符合"关注每一个学生的发展"的教育理念,符合"全面提高教育教学质量"的要求,也有利于提高全民族的整体素质,理所当然。

然而,我们不应该忘记,还有那么一批学生,天资聪颖,对数学兴趣浓厚,充满渴望,我们不应该把这样一批宝藏安放在被遗忘的角落。

无论在任何时代都需要出类拔萃的人才,没有这样的人才就谈不到文化科学的进步。富有数学天赋的优生并不能自发地出现。不管他们有多聪明、多好学,都不可能无师自通。他们需要培养,需要接受针对性的指导和严格的训练。而教师也同样不能忽视在普遍提高的基础上去发现和培养数学尖子生的任务。

二、数学优生学习状况的现状分析

(一)优生的"生存"状态

笔者对所在年级 4 个班中数学最优秀的各 5 名学生(7 女 13 男)进行调查。概括出以下几点:

1. 所有学生都觉得课堂上的内容过于简单(除了思维训练课),认为数学课对自己的帮助不大。

2. 有 85％的学生有家教或上补习班。

3. 有 50％的学生最喜欢的数学老师不是任课老师,而是课外家教或补习班老师。

4. 所有学生更喜欢补习班的数学课,因为更有挑战性。

5. 所有学生家长对学生在数学上都有较高要求(如华杯赛一、二等奖)。

6. 大部分孩子只要通过自学就能解决书本上的基本知识。

7. 在课堂中,老师通常不会布置具体的额外任务。仅有 8 个孩子会专注地听老师讲课(其中有 6 个女孩,学习习惯与态度好),另有 3 个孩子会自觉地研究一些课外的数学知识,有 4 个孩子偶尔会研究,还有 5 个孩子处于比较自由的状态。

(二)教师的"认识"状态

笔者也对校内的数学教师进行了访谈,从他们身上可以看到:

1.优生是教师的"最爱",是教师最放心、最信任的一个群体。

2.教师在课堂中把更多的精力放在后进生和中等生上面,而较少关注优生的学习状况。

3.对优生缺少必要的学法指导与系统的安排,基本上处于放任自流的状态。

4.教师自身缺乏基本功的训练和专业知识的培训,对高段优生的指导有些力不从心。

5.封闭的的教育环境使得后进生问题凸显,而优生的问题并不迫在眉睫。

三、数学优生学习特征的分析

优生的数学学习是一种个性化的学习,体现了新颖、独特且有意义的思维活动的特点。这种学习与具有规范程序的通用型学习不同,学习的方法和内容具有强烈的个性色彩,他们的思维不墨守成规、不同凡响。优生的数学学习是一种自主性的学习,他们的主体意识强烈,思维敏锐,敢于质疑,勇于自我否定,能迅速而灵活地调整思维方向,转移经验、侧向思维和遥远联想是其思维的具体表现,特别能进行知识的横向联系、善于数形结合、建立模型思考问题。优生的数学学习带有突然性的特点,这种特性常被称为"灵感"。灵感一般在"原形"启发下凸显出来,灵感跟创造动机和对思维方法的不断寻觅联系着,创造性思维的工作效率极高。优生的数学学习是一种探索性的学习,体现了分析思维和直觉思维统一的特点。他们有强烈的好奇心和大胆的想象力,问题意识强,对于渴望解决的中心问题常常要进行反复的、艰苦的、长时间的探索。

因此,数学优生不仅是那些成绩优秀的学生,他们应该具备以下特征:

1.理解深刻、全面。

2.具有广泛的兴趣和浓厚的好奇心。

3.可以用不同方式完成学习任务。

4.有能力提出自己的想法和解决方式。

5.具有评价性、批判性的思维能力,学习监控能力强,具有较多的有关学习、学习情境、学习策略等方面的知识,善于计划、评价和调控自己的学习过程,灵活地应用各种学习策略,以达到学习目标。

6.学习速度快,效率高。

7.有目标,并具有完成目标的行为倾向。

四、改善数学优生学习状况的建议

（一）教师方面

首先，教师要改变认识，重视对优生的培养，在教学设计中把优生考虑在内，课堂中要激发优生的学习主动性并发挥他们的示范性。其次，教师要加强教学能力的培养。只有提高这种能力才能使教师对数学语言和数学教学语言的表达更加准确、精炼而富于启发性，对数学教学问题设计才能既有难度又有坡度、清晰度。再次，教师要加强专业素养的培养。尤其是对那些动态生成的数学课堂，要通过数学教师清晰的教学思维，及时地捕捉信息、重组信息才能使数学课堂教学过程更加生动，更加精彩。教师还要提高指导学生运用策略进行数学学习的能力，使学生通过数学方法的掌握克服解题的盲目性，透过不同现象抓住其本质，训练创造性解题能力，提高数学素质。再有，教师要妥善整合各种教学关系。就教学对象而言，要能处理好面向全体与面向个体的关系，在面向全体的理念指导下努力面向每一个个体；就教学目标而言，要能处理好知识与技能、数学思考、解决问题与数学情感态度价值观四方面目标整体上的全面性、均衡性与具体课堂中的选择性、侧重性的关系；就教学方式而言，要处理好接受学习与建构学习的关系，针对不同类型的知识分别采取不同的学习方式；就教学过程展开而言，要处理好数学课堂教学目标预设与生成的关系，努力使数学课堂教学在尊重数学教学文本的基础上超越和创新文本；就教学结果而言，要关注学生的学会与会学的关系。

（二）学生方面

1. 提升课堂学习目标

（1）通过简单的题目训练数学优生的思考方法，进行往上拓展。如：对于乘法算式 $16×7$ 和 $17×6$，学生经常会错误地认为答案是一样的。普通同学可能只要会计算，知道答案是不一样的即可。但是对于数学优生可以让他们通过计算、猜测、举例验证的过程，从而发现第一个乘数个位和第二个乘数相差几，这样的两个乘法算式的积都是相差几十的规律或者和相等时，差大积小的规律，从而不通过计算就能判断哪一个算式的积大。

（2）让每一个人在课堂上都有思考的内容。在练习的时候，教师应该设计好问题，让数学优生也有需要他们思考的问题。可以让他们总结方法，同时增加题目的开放性。

（3）帮助数学优生建模。一段知识的内容学习完了以后，可以让数学优生去学会总结、概括，并且对总结的质量提出要求，也可以请他们来概括一类题目的基本特征。

（4）在课堂上培养数学优生说的能力。有时候，说的能力比做题目的能力更重要，说的过程其实是一个理清思路、条理的过程，它会使人以后做题，甚至是做事更有条理。但很多数学比较突出的学生,经常是只会做,不会说,说的方法跳跃性太大,让别人听不懂。说的能力的培养要从简单到复杂,从中低段就要开始。

2.提高元认知能力,加强数学思考

在数学学习中,研究解决问题总是第一层面的事情,而研究解决问题之后更深层次的探讨,也就是"解决问题的方法是用什么方法得到的",这样的元认知却很少得到重视。数学教师经常会教导学生"要掌握方法",可又很难说出"思考方法的方法"是什么,教学处于"观而不知,纵有器而不能决"的尴尬境地。

例如,我们可以从以下几方面引导优生加以改善:

(1)化繁为简,建构变"多"为"少"的转化模式。

例 1 在平面上画 10 条线,每两条直线都不重合。那么最多可以形成多少个交点?

一般的学生通常都是在纸上画出 10 线,而后试图数出交点的个数,但线条纵横交错,实际上学生很难得到正确的答案。事实上,如果只有 2 条直线或 3 条直线,学生根本就没有困难,因此"多"与"少"的矛盾就成为制约这个问题的基本矛盾。我们可以引导建构变"多"为"少"的转化模式,形成解决问题的基本思想和方法。

首先从最少的 1 条直线的情况入手,发现没有交点。

再考虑 2 条直线的情况。平行的没有交点,相交的有一个交点,所以 2 条直线最多形成一个交点。

对于 3 条直线的情况,应该看作在 2 条直线的基础上加了 1 条直线,如图 1、图 2,3 条直线的情况最多形成 1+2=3 个交点。

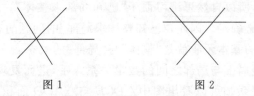

图 1　　　　　　　　图 2

至此,已经可以初步归纳出新的已知信息,为了满足交点个数最多,所画的直线必须符合以下两个条件:a. 每两条直线不平行。b. 每三条直线不能共点。

直线条数	1	2	3	4	…	10
交点个数	0	1	1+2	1+2+3	…	1+2+3+…+9

当构建出了变"多"为"少"的转化模式后,问题也就迎刃而解了。

(2)把握本质,在"动"与"静"中完成化归。

例 2 如图 3、图 4,在日常生活中,形容一个长着"八字眉"的人的眉毛就像"8点 20 分"一样。你认为这种说法准确吗?

显然,这种形象的描述是不准确的。因为用钟表上的时针和分针描述"八字眉"时,8 点 20 分时时针略高,两针并不对称。然而正是这种不精确,会激发学生的求知欲，去探求"究竟在 8 点多少分时，时针与分针关于 6 和 12 的连线对称？"

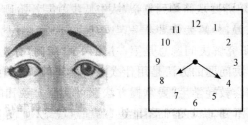

图 3　　　　　　　　　　　图 4

时间的"动态"是永恒的，钟面上所谓"八字眉"的状态是一种"静态"，而这种静态的时刻，直观上又无法准确地确定，因此，需要把"静态"融入到"动态"之中，实现两者的统一。时间的动态，是指指针的运动，所谓静态实质上就是指针运动过程中的一个瞬间。

如果把 8 点作为"起点"，把"八字眉"时刻作为"终点"，那么问题就变成了从起点到终点经过了多少分钟？这样就把时间的"动态"和"八字眉"的"静态"有机地结合起来了。我们也就可以借助"行程问题"的解决方法来解答这道题。

（3）培养大局观，由"局部"到"整体"，把握从属关系。

例 3　如图 5 所示△ABC 是个任意三角形，D 是 AB 边上的中点，E 是 BC 边上的中点。连接 CD 和 AE 两条线段，将三角形分成了 4 个部分。如果假设△ABC 的面积为 1，那么这 4 个部分的面积分别是多少？

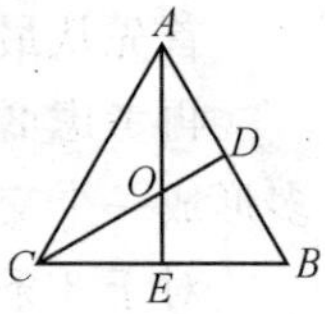

把△ABC 看做一个整体，那么△ACO、△ADO、△CEO 和四边形 ODBE 就是相对于这一个整体的 4 个局部。在一般情况下，局部一确定，整体就随之确定，所以自然思维习惯于"已知局部求整体"。反之，整体确定，局部却未必确定。因此，"已知整体求局部"的问题的思维障碍就在于这种"不确定"，产生障碍的基本矛盾就是"整体"与"局部"的对立。

图 5

我们可以从发现局部与局部之间的数量关系入手，进而发现局部与整体之间的数量关系。可以看出图中△OCE 与△AOD 面积相等。这时，问题的关键在于如何建立四边形 ODBE 和这两个三角形之间的关系，我们可以连接 OB 画出一条辅助线（如图 6），利用"等底等高的三角形面积相等"这一结论，就可以知道△AOD 与△OBD 面积相等，△OCE 与△OEB 面积相等，进而可以得出△AOD、△OBD、△OCE、△OEB 这四个三角形面积相等，而其中三个的面积之和为 1/2，因此，△AOD 与△OBD 的面积分别为 1/2÷3=1/6，四边形 ODBE 面积就是 1/6×2=1/3，△ACO 的面积就是 1−1/6×2−1/3=1/3。

图 6

数学优生（尤其是真正的尖子生）并不是随时随地都能遇到的，他们是数学教学中的稀缺资源。我们没有任何理由让他们的宝贵时间白白的浪费，应该让他们从"被遗忘的角落"里走出来，焕发出夺目的光彩。

学生与家长对体育课程的需求调查与分析

杭州师范大学附属丁兰实验学校　陈晓东

杭州采荷二小　方建奇

当前学生体质下降是个不争的事实。2005 年 8 月 3 日《中国体育报》发表的文章指出："现在的家长维权意识太强,容不得学生在学校有一点闪失,学校总是提心吊胆……于是体育课就简单得不能再简单……半数学校收起山羊和跳马,99％学校封了攀登架、爬竿、爬绳和秋千,有的学校甚至不敢搞长跑……"足以看出,学校体育教育不仅是学校、教师、学生的事情,还牵涉到家长。家长、学生对体育课的看法和需求,直接影响到教师上课的效果。

在目前"一考定终身"的大环境下,家长重视的是学生的语、数、外成绩,而体育成绩如何家长是不会过多关注的。笔者认为有必要调查家长、学生对体育课程的需求,以便更好地、有效地开展体育课与课外活动,建立具有本校特色的体育课程体系。

我们以某某学校三至六年级的学生与家长 660 对为调查对象,回收有效问卷441 对。通过文献资料法、问卷调查法、数据处理法等方法进行处理和研究。

一、结果与分析

1. 学生和家长对体育课程需求排序

表 1　学生对体育课程需求排序

	学生课程需求得分（平均值±标准差）	学生课程需求排序	家长课程需求得分（平均值±标准差）	家长课程需求排序
运动参与	3.40±0.58	3	3.54±0.47	2
运动技能	3.39±0.60	4	3.41±0.52	5
身体健康	3.43±0.59	1	3.57±0.48	1
心理健康	3.18±0.66	5	3.36±0.57	6
社会适应	3.17±0.71	6	3.50±1.11	3
教学方法改进	3.42±0.51	2	3.42±0.47	4
整体需求	3.34±0.42		3.46±0.41	

从表 1 可见,学生对体育课程的需求总体水平是 3.34,即介于需要和很需要之

间,对体育课程的身体健康目标需求排在第一位,而对教师教学方法改进的需求排在了第二位,其他各项依次是:运动参与、运动技能、心理健康、社会适应。

家长对体育课程的需求总体水平是3.46,也介于需要和很需要之间,家长对新课标中教师教学改进的需求总体水平较学生的需求水平(3.34)高,身体健康目标需求同样排在第一位,而家长对运动参与的需求排在了第二位,其他各项依次是:社会适应、教学方法改进、运动技能、心理健康。

学生和家长对身体健康都比较重视,均将身体健康需求放在第一位,符合体育课程标准提出的"健康第一"的指导思想。相比较而言,学生对教师教学方法的改进体会更深刻,接触时间比较频繁,对教师教学方法的改进提出了比较高的需求;家长希望自己的孩子能踊跃参与体育活动,所以家长对学生运动参与提出的需求相对较高。小学生对社会适应并没有深刻的体会,因此对社会适应的需求排在末位。

现在的孩子大多为独生子女,在家庭中具有特殊的地位,反映在体育课:有的以我为中心——有的自制力差,不遵守纪律;有的任性,缺乏责任感;有的依赖性强,怕苦怕累,不能完成教师布置的任务;还有的不合群、胆子小,躲在一边不活动。这些都是学生心理不健康的表现。他们性格的形成与家庭的教育也有密切的关系,有的家长对子女过分溺爱,百依百顺;有的家长教育孩子的方法简单、粗暴;有的家长在某一方面"望子成龙"心切,忽视了学生的全面发展。从家长对心理健康上的需求排在最后一位,足以看出家长越来越忽略了心理健康的发展,从而导致了学生的逆向发展。

2.学生和家长对体育课程需求的比较

表2 学生和家长对体育课程需求的配对比较 t 检验结果($N=441$)

	运动参与	运动技能	身体健康	心理健康	社会适应	教学方法	总体
学生	3.40	3.36	3.43	3.18	3.17	3.42	3.34
家长	3.54	3.41	3.57	3.36	3.502	3.42	3.46
t检验	$p<0.001$	$p>0.05$	$p<0.001$	$p<0.001$	$p<0.001$	$p>0.05$	$p<0.001$

从表2可见,家长对体育课程的总体需求程度比学生高,说明家长对体育课程相对比学生重视。从各维度来看,只有对运动技能和教学方法的改进这两个维度的需求无显著差异外,其余维度都具有非常显著的差异($p<0.001$)。说明学生和家长对运动技能和教学方法的需求是一致的,运动技能和教学方法是体育课程的内部结构,两者是显性的目标,而心理健康、社会适应是体育课隐性的目标。

3.性别因素对学生体育课程需求的影响

表3 男生和女生体育课程的需求比较

	运动参与	运动技能	身体健康	心理健康	社会适应	教学方法	总体
男生 ($N=231$)	3.43± 0.60	3.41± 0.60	3.46± 0.60	3.15± 0.69	3.15± 0.68	3.39± 0.53	3.34± 0.43

续 表

	运动参与	运动技能	身体健康	心理健康	社会适应	教学方法	总体
女生 （N=210）	3.37± 0.54	3.35± 0.60	3.40± 0.59	3.21± 0.63	3.20± 0.68	3.45± 0.50	3.34± 0.41
t 检验	$p>0.05$	$p>0.05$	$p>0.05$	$p>0.05$	$p>0.05$	$p>0.05$	$p>0.05$

从表 3 可见，男生对体育课程各维度的需求次序依次为：身体健康、运动参与、运动技能、教学方法的改进、心理健康、社会适应。女生对体育课程各维度的需求次序依次为：教学方法的改进、身体健康、运动参与、运动技能、心理健康、社会适应。由此可见，男生和女生在需求的程度上有不同的需求。男生更看重身体健康，而女生更看重教师教学方法的改进；男生在注重身体健康的同时，更在乎运动参与，而女生却把运动参与的需求放在第三位，符合课堂中女生不愿意动的现象。而在体育课程需求的 6 个维度上，性别差异不显著（$p>0.05$）。小学阶段的性别分化尚不明显，女生、男生对问卷所涉及的体育课程需求各维度不存在显著的差异。

4. 中段学生和高段学生体育课程需求比较

表 4　高段中段学生体育课程需求

	运动参与	运动技能	身体健康	心理健康	社会适应	教学方法	总体
高段 （N=194）	3.45± 0.56	3.49± 0.58	3.53± 0.54	3.28± 0.65	3.30± 0.65	3.59± 0.49	3.46± 0.41
中段 （N=247）	3.37± 0.58	3.30± 0.59	3.35± 0.61	3.10± 0.65	3.04± 0.72	3.28± 0.48	3.24± 0.39
t 检验	$p>0.05$	$p<0.001$	$p<0.05$	$p>0.05$	$p<0.05$	$p<0.05$	$p<0.05$

由表 4 可以看出，在体育课程需求维度的程度上，高段学生比中段学生需求程度更高。在身体健康、社会适应、教学方法改进等维度上存在着显著的差异（$p<0.05$），运动技能存在着非常显著的差异（$p<0.001$），在心理健康维度上不存在着显著的差异。高段相比中段学生而言，更了解运动技能、教学方法、身体健康、社会适应的重要性，这跟学生的认知发展水平有相关的关系。学生从低段到高段，不但其身体形态发生了巨大的变化，其心理特征也发生了一定的变化，因此高段学生对体育课程提出了更高的需求。

5. 不同运动习惯学生的体育课程需求

表 5　不同运动习惯学生的体育课程需求

	运动参与	运动技能	身体健康	心理健康	社会适应	教学方法	总体
常运动	3.56± 0.49	3.54± 0.53	3.52± 0.56	3.30± 0.60	3.30± 0.68	3.45± 0.55	3.45± 0.41

续　表

	运动参与	运动技能	身体健康	心理健康	社会适应	教学方法	总体
不常运动	$3.28\pm$ 0.59	$3.27\pm$ 0.62	$3.36\pm$ 0.60	$3.10\pm$ 0.68	$3.08\pm$ 0.71	$3.39\pm$ 0.48	$3.27\pm$ 0.41
t 检验	$p<0.05$	$p<0.05$	$p<0.05$	$p<0.05$	$p<0.05$	$p>0.05$	$p<0.05$

　　问卷将学生分成两组:经常运动的和偶尔运动的。从表5可以看出,经常参加运动的学生体育课程需求比偶尔参加运动的学生要高一些,除了教学方法上两者没有显著的差异外($p>0.05$),其他各维度上都存在显著的差异($p<0.05$)。说明经常运动的学生,对于体育课的关注程度比较高,对体育课程需求程度也比较高。学校体育教育应当培养学生的体育锻炼习惯,吸引学生对体育课程的关注,促进体育课程教学方法的改进和教学质量的提高。

二、小结与建议

　　1. 小结

　　(1)学生和家长均将身体健康需求作为体育课程的第一需求。

　　(2)家长对体育课程的总体需求程度比学生高。在身体健康、运动参与、社会适应、心理健康等维度上都与学生有显著差异。

　　(3)学生的体育课程需求无性别差异,高段学生的体育课程需求总体高于中段学生。

　　(4)经常参加运动的学生体育课程需求比偶尔参加运动的学生要高,除了教学方法上两者没有显著的差异,其他各维度上存在着显著的差异。

　　2. 建议

　　(1)坚持健康第一的指导思想,学习相应的运动技能。通过学习和掌握运动技能的过程中来增进学生的身体健康,从而满足学生和家长对健康第一的需求。

　　(2) 按照学段划分水平,不同的水平有不同的学习内容、目标。根据不同的学习目标、内容确定相应的教学内容和教学目标。根据学生的身心发展和动作发展规律,使内容标准更加符合学生认知规律和运动锻炼规律。从学生、家长对体育课程的需求来考虑问题,认真备好每一节课,多方面考虑学生及家长的要求,师生共同努力来提高教学质量。

　　(3)教师在上体育课时,因材施教进行教学,对低段、中段、高段之间的过渡做好衔接。在学生的各转型期,教师需根据学生的身体素质、心理活动等特点在教学活动中衔接起上一阶段的教学方式并结合本阶段学生的特征来确定特定的教学活动、教学方式。如低段学生教师可以通过游戏、情景、激趣和鼓励等教学方法对学生进行引导、教学,引导学生对知识、技能的理解和掌握。中高段学生教师可以采用游戏竞争、小组合作教学、考核相结合的方式,让学生能够认识、了解自己,逐步形成新的教学模式。

(4)教师应在课堂中改变过于单调的教学方法,应多探讨有效的体育教学方法,如趣味教学、情景教学、启发式教学、分层教学、合作教学和游戏教学等等,引导学生进行合作性学习、探究性学习、尝试性学习。让学生在体育运动中体验到参与、理解、掌握运动的乐趣,享受学之乐、练之乐、苦之乐、争之乐、玩之乐,从而激发学生参与运动的积极性,使之热爱运动,喜欢体育课。

(5)在体育教学中培养学生自我锻炼的能力,形成终身锻炼的意识和习惯。学校应大力开展、推广大课间活动,确保每位学生每天1小时的锻炼时间。小学阶段通过比赛可以提高学生积极参与的兴趣,让学生充分展示、表现自我。只有学生亲身感受到运动带来的乐趣和满足,才能更加积极地参与到体育活动中来,把教师培养学生的运动兴趣逐渐转化为自觉自愿的运动习惯。

以综合类校本课程建设为载体的"五艺"教育的研究与实践

杭州师范大学附属丁兰实验学校课题组

林霞、朱旭良、戴文彪、高素萍、赵俏卿

一、课题研究的背景与意义

(一)研究背景

我校位于城乡结合部的丁桥镇。随着城市东扩,杭州市最大居住区——丁桥居住区的建设,作为丁桥大型居住区的第一所配套小学,既迎来了前所未有的发展机遇,又面临着严峻的挑战与压力。即:在城市化进程中师资、生源、家长等短期内未发生根本改变的环境下,如何接轨城市化,创建学校办学特色,满足社会和家长对丁桥地区优质教育资源的需求。在认真分析了我校的现状、面临的机遇与挑战的基础上,我们提出了以综合类校本课程建设为载体的"五艺"教育的改革思路,着力于全面提高学生综合素质。

本课题提出的"五艺"教育,是由我国古代的"六艺"(礼、乐、射、御、书、数)延伸而来,根据我校实际情况和学生需要提出新"五艺",即:礼——学会礼仪交往;术——学会生存本领;健——学会健体本领;雅——学会休闲方式;博——拥有博学多识的气质。计划通过 2 年左右的研究与实践,并通过综合类校本课程的实施,逐步培养礼、健、术、雅、博全面发展的孩子。

(二)研究意义

1. 推进小学课程改革

近年来,我国基础教育改革重点转向课程改革。《基础教育课程改革纲要(试行)》提出:"学校在执行国家课程和地方课程的同时,应视当地社会经济发展的具体情况,结合本校的传统优势、学生兴趣和需要,开发或选用适合本校的课程,即校本课程。"

学校课程的根本任务是促进学习者的发展,并在此基础上实现社会主流态度、价值观念与文明成果的传承,从而最终实现社会主流及其体制传承的延续与发展。正是为了真正让学校课程促进学习者的发展,我们才需要从"选择适合于教育的儿童转向创造适合于儿童的教育"。而"三级课程"体制的确立,正是"创造适合于儿童的教育"的积极措施,因此,开发以"五艺"教育为目标的校本课程,将有助于落实课程改革的基本理念,深化教育教学改革。

2. 适合儿童发展的多元需求

学校课程是为学生服务的,是为了适应学生的实际需要而设立的。学生的需要既有共性的,例如语文、数学等,也有个别化的需求,例如农村的孩子需要农艺方面的知识,居民孩子更关注某一通用技术等。校本课程应该是一种充分体现学生选择权并努力培养学生能力的课程。

我们的"五艺"教育即"礼、术、健、雅、博"教育是着眼于构建拓宽学生智能基础和相关素养的校本课程,将满足儿童多方面需求,从而在全面提高学生综合素质的基础上促进儿童个性特长的发展。

3. 促进构建和谐社会

作为杭州市最大居住区的丁桥镇,其社会成员的成分是复杂的,既有传统意义上的当地居民,也有杭州市城区迁居过来的新居民,还有大量外来务工人员。不同地域、不同阶层的文化观念的碰撞,不可避免地反映到我校学生身上。

我校的"五艺"综合类校本课程将有效地提高学生的文明素质和人文素养,并通过学校教育发挥示范辐射作用,促进丁桥地块和谐社会的构建。

二、研究的成效

(一)研究制订了"五艺"教育的总目标

1. 研究性目标

通过研究形成"五艺"校本课程,明晰"五艺"校本课程的理念、目标、内容、实施和评价体系。

2. 培养性目标

(1)学生成长目标:培养学生处理社会生活的基本能力,促使学生学会做人,培养学生"良好品行、健全人格、健康心理",促进学生感性生命的自我成长。

(2)教师发展目标:改变教师的教育观念,形成正确的教育观、教师观、学生观;提高理论水平和实践能力。

(二)明确了"五艺"教育的概念与具体目标

(1)礼:学会礼仪交往,能与人和谐、大方的相处。有明辨是非的能力,尊重他人、关心集体。

(2)术:学会生存本领,能用所学知识与技能服务他人与社会。

(3)健:学会健体的本领,具有朝气蓬勃的健康气息,促进身心的健康发展。

(4)雅:学会休闲方式,掌握一种及以上的陶冶身心的艺术方式,把自己培养成具有优雅的君子风范的文明人。

(5)博:拥有博学多识的气质,视野开阔、兴趣广泛、有强烈的好奇心和探究欲。

(三)构建了"五艺"教育的分阶段的目标体系

一级目标	二级目标	三级目标		具体内容
孝：做一个有孝心的小学生	礼：学会礼仪交往。	知书识礼	1~3年级	• 会正确使用基本的文明用语(如：您好、请、谢谢、对不起、没关系、再见)。 • 每天上学、放学主动与家长、老师及同学打招呼。
			4~6年级	• 会正确使用基本的问好礼节(握手、鞠躬、招手、敬队礼)。 • 在家里帮助爸爸、妈妈招待客人，做个热情、礼貌的小主人。 • 遵守学校纪律和社会公德，在公共场合不高声喧哗，不随地吐痰，不乱扔垃圾。
		感恩知孝	1~3年级	• 知道家长的生日、爱好，在长辈过生日时，送上一份真心的问候。 • 买东西要父母同意，不向父母提不合理的要求。 • 对长辈有礼貌，耐心倾听长辈的话，长辈谈话不抢言，不打扰，不任性，不对长辈发脾气。 • 放学回家能自觉学习，不让家长操心。
			4~6年级	• 经常和父母、长辈交流，学会理解父母。 • 了解父母一天的工作强度，学会体谅父母。 • 关心父母身体。 • 日常生活中能尊敬长辈。
	术：学会生活生存的本领。	独立自理	1~3年级	• 希望自己能做好自己能做的事，并能尝试在没有父母帮助的情况下做好自己的事。 • 了解如何体贴、关心家长，经常与家长交流，用自己掌握的简单生活技能，为家长做一些力所能及的事(如：倒茶等)，让家长有一种温馨的感觉。
			4~6年级	• 能独立地完成自己的事，不需要家长操心。 • 遇事主动与家长联系，能关心家长的生活，能帮助家长做一些家务劳动。
		自我保护	1~3年级	• 学习保护自己的一些知识，逐步树立保护自己的意识。 • 通过观摩、简单实践等在积累一定的实践经验的基础上，学习一些生存技能。
			4~6年级	• 有较强的保护自己的意识，并知道该如何保护自己。 • 学会一些生存技能(如：游泳、火场逃生等)，能保护好自己。

一级目标	二级目标	三级目标		具体内容
兰：做一个有气质的小学生。	健：具有朝气蓬勃的健康气息。	体育技能	1～3年级	• 学习、掌握简单易操作、技术要求低的运动技能。如：跳绳、踢毽子等。 • 在游戏的过程中培养、调动参与体育运动的兴趣。
			4～6年级	• 学习、掌握带有一定技能、技术要求的运动项目，以球类为主，注重基础技能的学习。如：乒乓球、篮球、羽毛球等。 • 在学、练及开展竞赛过程中，激发参与意识，调动参与积极性。
		体育精神	1～3年级	• 结合2008奥运年的时代背景，引导学生关注、认识、接触体育，激发参与体育运动的意识。 • 在体育活动参与过程中，形成遵守规则、敢于拼搏、积极上进、正确看待成功与失败等良好的思想认识。
			4～6年级	• 学习、了解一些常见运动项目的竞赛规则与方法，并鼓励引导学生付诸实践。 • 组织学生观看体育比赛录像，如：2008北京奥运会比赛等，激发学生参与体育运动的意识。 • 在观看、参与体育运动的过程中，体验、感知体育精神，感受体育的魅力。
	博：具有博学多识的学生气质。	博闻强记	1～3年级	• 阅读优秀的童话故事、儿歌、童谣。 • 了解一些基本的自然科学常识。 • 初步掌握一些基本的学习方法(查字典、上网等)。
			4～6年级	• 广泛阅读经典书籍。 • 了解一些基本的自然科学知识。 • 熟练掌握一些基本的学习方法(信息检索等)。
		融会贯通	1～3年级	• 能够有条理地表达自己的想法。 • 对新事务具有好奇心。 • 具有发现问题、解决问题的意识。
			4～6年级	• 能够有创意阐述自己的观点。 • 对新事物具有强烈的好奇心和探究欲。 • 具有发现问题、解决问题的能力。
	雅：具有文明优雅的君子风范。	环境育人	1～3年级	• 通过种兰、赏兰活动，了解"兰文化"。 • 了解家乡的"孝文化"。
			4～6年级	• 通过种兰、赏兰、品兰活动，深入理解"兰文化"。 • 理解家乡的"孝文化"，取其精华，形成正确的孝德。

续 表

一级目标	二级目标	三级目标	具体内容
兰：做一个有气质的小学生。	雅：具有文明优雅的君子风范。	琴棋书画	1～3年级	• 能认识各种各样的乐器。 • 了解棋的历史和发展，及不同棋的下法。 • 了解一些书法的基础理论，培养学生欣赏书法作品的能力。 • 了解绘画的各种不同的表现形式和理论知识。
			4～6年级	• 能掌握1种或以上的乐器演奏方法。 • 掌握几种棋法(如：围棋、象棋) • 在理论和欣赏的基础上，学习书法。 • 能运用各种不同的材料创作美术作品。

（四）初步形成了为实施"五艺"教育服务的拓展型综合类校本课程体系

该体系包括：大课程二门（礼仪读本，感恩读本）；中课程二门（健身体育，休闲方式）；小课程和微型课程13门左右（"小作家"班、"穿山甲"研究班、"奥妙数学"班、"全侵入式英语"班、"跳跳龙"舞蹈班、"小袋鼠"健美操班、"银河探险"班、"响尾蛇"测向班、"小蜜蜂"书法班、"扎染"技艺班、手风琴伴奏班、游泳培训班、乒乓球技艺班等）。

（五）形成有学校特色的大课程校本教材、中课程、小课程和微型课程的教学纲要

三、研究效果分析

（一）促进了我校教育改革的深化和办学目标的达成

在"五艺"教育的推动下，我校的面貌发生了深刻的变化，彰显了我校的办学特色，宣传了我校"以仁育人，以德立校"的办学理念。

（二）促进了学生的全面发展和健康成长

"五艺"教育为学生的成长搭建了平台。不仅学科成绩有显著提高，而且个性特长得到了充分发展。开展课题研究的两年中，学生在校外竞赛中获得许多殊荣，更可喜的是，我校学生的文明礼貌素养、感恩知孝之情、自我服务能力等，得到了社会与家长的一致好评。

（三）促进了我校教师的专业成长

我校教师在"五艺"教育和校本课程的开发过程中受益匪浅，一方面学校通过搭建开发校本课程平台，激活了广大教师的课程意识，提高了教师课程开发能力，增强了教师对教育改革的自主意识和责任意识，促进了合作意识与服务意识；另一方面教

师站在课程开发的高度,钻研课改理念,研究新课标,努力探索课改理论与实际生活的联系,通过校本教研活动,教师们的观念变了,带着新思想、新理念备课、上课,教法变了,效果也变了,教育科研能力得到了很大的提高。

四、反思与展望

校本课程的开发与实践对于学校发展及师生的成长具有重要的促进作用。经过近两年的实践研究,"五艺"教育综合类校本课程开发研究工作取得了较为明显的成效,学校、教师及学生都从中获益。但本课题有些地方仍然需要进一步完善,如"五艺"教育的概念与目标体系尚待进一步细化完善,综合类校本课程的资源尚待进一步开发,校本课程开发的研究方法需要进一步改进,"五艺"校本课程的适应性(即如何使"五艺"综合类校本课程更好地适应本校师生的特点)问题等等,都需要作进一步深入的思考、研究与实践。校本课程开发是课程改革的有机组成部分,是不同学校为满足学生发展需要和建成有特色学校的必由之路,也是教师将课程意识转化为实践智慧的重要平台,相信随着校本课程开发工作的不断深入完善,随着上述存在问题的逐步解决,我校的"五艺"综合类校本课程,必将会在促进学生全面和谐发展等方面发挥越来越多的作用。

运用元认知理论　促进学法教学内化

——浅谈政治材料分析解题方法教学

浙江传媒学院实验中学　　赵玉华

在当今科技迅猛发展的信息时代,解决教学生"学会学习"的问题越来越成为世界教育科研关注的课题。埃德加·富里在《学会生存》一书中指出:"未来的文盲不再是不识字的人,而是没有学会怎样学习的人。"教学生"学会学习",是发展学生独立学习能力的有效途径。从元认知理论的观点看,教给学生学习的方法固然重要,但是,仅仅掌握具体的学习方法是不够的,还必须培养学生具有调节与控制学习的能力,要教学生如何监控和调控学习过程。元认知理论的提出和引入,为我们进行正确的学法教学提供了理论依据,同时也促进了学法教学内化。我近年来从事高三政治课教学,在解题方法指导方面进行了实践。下面就谈谈应用元认知理论进行政治材料分析题解题方法教学的体会。

一、元认知与学法教学内化

纵观近几年的高考,文综政治材料分析题在试卷中占很大的比重;从学生的学习情况看,材料分析题的得分率低。究其原因,从客观而言,高考政治材料分析题涉及面广,理论知识跨度大,容量大,区分度强,综合性强,难度大,要求高。政治材料分析题命题体现出"新、热、活"的特点:新——展示的材料新,设计的问题新,创设的情境新;热——具有时代性和思想性,体现党和国家的意志方针和学生的思想实际。活——观点在课内,材料在课外,考查学生运用所学的知识分析和解决实际问题的能力。从主观而言,包括有否扎实的基础知识,一定的解题技巧,灵活变通的思维等因素,其中解题方法的运用起到非常重要的作用。开设思维训练课、学法专题讲座进行学法训练,可以使学生学会一定的解题方法,但实际教学中又出现了学生在教师的提醒下能够使用所学的方法,一旦没有提示就"忘"了;知道某种方法有效,但在实际学习中却不懂得使用;在短期内知道使用,但间隔一段时间又放弃等等现象。总之,学法教学没有内化学生的学习能力。

元认知是人们关于自身认识过程、结果或与它们有关的一切事物如与信息或材料有关的学习特征的认知。它包括元认知知识、元认知体验、元认知调控三个因素,是个体对自己的认知过程的自我观察、自我评价、自我调节。元认知理论认为人是积极主动的机体,其主体意识监视现在、计划未来、有效控制自己的思维和学习过程。

元认知的实质是人对认知活动的自我意识和自我控制。它使学习者在学习中能意识到自己在感知、思考、记忆和体验,意识到自己有什么目的、计划和行为,以及为什么要这样做而不那样做,这样做的后果是怎样的,应如何调节自己的行为等。这样人就能通过控制自己的意识而相应地调节自己的思维和行为。因此我们在学法教学中不仅仅要讲授这种学法的含义(陈述性知识)和使用步骤(程序性知识),还要说明为什么使用这种方法,它适用的条件和范围(条件性知识),这样能使学生体验到认知的过程、学习能力水平、原有知识的基础情况、学习的目的、学习的任务、学习的要求和自己的个性特点,最大限度地调动学生学习的积极性和能动性,能产生更多的持续使用和迁移使用的效果。学生能够根据学习情境的特点,激活学习方法的使用;根据学习情境的变化,及时调节和控制学习方法的使用;根据学习的效果,客观地评价自己的学习活动和学习方法的适用性,并把对学习效果的评价作为改进自己学习的重要手段。

二、应用元认知理论进行解题策略的指导

1."读题"指导

很多学生对材料分析题不善于读题,他们往往匆忙、无目的地看一遍,读完后也不知其论述的重点和关键是什么。这是一种被动式的读题。从元认知角度来看,元认知的发展水平才是人类认知能力水平的根本体现。因此教师在教学中必须同时培养学生的认知能力和元认知能力。就材料分析题的读题而言,就应主动式读题,带着目的和指向读题。

每一道试题,都有特定考查的知识点和能力点,也就是命题意图。而命题意图在试卷中不可能直接显现,它往往通过截取社会生活中的一个片段,设置特定的情景为载体。在情景中包含着与试题相关的信息,但对一则材料可以从不同角度进行理解,为了保证信息指向的唯一性,使命题意图得到准确体现,试题通过设问对理解的角度进行了规定。高考试题设置的这种特点,决定了解答政治试题最核心的要求,就是明确试题的立意。而把握试题立意的关键是准确地把握设问,然后以设问为指南分析试题的材料。因此读题时我们应首先读懂设问。设问的设置一般分三个部分:对什么问、在什么范围内问、问什么。"对什么问"就是针对材料中的哪一部分进行的发问。复杂的材料往往涉及多个对象及其关系,多个行为及其后果,只有把握设问的对象,才能有针对性地思考。"在什么范围内问",就是给考生限定的知识范围。"问什么",高考通常设置的问有"原因类"、"评价类"、"启示类"、"体现类"等。针对不同的问法,有的放矢地解答题目。其次根据设问的指向认真阅读材料,划分层次及关键词。再次联系教材知识构建答题思路。

例1 气象与人民生活关系密切。"德尔菲定律"揭示了气象行业投入与产出之间的关系,即在气象行业投资1元钱,可以获得98元的经济回报。我国某省气象部

门一年便可为本省带来经济效益上亿元以上,一些地区已经出现了专业的气象经纪人和气象服务企业,气象经济已成为我国国民经济的增长点。回答:

(1)2002年夏季,北京等地为缓解当地旱情,采用了许多人工增雨的措施,明显增加了降水。试分析"人工增雨"体现的哲学道理。

(2)运用所学的经济常识分析气象经济迅速发展这一现象。

对这题我们首先明确设问的对象是"人工增雨"、"气象经济迅速发展"。其次"哲学道理"、"经济常识"都是给考生所用知识范围的限定。最后(1)问中是"体现类",只要对材料进行概括,总结出有关原理即可,一般不需要深入阐述。(2)问中是"评价类",要分析产生的原因以及带来的影响。这样就使学生带着问题去读题,一边读题一边联系所学的知识,调动学生的情感意识,充分思考自己的认知活动,这是调整自己学习行为的重要条件。

2."解题"指导

在学习活动中,让学生充分地思考与体验自己的认知活动,有高度的情感唤起,起的作用如右图所示:

学生为达到一定的学习目的而选用了一种学习方法,如果这种学习方法没有达到其设定的目的,这样的体验又反过来精确了学习已有的元认知知识,对学习进行主动的监控、调节。如果达到了目的,则调动了情感加深了元认知知识。因此我们在高三政治教学中要充分调动学生的情感体验,让学生在体验中获得知识。在解题方法的教学中不能一味地讲授,而应侧重于在实际的操练体验中摸索获得。如政治图表式材料分析题的解答学生感到困难较大,答题时往往思路不清、要点不明。针对此现象,教师应选出具有典型性的实例,如以坐标曲线型、坐标柱状型、扇状百分比图型、表格型等的图表材料题,让学生在实际操练中感到困惑时适时进行点拨、引导。最后让学生总结此类题目的解题方法,教师给予适当的补充。

3."思法"指导

元认知理论要求从学生思维的"最近发展区"入手,开启思维的大门,为学生创设良好的思维情境,促使学生积极主动思考;从解题的失误和存在的问题,培养学生自己去分析,自己去反思的能力;要引导学生捕捉教师的思维过程的实质。因此在教学中要培养学生的思维品质,教会学生分析、综合、归纳、演绎等思维方法。

首先,对学生进行解题思维的元认知理论的渗透,使学生掌握一定的思维元认知理论。政治材料分析题的解题思维方式主要有归纳式和演绎式。归纳式是指从特殊到具体的知识或事实材料出发而分析出一般性的观点或原理的一种思维方式。其思维方向是个别——一般。演绎式是指由一般原理推出特殊情况的一种思维方式。其思维方向是由一般——特殊。通过讲授激活学习的兴趣。

其次,通过诱发性的潜意识监控和有意识监控,学生在实际操练中由盲目使用这种思维方式到有意识、自觉地选择使用。在此过程中注重应用效果的反馈,要及时纠正错误,并总结概括出规律性的认识。学生在练习中逐步摸索出:对文字材料分析题中限制性的设问,要求围绕中心进行多角度分析论证,此类设问往往回答"怎么样",宜用演绎法解答;对于扩展性的设问,要求从提供的文字材料中找到其蕴涵的论点,此类设问宜用归纳法解答;限制性和扩展性相结合的设问,要求限制回答的原理范围,又要求对材料展开分析,宜用演绎法与归纳法相结合进行解答。

　　例2　某贫困地区领导认为,脱贫不能仅靠政府救济,要靠自力更生。他们根据其他地区"无工不富"的经验,建立了一些小型机械厂,但由于原材料和资金缺乏,结果收效甚微。经过认真分析,他们认识到该地区山场面积大,适宜发展林果业和养殖业,于是因地制宜地种起了果树、中药材,饲养起牛、羊、家兔等,经济情况很快有了改观。在此基础上他们又办起了果品和肉类加工厂,几年就摆脱了贫困,走上了致富之路。

　　该地区在脱贫过程中是怎样做到"一切从实际出发,实事求是"的?

　　例3　当一位成功的企业家被问起成功的"秘诀"时,他说:"最初我凭着热情和经验去管理企业,没有成功;后来,我读了上百本如何管理企业的书,按书上的道理去做,也没有成功;最后,我专心研究了我的企业的特点,并总结以上失败的经验教训,摸索出一条自己的一套管理企业的方法,终于取得了成功。"

　　请分析上述材料蕴涵的哲学道理。

　　出示题目后,让学生根据教师讲述的归纳和演绎的思维方法去解决实际的问题,通过思维的碰撞、情绪的体验、纠错和反思,从而确定例2是一道分析说明演绎型的材料分析题,紧紧围绕"如何一切从实际出发,实事求是",结合材料进行论证。例3是一道分析说明归纳型的材料分析题,通过由凭热情、凭书本办事(失败)到根据企业的特点加强管理(成功)的过程归纳出哲学道理。并在此基础上启发学生思考,总结出归纳式有何特点、演绎式有何特点,这两种思维方式一般会出现在哪些题型中。通过这一系列过程使学生较好地掌握这些思维方法。

　　再次,通过自发性的有意识监控和潜意识监控,使学生能自觉、习惯性地使用此思维方式。教师提供相关的同类或异类的题目,学生独立运用所学的方法进行解答,并做出总结评价。

三、应用元认知理论进行解题监控能力的指导

　　学习解题监控能力同学习其他能力一样,要通过规范的训练来完成。因此在教学中要注意引导学生在具体解题学习活动开始之前,分析学习情境,结合自身的特点和经验,根据面临的学习任务提出个人的学习目标或需解决的问题,选择适当的方法和策略,构想出解决问题的可能方法;要引导学生在解题学习活动进行的过程中学会不断检查和评价学习活动进行的各个方面,自觉分析自己的学习活动中存在的问题和原因,及时调整不佳或效果不好的学习策略;引导学生在解题学习活动之后,学习

的某一个阶段结束后,进行自我评价和反思,总结自己在这一阶段中哪些知识掌握得较好,哪些策略使用较好,哪些方面存在不足还需改进,准备下一阶段采取什么措施。

综上所述,元认知作为一种知识,在学习的调控过程中发挥着重大作用。因此我们应在教学中运用元认知理论,提高教学的实效性,让学生真正掌握我们所教的知识,把我们的学法教学内化为学生的学习能力,促进学生"学会学习"。

应用数学学习的 ABC 法则指导教与学

浙江传媒学院实验中学　余　勇

数学在现代生活中的地位越来越重要。数学是学习和研究现代科学技术的基础,它在培养和提高人的思维能力方面发挥着特有的作用。然而,数学学习也成为许多人学习的拦路虎。当前数学学习存在大面积差生问题。其原因是多方面的:如教材的难度,数学本身的难度,学生本身的因素等,学生未能掌握学习数学的方法也是很重要的原因。

本文在系统科学论观点的指导下,结合作者十多年的教学实践,从系统有序的思想出发,提出数学教学的一个法则:数学学习的 ABC 法则,并结合教学中遇到的问题,就数学教学和学习,特别是数学复习和解题中应注意的一些方法做一点探讨。

一、数学学习 ABC 法则

（一）什么是数学学习 ABC 法则

面对一个问题,我们应怎么思考? 学习一门知识,我们应从哪些方面入手? 我们该学会些什么? 这些都需应用数学学习 ABC 法则。

数学学习 ABC 法则的含义如下:

A:是什么。在数学学习和解题时,先弄清楚学习的对象是什么,要解决的问题是什么。明确基本概念、定理、公式等。

B:有什么。构建知识系统,弄清学习的对象内部结构、外部关系;学会对数学概念、数学问题进行适当分类与分解;弄清要解决的问题涉及哪些概念、性质、运算等。

C:怎么做。我们的目标是:构建知识系统,掌握学习方法;学会如何解决问题,掌握解题方法。

（二）数学学习 ABC 法则的原理分析

A:是什么。认识是学习和解题的前提和基础。

解决任何问题,首要的是要认清问题是什么,然后才着手怎样解决。在数学学习和解题时,先弄清楚学习的对象是什么,要解决的问题是什么。

数学是一门符号学科,数学符号、名词是数学的语言。最起码要认识符号、能理解题意。《全日制普通高级中学数学教学大纲》对知识的要求,依次为了解、理解和掌握、灵活和综合运用。其中,了解就是要求对所列知识的含义有初步的、感性的认识,知道这一内容是什么,并能(或会)在有关问题中识别它。

认识问题是解决问题的前提和基础。解数学题首要的是审题、弄清题意。有的同学做题时只想着怎么做,不好好地理解题的意思,连问题都没弄清楚的情况下匆忙答题,往往答非所问、错误百出。不明确问题本身就不可能解决问题。

对数学问题认识越深刻,则能更好地解决问题。当然,认识不是一次完成的,认识事物有一个循序渐进的过程。认识问题时,应遵循从定性到定量的原则。

B:有什么。以怎样的思想去认识数学、解决问题? 以什么样的方法去掌握知识? 如何构建知识系统?

按系统论观点,系统分为内部结构和外部关系。要认识一个事物,应全面、系统地把握。

科学家在研究专家与新手在解决问题中的行为进行比较发现,专家总是纵观整个问题的背景和其中各成分间的关系,根据问题解决时所使用的原则或方法来理解问题;而新手却只看到孤立的问题本身或表面,如问题陈述中所使用的词汇和物件等。

数学更是一门有严密系统的学科。《全日制普通高级中学数学教学大纲》对灵活和综合运用的定义为:要求系统地掌握知识的内在联系,能运用所列知识分析和解决较为复杂的或综合性的问题。

系统性表现为两方面,一方面,强调对知识的整体认识和把握;另一方面,数学学习 ABC 法则也强调对知识、问题进行分类和分解。我们学习一个概念,如函数,不能就函数而函数,如何学习、分类是研究问题的基本方法。内行与外行的区别往往首先表现为对其类别的掌握。另外,我们所面对的问题,往往有一定的综合性,高考强调在知识的交汇点出题,需要我们对问题进行分解解析。

C:怎么做。数学学习很大程度上是方法的学习,数学学习 ABC 法则强调具体的方法和步骤,我们在学习的过程中要善于探究,总结方法、提高能力。

二、以数学学习的 ABC 法则构建知识系统

下面以函数为例说明。

A:函数是两个变量(数集)之间的一种关系。函数两种定义方式,初中定义:两个变量之间的一种关系 $x \xrightarrow{f} y$。高中定义:两个数集之间的一种关系 $A \xrightarrow{f} B$。函数是特殊的映射,是两个集合间的映射,是从定义域到值域的映射,其中关系 f 满足 $1-1$ 或多 -1。

B:系统分为内部结构和外部关系。函数内部结构有三要素(定义域、值域、对应法则)、三性(奇偶性及对称性、单调性、周期性)、图像,如同一棵树(知识树)。外部关系有函数与方程、函数与不等式等。

分类是研究问题的基本方法。由 A 得函数即关系，函数按其关系可分为函数

$$\left\{\begin{array}{l}\text{具体函数}\left\{\begin{array}{l}\text{基本初等函数}\\\text{复合函数}\end{array}\right.\\\text{抽象函数}\end{array}\right.$$，高中阶段初等函数包括一次函数、二次函数、三角函数、幂函数、指函数、对数函数等。

C：函数问题中，数形结合的思想、转化化归的思想。三要素、三性中定义域优先的原则，把复合函数分解为基本函数的方法或求导等。其实，函数本身也是一个重要的数学思想方法。

又如，对函数中的三角函数的认识。

A：三角泛指角，三角函数即角的函数，是任意角的函数。理解三角函数应从两方面理解：一方面，它是一般的函数；另一方面，它又是一个特殊的函数。

B：作为一般的函数，与一次函数、二次函数、幂函数、指函数、对数函数一样，我们须研究它的三要素、三性、图像。当然，角作为自变量，应充分认识，如"如何画一个角为 10 的函数"，又如函数 $y=3\sin\left(2x+\dfrac{\pi}{3}\right)$ 把 $2x+\dfrac{\pi}{3}$ 看作一个角。

作为特殊的函数，其涉及不同的角和不同的三角函数值，必须看到，三角函数涉及的元素包括三方面：角、函数名称、式子及公式（简称"角名式"）。当然，角也是作为最主要的变量。以角为线索，其知识系统为：

$$\text{角}\left\{\begin{array}{l}\text{同角（同角的基本关系式）}\\\text{不同角}\left\{\begin{array}{l}\text{相差 }k\dfrac{\pi}{2}\text{ 的角（诱导公式）}\\\text{和差倍半、合一角}\end{array}\right.\end{array}\right.$$

C：作为一般的函数，应从函数的三要素、三性、图像出发，从基本函数 $y=\sin x$，$y=\cos x$，$y=\cot x$ 出发，用化归的方法，把复合函数化成一个个基本函数，如函数 $y=3\sin\left(2x+\dfrac{\pi}{3}\right)$，看作函数 $y=3t$，$t=\sin\alpha$，$\alpha=2x+\dfrac{\pi}{3}$ 的复合。其定义域 R，值域 $[-3,3]$，周期：$T=\dfrac{2\pi}{2}=\pi$，单调增区间由 $2x+\dfrac{\pi}{3}\in\left[2k\pi-\dfrac{\pi}{2},2k\pi+\dfrac{\pi}{2}\right]$，$k\in\mathbf{Z}$ 得 $x\in\left[k\pi-\dfrac{5}{12}\pi,k\pi+\dfrac{\pi}{12}\right]$，$k\in\mathbf{Z}$ 单调减区间由 $2x+\dfrac{\pi}{2}\in\left[2k\pi+\dfrac{\pi}{2},2k\pi+\dfrac{3\pi}{2}\right]$，$k\in\mathbf{Z}$ 得 $x\in\left[k\pi+\dfrac{\pi}{12},k\pi+\dfrac{7}{12}\pi\right]$，$k\in\mathbf{Z}$。由 $2x+\dfrac{\pi}{3}=k\pi+\dfrac{\pi}{2}$ 得 $x=\dfrac{k}{2}\pi+\dfrac{\pi}{12}$，$k\in\mathbf{Z}$。对称中心：由 $2x+\dfrac{\pi}{3}=k\pi$ 得对称中心为：$\left(\dfrac{k}{2}\pi-\dfrac{\pi}{6},0\right)$，$k\in\mathbf{Z}$。

作为特殊的函数，在解决三角函数问题时，按"角名式"的方法。首先找出角的关系（是否同角？是否相差 $\dfrac{\pi}{2}$ 的整数倍？是否满足和差倍半关系）；其次考虑函数名称（如切割化弦或弦化切）；再看解析式（是否符合公式，是否化简整理，是否可降次，采

用万能公式,和积互化,合一变形等)。

另外,三角函数还是解决其他问题的有利工具,如解三角形,在不等式和解析几何(参数方程)及物理等学科中的综合应用。

三、以数学学习的 ABC 法则提出问题

数学课程的设计要用学生易于接受的形式引导学生去掌握枢纽性的理论。数学学习 ABC 法则本身就以提问的方式给出。以数学学习 ABC 法则可直接提出问题,甚至可使学生自动提问思考。

在函数概念的课堂教学中,本人设计了以下几个问题。

问题 1. 怎样学函数? 什么是函数?

问题 2. 设有两个变量 x,y 满足:

x	1	2	3	4	5
y	5	4	3	2	1

问 $x=8$, $x=16$ 时 y 的值。

问题 3. 这儿有两个变量,为什么仅仅根据 x 的值就能求出 y 的值?

三问组成一个问题串,直指函数概念的核心:两个变量间存在某种关系。这是一种用打仗的方法,迅速占领制高点,再向四面扩大战果,快速有效。

笔者对不同的学生做过多次实验,无论是初学函数概念还是进入高三复习阶段的学生,对问题 1 或多或少都能说出自己的一些认识,但也存在问题。一方面,函数概念自初中就开始接受;另一方面,函数概念仍然是高中学习的难点。在学生说出函数的各种说法后(肯定学生),提出问题 2。

问题 2 材料简洁,问题明了,思维起点比较低,使大多数学生能开始有效的思考。答案易猜想但不唯一。为探求两个变量 x,y 之间更高层次的关系提供了条件。多数学生能较快给出答案,如按 $x+y=6$ 或周期变化等得到;还有的学生不能找出,可提示 $x=6$ 时,$x=7$ 时 y 的值,学生得出答案并给予肯定。有一共同点:在被问及能否找出 y 的值时,都确信能。

问题 3 好似学生弄懂了,老师却还不明白,引导学生反思。一般地,两个变量,是否知道其中一个的值就能确定另一个的值吗? 这说明了什么? 学生得出:变量 x,y 之间有关系。由此进一步探讨函数概念的内涵。

四、以数学学习 ABC 法则解决数学问题

解决数学问题是学习的目的,下面谈谈用 ABC 法则的方法来解决问题。

例 1 求函数 $y=\log_{\frac{1}{2}}(2-x^2)$ 的单调区间及单调性。

分析　A：这是复合函数的单调性问题。B：先看作一对数函数，再看作二次函数。令 $y = \log_{\frac{1}{2}} t, t = 2 - x^2$。画出图像（略）。C：根据"定义域优先原则"得，$2 - x^2 > 0$ 结合图像，分两个区间 $(-\sqrt{2}, 0], [0, \sqrt{2})$ 讨论。

当 $x \in (-\sqrt{2}, 0]$ 时，x 增大，t 增大，y 减小 $y = \log_{\frac{1}{2}}(2 - x^2)$ 在 $(-\sqrt{2}, 0]$ 上为减函数。

当 $x \in [0, \sqrt{2})$ 时，x 增大，t 减小，y 增大，$y = \log_{\frac{1}{2}}(2 - x^2)$ 在 $[0, \sqrt{2})$ 上为增函数。

五、应用数学学习 ABC 法则指导教与学

数学学习 ABC 法则从系统有序的思想出发给了我们一个总的思考问题的方法步骤，他分 3 个步骤和层次，A 是什么在于弄清问题，是 C 怎么做的基础和前提；B 有什么则是在于弄清知识间的联系，是 C 怎么做的保障。当然，在具体学习的过程中，也可以先知道有什么、怎么做，反过来认识是什么。而往往需要对事物有一个全面的认识过程后，才会对事物本身的认识深刻，这是一个循序渐进的过程。数学学习 ABC 法则能宏观地指导我们学习，又能微观地指导解题，是最一般的解决问题的方法。

问题是数学的心脏。波利亚的怎样解题表有理解题意、拟订计划、执行计划、反思与回顾 4 个步骤。数学学习 ABC 法则把数学学习问题化。首先，他的提法是问题式的。然后，他还提出怎么做的问题，可视为对波利亚的怎样解题表的一种简化。数学学习 ABC 法则与 5w(what, why, when, who, how) 一样，有提出问题，指导思考的功能，取名数学学习 ABC 法则。ABC 是英文前三个字母，意味着入门、简单，是学习数学的基本法则。

数学学习 ABC 法则强调对数学概念、数学问题的认识与理解，又从系统论的高度强调知识的系统性。系统性表现为两方面：一方面，数学学习 ABC 法则强调对知识的整体认识和把握，有助于归纳知识系统；另一方面，数学学习 ABC 法则也强调对知识、问题进行分类和分解，有助于知识的学习和问题的解决。

数学学习 ABC 法则从操作上给予数学教与学具体的方法和步骤，对数学教与学策略能起到化隐为显的作用。用数学学习 ABC 法则可直接提出问题，使数学学习问题化、自动化，促进学生对学习过程的认识；帮助教师进行教学设计、明确教学思路。

总之，从笔者十多年自己应用实践来看，数学学习 ABC 法则能较好地体现系统有序的思想，能较好地指导学生学习，帮助学生构建知识系统，掌握解题方法；能较好地指导教师进行数学教学。

高中《音乐与舞蹈》选修模块教学的探索与实践

浙江传媒学院实验中学　　胡剑慧

在高中音乐课程中,除具有明显"学科基础中心"倾向的必修模块《音乐鉴赏》外,其他模块均主要是实践性倾向,《歌唱》、《演奏》、《音乐与舞蹈》、《创作》、《音乐与戏剧表演》被作为选修模块。每个模块均有各自的侧重,这六个模块的设置几乎涵盖音乐所有的领域。《音乐与舞蹈》这个模块课程虽然降低了对音乐理论知识的要求,但更侧重实践性发展,因为舞蹈艺术是形体动作的艺术,它具有较强的动作性、情感性、审美性的特征。

舞蹈是一种文化,没有语言,但一个动作,一个姿势,都是文明的载体。《音乐与舞蹈》是从姊妹艺术的角度,拓展学生的艺术视野,把舞蹈鉴赏与舞蹈常识、舞蹈表演、舞蹈创编有机结合和相互渗透,使学生了解与掌握一些舞蹈艺术的知识与技能,其最终目的是为了提高学生音乐文化素质。但因为学生对舞蹈兴趣的偏向性、教师自身能力、教辅的匮乏,学生舞蹈基础参差不齐等原因,使得这个选修模块在教学中遇到一些困惑,本文就自己在教学实践中探索《音乐与舞蹈》选修模块谈些教学感受。

一、静态教学与动态教学相结合,丰富课堂教学形式

在舞蹈课的教学中所谓的静态课就是以理论与鉴赏课为主,鉴赏课要获得成功,除学生自身的兴趣爱好、专业能力之外,离不开理论的支撑,因此在静态教学中如何将纯理论和鉴赏相结合也是教师需思考的问题,如按照舞蹈的表现形式来划分:独舞、双人舞、三人舞、群舞、组舞、歌舞、歌舞剧、舞剧等。对于独舞、双人舞、三人舞的概念学生很好理解,无需太多的介绍,教师应该更多引导的是通过欣赏优秀作品,和学生一起分析表演者如何用不同的技巧来表现不同的主题。而群舞、组舞、歌舞、歌舞剧、舞剧的理解首先应该明白它们的概念,以及它们的相同点和不同点。

所谓的动态课就是技能学习。在教学中往往会发现在上鉴赏课时,有些学生看到精彩地方就会蠢蠢欲动。教师要及时发现,满足学生的学习欲望。舞蹈分为生活舞蹈和艺术舞蹈,对于艺术舞蹈学生更多的是从欣赏的角度来感受,然而讲到生活舞蹈时,可以播放一段庆典场景,听到喜悦、热闹的音乐,学生会随音乐而动。对于学生有感而"动",教师不应作太多的限制,而应及时地指导,此时静态教学与动态教学相结合的效果是可见的。

二、专业舞蹈与时尚舞蹈相结合,激发学生学习兴趣

要学生喜欢舞蹈,教师首先要走进学生圈子,了解他们的喜好,加以正确引导。现代学生追求自我个性发展,又承受着过多的学习压力和快节奏的生活环境。街舞因其轻松随意、自由个性和反叛精神而受到年轻人的喜欢。而民族舞、芭蕾舞等专业舞蹈的规矩、严谨、高雅、技巧性强等特点也是学生望而却步较少愿意学习的原因之一。

如何借助多种渠道,激发学生学习兴趣?如何正确把握专业舞蹈技能学习的难度?如何将专业舞蹈与时尚舞蹈合理结合呢?教师首先不能有排斥时尚舞蹈的心理,最好也能学习一、两招。本人在教学中和会跳街舞、拉丁舞的同学交换角色,请他们做老师。常言道:"三人同行,必有我师",一则确实也是教师学习的机会,二则给学生自信展示的平台。

对我国的"国粹"——中国古典舞和中国民族民间舞,尽管学生排斥性较重,但作为学校艺术教育,我们有责任和义务去传承和发展。同样在现在国际交流那么频繁的时期,学生对国外的民间舞蹈艺术也应有一些了解。教师如果能发现学生的兴趣点,将其兴趣点时尚舞蹈和专业、传统舞蹈相结合,相信会产生意想不到的效果。例如一次我在土豆网收集舞蹈资料时,突然发现一个民族舞健身操和芭蕾健身操的课程教学,在这些课程教学中将几个民族舞的典型动作和健美操动作结合起来,既减少了学习民族舞动作的难度,又具有民族舞特有风格的动作,芭蕾健身操里也将芭蕾手位、芭蕾的典雅、高贵融入其中,非常的棒,我马上下载,自己先跟学,然后再结合学生的实际情况进行适当的修改,教学下来效果非常的好,包括男生都非常喜欢,下课铃声响了还不停地练习,等第二周上课,大部分同学还能记得,甚至有的同学回家还在练习。可见专业舞蹈与时尚舞蹈相结合,大大地激发了学生学习舞蹈的兴趣。

三、现有资源与网络资料相结合,充实教材内容

俗话说,"只说不练假把式"。在教学中教师确实需要有一定的舞蹈示范能力,一是充分利用自身资源,贴近学生,消除学生学习的顾虑;二是可以更好地辅导学生,特别是基本功的训练,仅仅通过视频和图片很难将动作做到位。但当前学校的舞蹈专职教师毕竟少,要充分表现舞蹈还有很大难度,并且教辅资料也十分匮乏,教师在实际教学中,难免捉襟见肘。所以一线老师在平时就要做个有心人,重视对舞蹈材料的收集。当前网络十分发达,但在互联网搜集资料时,要注意精选,如舞蹈作品的主题内容、表演时间、不同时期的代表作等,同时要进行资料的归类,如舞蹈表演形式、中外舞蹈、民族、民间舞蹈、不同地区不同风格的舞蹈等,如果仅仅采用"拿来主义",还是无法落实教材的内容,无法满足学生的审美需求。除以上方法外,笔者在教学中还

充分利用学生资源,如:欣赏三人舞《牛背摇篮》,我请学校舞蹈队的同学现场表演,或许学生的表演没有视频上的演员那么专业,但课堂效果远远比视频好,身边同学的表演不但学生感觉特别亲切,同时对学好舞蹈也更有信心。

四、将有舞蹈基础与无基础学生合理组合,培养学生合作能力

　　《音乐与舞蹈》属于选修模块课程,参加该课程的学生里有以前学过舞蹈有一定基础的学生,但大部分同学是没有接触过舞蹈的。因此,面对学生舞蹈基础的较大差异,大部分同学因为没有接触过舞蹈而产生距离感,我除激发学生舞蹈学习的兴趣、克服学生的畏难情绪和合理安排教学的难度外,还将学生编排成不固定的结队小组,如有时是将基础好的与没有基础的在一起,以强带弱;有时也将有基础的归在一起,没有基础的同学合在一起,提出不同的要求:强势学生一起提升技能,进行作品深入创作,弱势同学打好基础,同学之间相互寻找优缺点。通过这些不同的组合形式,不但使教师的辅导更有针对性,也充分调动起学生继续求知的欲望和同学间的合作能力。

小学生业余学习钢琴现状的调查与研究

——以杭州市为例

杭州市文一街小学　黄小青

当前社会上小学生业余学习钢琴的热潮方兴未艾，家长们总是希望自己的孩子能够学有所成，许多家长和老师费尽心思，却没能达到预期的目标和效果。在钢琴教学中如何避免学生厌学现象便成为一个非常关键的问题。而大多数专家和学者仍把注意力集中在青少年儿童学习钢琴的策略上，忽视了对小学生厌学钢琴现状和原因的深入分析。实际上，只有了解学生厌学钢琴的现状，找准学生厌学的原因，才能对症下药，提高钢琴教与学的质量。

笔者为此在杭州市西湖区的青少年培训中心、天目培训中心等五所艺术培训中心进行了问卷调查。共放发问卷 200 份，回收问卷 192 份，其中有效问卷 188 份。

一、小学生业余钢琴学习的现状分析

（一）小学生学习钢琴的兴趣

188 名学生中不喜欢学习钢琴有 90 人，占总人数的 47.9%。有 31.4% 的学生持中立态度。仅有 20.7% 的学生表示喜欢学习钢琴。可见学生对业余学习钢琴存在较为严重的厌学现象，那种认为小学生很喜欢业余学习钢琴的想法显然是错误的。

（二）小学生厌学钢琴的原因

在 90 名厌学学生中，有 47.8% 由于父母要求过高而对钢琴失去兴趣。他们认为平时的学习负担太重，难得有点时间休息，可是父母硬逼自己学这学那，以至于产生逆反心理。有 24.4% 的学生认为钢琴是一门难学而又枯燥的东西，因此放弃学习。有 20% 的学生则是由于自身不喜欢钢琴，自认为没有一点音乐天赋，所以不想学习。还有 7.8% 的学生表示不喜欢或不认同老师的教学方法，最后影响学习。

（三）小学生学习钢琴的原因

小学生学习钢琴的被动性较强，主动性较弱。由于父母的各种原因而学习钢琴的有 67.6%（127 人）。对钢琴感兴趣和认为能学到技能的学生占 25.6%。还有 6.8% 的学生是在同伴的影响下参与学习。

（四）小学生每天练琴的情况

大部分学生每天都会练习钢琴，4/5 的学生每天练习钢琴的时间超过半个小时,可见学生的课外负担比较沉重。

（五）小学生钢琴考级的情况

在 188 名学生中,有 132 人表示他们参加过钢琴考级,占总比例的 70.2%,另有 56 人(29.8%)没有参加过钢琴考级。

（六）小学生参加钢琴考级的原因

79.6% 的学生参加钢琴考级是因为他人,表现出较强的被动性。只有 20.4% 的学生出于自愿而参加考级。学生的自主性没有得到很好的体现。

二、小学生厌学钢琴的原因分析

从对小学生钢琴教育的现状分析中,我们发现小学生业余钢琴教育是不尽如人意的,明显表现出厌学现象。笔者认为需要从多个角度去寻找答案,即家长的角度、学生的角度和教师的角度。

（一）家长的原因

学生产生厌学现象最主要的原因是父母要求过高,这种情况所占比例为 47.8%。这种家长大多属于专制型父母,他们对儿童严厉、粗暴、缺少温情。家长滥用权利,要求儿童绝对服从,却很少对儿童说明为什么要这么做。为使儿童服从,他们常常运用惩罚和剥夺的策略。儿童完全受制于父母,个人意愿得不到尊重,因此感到愤怒和拘束。父母要求过高主要表现为:

1. 强逼孩子学习钢琴。这一部分群体在所调查的对象中占 67.6%。例如:有些家长不管孩子的生理及天赋条件是否符合学习要求,也不管孩子是否喜欢音乐而强逼孩子学习钢琴。

2. 强逼孩子练习钢琴。84.7% 的学生由于父母的要求每天练习钢琴超过半个小时。这些家长由于不了解学习钢琴是个漫长的过程,而对孩子过分施压,完全按照自己的意愿去要求孩子。一旦孩子做不好或不愿做,家长便进行严厉的批评、训斥,甚至采取"体罚"。孩子的注意力分散不集中,一般只能持续练琴 15～20 分钟,而家长却偏偏要求他们练习 1 个小时。这样时间久了,孩子学习钢琴的信心慢慢减弱,兴趣全无,甚至产生逆反心理,从而由喜欢到不喜欢,由厌烦到厌恶,最终导致放弃学习钢琴。

3. 强逼孩子考级。这一部分群体在所调查的对象中占 48.5%。钢琴考级活动的开展,推动了钢琴教学的规范化。通过对教材的统一和对教师教学的客观评价,使得大批非专业钢琴教师的教学也逐渐规范起来。但如今有很多人误解了其意义和价值。许多家长盲目地把考级作为学习钢琴的唯一目的和学习程度的评价标准。他们没有很好地遵循学生循序渐进的学习规律,不顾实际地盲目地"跳级"。同时他们也没有从孩子的感受出发,强迫孩子"知难而进"。这些情况都会给孩子造成一定的心理压力。

（二）学生的原因

7～12岁儿童学习钢琴的兴趣大多停留在有趣阶段，即对钢琴的好奇心引起的一种兴趣。它具有一定的自发性和偶然性，也带有脆弱性和不稳定性，因此它可能随着学习进程和其他因素的变化而变化。比如，因为教师的更换或环境的变迁而引起钢琴学习兴趣的变化。

一般来说，学习钢琴的儿童家庭生活条件都比较好，又属于独生子女，平时娇生惯养。而学习钢琴是一种艰苦复杂需要长期努力的劳动，这些孩子在学习中经不起挫折的考验，平时只喜欢听好话，一旦受到老师的批评或父母的责备，就会失去学习钢琴的兴趣。

（三）教师的原因

教学是教师的教和学生的学而构成的双边活动，这个双边活动是统一的、相互依存的，又是相互区别的。在学习过程中起主导作用的教师，对学生的学习具有极其重大的影响，其中教学方法和方式对学生的影响最大。

1. 教学方法

有些教师过于追求进度、难度，给予学生过多的作业、过高的要求。由于学生的理解能力、记忆能力、思考能力都尚未发展成熟，所以很难达到教师的要求。学生因为跟不上快速的学习节奏，而渐渐失去学习钢琴的信心。有些教师过于重视钢琴考级的作用，一味让学生练习考级曲目。学生在教师的要求下，一遍又一遍地重复练习同样的曲目。这种教学方法只会削弱学生的学习兴趣，甚至产生厌恶感。有些教师缺少教学耐心，常常对孩子严加训斥。久而久之，许多孩子不仅产生逆反心理、厌学钢琴，甚至一听到要上钢琴课，就会产生恐惧心理。

2. 教学形式

目前小学生业余钢琴班授课的主要方式是个别课，也称为"一对一"。这种授课方式虽然有利于教师更加细致和深入地观察学生，并且更具针对性的帮助学生解决在钢琴学习中所遇到的困难，但是这种授课方式也存在着不足之处。首先，"一对一"的授课方式使得学生的一言一行、一举一动都在教师的视线范围之内，在这种情况下学生容易产生心理压力；其次游戏是儿童活动的基本形式，让儿童在游戏活动中学习，在游戏活动中发展已成为大家的共识。然而这种授课方式无法满足儿童的这一需求。儿童存在受人关注的心理特点，他们希望自己优秀的表现能得到更多人的赞赏，可是在个别课上，儿童的这一需求得不到满足。

三、避免小学生厌学钢琴的建议

小学生厌学钢琴现象应该而且必须受到重视，要想解决小学生钢琴教学中遇到的问题，不仅要依靠教师的力量，还需要父母的大力支持与帮助。笔者就此提出几点建议。

（一）诱发学生学琴的兴趣

兴趣对于人的学习、工作等活动都有明显的促进作用。它既可以成为学习与工作的巨大动力，又可以激发人的创造性才能。在教学中教师应该多采用启发、诱导、激励的方法培养和保持学生的学习兴趣。

对初学的儿童，教师可以先让孩子听音乐。当这些音乐在学生脑中有一定记忆积累时，再引导他们唱曲子的旋律。把练习曲和乐曲结合起来教学，有利于学习兴趣的稳定。对年龄偏小的学生，教师要充分把握他们的心理特点。对于学生取得的每一点进步，教师都要充分的肯定和鼓励，并且给予适当的表扬和奖励。对年龄偏大的学生，教师可以与他们聊聊天，问问兴趣爱好，这样能够消除学生对教师的陌生感，拉近师生之间的距离。教师还可以让他们知道为什么要学习这些东西。当学生认识到学习钢琴是有意义、有价值的，所学内容符合他们成长需要的，而且学生也觉得自己有能力学到教师对他们所期望的程度时，学生自然会努力学习，而且不需要外力控制，就能自动维持强烈的学习动机。

钢琴学习不能封闭在家里，适当地让孩子接触生活，接触音乐的熏陶也是非常重要的一个方面。儿童存在着受人期待、引人注意的心理特点，因此，教师可以适当举办一些活动，让学生通过登台演出充分表现自我。这种方法既可以让学生的心理得到适当的满足，又可以巩固他们学习钢琴的兴趣。让学生在享受成功喜悦的同时，为争取获得更大的成功而更加努力的学习钢琴。

（二）坚持因材施教的原则

学生和教师一样，也有很多不同种类型。教师对待学生应该一视同仁，不要特别偏爱那些音乐素质特别好的学生，不能够也不应该拒绝基础较差、学习有困难的学生，而应该花更多的精力，帮助他们排除心理障碍，鼓励他们树立学习信心。

儿童正处于生理与心理上的发育期，各年龄段间及同年龄段的每个儿童都存在着很大的个性差异，一律用同一种模式进行教学，很难达到理想的教学效果。在教学过程中教师应该从每个学生的实际情况出发，有针对性和选择性地进行教学，使每个学生都能扬长避短，获得充分的发展。例如：有些女孩子自尊心特别强，非常敏感，教师略微批评一下她，便会哭闹不止。显然对这种类型的孩子不能过分批评，当然也不能对其错误置之不理。对于他们取得的点滴进步都要给予充分的肯定，同时要有针对性地指出他们弹奏中所出现的问题。

（三）丰富钢琴教学的方式

在"一对一"授课方式的前提下，可以采用较为广泛的小组课和集体课。小组课对于启蒙教学比较适用，它不仅有利于学生之间在课堂上的相互交流、相互学习、取长补短、促进学习积极性、激发创造性思维，同时也在某种程度上减少了教师不必要的重复劳动。在集体课教学中，教师可以用同样的内容对不同学生提出不同的要求，让学生在同学的注视中回答问题,或上台弹奏,这样无疑会有益于学生心理素质的提高。例如:教师讲解并示范弹奏某练习曲后,点名其中某位学生现场弹奏。教师及时指出优缺点,再让其他学生弹奏,使学生处在一个积极互动的教学环境之中。

(四)充分发挥家长的作用

在现实生活中每个琴童的学习都离不开家长的辅导,家长在孩子成长过程中发挥了极其重要的作用。钢琴是一项技术性很高的艺术,但是儿童因为年幼的原因,对于技巧的认识和学习不够,课堂上理解和掌握的程度相当有限,因此需要家长理解教师的要求和意图,帮助儿童在练习过程中形成正确的弹奏方法。在学习钢琴的过程中家长还要做好孩子的陪练老师。叶圣陶先生说过:"教育就是要养成良好的习惯。"在孩子学习的每一个环节家长都要给予正确的引导,让孩子养成良好的练琴习惯。

学习钢琴并非易事,它需要兴趣和毅力的双重结合,是一个日积月累的过程。要想真正让孩子学好钢琴,需要学生自己、教师和家长的共同努力。

小学低段语文课程资源的开发与利用

杭州市学军小学紫金港校区　黄　涛

语文课程资源包括课堂教学资源和课外学习资源,例如:教科书、教学挂图、工具书、其他图书、报刊、电影、电视、广播、网络、图书馆、博物馆、展览馆、报廊、各种标牌广告等,还有自然风光、文物古迹、风俗民情,国内外的重要事件,学生的家庭生活,以及日常生活话题等。教师应该很好地开发和利用这些资源,为达成语文教学目标服务。

一、依据教学目标,开发课程资源

1.全面解读整体目标,合理选择课程资源

语文课程整体目标根据知识和能力、过程和方法、情感态度和价值观三个维度设计。三个方面互相渗透,融为一体,注重语文素养的整体提高。教学目标是课堂教学活动预期并最终实现的教学质量标准,是课堂教学活动的灵魂和动力。因此在拓展教材、开发资源时,要考虑怎样选择和利用资源最有利于实现课程目标。

[案例1]　《春雨的色彩》

《春雨的色彩》是一年级下册第一单元的第二篇课文,这个单元是围绕"多彩的春天"这一主题编写的。《春雨的色彩》写的是春雨的童话故事。故事中,小燕子说春雨是绿色的,麻雀说春雨是红色的,小黄莺说春雨是黄色的。春雨到底是什么颜色的呢? 这个问题的答案本身并不重要,重要的是让学生带着这个问题在读书中感受到春雨给大地带来的变化,感受到课文中蕴含的道理和情感,凭借课文展开想象,并发表自己的独立见解,激发学生探究大自然的奥秘。在完成了第一课时"认识生字,初读课文,分清自然段"的基础上,进行第二课时的教学,教学目标定为:

(1)认识"淋、洒、滴、油"4个生字。会写"红、绿"2个生字。

(2)有感情地朗读3-5自然段,并了解春雨给大地带来的变化。

(3)能运用"春雨(　)到(　),(　)。"句式说说春雨给大地带来的变化。

其中,能运用"春雨(　)到(　),(　)。"句式说说春雨给大地带来的变化是本课时的难点。于是,在课前笔者让孩子走进大自然,走进春天,春天有哪些美丽的花儿开放了,用照片拍摄下来或者用画笔画下来。孩子们兴致盎然地利用双休日与春天有了一次亲密接触。当进行该句子的训练的时候,孩子举着自己拍摄的照片自豪地介绍：春雨是红色的。你们瞧，春雨落到玉兰花上，玉兰花红了。笔者追问：说得真好。这么美的玉兰你是在哪里找到的啊？这个孩子自豪地讲起了自己的寻找过程。一石激起千层浪，其余的孩子也跃跃欲试，在不知不觉中就突破了这个难点。

一年级的孩子活泼好动，他们对事物充满了好奇心和探究欲，然而，他们对事物的专注程度相对较弱。在学习困难面前，有的孩子懒于思考，这时候，老师就将难点做到心中有数，充分利用了大自然这个课程资源，自然而然地达成了教学目标。

2.走出课堂，在活动中优化课程资源

语文课标指出：语文教师应高度重视课程资源的开发与利用、创造性地开展各类活动，增强学生在各种场合学语文、用语文的意识，多方面提高学生的语文能力。语文教育必须植根于学生的现实生活和儿童特殊的生活世界，即让语文教学回归生活。只有贴近学生的生活，以学生的经验为起点，才能开展行之有效的活动。

[案例2]　《影子》

一年级上册《影子》一文中，通过对"影子"现象的研究，初步激发学生观察生活中事物的兴趣。为更好地达成上述目标，语文教师可以带领孩子走出课堂，玩一玩影子游戏。

师：今天天气很好，咱们一起出去逛逛校园，认识一位特殊的新朋友。

生：我知道，是影子。

师：已有人猜出来了。影子这位好朋友有什么特点，小朋友要仔细观察哦。

生：我发现站在阳光下才会有影子。

师：是的，你真会发现。

生：我发现面对太阳的时候，影子在后，背对太阳的时候，影子在前。

师：这真是一个重大发现。

（话音刚落，其余孩子就纷纷检验这个发现，显得有点激动。）

生：老师，我可以让影子在左，也可以影子让在右。

师：真的啊？好厉害，谁还会啊？

（孩子的兴致完全点燃，在纷纷实践）

生：老师，不管是走还是跑，影子都跟着我，跟书上说的一样真是一条小黑狗。

师：是啊，和课文《影子》中说的一样。

这个活动是在执教完《影子》一文后开展的，通过课堂上图片等多媒体的呈现，孩子们对影子有了初步的认识。通过具体实践活动，优化了课程资源。孩子们对影子有了更深刻的认识，促进了教学目标的达成。

二、立足学生生活实际，利用课程资源

低段孩子都是想象大师，从自然现象到日常生活中，他们都有自己独特的见解。教师应抓住低段孩子这个独有的特点，从孩子日常生活中捕捉有教育意义的内容，将教材中的内容与学生现实生活中的体验有机结合起来,拉近文本与学生的距离,使之贴近儿童生活,儿童易于接受。

1.创设情境,巧用课程资源

语文生本课堂很重要的一个表现就是重视学生的课堂生成。孩子课堂生成就是一项非常有价值的课程资源。创设情景,挖掘孩子在课堂中生成的资源,加以巧用,可以提高语文课堂的有效性。

[案例3]　《荷叶圆圆》

小水珠说:"荷叶是我的摇篮。"(播放动画)

师:现在我们就是这颗小水珠,躺在像摇篮似的荷叶上,听着优美的摇篮曲,摇啊摇,摇啊摇(采访)你感觉怎么样?

生:真舒服!

师:你来舒服的说一说吧!

生:荷叶是我的摇篮。

师:真舒服啊,谁再来读一读?

师:真是舒服极了! 哎呀,这个小水珠舒服地都快睡着了呢! 小水珠,你感觉怎么样?

生:我感觉好快乐。

师:那请你快乐地来读一读吧!

生:我感觉好幸福。

师:那请你幸福地来读一读吧!。

本案例中,教师创设情境,把班级孩子们当做躺在荷叶上的小水珠,在荷叶妈妈的摇篮里摇啊摇啊,让孩子说体会。在轻柔的音乐中,在形象的动画中,孩子们一下子进入了情境。当问到你有什么感觉时,孩子们有了自己的想法。有的说很舒服,有的说很快乐,有的说很幸福,这一切都是基于孩子自身的感受生成的。我们不难发现,抓住孩子的生成并适当加以引导,我们的孩子就能给出五花八门的答案,这些大都是非常有价值的课堂资源。

2.根据学生生活环境,善用课程资源

班级的孩子都生活在杭州。杭州是文人辈出的地方,是一座文化底蕴浓厚的城市。语文教材中有部分作者就与杭州有着一定的渊源。譬如说宋代苏轼,孩子在二年级下册古诗《赠刘景文》开始接触这位诗人。可以从杭州著名景点苏堤和特色小吃东坡肉出发,谈谈其来历,一方面可以多方面了解苏轼,另一方面可以培养孩子的家乡自豪感。

语文课堂资源是多种多样的,其开发和利用的途径有很多,但无论采用哪种方法,我们都应该根据教学需要合理有效的开发和利用,使课程资源真正为课程实施,为学生的发展服务。

法国近三十年课程改革管窥

杭州市濮家小学教育集团　孙临美

一、法国课程改革的背景

20世纪80年代,法国的教育还存在许多严重的问题,如高淘汰率,即从小学到大学的每个阶段都要淘汰一批学生。1982年底,路易·勒格朗在向政府提交的《为建立民主的初中而斗争》文件中指出:"据统计,初中一年级的学生有15%留级,初中四个年级的平均留级率达12%。"教学内容和方法不适应新形势的要求,以致教育成为法国经济和科技发展缓慢的一个重要原因。因此,在世界教育改革浪潮的推动下,在国际社会经济竞争的强烈要求下,被称为"教师党"的法国社会党自1981年5月开始执政以来,即着手对教育进行全面改革。法国的教育研究者开始从学校的微观角度入手,试图彻底改进教学,法国中小学课程由此经历着一次深刻的改革。本文试图阐述法国课程改革的基本特征,并与其他国家作一比较。

二、法国课程改革的基本特征

(一)提高教育质量

20世纪80年代,法国课程改革的问题一再出现,包括课程内容亟待更新,许多学校对学生发展多种能力的需求手足无措,许多学生的学业成绩不合格,使得80%的学生获取学士学位的目标遥不可及。这一现象的出现与法国20世纪60年代以来,课程内容发生激变,但是教学方法和组织方式没有很好地适应这样的变化有关。因此,与美国在1983年《国家在危难中:教育改革势在必行》文件颁布后唤起美国课程改革新一轮实现"教育优异"一样,80年代的法国民众开始关注公共教育的质量问题,并且对当时的教育现状不满,政府开始重视教育质量的提高。

法国教育部采取了许多措施来提高教学质量,如加强个别化教育,积极推广和落实自1975年《哈比改革法案》以来的对学生的个别辅导制度;在高中和大学加强方向指导;增加教学的应用性;以及提高师资水平。其中,1989年7月10日的89—486号教育条文:"着眼于满足社会的需求:为所有年轻人提供高质量的教育,并保证每人都能获得一份文凭。"以法律的形式来确保教育质量的提高。到了90年代,在课程改革中提出"共同基石"和"共同文化"的概念,通过课程的统一来提高教学质量。2004年,法国政府又颁布了《为了全体学生的成功》,提出了"共同基础"核心概念,注重学生基础知识,基本能力的提高。这与美国 2001 年布什政府《不让一个孩子掉队》教育计划颁布以及加拿大所强调的"共同基础课"理念类似,关注每一个学生基础知识、基本能力的提高。

(二)注重课程整合

在分科和整合课程中,法国 80 年代之前是课时三分制,1985 年开始实行分科制,但到了 90 年代,在分科教学的基础上又出现了一定的综合,存在着明显的"钟摆"现象。新的课程改革认为,"课程的建构应立足于共同基石的概念,共同基石的概念遵循这样的逻辑:在尊重各学科本身的逻辑的同时,认识到学生是一个人,学科的多重性应该在其身上得到统一。"在课程内容的安排上力求各个年级和各个学科之间相互联系、和谐统一。在横向上划分"学科级",在纵向上划分"学习段"。1997 年,国家教学大纲委员会提出了"参考教科书"的计划,阐明各个学科的最基本的内容,明确表现各学科之间的联系,从而建立一种真实的"横向联系"。课程改革的一个重要特点就是按照各个学习阶段组织课程内容,而不再有年级的概念,建立了课程"纵向联系"。

注重课程整合是当前世界课程改革的一大趋势:俄罗斯在分科课程与综合课程中独树一帜,2002 年,它将 12 年制教育分成三个阶段并在每个阶段设置不同类型课程:入门阶段(1～7 年级),设置综合课程;基础阶段(8～10 年级),设置分科课程;专业阶段(11～12 年级),分科课程与综合课程相结合。此外,美、英、法、日等国的小学都设有"科学"(或"理科")课程,其内容涉及生物、气象、物理、天文、环境、保健等多种学科的知识。这既有利于学生从整体上完整地理解和掌握各门知识以及其相互联系,又有利于减轻学生负担。

(三)强调弹性化课程

1980 年以来,法国义务教育在数量上得到实现,但由于过分强调教育的平均主义,导致学校文化危机、教育水平的降低以及课程设置过分整齐划一,改革势在必行。首先,法国在课程管理上原先实行中央集权制,从 20 世纪 80 年代后期开始,加强"分权放权"。通过扩大地区、学区和省的权利,最终扩大学校的自主权。例如,法国相对自由的教科书出版和使用制度,以及教师和学生有自由选择教科书的权利,为课程改革增添活力;20 世纪八九十年代,"学校计划"、"学校合同"理念的提出、90 年代以后设置了专门时间来保证学校和教师从事课程开发与研究,调动了各方办学的积极性。到 2005 年《学校未来的导向与纲要法》颁布,都充分体现了扩大地方学校自主权的思想。其次,课程改革注重培养个性化的人才。针对平均主义带来的危害,法国通过"共同基石"、"共同文化"、"共同基础"等理念的提出,以及"教学阶段"、"学科极"等教学方式的改进,必修课与选修课比例的调整,给予学生充分的自由支配的时间和空间,培养学生具有独立自主和主动进取的精神。学生个性化发展也是当今世界教育发展的趋势。例如,20世纪90年代加拿大"新教育"计划的实施,以及日本新世纪"彩虹"教育计划的实行,通过课程设置,为学生创造宽松、愉快的环境,促进学生个性发展。

（四）设置现代化课程

20世纪80年代以来,为适应社会发展的需要,学生学习的内容有了相当大的变化。新的科技成果不断引入课堂,自然科学、现代外语、数学、理化、经济、管理、商业及技术性学科的比重在不断增大。在课程内容选择上,法国课程改革优先考虑信息技术和外国语。以计算机为例,为了实现教育现代化,1985年提出了"大众计算机计划"(PIPI),从小学四年级开始将"计算机入门"列入"科学与技术"课程中,作为必修内容,以实现"学校电子化"。因此,新的教学大纲规定,每个初中生必须接受200小时的计算机操作训练,在高中将计算机列为选修课,从1988年开始列入高中毕业会考。英国和日本也类似,到1985年英国90%的小学配备了计算机。1990年英国各小学共拥有82400台微型计算机,这个数目是1985年的两倍。根据日本1987－1990年期间所作的调查,日本普通中小学引进计算机教学的学校达50%～60%。这些数据在当前都有上升的趋势。

三、法国课程改革的评价

在对法国近30年的课程改革的基本特征阐述及与其他国家的比较之后,我们不难发现:

首先,课程改革体现时代性。课程中体现当今科学技术发展的成果,为学生准备了现代科技生活所必须的知识技能训练项目。当然,美国作为西方先进发达资本主义国家的代表,法国的课程改革也具有浓厚的"美国色彩"。例如,80年代法国课程改革以提高教育质量为主题,受到了美国"教育优异"思想的影响。

其次,课程改革外延扩大。当今法国的课程改革不是独立的单单是课程领域的改革,而是整个国民教育改革的一部分。在课程改革的同时,教师教育质量的提高、教育民主化的深入,也都是改革的重要组成部分,它们从另一方面促进了课程改革的顺利进行。同时,法国课程改革不仅在内容上有了改进,而且从课程设计、实施、监督,到课程的评估,都出现了许多新方法和新要求,推动课程改革的进行。

第三,课程改革体现民主性。法国是唯一把民主概念与知识紧密联系的国家,这就很大程度上决定了课程内容。例如,1989年《初等教育方向指导法》中调整课程设置,把小学的7门课分为3组,从而减少课堂教学时间,使学校有更多的机会适应学生的个性需要。此外,法国还设立"优先教育区"(education priority zones),简称ZEP。目的就是缩小地区之间的教育不平衡,解决薄弱地区的教育质量问题。

然而,进入21世纪以来,一方面,教育失败现象仍然严重,"尽管法国小学入学率已达百分之百,但令人担忧的是 1/3 以上的小学生不能按期完成五年学业,进入初中";另一方面,无资格无文凭的青年有增无减。教育公平、学业失败、失业等问题仍然困扰着法国。

作为同样课程体制中央集权的我国,法国近 30 年的课程改革的成败得失,对我国师资培养、政府在教学大纲的编制和课程的设计以及具体实施方式上,乃至当前我国新一轮的课程改革和素质教育的实行上都具有重要的借鉴意义。

充分挖掘"集团"优势　有效促进教师成长

——青年教师启航杯评优课活动的实施报告

杭州市西湖小学教育集团　朱　红

青年教师评优课活动作为促进年轻教师专业发展的一个平台,已被越来越多的学校纳入了常规化教学管理。如何使这项常规化的活动真正发挥有效促进青年教师专业成长载体的作用,需要学校结合本校实际,从活动制度的完善、活动开展的形式、活动的内容、评价机制等诸方面加以综合考虑。巴纳德认为,社会的各级组织包括军事的、宗教的、学术的、企业的等多种类型的组织都是一个协作的系统,这些协作组织都包含三个要素:协作的意愿、共同的目标和信息联系。巴纳德的系统组织理论给我们的学校管理带来了很大的启发。

学校的管理工作也是一个非常庞大的"系统组织",只有把组织目标和个人目标结合一起,才能使一个组织的运作是高效的,个人的需求也才能得到最大的满足。西湖小学教育集团在办学过程中,由于学校的快速发展,带来了年轻教师的大量聚集。促进这些年轻教师有效快速地成长就成为学校管理中的一个重点,更是一个难点。面对着集团内70%以上的中青年教师,这项任务就显得尤为艰巨和迫切。

教师的专业成长不仅仅靠教师的理论水平,更需要教师在实践中磨炼;教师的磨炼不仅仅需要个体的深入钻研,更需要团队的互相协作和影响;教师磨炼的根本之地是课堂教学这个主阵地。在总结以往经验的基础上,集团尝试对这项活动进行改革,在策略上作出了相应调整,以使这项活动进一步得到完善。这种策略的调整主要指导思想是:从注重"比"到注重"评"的转变,即注重年轻教师在活动过程中的对课堂教学的研究和探讨,注重年轻教师在课堂教学中的反复打磨,注重全体教师共同参与过程中的合作研究。

本研究主要通过对我校青年教师启航杯评优课活动策略的剖析以及实施情况的实证调查,进一步探索有效的青年教师评优课机制。

一、启航杯活动策略的解说

1. 明确目的,制订方案

我们首先在集团教导处行政人员的层面上,召开了商讨会议,反复商榷活动的目的和每一步操作策略,确立了本次活动的主题和目的,即充分发挥集团化办学的优势,将集团35岁以下的年轻教师以学科为组集中展示,使得同一学科的教师能够取长补短,并且能够使广大教师形成互相研究共同探讨的钻研氛围。学校以"营造学术的校园、搭建飞翔的舞台、成就放飞的梦想"为本次活动的目的,通过课堂教学的展示评比活动,希望每一个老师都成为新课改的研究者,每一个年轻教师都能够在新课改中不断思索、实践、反思、进步,使严谨、创新、求实的钻研精神在校园蔚然成风;更为每一个年轻老师提供亮相的机会,通过深入钻研、团队合作、展现优势、不断反思,以促进教育教学整体综合素质的发展和提高。

明确活动的方向后,再制订详细的活动方案。方案中给出了每一个学科课堂教学展示的教学主体性研究内容;规定了时间和要求,目的是让大家能够在同一个研究领域中有更多的思想共鸣,也能找到更多的参照价值。同时公布了各个学科的评委教师,增加了活动的透明度,保障了活动的学术性。

2. 有序开展,团队合作

方案制订好以后,在教师大会上作详细动员,使所有教师明确活动的目的,并且发出倡议希望老师们互相合作,帮助年轻老师不断钻研教学,打磨课堂。鼓励年轻老师多次试教,反复试教,邀请师傅和年级组老师一起研究课堂教学。

3. 展示评优,反思促进

学校教导处组织全体同学科的教师一起展示一起观摩一起评比。每次课堂教学展示之后,教导处和学科教研组长邀请学术评委组代表和老师深入交流,给当天所有参加展示的老师点评和交流。从而将课堂教学的展示评比活动教研化,把教研活动的思想日常化、即时化。活动之后每一位老师对所执教的课堂教学或者所听的课堂教学进行教学点评或者撰写教学反思。这样,活动不是以展示结束,而是以展示作为一个新的研究切入点。

二、启航杯活动开展的分析

在本次启航杯教学活动中教师参与面广,集团几乎所有教师都参与到活动之中。这样就使教学活动成为全体教师共同研究的载体。正是由于全体教师的积极参与,所有教师在活动中都有研究所得,教学研究就不会只停留在活动的表面,而是深入到广大教师的日常教学行为中,起到了"以赛促教"、"以点带面"的良好效果。

1. 促进研究,达成双赢局面

从本次启航杯教学活动中看出,对教师的培养可以采用专家辅导、同学科同年段教师之间合作、师傅指导等多种途径共同并进,促进年轻教师深入课堂研读教材,达到最优发展的效果。

本次启航杯课堂教学活动共展示 51 节 7 大学科的课堂教学,每一位教师都经过了至少 1 次的试教,54.8% 的老师还进行了 2 次以上的试教。试教过程中同年级组的老师都分别听课参与研究。在试教打磨过程中,有的年轻老师不仅在本校区研究,还匆匆忙忙赶到其他校区请学科骨干教师听试教。活动过程中,每天的茶余饭后,甚至深夜,我们的老师们对某一节课或某一问题还在进行集体研究讨论。老师们因为同一个需求而围坐在一起,因为同一份责任和热情而争论不休,同时也因为教师们的共同参与,校园内的研究氛围浓厚。

在这样的研究平台中,表面上是一位新教师在准备上课,可从实际情况中我们看到,不仅是他的师傅,还有其他校区的老师也热情地参与他的试教过程。这不仅使年轻教师在一次次打磨过程中成长起来,也使其他老师在这个过程中研究起来,起到了很好的"双赢"的现象。从统计中,我们看到在本次活动中,45.4%的教师认为自己收获很大,51.9%的教师认为有不同程度的收获。在本次调查问卷中,府苑小学的语文骨干教师虞雪华老师写下了这样的感言:从年轻老师身上学到了很多东西,比如:只要锲而不舍,每个老师都有可能获得成功。年级组长支慧慧老师在问卷中写道:看到了年轻教师们的课堂演绎,对教材的处理以及不同教材不同风格的教学,加强了老师之间教学的交流,听课后收获是很多的。有相同体会的老师还有很多。

启航杯教学活动发展为集团各学科统评,这不仅仅是备课组、教研组间的竞争,更是校区之间的竞争。我们觉得学校的竞争文化固然重要,但是创建学校双赢氛围更为重要,这是由教师工作的特点、学生培养目标和知识的特点决定的。正如美国富兰克林柯维公司的联合主席斯蒂芬·柯维在他撰写的《与成功有约——高效者的七种习惯》一书中讲述的第四个习惯就是:考虑双赢。学校是一个特殊的传承文化的场所,教师教书育人的工作性质决定了它应具有示范性、协作性、双向互动性的特点,而教师这些本质特点,没有一个双赢的管理氛围是不可能得以体现的。教师群体应该是一个合作的、相互激励的、提倡双赢的集体,学校管理者应在各种管理行为中引导教师一方面在合作双赢的氛围中学会合作,另一方面在用自己的知识和良好品德影响别人的同时,虚心学习他的同事。只有在这样的"双赢"氛围中,教师的成长才是健康的、快速的,学校的管理策略才是有效的。

2. 取长补短,组建学习型团队

"集团"最大的优势是教师多,智慧足。学校要充分发挥这种人力优势,组建学习型团队,实现教育智慧共享。比如在一些学校面对着非语数小学科,教师常有这样的困惑:一个教研组内就一二个老师,平时想要商讨一些话题,常常激不起谈论的兴致,更难以形成研究的氛围。现在通过集团层面来研究,发挥团队的作用,参与的教师就多了,研究的氛围就浓厚起来。如表1:这是本次活动中参与课堂展示的人数分布。从表中可以看出,除语文数学学科外,其他学科各个学校的人数分布极少,如果各校自行研究,则研究探讨的氛围就难以有效形成;如果以集团为单位进行这些小学科的研究,则能"化零为整",最大化地促进这些老师深入探讨。

利器在于磨,好课也在于磨。教师在磨课成长、成熟。同样在磨课的过程中不仅促进展示教师的成长,也有力地带动了整个团队的研究。

表1　各校区参与人数

校　区　＼　学科人数	语文	数学	音乐	体育	美术	科学	英语	信息技术
西湖小学	9	3	0	2	0	1	2	1
府苑小学	5	2	1	1	0	0	1	1
文新小学	9	6	2	2	1	1	1	0

体育老师原本各校只有一二名教师,平时很难有机会坐在一起研讨课堂教学,现在借助启航杯这个平台,集团的所有体育老师在一起研究,有话题研究的思想共鸣。这样的研究团队正是我们教学所需要的有价值的"学习型团队"。在问卷调查中,有近80%的老师认为,本次活动促进了备课组老师的相互交流。互相交流互相探讨正是我们学习型团队的生命力体现。正如管理大师彼德·圣吉所言:"在现代组织中,学习的基本单位是团体而不是个人。""当团体真正在学习的时候,不仅团体整体产生出色的成果,个别成员成长的速度也比其他的学习方式为快。"可见一个良好的"学习团队"是教师成长的基石。在这种组织中,大家都不断突破自己的能力上限,彼此信任、互补长短。

3. 共享教学智慧,形成发展动力

在本次教学活动中,51位年轻教师参与了教学展示,有8位老师"不约而同"地进行了同课异构。在语文课堂展示中,第一天上课文新的徐赟老师和第二天上课西湖的周巧梅老师选择了同一篇课文《猫》。听完了徐赟老师的课后,周巧梅老师不由得大声惊呼:哎呀!我们好几个环节的设计是差不多的。徐老师上得那么生动,我怎么办?!周巧梅老师一边紧锁眉头,一边找年级组内的老师商量。于是,当天晚上,学校办公室内四五老师一起挑灯奋战,寻找课堂教学新的突破点。经过整整一个晚上的磨炼,第二天周巧梅老师向听课老师展现一堂别出心裁的《猫》。课后,周老师在反思中写到:

磨课的过程是艰难的。一次次试教,一次次修改教案,一次次向别人请教……三个晚上,冥思苦想,整整写了4个教案,可痛苦的是一次次试教还是不如意,自信心也一点点地消退……

磨课的过程更是幸福的。年级组老师一次次来听课,一次次提供宝贵的意见,更重要的是一次次在我失落时给我鼓劲加油!我感谢他们!更感谢的是朱红校长在上课的前一天晚上给我的指导。突破,对我来说是个巨大的挑战,但团队给了我力量,团队给了我勇气。我为有这样的团队感到骄傲与幸福。

这就是在集团化教学展示中不约而同的同课异构,起到了"无心插柳柳成荫"的作用。一堂堂课凝聚着集团教师的共同智慧,有效地促进了教学改革朝着纵深发展。有66%上课教师认为通过这样的活动自己对教材的理解更深入更准确。每一次活动都给每位教师、每个教研组启发许多,一人带动多人,一组影响全校,以点带面,全面开花。

一滴水只有融汇成奔腾不息的大海,才显示出它生命的活力! 启航杯教学活动本着求新、求思、求索的思想,红红火火地展开,有效地提高学校教学研究的整体水平,有力地促进年轻教师更上一个台阶。广大教师在研究、交流中撞击出智慧的火花,同时实现了教学智慧共享。

三、启航杯活动的启示

1. 名校集团化要利用"量"的扩张,做好"名"的文章

名校的几个校区不是孤立的几个学校,而是相依相存的一个整体。由于采用集团打通研究的形式,各个学科参与研究的人数明显地发生了变化,尤其是小学科的研究人员有了充分的保障,保证了小学科投入的研究质量。同时,以集团的方式共同研究,使得集团内的名师资源得到了充分了发挥和利用。

集团内各个校区是唇齿相依的关系,这层关系即是一种母体与子体的新旧关系,也是一种互相竞争的伙伴关系。在集团化办学过程中,如何适度使用这种既是合作又是竞争的关系,是一个非常值得探究的课题。巧妙的合作可以产生 $1+1>2$ 的效果,适度的竞争可以产生意想不到的作用。

2. 教师的成长不是孤立地或单一的,必须借助他所在的研究团队共同努力

学校借助启航杯等活动载体,依靠教师身后的"学习团队",取得飞速发展。美国学者鲁宾斯把这种"同伴互助"式的学习型团队界定为:"一种互信互助的历程"。通过此种历程,两个或两个以上的教师同事一起检查、反思教学情况,扩展、精进、树立新的教学技巧,分享教学理念与想法,互相教导,共同作研究。有学者研究表明,教师在课程培训的同时,如参与校内同事间的互助指导,可有 75% 的人能在课堂上有效应用所学的内容;否则只有 15% 能有同样的表现。教师们在这次活动中,不仅看到了自身的快速成长,更感动了团队中其他教师在这个过程中对自己的影响和帮助,笔者以为这正是管理者所要获取的管理资源,并且使之为教师的成长发挥作用。

教学管理中我们需要的是研究如何发挥现有的优势,尽可能弥补已有的不足,产生最大化的教学价值。笔者以为"教学的有效"可以从"管理的有效"中得到真正的实现,这也是一个管理者不断追求的理想的管理愿景。我们管理的最终目的是使团队中每一个人的整体素质不断提高,使教师得以终身发展。

沪杭两市(含市属县市区)小学技术教学师资现状的调查与分析

《小学技术教育师资培训目标与策略研究》课题组

汪　炯　汪　铭

一、调查的目的

本次调查是为了配合教育部子课题《小学技术教育师资培训目标与策略研究》《小学技术课程校本化实施发展研究》的研究;为了更全面更客观了解现阶段各小学技术(劳技)课的实施情况、装备建设、师资培训等现状,以便更好地研究小学技术课程校本化实施及师资培训的策略;为了切实搞好该两项子课题,提高有效的技术数据支持;也为了更好地推进技术教育教学。

二、调查的对象

本次调查范围涉及上海市 18 个区县以及浙江省杭州市的部分学校。共发放问卷 330 份,回收问卷 293 份,回收率 89%。这些被调查对象基本构成为:小学高级教师占比为 60.9%;小学一级教师占比为 20.76%;小学二级教师与其他占比为 17.65%。男女教师的比例为 29.07∶57.09(其中 13.84 没有填性别)。教龄 1～10 年的占 11.4%;11～20 年的占 35.64%;21～30 年的占 28.03%;31 年以上的占 7.61%。任教本学科 1～10 年之内的占 67.82%;11～20 年之内的占 13.49%;21 年以上的占 1.73%。

三、调查的方法与过程

本次问卷调查采用的问卷是由课题组人员专门设计,重点内容包括课程装备、任课教师基本情况、教师培训需求等方面。

教师问卷共分五大部分:第一部分是被调查学校的基本信息(包括学校信息、规模、使用教材情况、技术学科任课教师情况等);第二部分是学校技术课程实施情况(学校领导支持程度、课程保证、教师的培训情况等);第三部分是装备建设情况(专用教室与设备、经济保证等);第四部分是任课教师情况(包括教师的年龄、职称、性别、特长、培训情况等);最后部分是开放题(包括需求与建议)。

四、调查的结果与分析

1. 学校基本情况分析

本次共调查学校 293 所,涉及 2342 个教学班。其中城市学校 215 所、占比 73.36%;乡镇学校 44 所、占比 15.22%;农村学校 34 所、占比 11.42%。学校设置技术学科教学用专用教室 213 个,校均 0.73 个,班均只有 0.09 个。其中有两间专用教室的学校有 18 所,占比 6.1%;有一间专用教室的学校有 177 所,占比 60.4%;没有专用教室的学校有 98 所,占比 33.4%。共有学科任课教师 1237 名,其中专职教师 179 名,占比 14.5%;兼职教师 1058 名,占比 85.5%。

2. 学校技术学科课程实施基本情况分析

本次共对 293 位老师进行了问卷调查,关于学科课程实施情况得到的结果如下: ①课时保障程度:能够确保规定课时 282 人,占比 96%;经常变动但能够保证课时量 5 人占比 1.7%;经常被挪作它用 6 人,占比 2.08%。②学生对技术课的喜爱程度:很喜欢 151 人,占比 52%;喜欢 125 人,占比 43%;一般 17 人占比 5%。③作品与学生的生活需求结合程度:密切结合 129 人,占比 44%;有些联系 157 人,占比 54%;联系不多 7 人,占比 2%。④教师培训方式:上级组织培训 245 人,占比 84%;校本培训 134 人,占比 46%;自修自学 153 人,占比 52%;向专业人员拜师学习 41 人,占比 14%;与当地技术机构交流 18 人,占比 6%。⑤学校在实施课程过程中得到哪些单位的支持与帮助:上级教育机关和教研室 210 人,占比 72%;教师进修学院 250 人,占比 85%;少科站及科普机构 92 人,占比 31%;当地经济技术企业 4 人,占比 1.3%;当地相关技术人员 7 人,占比 2.4%;有技术专长的家长 16 人,占比 5.5%。

3. 学校技术学科装备建设基本情况分析

本次调查涉及学校 293 所,有关装备建设情况调查结果如下:①技术学科专用教室现状:专课专用 165 人,占比 56%;与其他学科合用 55 人,占比 19%;没有专用教室 73 人,占比 25%。②专用教室使用情况:所有技术课都在专用教室上的 121 人,占比 63%;不常用,只有公开教学等特殊情况使用 29 人,占比 15%;课有冲突,不够用的 41 人,占比 21%;挪作它用 2 人,占比 1%。③在教学中,学生操作工具数量,是否达到装备配备标准:达到 149 人,占比 51%;没有达到 116 人,占比 39%;没有填写 28 人,占比 10%。④学生学习操作用的工具设备是否能够满足教学需要:能够满足 131 人,占比 45%;不能满足 134 人,占比 46%;没有填写 28 人,占比 10%。⑤学生使用的配套材料以何种方式提供好:学生自购买 1 人,占比 0.3%;上级按教材配发 84 人,占比 29%;按学生需求和教学情况,学校组织订购 107 人,占比 36%;没有填写 100 人,占比 35%。

4. 技术学科被调查的任课教师基本情况分析

①你是技术学科专职教师还是兼职教师:专职教师 111 人,占比 38%;兼职教师

158 人,占比 54％;没有填写 24 人,占比 8％。②你在任教期间是否获得各类教学竞赛奖:获得 105 人,占比 36％;没有获得 155 人,占比 53％;没有填写 33 人,占比 11％。③每次备课,你对教材中的作品:每件都事先做过 186 人,占比 63％;大多数做过 52 人,占比 18％;只做简单的或者会做的 5 人,占比 1.7％;没有时间做 1 人,占比 0.3％。④你对担任技术课任课教师的感情与感想:热爱技术教学 184 人,占比 63％;只是工作而已,无所谓 51 人,占比 18％;没有办法,领导安排 13 人,占比 4.4％。⑤领导对开设校本课程是否支持:支持 102 人,占比 35％;不支持 18 人,占比 6％;没有填写 172 人,占比 59％。⑥5 年中,你参加的技术学科教师各级培训情况:省级培训 8 人,占比 2.7％;地市级培训 45 人,占比 15％;区县级培训 194 人,占比 66％;校级培训 69 人,占比 23％;外出考察 17 人,占比 5.8％;没有培训过的 60 人,占比 20％。

5. 开放题情况分析

在问卷中主要集中反映如下几个方面的问题:①建议增加周课时数,变 1 周 1 课时为 2 课时,并且 2 课连上,保证能够一次完成作品。②希望能够在 1～3 年级也开设劳技课。因为现在学生的动手能力太差,四年级才开始学习技能,太晚了。③保证学生制作材料的质和量。④需要比较系统的教师专业知识与技能的培训。⑤要及时更新学校技术教室里面的设备与工具。

五、问题与建议

1. 教师专业化程度不高

学科专职教师少(占 14.5％),专兼职教师失衡,而且大多数兼职教师每周也就兼那么一二节课。形成这样的根本原因是:劳动技术学科的总课时量少,一般规模的学校就三到四个平行班,技术学科只开设四、五两个年级,周课时加起来才 6～8 节,达不到配备专职教师的工作量;缺少比较科学的监管和教学质量考核体系;整个社会大环境对技术学科的重视程度还不够。由于兼职的教师大多数是语、数、外老师。所以他们往往把主要精力投放到了语、数、外学科的教学上,因而忽视了技术学科的教学。而且兼职教师队伍的不稳定性也严重地影响了技术学科的教学。从最简单的教师备课过程中对教材中制作作品的调查统计数据中就不难看出。虽然有 63％的老师事先每件都做,但是还有 37％的教师或者大多数做过,或者只做了简单的,甚至还有一件作品都没有事先做过的。而且这些数据只是被调查的任课教师所反映的基本情况,这些被调查者多数是教研组长,真正的情况可能还要差很多。

建议:

(1)上级有关决策部门考虑增加技术课的开设,恢复到一期课改时候一样,一到五年级同时开设,而且周课时两节。这样可以大大提高技术学科的整体地位,从小的角度讲,有利于提高课堂教学的整体质量;从大的角度讲,有利于提高整个社会劳动者整体技术素养。

（2）学校教导处在安排兼职教师任教时，让对技术学科有兴趣的教师相对专职，也就是说可以让他们多兼一些技术课，或者可以让美术老师、自然老师来兼。因为相对于语、数、外老师来说，他们更合适于技术教学。

（3）教师对教学用的制作材料必须每件都自己做过。

2. 教师缺少有效的培训

调查得到如下数据：17.7%的教师参加过省市级组织的培训；66%的教师参加过区县级培训；23%的教师参加过校级组织的培训；20%的教师没有参加过任何机构组织的培训。这里面有些数据是互相交叉和重叠的，如参加过区县级培训的老师可能也参加过省市级培训，两次的数据都统计在里面了。但是从这些数据中我们不难看出，虽然大多数技术学科教师在任教本学科之前都或多或少的得到过上级教学机构的业务培训，但是至少还存在着20%以上的技术学科任课教师没有参加过任何有关的培训。这与二期课改推行时要求的"不培训，不上岗"存在着较大的差距。如何解决这部分教师的培训问题，是目前摆在培训者面前的一个非常棘手的问题，也是急需要解决的问题。

建议：

（1）加强宣传的力度，让每个教育工作者都知道二期课改"不培训，不上岗"这样一个理念，这样不管对于领导还是教师能够形成一定的约束力。

（2）各区县教研室在每学年第一学期的开学初，就应该对新任教技术学科的教师做一个摸底调查，并且组织针对这些教师的专门培训。

3. 教师教学缺乏必要的条件支持

专用教室不能满足正常教学需要，被调查学校专用教室拥有率66.5%。还有33.5%的学校没有专用教室。校均仅0.73个，班均才0.09个。专用教室的工具、设备，也有待完善。只有45%的被调查教师认为基本能够满足正常教学需要。专用教室的正常使用率较低，仅有63%的教师基本在专用教室上课，余下37%的被调查教师反映基本不在专用教室或者只在有特殊需求的情况下才到专用教室上课（如公开教学、领导听课等）。教学用配套制作材料的提供方式：认为学校自己征订的有36%、认为上级按教材配发的有29%、还有35%左右的老师没有填写。这次的调查表没有设计学校每学期是否征订的学生用制作材料的数据统计，而制作材料则是技术学科教学中学生学习技能的最重要的一个载体。目前在这方面还存在着很大问题。第一是不能保证每个学生人手一份（因为学生用的一套完整制作材料拆分成了三块提供：卡纸类的材料和教材一起由出版社提供；可以多次使用的材料，如发光二极管等由教育用品公司提供，学校为学生征订；耗材则由学校另外购买）。这也是引起学生用制作材料不齐的主要原因之一。第二是材料的质量不能保证。像连接电路用的发光二极管，有30%左右的不是不亮就是连接的导线断了。根据我们从其他途径得到的数据，约有10%左右的学校学生没有订购；30%左右的学校只订购一部分；

如学校有 10 个班级,但只订购两个班级的量。还有的学校耗材部分学校不负责购买。

建议:

(1)有关职能部门对专用教室的配备做一次摸底调查,明确规定,每所学校必须有一个技术学科专用教室。并且制定专用教室的工具设备配置标准,由上级相关部门统一配置。

(2)统一专用教室的管理制度,配备使用记录本。并且每年由相关部门统一检查考核,作为考核学校的依据之一。

(3)把现在为学生提供材料的三大块统一起来,和教材一起统一提供到每个学生的手里,以确保百分之百的学生能够拿到制作材料。从而确保技术学科教学的顺利进行。(本文系顾建军教授主持的全国教育科学"十一五"规划教育部重点课题《以培养学生技术素养为主要目标的我国中小学技术教育体系建构研究》子课题研究成果之一,本子课题负责人谢广田、蔡云亚)

不同类型小学语文教师专业发展的案例研究

杭州市西兴实验小学　　王彩方

一、研究背景

1. 语文新课程标准下的教师角色定位

"全面提高学生的语文素养"、"正确把握语文教育的特点"、"积极倡导自主、合作、探究的学习方式"、"努力建设开放而有活力的语文课程",语文课程标准四大基本理念的提出,明确了语文学科的性质特点,说明了语文教学目标的重新定位,体现了新课程的以人为本的基本思想。这一切的实现决定于语文教师能否告别传统角色,转变观念,真正胜任新课程语文教学。我们都有必要问问自己胜任语文教师这一角色了吗?

2. 小学语文教师专业发展的尴尬地位

同样是"师",律师、医师、会计师,他们的专业性远远强于老师。同样是老师,数学、英语、科学、音乐等老师的专业要求也高于语文老师。甚至有人说,语文老师是最容易当的老师,识几个字,讲几篇有统一说法的课文,做几张有标准答案的试卷就行了。这一现状说明小学语文教师缺少学术地位与声望,语文教师的专业发展的确处于尴尬的地位。

3. 小学语文教师专业发展的实践情怀

新课程的教师培训给了参与课改的教师前所未有的帮助,但是统一内容、统一形式的培训弥补不了教师之间的差异。事实上,教师的专业发展带有明显的个性化特征,不同类型的语文教师在不同专业发展阶段的实践中面临着不同困境,有着不同的发展需求。

为此,我们对我校三位不同类型的语文教师的专业成长进行案例分析,试图寻觅校本教研的改革思路。

二、三位教师的成长案例

(一)教学实践知识型教师——Y 老师

Y 老师,1999 年参加工作,她始终以勤勤恳恳、踏踏实实的态度来对待自己的工作。

Y老师基本属于教学实践知识型教师："教师在面临实际的课堂情境时所具有的课堂背景知识以及与之相关的知识，来自教师的教学实践，具有明显的经验性成分，是教师教学经验的累积。"同时在班级管理上一丝不苟，事事落实。规范的课堂常规、良好的班风保证了良好的学习效果。Y老师总结："我学习先进的教育教学理念，虚心向有经验的老师请教，争取机会多外出听课，从中学习别人的长处，领悟其中的教学艺术。特别是当课改进一步深入时，我和大家一样，认真学习和研究新课标理念，以新思路、新方法来指导工作。在探索中前进，不怕失败，不断激励自己，在实践中成长。每次学校有老师要开课，我都参加磨课过程，在和老师们共同争论探讨的过程中，使自己得到收获。平时我珍惜校内外的各种学习机会，认真做好笔记，把学到的教改前沿的动态进行内化，运用于实践。"Y老师开始每学期都争取上公开课，也屡屡获奖；所任教班级的语文学科，在平时的检测、学校期中、期末考试、相关学科的竞赛中成绩均名列前茅。

（二）专业本体知识型——P老师

专业本体知识型：教师精通自己所任教的学科内容，把握该学科的发展脉络。教师在学生中的威信取决于教师的本体性知识，也是教学取得良好效果的基本保证。

新课程一开始P老师就表现了浓厚的兴趣，因为新课程的理念与她原本的教育理念有很多一致的地方，所以她一头扎进新课改，以百分百的热情去对待新课改。她的文采和文笔是老师们公认的，她为充实自己的本体性知识，一直孜孜不倦。"为了上出一堂好课，我会苦思冥想，废寝忘食，只为了实现教学效能的最优化；为了上出一堂好课，我斟字酌句，从导语、衔接语、过渡语都逐句逐句仔细推敲，力求精简，孤心苦诣地追求语文课所特有的语言韵味……现在回过头来，觉得自己有些偏执，过于追求完美，但我想，没有潜心营造，怎能创设出让人无法割舍的语文诗境？我执教《搭石》，代表区参加杭州市小学语文第四次新课程展示并取得成功。"P老师兴趣爱好广泛，书法、绘画、声乐都涉及，因此作为有着艺术气质的语文老师，P老师的语文课堂更呈现着诗情画意。

（三）教学研究知识型——W老师

教学研究知识型：教师花较多的精力去研究课堂教学以及产生教学的情景与条件。面对充满不确定性的教育环境在实践中不断进行研究，如反思性教学，开展行动研究等，把所学的知识与教育研究有效地结合起来，专业得到良好的发展。

W老师爱读爱写，所教班级的成绩一直名列前茅，特别是作文教学，有不少同事常向她讨教教学的方法，于是促使她把自己的经验撰写成文。新课程开始实施时，W老师还在高段教学，用的是浙教版的教材，但是新课程的理念已经有所接受。于是，开始在班中实施新课程的作文教学理念。边思考，边实践，两年下来，还根据实践写出了《新课程背景下对作文教学真实性的反思与实践》，获2006年区基础教育课程改革成果一等奖;紧接着,她终于如愿以偿接手了一个一年级班,正式开始投入到新课改中。而此时她已有十多年的教龄,一接触到新教材,碰到了传说难度很大的识字教学,她又开始了思考与实践。一年下来,就摸索到了识字教学的门路,并撰写了《轻松识字 ABC》等论文。

三、对三位语文教师专业发展的分析与比较

三位老师都是优秀的语文老师,又是个性、工作特长完全不同的老师,笔者想通过对她们的比较,来解读她们各自发展的特征、内容、结果。

1. 专业发展的动力

动力是什么? 动力是推动工作和事业发展和前进的力量。课程改革后,出现了很多新的课程形态和教学方式,大量的研讨和展示活动给教师提供了学习和交流的平台,从而在外部汇合成了巨大的动力,推动教师去提升专业素养;同时,课程改革带来的新知识、新理念,给教师带来强烈的学习动机,形成了教师发展的心理基础。

课程改革是三位教师成长的大背景,真正促使三位教师发展的原因又各不相同。Y 老师是个责任心强的老师,喜欢自己的职业,在意学校、学生、家长的认可,而正是这个在意推动了她走进新课改,提升自己的专业素养来适应新课改。P 老师一接触新课程,就有种如鱼得水的感觉,她觉得新课程与自己的教育思考接近一致,与自己已经在实施的教育策略没有冲突。于是,这种与新课程精神相一致的教育追求、教育理想就成了她专业发展的强劲动力。而 W 老师,喜欢思考与分析,一直在追求教学实践的合理性,她在工作中,不断反思自己的教学理念和行为,了解自己的优势和不足,在新课改之前,就有意识地寻找学习机会,提高自己专业水平。新课改让她的教育和思考更有了新的动力。

2. 专业发展的内容

教师专业发展的内容一般都包括专业信念、专业知识和专业技能三个方面。从专业信念的改变上来说,三位老师的专业信念都有了新的概念,新的内涵。Y 老师一直以规范严谨的风格进行教学,教学效果显著,但是她也发现以新课改理念衡量,自己严谨规范有余,灵活丰富不足,对此她进行了反思,并汲取了新课程丰富多样的教学方式。P 老师,尽管新课程理念与她原有的专业信念一致,但是她发现新课改理念的内涵更为丰富,她的专业信念发展就是一个不断吸纳的过程。W 老师,工作时间最久,需要改变和充实的专业理念更多,所以,边思考边实践是她突破的最好方式。

教师的专业技能发展可分为两个层次:第一层次是与教师教学实践直接相联系的特殊能力,如语言表达能力、教学组织能力、学科教学能力等;第二个层次是有利于教师深化对教学实践认识的教育科研能力。三位教师学科教学能力和教育科研能力都有了很大的提高。Y 老师在规范教学的基础上,教学设计更加精巧细致,教学评价更加丰富多样,同时教育科研上有了收获;P 老师的课堂更加灵动,设计更大胆,形式

更为丰富,参加市级教学展示活动获好评,她的教科研从自己的课堂出发更上了一个层次;W老师进步最明显的是教育科研能力,特别是作文教学方面,同时也在作文教学研究方面独树一帜。

3. 专业发展的优势

三位老师拥有着学校提供的共同成长背景,共同的成长资源,但是因为她们自身的经历、教学风格、专业基础知识和特长的不同,各自存在着专业发展的优势和劣势。Y老师相当注重知识的规范性,虽然教龄不长,但是这些实践经验还是影响着她对新课程知识的理解和把握。P老师对新课程充满着热情,认识也比较感性,在P老师的眼里"语文是一个做梦的学科,它烂漫感性,包罗万象,它梦着'飞天'的轻逸,沾着《诗经》的风雅",新课程让她离自己的梦更进了一步,但是在对知识的落实上显得有些薄弱。W老师理智、冷静,对于新课程有些目标的达成方式有自己独特的考虑。

四、语文教师专业发展的思考

1. 教师要发展,学校发展是前提

从新课改一开始,本校的教学团组充分地发挥了团队的智力和技能优势,对教师理解、领会和实施课改提供了相互帮助、相互促进的平台。一个语文老师对新课程有再多的了解、对自己的教学有再多的反思,如果缺乏整体的良好氛围和有效的扶持,会走得很辛苦,很难有效果。正如古德莱德所说:没有更好的教师就不会有更好的学校。同样,没有可以让教师学习、实践和发展的更好的学校,也不会有更好的教师。

2. 语文教师专业发展的有效策略

从三位老师的案例中,我们可以看到,语文老师只要在专业素养上有一类特长,就已经具备了专业发展的基础,并能带动其他专业素养的成长。

(1)以一定的专业化知识为基础。教师活动是一种认知活动,需要以一定的教师的专业知识为基础,语文教师的专业知识包括本体性知识(P老师以语文学科知识见长),实践性知识(Y老师非常重视课堂情境知识),条件性知识(W老师非常关注学生发展,教与学的知识等)。三类专业知识样样精固然最好,但这样的语文教师毕竟是少数。教师可以以一类专业知识为基础,与其他专业知识互为支撑,互为补充。

(2)以一定的反思探究能力为翅膀。只有具备一定的反思技能,才能发挥教师的主观能动性,实现从常规性教学到反思性教学的飞跃。一个教师的成长与发展离不开自身的反思与探究能力的逐渐提升。语文教师是一个职业,还是一个专业。语文教学是一种技术,更是一种艺术。教师应从每堂课、每个环节的设计与实施中进行有效反思,从学生主体的角度把握教学节奏、掌控教学的一种律动,把美丽的、务实的、有趣的语文扎根在每一个孩子的心间。

（3）有积极进取的教学心态。作为教师必须承认，无论自己的教学经验多丰富，教学成绩再突出，还是有提高的必要，有提升的空间。不固步自封，不墨守成规，积极进取才能进一步发展。尤其是语文教师，要永葆教学的激情、热情，把对语文的热爱和崇尚渗透在生活、渗透在学生校园生活的每一个瞬间。

小学语文教师信息处理能力的个案调查与研究

杭州彭埠第一小学　朱海静

一、引　言

《语文课程标准》指出："语文课程应植根于现实,面向世界,面向未来。应拓宽语文学习和运用的领域,注重跨学科的学习和现代化科技手段的运用,使学生在不同内容和方法的相互交叉、渗透和整合中开阔视野,提高学习效率。"这说明了现代教育要求小学语文教师必须具备较高的信息素养。

教师个人信息素养,系指他们"认识到何时需要信息,能够检索评估和有效地利用信息"的综合能力。其中信息处理能力是信息素养的核心,也是时代对教师素养提出的新要求。

综合分析国内外专家的主要意见,信息处理能力是指获取、分析、加工处理、应用及创造新信息的能力。而对于教师而言,主要指了解信息的文本、图像、视听文件等表征元素在教学中的作用和特点,知道教育信息的产生、传播的规律,掌握教育信息的获取、加工、利用和创新的理论和方法。

新课标对教师提出了比较高的要求,要求教师具备一定的搜集和处理信息的能力,这在信息技术相对发达的欧美国家并算不上新奇,然而从我国的国情出发来看,这却是比较困难的目标。

有调查显示,目前我国教师信息技术技能比较缺乏,信息技术在教学资源与教学过程中应用层次与应用水平很低。在我国信息技术发展较快的地区尚有1/3的教师对信息技术知识不怎么了解或根本就不知道。这是我国教师信息技术普遍存在的情况。然而各个地区经济发展的不平衡导致了教育发展的不平衡。那么,针对具体某地区的某所小学教师信息处理能力的现状又是怎么样呢?本文通过问卷调查,试图了解温州某校语文教师的信息处理能力、现状与需求,从而探讨如何进一步提高小学语文教师的信息处理能力。

二、调查研究

(一)研究对象

由于本次调查的对象是某所小学,所以调查属一个案,调查引发的培训建议也是理所当然地针对该校。虽然笔者的出发点不是针对当前教师信息处理能力的普遍现状,但从某种程度上,也试图能反映一些问题的概况。

本研究以温州某校全部语文教师为研究对象,共发放问卷 24 份,回收 24 份,有效问卷 24 份。

(二)研究方法

本研究综合采用问卷调查研究法、访谈法和个案研究法。自行设计"小学语文教师信息处理能力调查问卷"。本问卷采用无记名方式,由两个部分组成:

第一部分:个人基本情况,包括年龄、教龄、性别、职称。

第二部分:教师信息处理能力现状,包括信息处理能力的技能与操作、意识与创新、需求与培训,共 22 个问题。

本调查的重点在于第二部分,了解教师的信息处理能力的现状,以及在此基础上的教师对于自身信息处理能力的需求和培训。在传统的教学模式中,教师主要是知识的传授者,而今天教师更重要的是组织者、引导者和协调者,是教育的主导力量。面对诸多纷繁复杂的信息,如何去正确处理信息成为评判教师是否具备良好信息素养的重要标准之一。

这部分的调查是根据"信息处理"的内涵定位来设计问题的。我们对现代教师信息处理能力进行分解和归纳,包含三个阶段和两个层面的内容。

三个阶段指的是信息处理能力的外延,应包括获取信息、评估信息和利用信息三个阶段。即如何获取信息,如何评价信息,如何生成创造新的信息,以及如何充分应用信息资源,是一种贯穿于不管是基于电子的手段(计算机、网络)处理信息还是非电子的手段处理信息的技术过程中的能力。

两个层面则是指信息处理能力的内涵,即包括信息技术能力和信息意识能力两个层面。其中信息技术能力层面主要指信息技术的使用能力或者计算机的应用能力,包括信息获取、信息检索、信息表达和信息交流等的技能。信息意识能力层面包括信息活用、信息创新和解决问题等,以独立的学习态度和方法,以在信息社会中合理地生活学习的责任和将这些技能用于信息问题解决和进行创新性思维的综合信息能力。信息处理能力的两个层面,一表一里,关系密切。

调查中我们综合教师信息处理能力的现状和信息技术的培训,分别从三个方面进行调查:(1)技能与操作;(2)意识与创新;(3)培训需求。通过了解教师的信息处理能力的现状和需求,提出比较有针对性的建议和意见。

三、调研结果和分析

调查的结果表明温州该校的语文教师信息处理能力的现状到底怎么样呢？

（一）问题与不足

通过对温州某校语文教师的信息处理能力现状与需求的调查，我们知道该校语文教师在信息处理能力方面存在的不足主要有以下几点：

1. 在技能与操作方面，基本工具软件操作不熟练

在"教学中能对各种教学信息进行归类、筛选"的调查中，29.2%的教师尚未熟练掌握这种操作；在"利用信息技术记录和评估学生的电子档案"的调查中，33.3%教师尚未掌握通过信息技术收集、记录学生的电子学档的能力；在"使用工具软件或专门备课工具进行备课"的调查中，我们发现尚有近30%的教师对基本工具软件的操作还不够熟练或未掌握；在"利用计算机或其他教学设备进行多媒体课件制作"的调查中，仍有45.8%的教师不能独立制作课件；在"能运用信息技术对教学资源进行管理、分析、评价"的调查中，有41.7%的教师对自己的信息处理能力还不满意或认为自己还未形成这种技能。

2. 在意识与创新方面，主要是信息意识不够强烈，信息技术与语文学科整合不够

在"对于教学中大量的教学信息，你的态度"调查中，有2人占总数的8.4%的教师认为要马上使用这些教学信息；在"进行教学信息整理的方法有哪些"的调查中，有8.4%的教师在整理信息的时候是通过传统的写作来整理信息的；在"对信息技术在教学中应用的效果及适用性进行评价与反思"的调查中，有29.2%的教师表示"不太愿意"或"不愿意"；在"收集和利用动画、图片等教学资源设计丰富的教学活动"的调查中，29.2%的教师表示"不太掌握"，8.4%的教师表示不能利用这些教学资源设计丰富的教学活动；在"运用信息技术进行教学模式改革"的调查中，41.7%教师认为自己在利用信息技术进行课堂教学模式的改革方面还比较欠缺；在"利用网络工具与同事或专家进行教学研讨和经验交流"的调查中，也有近1/3的教师不认同这种交流方式，还是比较推崇传统模式；在"利用信息技术加强学校与学生家长的联系"的调查中，20.9%的教师表示不太愿意用这种方式进行家校联系。

3. 培训时间不集中，培训需求层次低

在"你是否参加过信息技术培训"的调查中显示，有20人占总数83.3%的教师表示"偶尔参加"，有1人是每年参加一次，有2人是每学期参加一次，有1人从未参加过。而他们进行培训的方式，大都是当地教育部门组织的培训班和学校内部组织的培训。而且从访谈中得知，目前为止该校教师进行的信息技术培训内容有网页制作、校训通操作、课件制作、多媒体平台操作。这些都是由学校统一安排培训的，采取不定期形式，培训次数和时间都很少，所以培训效果不是很好。学校只在有需要的时候培训，像上个学年学校开通了校园网，就培训教师进行网页制作。在问及该校语文

教师当前最大的需求和不足是什么时,教师的回答大部分都是多媒体课件制作和网页制作等软件的操作。可见,该校语文教师在多媒体课件制作和各类软件操作操作方面的需求仍然很迫切。而信息处理更深层次的东西,如信息化教学设计、实现语文课程与信息技术的整合、学习更多的学习理论等则被该校语文教师所忽视,这点也正是该校语文教师所欠缺的。

(二)建议与对策

考虑到问卷涉及的调查对象局限在温州某校的全部语文教师,样本容量较小,所以在做出结论的时,本人持非常谨慎的态度,对某些问题的结论只是针对该调研学校,这是我们在进行数据分析的时候多次强调的。但是我们进行调查的主要目的是发现问题并试图提示一般,对于很多问题来说,我们有理由相信,对于温州某校这样一所在温州师资力量中上水平的小学都存在,恐怕对一般学校也有启示。从这个意义上说,我们的调查还是有一定价值的,特别是在小学语文教师信息处理能力所存在的问题方面。

针对问题与不足,笔者提出以下建议与意见:

1. 更新观念,增强教师在教学中进行信息处理的意识

观念指导行动,小学语文教师要努力树立起科学的信息观,进一步形成信息处理的意识。只有符合时代发展的信息观才能在语文教育实践中不断推陈出新,不断提高自身的语文素养。

2. 通过学校行为对语文教师进行有计划、有步骤、有针对性的培训

计算机在现在的教学中的应用越来越得到重视,结合该校语文教师在信息技术上的薄弱环节和受培训的需求,组织语文教师进行计算机基础、Authorware等课件制作软件的学习使用、现代教育技术的应用等一系列课程的培训,是使信息技术进行辅助教学的有效途径。培训的重点内容应放在Authorware、Flash等课件及动画制作软件的学习使用上,因为受语文教材多插图,多故事情节的特点的影响,语文教师应该重点学习交互式的课件和动画制作的软件,以使学习的结果直接作用于语文学科教学中。

3. 鼓励该校语文教师利用其他时间自学

因为受该校的现实情况的限制,要使该校语文教师利用现代技术的水平得到突破性的发展,并不能仅仅依靠一两次培训,而必须要把现代教育技术应用于长期的教学实践和不断学习最新的信息知识之中,每个语文教师都有必要把学习信息技术和合理应用教育技术作为工作的一个必不可缺的部分。一个长期的学习计划,是提高教师自身信息技术素质的良好开端。学校应要求语文教师制订学习计划,确立各阶段的目标,循序渐进,日积月累,最终得心应手地应用。可以通过以下途径实现:

(1)多用电脑编写教案。除了因为可以利用电脑能提供修改、编辑、保存等有利功能外,更重要的一点是可是利用网络资源来补充自己的教案。由于语文教材的处理更多的时候要借助其他的课程资源来补充,这时候借助网络资源来弥补教材这方

面的"先天不足"就显得更加便捷。

（2）加强多媒体教室的利用。教师信息素养提高与否可看愿不愿意、能或不能在多媒体教室上课。校方要充分创造条件，根据教学的合理性，要求本校语文教师将信息技术应用于教学中，因为小学语文教学，需要更多地运用多媒体来辅助图形、声音、图像、视频等超文本资源的展示，弥补教材的"先天不足"，使之起到辅助教学的作用。

（3）处理日常性工作也要多使用信息技术。小学语文教师基本上是兼班主任一职的，这种特殊身份，让小学语文教师有更多的日常工作要处理。语文教师应该合理利用这个平台，养成尽量使用信息技术的习惯，强化信息意识。

4. 教师要处理好基本的信息技术与学科整合的关系

信息处理能力的最高层是信息应用，教师掌握信息处理能力的根本目的是为了使信息技术与学科教学进行整合，提高教育质量。相应地，小学语文教师要把信息技术与小学语文学科进行整合。这种整合要以先进的教学理念和学习理论为指导，把信息技术作为学生学习的认知工具和情感激励工具，创建新型的双主体教学结构，在这种前提下实现学科教学在教学内容、教学手段和教学方法方面的整体改革，从而达到新世纪培养创新型人才的目的。

另外，特别要指出的是，语文教师信息技术培训时要注意开展信息技术与学校教学进行积极整合的可行性研究，提高信息技术的整合范围，增强信息技术的整合能力，使受培训教师明白要把信息技术作为一种工具来对待，在日常的教学活动中要进行信息技术的合理运用。新课标的实施，对信息技术运用提出了比较高的要求，即不能滥用信息技术，懂得并不是所有的课堂都适合用信息技术进行辅助教学，只有合理地利用信息技术，充分发挥信息技术的优势，合理地与学科进行整合才能真正起到辅助教学的作用。

四、结束语

中共中央、国务院作出了关于深化教育改革全面推进素质教育的决定，要求"智育工作要转变教育观念，改革人才培养模式……培养学生的创新精神和创新思维习惯，重视培养学生收集处理信息的能力，获取新知识的能力"。如何实现这一目标，关键在教师，而在教师队伍当中，小学语文教师因为其特殊性，首当其冲。因此，提高小学语文教师的信息意识、信息素养和信息处理能力是学校迫切需要解决的问题。

从小学语文教师信息处理能力现状调查中我们可以发现的问题是，作为主要来自温州某校的语文教师，信息处理能力在某种程度上存在应用障碍，但更多的是怎样将已经掌握了的基本的技术操作应用到教学实践中去。而这也正是信息化专业发展项目要为教师重点解决的问题。

信息处理能力的培训已经迫在眉睫，但受各种因素的制约，在实施上存在一些不便和困难。对教师的信息化培训不能停留在技术的操作层面，而应该更深入地发展到提高教师的信息素养。

越来越多的教师已经意识到信息技术在教育教学方面的突出作用,影响力也与日俱增,但是,问题的解决仍然需要得到包括社会、学校等各方面的积极配合,比如在教育改革的共同目标、教学信息化的硬件设施、信息技术辅导以及一系列的后援支持、领导行政和政策方面的支持等等。培养教师的信息处理能力并不是一朝一夕可以完成的事,而是需要上级主管部门、校方领导以及教师本人的共同努力的一项大工程。只有大家一起付出努力,才能培养出一支真正适应信息化社会发展的高素质的教师队伍,来适应教育改革和发展的需求,而这也正是我们所要继续努力的方向。

"同课异构"英语教学活动评析

杭州市光明中学　沈元诘

《英语课程标准》指出:教师要善于结合实际教学需要,灵活地和有创造性地使用教材。同一节课,不同的教师会上出不同的风采,这就为"同课异构"教学研究活动提供了素材。所谓"同课异构"是指同学科同课题的教学内容,由不同的教师设计,在不同的班级实施不同结构的教学活动。正因为不同素质的教师对同一课题会有不同的理解,表现出不同的教学风格,能够促成同行的不断思考和反思,促进教师的专业发展。本文以导入、演示、操练、作业四个环节,来谈谈课堂教学的不同设计。

一、导入的设计不同,学习热情不同

"良好的开端是成功的一半。"英语教学中,导入(leading-in)是非常关键的一步。成功的导入,能够激发学生的学习热情,充分调动学生的学习积极性,从而为教学内容的展开做好充分的准备。反之,会影响到教学环节的顺利开展和进行。

案例一　两位教师上〈go for it〉,Book 7A, Unit 8 When is your birthday? Section B. 第一位教师放一首英语儿歌:the month of a year,请同学们一起跟唱;接下来 greeting,"What's your name? How old are you?..."

第二位教师一开始放同样的儿歌,接着播放了一小段 micky mouse 的动画,随之提问:When is Micky's birthday? 并采用男女生 PK 的方式,请同学们竞答,同学们纷纷举手……

案例一中的第一位老师,因为是借班上课,与同学们的 greeting 虽然没有新意,但也无可厚非。选择的儿歌与本课内容也相关,但遗憾的是,这位教师手提机音响坏了,没有声音的歌曲叫学生如何跟唱呢? 这样做其实是以教师为中心,没有考虑学生的需求。第二位教师由于播放的儿歌声音清晰,同学们对 micky mouse 也耳熟能详,但对于 micky 的生日却不甚清楚,存在信息差,回答问题又采用男女生 PK 的形式,活动主体是学生,所以大大调动了学生的参与热情,牢牢抓住了学生的注意力。

那么,如何使新课导入形象生动,能一下就抓住学生的注意力呢?

建构主义理论认为:教学应当把学习者原有的知识经验作为新知识的生长点,引导学习者从原有的知识经验中,生长新的知识经验。为此,教师在设计新课导入时,必须以学生的生活经验为起点,问题设计必须落在学生的最近发展区。还有,教师在设计新课导入时,要符合学生相应年龄段的心理特点。设计的问题应有足够的"信息差",学生要"跳一跳,才能够到"。再有,需要教师的充分准备,运用教学机智来处理课堂上的突发事件。

二、演示的创设不同,学习积极性迥异

在英语课堂教学中,演示(presentation)这一环节,往往被认为是一节课的关键,后面的操练是否开展得起来,作业是否会做,都直接与此相关。

案例二 〈go for it〉Book 9A, Unit 9, Section B. 在教学 salty, sour, sweet, bitter, spicy 等新单词时,第一位教师利用 PPT 展示辣椒的照片,问同学们:What food is it? How does it taste? 有同学在下面小声做了回答,"You're clever!"老师表扬,接着出现该单词,然后领读两遍;再用 PPT 展示巧克力的照片,问:What food is it? How does it taste? ……

第二位教师拿出四只袋子,"There are 4 kinds of foods in it. Who wants to taste these foods and tell the class how it tastes and what food it is? "

霎时,全班的手都举了起来,"Me. Let me try. "

老师选中了其中一位女生,并把她的眼睛蒙起来,从每只袋子中各拿出一种食物,分别喂给她吃,随后问:"How does it taste?"

生:"It's..."

师:"What food is it?"

生:"..."

并把新单词写在黑板上。全班同学都瞪大了眼睛在看,有笑的,还有流口水的。全部尝完了,单词也都写在了黑板上,老师再带读,同学们声音洪亮地跟读。接着,老师补充:"I have another kind of food. Who wants to taste?"

有个男生跑了上去,老师剥掉糖纸放进了他嘴里,"What does it taste?"

生:"Sweet. "

师:"Do you like it?"

生:"No. "

师:"If you don't , you can spit it. "

就看到男生跑到垃圾桶边把糖吐了。正当同学们疑惑时,"Do you know what it is?"老师问,"If you can't answer it in English, you can answer it in Chinese. "

刚才那位男生说:"榴莲"。

"Right. It's durian. People in different places have different kinds of tastes. "不着痕迹地把 taste 的两种词性(名词和动词)都教学了。

"兴趣才是最好的老师"。建构主义理论认为:教师要成为学生建构知识的积极帮助者和引导者,应当激发学生的学习兴趣,引发和保持学生的学习动机。案例二

中,第一位老师为教而教,学生的兴趣自然打了折扣;第二位老师创设的情境既贴近生活又生动有趣,符合学生的认知规律且非常新颖,真正体现了"以学生为中心"的新课标理念,所以能激发初中生强烈的好奇心和参与意识,学生的学习积极性被极大地调动了起来。

三、操练的把握不同,输出效果有差别

操练(practice)也是十分重要的一环,从中可以反映出学生对知识点、语言点的掌握情况、语言的运用是否正确、自如,从而反映出这堂课的教学效果,也可以帮助教师及时做出调整。但操练并不是越多越好,课堂上应尽量避免同一层次的反复操练。

案例三　〈go for it〉,Book 7A, Unit 8 When is your birthday? Section B. 第一位老师为让学生掌握日期的用法,设计了一个 guessing game: when is the birthday of your classmate? 为此,老师先做了个示范:"Guess! When is my birthday?"并教同学们用句型: Is your birthday in. . . ?(月份)Is your birthday on. . . ?(日子)同时进行了拓展,教学了一些课本上没有的词组: the first half year, the second half year. . . 让同学们把这些词组用到句型中来猜。同学们很配合,该用的词组都用了,最后终于猜到了老师的生日,费时颇多。接下来,老师请同学用同样的方法来猜同学们的生日。举手的同学不多,气氛有点沉闷。

第二位老师也设计了同样的猜谜内容:先猜自己的生日,但这步是为了引入三个句型:Is your birthday in. . . (month)? Is your birthday on. . . (date)? Are you. . . years old? 老师把这三个句型写在了黑板上,就一带而过;接下来是"游戏":在 happy new year 的配乐下,PPT 上闪过该班同学的照片,5 秒钟停一次,停在哪位同学的照片上,这位同学就走到教室前面,其他同学对其提问:

生 1:Is your birthday in May?

生: No, it isn't.

生 2:Is your birthday in August?

生:Yes, it is.

生 2: Is your birthday on August 3rd?

生:No, it isn't.

生 3:Is your birthday on August 21st?

生: Yes, it is.

生 3:Are you 14 years old?

生: No, I'm not.

生 4:Are you. . . ?

由于照片都是该班同学的,又用到了游戏的形式,所以,同学们兴趣高涨,课堂气氛非常活跃,提问十分踊跃。

　　分析这两位老师的设计,原则上没什么区别:都是以猜自己的生日为引子,先教学一些基本句型和词组,再让同学们猜自己同学的生日。而且第一位老师增加了很多和本课有关的新词组,这样做对于程度好的学生来说很有裨益。那么为什么学生的反应不同呢？仔细品味就会发现:

　　(1)设置的操练,层次梯度不同。操练应符合认知规律:由易至难,不断递进。案例三中,第一位老师两次操练的内容相近,属于同一层次的练习;第二位老师重点放在后面学生"游戏"上,有梯度。

　　(2)设置的难易程度有别:第一位老师增加的新词组有点多,学生的掌握需要一个过程,只有少数接受能力很强的同学能够运用自如。而第二位老师一共三个句型,都在黑板上写出了,降低了难度,为更多同学的参与打下了基础。

　　(3)设置的游戏细节差异。第一位老师的方法比较平常,"游戏"成分不高;第二位老师提前给该班同学拍了照,看到自己的照片总是比较亲切的,何况请谁上来是随机的,更增加了兴奋度,所以同学们才会如此踊跃。

四、作业的布置不同,学习效果有差异

　　根据《新课标》的理念,作业(homework)不仅仅是对课堂所学的检测,更是对课堂教学的延伸,一个好的作业同样能起到激发学生兴趣、树立自信心的作用,能够培养学生的语言综合运用能力。

　　案例四　〈go for it〉Book7B, Unit 2 Where's the post office? Section B. 第一位教师的作业是这样布置的:(1)Review the whole unit. (2) Homework B6.

　　第二位老师增加了一个作业,请你给远方的笔友写一封信,介绍一下你的邻近环境,并给出了范本:

Dear John：

I want to talk to you about my neighborhood. There is a market ＿＿＿＿＿ my house. ＿＿＿＿＿ the market there is a ＿＿＿＿＿. The post office is ＿＿＿＿＿. ＿＿＿＿＿ the post office there is a ＿＿＿＿＿. I can see a fruit shop ＿＿＿＿＿ the ＿＿＿＿＿.

　　　　　　　　　　　　　　　　　　　　　　　　Yours,
　　　　　　　　　　　　　　　　　　　　　　　　　Mary

(说明:可以不用范本,自己写)

　　分析　案例四中第一位老师的作业是常规作业。第二位老师增加的作业有一定难度,也会增加作业批改量,还需要时间进行讲评。那么,这种增加的作业是多余的吗？当然不是。

　　《新课标》特别强调:要面向全体学生,使他们在学习过程中发展综合语言运用能力,增强实践能力。让学生用英语去写自己熟悉的环境,是教师创设的"符合教学内

容要求的情景"，是"新旧知识之间联系的线索"，使学生把学习和生活密切联系起来，对于培养学生学以致用的能力和语言综合运用的能力都是必不可少的。当然，这种"运用"不能跳出学生的"最近发展区"，在布置此类作业时，应考虑不同层次同学的情况，必要时，予以各种提示。

《英语课程标准》的核心理念是激发和培养学生学习英语的兴趣，养成良好的学习习惯和形成有效的学习策略，培养语言综合运用的能力，了解东西方文化的差异，为终生学习和发展打下良好的基础。但是，不同教师在具体教学的时候，面对不同的学生、不同的层次、不同的教材如何才能真正体现新课标的理念，做到教学最优化呢？随着课改的不断深入，"同课异构"这种形式的教研活动，可以给教师提供一种平台，通过它，可以互相学习、交流不同的教学方法，反思自己的教学行为，从而提升教师的专业素养，提高课堂教学的有效性。教师可以在互相学习中生成，在生成中构建，在构建中发展！

善于讲述才受学生欢迎

——一次绘本讲述大赛的心得

杭州绿城育华小学　谭　竞

每一个教师都应该是优秀的讲述者。一个会讲述的老师一定是受孩子欢迎的老师。笔者很荣幸参加了亲近母语儿童阅读研究中心组织的第四届全国教师绘本讲述大赛。静下心来分析,有了不少心得,现做一点陈述。

一、了解绘本

绘本阅读作为一种新的阅读方式正逐渐走进我们的生活,在一定程度上弥补了纯文本阅读的局限。绘本是指用图画与文字来共同叙述一个完整故事的读物。绘本中的图画并非文字的附庸,它对阅读有很强的推进作用,有助于对文本的理解。因为绘本图文并茂,画面精美,更符合儿童形象性思维的特点,尤其适合小学低段的孩子阅读。它对激发孩子的阅读兴趣,开拓孩子的想象空间,提高孩子的审美能力有着积极的作用。做一个善于讲述绘本的教师先得了解绘本,只有自己心中有数才能做到在讲述和教学中有的放矢。

(一)选择绘本

阅读绘本是一件快乐的事,绘本给予我们的不仅是眼睛的享受,更多的是细节的领悟和心灵的体会……教师与儿童一起阅读绘本故事,自己也仿佛穿越时空隧道回到了童年时光,眼中的世界也因此而变得更美好。但是,并不是所有的绘本都适合讲述,必须有所选择。要判断一本绘本是否适合讲述,可以从以下两方面分析:

1.故事内容

故事的取材要贴近孩子生活,最好是孩子熟悉的事情,情节要符合孩子年龄特点。因为是故事,也要有一些异于常态、常理、常情的变化,那样才能使儿童感觉到熟悉而奇特,新颖而有趣。故事的主题应合乎孩子的概念水平和生活经验,例如:家庭生活、同伴相处、环境保护、表现自尊、自信或独立等。主题透过故事中人物、情景和情节呈现,渗透在每一个环节中,不要在结尾明显地表露,以免给人说教感。故事的情节是故事的发生顺序,就像是一个故事的道路地图,必须是简单而清楚的描述,有焦点的、合乎逻辑的,能塑造人物的行为,有趣的或重复的,让孩子想知道接着发生什么,故事的发展和结束,有令人满意的事件高潮。故事的语言浅近、具体、形象;句子单纯、短小、口语化;朗读时明快、活泼、琅琅上口,富有音乐感。

2. 绘画表现

绘画要富有视觉美,这样故事中的形象才会更鲜明,内容才会更感人,也更能激发孩子阅读的欲望。视觉美就是文字能用绘画表现,而且绘画表现能使故事更为生动。画面的视觉美具体体现在构图、色彩等方面,能使读者的注意力集中在故事的主要人物和情节上,从而促进对故事的理解。

(二)阅读绘本

想让孩子爱上绘本,教师自己先要大量阅读。绘本作为儿童读物在国外已经有上百年的历史,在一个世纪以来,出现了许多充满哲理与诗意的经典作品,如《猜猜我有多爱你》《逃家小兔》《鼹鼠的故事》等。作为一名为孩子讲述绘本的教师应尽可能多读绘本,文学类、科技类都要有所涉猎。其次,教师应仔细阅读绘本,关注每一个细节,把握作者的创作意图。其实,绘本到处隐藏着秘密,因为无论是封面、封底、还是扉页、环衬,都是绘本的组成部分,在这些地方作者都为读者献上了精美的图画。图画中含有大量的信息要传递,只有阅读这些细节,才会对文本的理解有更深的理解。

1. 看封面猜人物

最先映入眼帘的是封面,在阅读前猜一猜谁是故事的主人公,会激起读者强烈的阅读欲望。《大海边的小房子》的封面画了一只巨人的大脚和一个背着房子的蜗牛,蜗牛和巨人会有怎样的故事发生? 谁是主角? 叫人充满阅读期待。

2. 看环衬辨主题

环衬是封面与书芯之间的一张衬纸,很多绘本的环衬上也画有图画,你不要以为它们仅仅是起装饰作用的图案一翻而过,实际上,绘本的环衬不但与正文的故事息息相关,有时还会提升主题。

3. 看扉页猜情节

扉页就是环衬之后、书芯之前的一页,上面一般写着书名和作者的名字。扉页不仅仅只是通向正文故事的一扇门,它有时还会讲故事。如《子儿,吐吐》的扉页上就画了各种水果的种子,据此就能推测这个故事与小猪和种子有关,究竟会有怎样的关系呢? 可以猜一猜故事的情节。

4. 看正文明故事

正文一定是精读的部分。一边看图一边读文字会有更多的收获。许多教师习惯了阅读文字,图画中传递的信息常常会被忽略,所以我建议先看图,甚至是反复看图,再看文字。文字是对画面的补充,画面有着比文字更多的内容。

5. 看封底促联想

合上绘本时,故事就讲完了吗? 封底的精彩不容忽视。《驴小弟变石头》的封底为我们呈现了一幅驴小弟一家三口在沙发上相互拥抱的温馨画面,让我们联想到驴小弟终于从石头变回驴形后一家人的喜悦心情,更感受到爱的力量。通过画面,读者和文本又进行了一次深化主题的对话。

（三）修改绘本

就算是非常优秀的绘本，也不是所有的内容都适合讲述。加上中外作家在语言表达方式上的差异，要求我们在讲述前必须对绘本进行适当修改。

情节性比较强的内容和与孩子的生活关系较为紧密的故事比较适合他们的胃口，因为这些内容本身能激发孩子探究的欲望。寻找到故事内容与生活的关联性，往往会引发孩子的思考。在不改变故事原有情节的基础上，把故事的细节进行扩充，把表现故事的语言进行美化，应加上小朋友爱听，又能听得懂的语言来更生动的表现故事情节。尤其应从小朋友的年龄特点出发，使用一些重复、象声词等方法来配合小朋友的胃口，孩子们会更喜欢。

我在讲述《鼹鼠的故事》中《鼹鼠当医生》这个片段时做了些修改，较好地帮助学生理解，也激发了孩子们听故事的兴趣。故事讲述了鼹鼠为好朋友大耳鼠寻找德国柑橘治病的事。绘本上有这样三句话，"森林里没有人知道。原野上没有人知道。溪谷里也没有人知道。"配上鼹鼠遇见松鼠、兔子和青蛙的三幅图。如果在讲述时仅仅用绘本上的文字，听众一定不明白。我是这样讲的：

小鼹鼠的好朋友大耳鼠生病了，小鼹鼠好着急！它下定决心一定要找到德国柑橘为大耳鼠治病。小鼹鼠走呀走，来到森林里，看见了一只小松鼠在大树上蹦蹦跳跳，他马上抬起头大声说："小松鼠，你知道哪里有德国柑橘吗？"小松鼠摇摇头说："不知道，你再去别处问问吧！"小鼹鼠走呀走，来到原野上，看见一只兔子在采花，他立刻问到："小兔子，你知道哪里有德国柑橘吗？"小兔子摇摇头说："德国柑橘？没听说过，你再去别处问问吧！"小鼹鼠走呀走，来到溪谷边，看见两只青蛙正在呱呱呱地唱歌呢，小鼹鼠连忙问道，"小青蛙们，你们知道哪里有德国柑橘吗？"小青蛙们摇摇头说："这里没有，你再去别处问问吧！"

讲述时，我不仅把情节变成了细节，还加上表情和动作，让孩子有身临其境之感。

二、了解听众

一个善于讲述的教师在讲述前一定会了解听众。教师讲述面对的听众大多时候是学生，但有时也有其他教师或家长。

就学生而言，应考虑其年龄特点而因势利导。每个孩子都是在听别人的故事、讲述自己的故事中再现和重整、建构自我的。每个故事中提供的情感要素、语言要素、思想要素给孩子各种各样的滋养，从而帮助他们认识世界，融入文化，找到自我。低段的学生还处于"人我"、"物我"分化阶段，童话故事、知识性故事他们最感兴趣。因为童话以儿童幻想为特征，从不同角度向孩子展示奇异美妙的现实生活，告诉他们真善美与假恶丑。等孩子的视野渐渐放宽，他们就开始对人的故事和有关自然、社会等方面知识性故事情有独钟了。这段时间，孩子生理、心理发展不成熟，情绪波动大，给孩子讲述时应敏锐地捕捉孩子的兴奋点，以增强双边同步活动的效应。

当然,由于学生的年龄特点决定了讲述时故事氛围的创设也非常重要。比如:课桌椅的摆放应最好让孩子们能彼此看到对方的目光,这样做使交流更为直接、顺畅;可以让孩子们自由选择适宜的姿势,让他们的身体得到完全的放松;教师无论是站还是坐,一定要让自己的头高于孩子,这样就可以关照到每一个孩子,根据学生的面部表情来接受反馈信息,及时调整自己的讲述。当然,更重要的是能让孩子获得心灵的自由。为此,教师应杜绝用权威的口吻与学生交谈,而是以读者身份与学生一起分享阅读的快感。

三、了解自己

人类有语言以来,讲述就开始了,人类似乎有叙事的本能。每个孩子都曾经是故事的热爱者。美国的心理学家苏珊·恩杰说,"我们所说的故事,和我们所听到的故事,会决定我们是什么样的人。"

有个性的讲述才是最有魅力的,一个没有"我"的讲述是很难打动人的。做一个善于讲述的教师必须要了解自己。了解自己的语言风格、表达方式、性格特点等等。只有了解了自己才能不断完善自我,让自己的讲述更具魅力。

对于小学语文教师来说,要精彩的讲述,除了大量阅读经典的文学作品,历练自己的文学感觉和语言以外,学习讲述的技巧也是很必要的。

讲述时应把握好以下几点技巧:

1. 投入感情,才能表情达意

投入感情,是讲好故事的核心技巧。讲故事,一要刻画人物,二要揭示主题。教师只有自己心有所感,讲起故事来,才可能真实生动,亲切感人。如果没有真情实感,只是装腔作势,是达不到感染听众的目的的。

2. 当重则重,才会显山露水

在日常的语言交流中,为表情达意的需要,我们会自然地加重某些音节,这就是强调重音。教师讲述时,语气语调也要有轻有重,这样才显得生动活泼,并能突出故事的重点。反之,就不一定能把故事内容表达清楚,听众听起来也会觉得疲倦。重音的实质是增加音强和音长,不一定都要大声,有时反而要轻读。

3. 该停则停,方可传情表意

讲述时,停连处理得好可以有效地控制语速,更明快地传达句子和段落的意义,可以使语气自然,便于情绪转换。

4. 快慢有别,方能引人入胜

讲述时要确定基本语速,要根据情节变化而变化。语速过快听众听起来吃力,太慢则很难讲出生动感人的效果。讲到重要环节,语速应稍慢,讲到高潮时、情态紧迫时语速应稍快。

5.态势语恰当,方与讲述相得益彰

体态、手势、表情、眼神等非语言因素也能传递信息,我们统称为态势语。教师讲述时,为了增强艺术效果,沟通与观众的情感,可以运用必要的态势语,以辅助有声语言表情达意。为绘本设计态势语要做到以下几点:

(1)把握角色个性。认真分析故事中各角色的个性特征,在此基础上把动作与表情、语调融为一体,协调运用。只有进入情境,才能将语气、动作、表情完美地结合。

(2)区别于舞台表演。舞蹈主要是通过形体动作去表情达意,戏曲则讲究唱念做打且人物众多,而讲述绘本故事是一个人通过有声语言塑造形象,态势语只是辅助手段,所以动作幅度不宜过大,走动范围不宜超过三步。

(3)动作要自然、大方、美观。态势语既不同于舞台表演,也不是日常生活中的原始动作,是对原始动作进行概括、美化而形成的,力求自然、大方、美观。

(4)动作不宜过多。讲述时动作运用过多,效果也会适得其反。

从某种意义上说,任何一部历史都是讲述者的历史。如果通过讲述能让更多的孩子感受到阅读的乐趣,我们就功德无量了!让我们在实践中探究,不断完善自己,努力做一名孩子喜欢的,善于讲述的老师!

借助"展示台"指导一年级学生课外自主识字的策略

杭州市西湖小学教育集团　夏　芝

一、问题的提出

1. 新课程的要求

《语文课程标准》指出:"识字写字是阅读和写作的基础,是1~2年级的教学重点。识字与写字的要求应有所不同,1~2年级要多认少写。""多认少写,提早阅读"的识字教学理念,使得低年级学生的识字量比较大。进入一年级下学期,每课需识记9~14个生字。这对于学前没有识字的孩子来说是一个很大的挑战,给我们的教学带来了一定的难度。如果靠简单重复、机械乏味的认读和大量的重复地抄写肯定是行不通的。崔峦在《课程改革中的语文教学》中有明确的阐述:识字要采取两条腿走路——一条腿是在教师指导下认识教科书中要求识的字;一条腿是学生自己利用各种资源,在生活中自主认字。

2. 教材的安排

人教版语文教材非常重视学生课外识字能力的培养,一年级下册教材在语文园地的"展示台"里的内容安排如下:

园地	内　　容
一	我认识班上所有同学的名字,你呢?
二	我在看电视的时候认识了很多字,让我读给大家听。
三	我在商店买东西的时候认识了很多字,还收集了一些食品商标呢!
四	我走在大街上,特别注意街道两边的招牌。这样也能认很多字呢!
五	我在美术书、数学书、音乐书上认了很多字。是吗? 我来考考你。
六	我很喜欢读课外书,在书上认了很多字,我们交流一下,好吗?
七	我们大家来比一比,看谁课外认的字最多。

3. 教学的缺失

整册教材在七个园地中都安排了课外自主识字的内容,由此可见课外自主识字的重要性。那么在教学实际中,教师们的"展示台"开展得怎么样呢? 笔者随机调查了10位一年级的语文教师,100%的老师都注意到了园地中的展示台,但都有走过场之嫌。为什么没有去开展，主要是两方面的原因，一是课时紧张，没有时间给孩子们展示，另一方面比较难以开展。课外识字是孩子们在课外进行，加上班级人数比较多，不方便老师进行检查与反馈。

如何有效地开展"展示台"，让"展示台"真正成为展示学生课外识字成果的有效平台，本文进行了探索。

二、借助"展示台"，在收集中培养自主识字意识

展示——是一个活动过程。活动需要借助具体的材料表现出来，学生收集的材料是展示的物质基础。课外识字首先要让学生知道去哪里收集汉字。

（一）走向生活，引导学生在生活情境中识字

"语文是母语教育课程，学习资源和实践机会无处不在，无时不有。"通过对教材七个园地的"展示台"进行分析，我们不难发现前四个园地都与生活有关，其中，园地一展示的是校园生活，园地二展示的是家庭生活，园地三和园地四展示的是社会生活。由此可见，生活是课外识字的主要天地，在生活中学习汉字，运用汉字，是培养学生自主识字意识的有效途径。

1. 充分利用校园环境引导学生识字

孩子们一天的绝大多数时间都在学校度过。校园里有着丰富的文化资源，如校名、校训、各办公室等牌匾，校园内的告示牌、橱窗里的宣传标语。开学初，我带领学生一边参观校园一边认字，"慢步轻声"、"上下楼梯靠右走"，引导学生把熟悉校园环境与自主识字有机地融为一体，渗透校园里识字的意识。此外，同学的名字也是一个识字资源。学生对同学的名字已经耳熟能详，但是姓名中的字他不一定认识，于是开展了一次"制作自己的名片"活动。通过这一活动，孩子们结交了新朋友，不知不觉认识了许多新的字，70％的同学能全部认出全班同学的名字。

2. 充分利用社会环境引导学生识字

社会环境为孩子的识字提供了丰富的资源，喝饮料时，饮料名跃入眼帘；买物品时，物品的名称罗列其上；上街时，路旁的各色广告、招牌仿佛在向他们招手。我们充分利用这一点，让学生收集食品上的商标，然后制成小报，贴在教室里。通过小报的粘贴，我们的教室也变成了识字乐园。不仅食品的商标，其他的包装盒，如：鞋盒、服装袋等，同学们也收集、识记，扩大识字成果。

3. 充分利用家庭环境引导学生识字

孩子都喜欢看电视。在看电视的过程中，电视屏幕上会出现相应的汉字，在这种无意注意下，孩子们识字的效果特别好。所以，引导学生在看电视时，注意认读字幕，不会的就问家长。如在学习生字"懒"时，交流自己的识字方法时，有一位孩子说："我在电视《喜羊羊和灰太狼》里认识的，里面有一只羊叫懒羊羊。"

（二）走向课外，引导学生在阅读语境中识字

斯霞老师提出识字要"字不离词，词不离句"，就是要把生字放在特定的语言环境中来感知。园地五展示的是"美术书、音乐书、数学书"等其他教科书中认识的字，园地六展示的是"课外书"中认识的字。教师必须把引导学生读语文教材外的书籍当作一项重要活动来抓，培养学生自主识字意识。

1. 借教材自主识字

《语文课程标准》中提到："语文教师应高度重视课程资源的开发与利用，创造性地开展各类活动，增强学生在各种场合学语文、用语文的意识，多方面提高学生的语文能力。语文课程资源包括课堂教学资源和课外学习资源。"除了语文教材中有着大量的汉字外，其他教科书里也包含着丰富的汉字资源。学生在上任何一节课，读任何一本书时，都要养成遇到生字问老师、问同学的习惯。

2. 借古诗自主识字

古诗文是我们民族文化的精华，引导学生背诵大量古诗文，既有利于加强学生的人文修养，陶冶情操，也有利于学生在诵读过程中与汉字亲密接触，轻松认字。《语文课程标准》要求低年段学生背诵优秀诗文 50 首，我们从一年级入学开始就启动了古诗文的诵读工程。每周五的晨读时间，带领孩子们一起学习古诗，有时也请同学来当小老师。每读一首古诗，孩子都能认识三五个没学过的生字。

3. 借课外书自主识字

利用课外阅读使学生识字和用字达到双赢。学生在有了一定的识字量后，会提高其读书的兴趣与信心，会促进阅读；大量的课外阅读，既能帮助学生巩固识字成果、促进识字，又可以帮助学生积累好词佳句，增强语感。我们每学期为学生推荐 2 本课外必读书目，并开展了亲子阅读《猜猜我有多爱你》和《小猪唏哩呼噜》。在大量阅读的基础上，组织学生开展语文实践活动，争做"读书大王"、"识字大王"，激发学生识字、阅读的积极性。

三、借助"展示台"，在展示中提升自主识字能力

"展示"——给每一个学生自我表现的机会，产生成功体验，是每一个人的基本心理需求。学生通过各种途径认识了很多字，在"多认少写"的情况下，认识的字不一定必须会写，那么如何来展示自己的课外识字呢？展示方式多种多样，要根据不同内容和不同学生的实际情况选择相应的展示方式。

1. 剪剪贴贴中自主识字

心理学家皮亚杰的研究表明：人类最好的知识来源于动作。这一年龄段的孩子有一个共同的心理特征就是好动、爱玩，喜欢接触形象、具体、有趣的东西，特别喜欢剪剪贴贴。我们引导他们制作了"识字剪报"，将报纸、商标、包装袋上的字剪下来，贴到画纸上，并将有创意、贴得好的剪报在教室的"展示台"上展出。通过制作和展示

"识字剪报",既培养了学生的识字能力,又培养了学生的审美情趣和创造能力。

2.画画写写中自主识字。

心理实验表明:身体各个器官的充分调动有助于记忆的增强。对于校园生活中、电视广告等标牌中认识的字,课外阅读中认识的字,同学名字中的字,其他教科书的字不便于用剪贴的方式进行展示,为此,我们设计了"识字本",请家长把这些字填在卡中,如果会画画的还可以配上相应的图画,以便于学生收集、整理、巩固课外识字的成果。

四、借助"展示台",在评价中激发自主识字兴趣

现代教学理论认为,学生的学习是一个不断形成和激发学习需要和动机的过程,学生学习的成效受学习策略、动机、兴趣、智力与非智力因素的制约。我们采用灵活多样的评价手段和方法,让评价不仅成为课外识字的反馈,而且充分发挥其激励和导向功能。

1."三维"评价,内容综合化

《语文课程标准》要求:"突出评价的整体性和综合性,要从识字知识与能力、过程与方法、情感态度与价值观几方面进行评价,以全面考察学生的识字水平。"评价一个学生识字能力如何,识字量的多少,不能成为我们评价的唯一标准,我们要注重对学生识字兴趣的评价。为此,我们对学生课外自主识字主要从识字量、识字途径、识字态度三个维度进行评价。识字量即从课外学会了多少字,有哪些字。识字途径即从哪些地方学会字的。识字态度即是否喜欢识字,能否积极主动地进行识字。

2."四级"评价,主体多元化

传统教学评价的主体是教师,学生在评价中处于被动地位。新课程倡导教学评价主体的多元化,包括教师评价、学生自评、小组互评、家长评价等等,将评价变为多主体共同参与的活动。为此,我们建立了"四级评价"体系(见附表)。让学生参与评价,可以提高被评价者的主体地位,将评价变成自我反思、自我教育、自我发展的过程。

附表　月识字能手申报表

_____年_____月　姓名_____　课外识字约_____个

评价主体	评价内容	星级
自己	我在生活中识字(☆经常　☆有时　☆需努力)	
小组	与同学交流(☆积极　☆一般　☆不积极)	
家长	遇到不认识的字(☆能　☆不能)想办法解决,常用的方法(☆查字典　☆问别人)	
老师	课上与同学交流(☆积极　☆一般　☆不积极)	

　　3. 识字档案袋，评价过程化

　　《新课程》强调："形成性评价和终结性评价、定量评价和定性评价相结合，以形成性评价为主，注重评价方式的多样化和灵活性。"识字袋是形成性评价的一个典型体现。"识字袋"是用文件袋来收集记录学生在生活中识字的学习成果，目的是帮助学生在生活中学习汉字，充分激发学生的识字兴趣。只要是能反映自己课外识字成果的资料都可以放入识字袋，如"识字剪报"、"识字卡"、"周识字之星评比表"、"月识字能手申报表"等。这样让每个学生都体验到了成功，感受到了自己在识字旅途中的成长与进步。

　　展示台既为学生提供一个不断展示课内外语文学习成果的平台，又能提倡、引导、激励学生自觉地在生活中学语文、用语文。借助这个平台，可以开发和利用丰富的学习资源，拓展学生识字空间，增大学生的识字量，提高学生的识字能力。

从"提线木偶"到"变形金刚"的华丽蜕变

——析述小学低段语文多元综合性作业的可行性架构

杭州钢苑小学　黄　懿

提线木偶式的语文作业现状:为伊消得人憔悴

镜头聚焦:某一年级小学生的语文回家作业记录本:新学拼音拼读三遍;资料读三遍;课堂作业本 11—14 页;试卷朗读三遍……满满当当地记着 7、8 项作业,幼稚的字迹还不时地夹杂着拼音,回了家不仅学生自己看不明白,恐怕家长目睹后也要感叹:乱花渐欲迷人眼啊!

古人云:学而时习之,不亦乐乎? 作业是为巩固课堂教学效果而设计的一种复习方式,本该成为锦上添花的一笔,但为何频频出现这样的镜头呢?

翻阅孩子的语文作业,不难发现多为识记性的抄写、反复的诵读,过于枯燥、呆板,就像是"提线木偶",既没有思维训练价值,也谈不上创新能力和实践能力的培养。学生觉得乏味,只是被动地练习,毫无积极性可言。长此以往,这样 6 年的学习只会让孩子逐渐丧失对语文学习的热情,限制思维的发展,遏制创造力的产生,能力的培养成了空中楼阁。这不得不令我们深思,语文作业改革势在必行。

但在具体的改革过程中亦出现了否定传统作业的极端表现:如书面作业量虽朝"0"靠拢,然而这背后是无休止的口头作业,这"减负"从何谈起? 譬如大多作业始终停留在课本中,比学生作业更细致的评语不仅让教师的工作量成倍增长,更让学生失去了自主纠错的能力……这都值得我们好好思考作业该如何做到真正有效的改革。

一场华丽的蜕变:我们都爱"变形金刚"

(一)小学低段语文多元综合性作业的特点

小学低段语文多元综合性作业是在低段语文综合性学习中形成的附属产物。它针对低段学生好奇心和求知欲强的特点,运用丰富的手段形式,统整听说读写的能力,结合理论与实践、课堂与社会等,激发孩子多方面感官体验,是一种富有色彩、充满情趣的多元复合体。旨在学生通过感兴趣的自主活动全面提高语文素养,培养主动探究、团结合作、勇于创新的精神。其特点为:

(1)语文性:学科本身特有的"语文味"是不能失去的,作业必须体现语文字词句篇知识的积累和听说读写能力的提升。

(2)新趣性:低年级儿童喜欢生动、有趣的内容。教材在编排处理上给我们提供了空间,找到新旧知识的结合点,让儿童在"玩"中构建新知识体系。

(3)拓展性:表现为语文学科知识和能力向其他学科知识和能力的拓展,向现代教育技术的拓展以及向周围生活、自然和社会的拓展。

(4)时代性:引导学生关注生活中的重大事件与身边小事,通过自己的视角来谈一谈、演一演、辩一辩,提高自身的思维能力与表达能力。

(5)实践性:学生亲自动手参与活动,结合生活,让学生在实践中不仅运用知识,还能获得直接的感官体验与经验累积。

(6)合作性:低段学生本身的年龄局限更适合合作学习的方式,一项作业由小组成员分工合作完成,互帮互助,在合作中学会交往,学会团结。

(7)开放性:作业的内容和形式都具有开放性,学生可以根据自己的特长选择自己感兴趣的内容来完成,没有绝对统一的评价标准,更注重孩子的个性化发展。

(8)层次性:针对不同层次的学生,设计不同层次、难度的作业,让好、中、差的学生在不同层次的作业上得到相应的知识,在原有的基础上有不同的收获。

(二)小学低段语文多元综合性作业的内容

小学低段语文多元综合性作业的内容从知识体系上来看更多元化,从知识积累到方法学习,从学科知识到实践体验,从单一学科到跨学科知识,学生不再受困于狭隘的知识范畴,在大环境下得到全面成长;从作业反映上来看更加综合化:

1. 立足教材,拓展文本,使多元综合性作业成为有效延伸

(1)合理设想:在教学寓言童话这类课文时,因为低段的孩子本身比较喜欢,又能快速地领悟本质,因此可以让学生回顾内容,运用所学到的知识,设想不同的环境和故事结尾,设想人物的不同做法或提出自己觉得更好的方法。

(2)填补空白:低段课文有不少是留有空白点的。教师可以利用这样的情节,设计多元综合性作业,拓展孩子的想象空间,加深对文本的理解与感悟。

(3)变换表达:不同的文本具有不同的表达方式,有的平铺直叙,有的形式单一,这时的作业设计就可以让学生通过变换表达方式的方法来完成课文的内容再现。

2. 放眼全局,整合学科,使多元综合性作业获得有力支持

《语文课程标准》提出:"能在多学科的交叉中体现语文知识和能力的实际运用,促进学生素质的全面提高,这是综合性学习的目的。"根据不同的内容,将作业依附于游戏、观察、绘画、表演等等之中;将美术、科学、历史、自然等穿插融合,让听说读写与演唱画做等形式相结合;让学生积极地动手、动脑、动口,不仅愿学、乐学,在运用中进一步学好语文,也让个性得到充分发展。

3. 回归生活,融入自然,使多元综合性作业再现纯真本色

低段的孩子都有一颗好奇的心,一双喜欢观察的眼睛,一张喜欢问的嘴巴,更能在实践中获得直接的经验,把获得的知识和经验再用于实践,循环再生,"盘活"知识。

因此,作业设计就应向周围生活、自然和社会拓展,结合课文内容,充分利用学校、家庭、大自然的教育资源,譬如上一上菜场,多认识一些蔬菜等等;去田间摘一摘瓜果,熟悉它们的生长环境。

除此之外,还可将作业与学校的活动相结合。比如,我校每年都要开展跳蚤市场的活动。由学生讨论产生活动特色,然后收集家里闲置的玩具、书籍,自由定价,分派岗位,分小组编写活动广告词、制作张贴海报、布置摊位、兜售物品……学生的交际表达、自主能力等等都在热闹的活动中得到提高。无疑,课堂获得的听说读写能力也在实践中统整起来,得到发展。而后上交的随感也体现了真实性,学生都有所收获,练笔也不再是"挤牙膏"的苦差事,这样的作业才是真实有效的。

(三)小学低段语文多元综合性作业的表现形式

1. 内部交叉——"听说读写"

(1)听—读。低段教学中,可以让学生自由组合,互相读,互相听,便于纠正朗读中的错误,也有利于吸收别人的优势,这种听读形式适用于任何课文。

(2)听—说。学生就某个问题去听一听别人的说法,再集体交流。例如在教学《雷锋叔叔,你在哪里》一课之前,我让学生先回家问问爸爸妈妈、爷爷奶奶关于雷锋的故事,第二天课堂中说说自己听到的。

(3)读—说。学生围绕某个主题读相关文章,然后说说读的内容、读后的收获。如在教学《纸船和风筝》一课后,学生围绕"友谊"这一主题展开阅读,然后交流,也可以通过身边小事来说说自己与小伙伴之间的友谊。

(4)听—写、读—写、说—写。可以布置学生听广播,就某个主题阅读文章,亦可以就某个问题或现象进行讨论,并且相应地摘录、续(改)写、记录感受体验。低段学生写的能力不强,不要求成文成章,有重点,能体现自己的真情实感即可,为以后的作文提前做养成性的训练。

(5)读—听—说—写。这是个较大的综合体作业。我曾根据每单元的不同主题布置过朗读作业:以轮流的方式进行,要求学生根据主题寻找喜欢的文章进行朗读,第二天上台展示,再要求听的学生讲讲听到的内容,接着为朗读的同学打分并给出理由,这就要求学生在听内容的同时关注到朗读方面,取其精华,去其糟粕。最后进行小练笔,结合听过的作文,取长补短,好的习作则在全班展示。还可根据得分评出优胜者并给予奖励。

2. 外向延伸——"听说读写"与实践综合

(1)绘画型

①读—画—说。自由读课文,想象画面并且简单地画下来然后进行交流。如在教学古诗《宿新市徐公店》后,我让学生在古诗朗诵的背景下画画面,可以有自己的想象理解,然后再来介绍,既解释了古诗的意思,也达到了记忆的目的。

②看—说—画。围绕某个专题,让孩子去亲自观察体验,然后交流,最后把感兴趣的内容画下来,取上名字,可以配上简单的文字说明。如《欢庆》一课,正值国庆节,

全国都笼罩在热闹的气氛中,可以引导孩子去观察周围的变化,说一说,然后用绘画的形式去记录自己印象最深的,有能力的同学可以追加一个写的部分。

(2)演绎型

①编—说。学后,根据教学目标让孩子展开想象,编一些儿歌、故事,让知识点更易被掌握。

②读—演。读课文后,让学生根据对课文内容和情感的理解,进行表演。例如在教学《小白兔和小灰兔》后,我便让学生自由组合,根据课文加入自己的理解来演绎这个故事,最好能给课文加个尾巴,结果孩子的想象力很丰富。

(3)操作型

①剪—贴—认。剪贴结合,让学生在动手操作中理解、积累语言,增长知识。一年级上学期,拼音与汉字先后出现,接受量较大,可以设计让学生办"剪贴识字小报":在报纸、杂志等废旧物件上剪下自己认识的字拼贴成一张小报,有的是"我爱我家",有的是"美丽的校园",孩子们不仅领略到了成功的喜悦,更增加了字词的积累和巩固。

②看—说—写。让学生看图片和音像资料,然后说一说,写下所看到的内容、感受。在一年级上学期基本以看看——说说为主。

③玩—说—写。让学生在游戏玩乐中参与体会,再说一说自己在游戏中的感受、心情,最后将自己活动经历写下来,感情更为真挚,叙述也较流畅。

④观察—记录—交流。好奇是孩子的天性,对于身边的花花草草总是有止不住的问题,在学了《小蝌蚪找妈妈》这类的课文后,我布置一项长期的体验观察作业:饲养一种小动物或种植一盆花草,观察它们的生活习性或者生长过程等情况,并把自己在观察过程中的酸甜苦辣、喜怒哀乐一一记录下来,可以用文字也可以是绘画,这就是日记手绘本,隔一段时间交流展示,孩子们的手绘本充满了个性与创意,非常漂亮。

⑤搜集—整理—制作。布置一个主题,分工开展资料的搜集、整理,最后进行汇编的一个过程。如学完第二册第八单元科学课文后,我让孩子们去留心身边的科学,以小组为单位,确定小主题,然后分工合作,比比哪一组编的科学小报最漂亮,最完整。在这种信息集成式作业完成过程中,学生时刻处于"大语文"的综合学习状态,视界得到开拓,能力得到提高。

3. 个性化差异

我们发现,在多元综合性作业的实际完成情况中,部分学生还存在着困难,有的受条件限制,有的受能力限制,有的受环境限制。因此,我们在设计作业时,应充分考虑到它的可行性,设计一些铺垫性作业、分层作业,提供一些资料,指导一些方法,亦可与早先提出的"作业超市"、"星级制度"概念相结合,尽可能化解作业中碰到的困难,让每个孩子都能有效地完成作业。

如在《找春天》一课后,设计作业为:有感情地朗读课文;摘抄你喜欢的语句(课内课外皆可);寻找生活中的春天(音乐、影片、实物、图画、文字任选)。有条件的家庭可以借助电脑搜集春天的资料；养植物的小朋友可以拿来与同学分享；喜欢旅游的孩子则带来照片展示春天；即使什么条件都没有，至少你还有笔，可以用画的、写的，同样能骄傲地告诉同学"我找到了春天！"

除此之外，我们还应注意，"放养"的孩子要培养其自觉性，多关注多激励；家长无能力帮助的孩子要帮助提供更多的资料、方法，解决其难题；"大起大落"的孩子要尽量抓其稳定性，与家长沟通达成一致加以督促。

作业的有效改革，是一次大规模的重建，是一场持久的战役，从"提线木偶"到"变形金刚"，是一次优雅的转身，是一场华丽的蜕变。叶老说：要解放学生的手，使他们能动；解放学生的大脑，使他们能想；解放学生的口，使他们能说。小学低段语文多元综合性作业的提出也正是从低段学生的身心特点出发，从"趣、精、活、创"来考虑，为学生搭建好最广阔的平台，使他们切实从"要我学"向"我要学"转变，实现"满园春色关不住，一枝红杏出墙来"的美丽蓝图。

开发童谣发展儿童语感的思考与实践

杭州市西兴实验小学　全董锡

小学低段儿童的语感理应具备三个层次,一是语言流畅度,即读课文和文章要求读通读准,不读破句;二是理解表义性,即理解句子和文章的大概意思;三是能读出文章的情感和味道。笔者在研究与实践中体会到"童谣"不失为是发展儿童这三种层次语感的有效路径。

一、对小学低段发展儿童语感的理性认识

(一)理论上讲:小学低段是儿童语感发展的关键时期

一、二年级是语感训练的启蒙阶段和语感进入实质性发展的阶段。

其一,从认知发展角度看,低段儿童处于语感发展的关键时期。低年级学生言语生成与理解往往总有误差,一个词序颠倒的句子,学生很容易就发现不当,但是很难解释其中错误的道理,这种解释错误的能力因为语感的准确灵敏而趋向准确深入。

其二,从语言发展的角度看,低段是培育儿童语感的最佳阶段。语感的实质性教育应把握小学低段这个关键时期,此时语音、词汇、语法以及言语交际和言语调节能力等均处于"蓄装待发"的阶段,只需提供适宜的环境和教育条件,就能得到迅速提高。

(二)策略上看:童谣在儿童语感发展初期有着重要作用

最佳途径:吟诵品读美文。

常见途径:古诗中训练语感。

寻求新途径:以童谣发展语感。对于低段学生而言,童谣是他们感兴趣的作品,而且是适合他们身心发展特点的作品。从生理学角度看,锻炼自我,寓教于乐、寓乐于歌是学习的最好方式,童谣正是儿童熟练运用语言时的游戏。从心理学看,背诵童谣既是外显学习,可按一定的方法熟记;同时也是内隐学习,在不知不觉中掌握所熟记的童谣的语言规律。

(三)事实存在:低段语文教材中蕴含着丰富的童谣素材

本研究对童谣的理解:童谣是适合低段学生认知特点的一种文学载体,它联系儿童的生活经验、思想程度和兴趣,以发展学生语感和语文素养为目标,读起来朗朗上

口,便于儿童记忆,形式活泼。

低段语文教材的编写者充分注意到了儿童成长的年龄特点和心理特征,现有的人教版低段教材将图片与知识的学习紧密结合形成学习情境,是一个庞大的童谣取材库。

二、寻求童谣元素,探索操作路径

（一）低段语文教材中童谣元素存在及其编写的特点

特点之一:情境图中,童谣导学。汉语拼音教学每课都编排情境图,教师可以从儿童学习的兴趣和需要出发,结合教学内容从这些图上寻找编写童谣的元素。学生能以自己的生活经历为背景去发现拼音,复述拼音,进入主动学习拼音的学习状态,比传统的拼音练习更能引起孩子的无意注意。

特点之二:课文情境,童谣描绘。依据课文创设情境,在情境中实现认字和学词相结合,学词和理解文章意思,感悟人文情怀相结合。从童谣中可以看到孩子对世界的观察细致入微,并能以童心捕捉着外物较有典型的特征,这种敏感的观察力对于丰富儿童的词汇量有高度正相关。

我们选择了识字、感悟、情趣、学理这四个角度创编童谣,即字、词、句当中捕捉元素以童谣的格式进行排列组合,并进而获得一些规律的发现。

基于如上的定位,我们在创编童谣时把握了四条规律。

规律之一:学生能在变换的语言环境中再认生字,既有趣又有实效。

规律之二:学生能在诵读的过程中再次体验感悟,更进一步体验和想象。

规律之三:学生能有情趣地去诵读,引发学生探究、交流、表演的欲望。

规律之四:学生能在诵读中有所思考,体会人文,能用韵语来表达道理。

特点之三:认知冲突,童谣捕捉。低段学生至少要掌握 1600 个字的音、形、义,至少要能够正确写 800 个字。认知冲突主要反映在混淆拼音、字词的音、形、义上。教师应从前人的经验中挖掘,同时预测同类情况予以适当拓展编写童谣:

拥有相同读音。同音字出现频率高,写的过程中就容易调出认知当中这个读音的字。

拥有相近读音。拥有相近读音,往往易混难记。

拥有相同部件偏旁。教材反向的集中识字,没有语言环境,要认识生字分清字义,枯燥且困难。

拥有类似部件。有些字在外貌上非常相似,出现的顺序会导致认读和书写错误。

当然,突破学生认知在教材当中适合于创编童谣的元素不仅仅是这些,我们仅仅是从具有一定代表性的几个角度去分析与归纳。

特点之四:文字游戏,童谣玩乐。文字游戏的童谣着眼于学生语感中比较薄弱的词语积累方面,使学生下意识地感知词语的内容、区分词语的色彩、理解词语的用法,最终达到掌握积累词语的目的。

特点之五：学习方法，童谣渗透。语音的正确程度与语感有着密不可分的联系，而汉语拼音教材中有许多内容都是南方人不易掌握的。教师可用童谣来帮助孩子掌握语音。

（二）低段教材中童谣编写的规律。

童谣自创主要有两种：一为改编，包括加字、删字、改字等；二为创作，包括仿写、创新等。我们尚未有能力去构建完整的理论体系，基于自身的理解及所创编出的童谣，认为低段语文教材当中，童谣的编写有以下一些规律。

规律之一：关注学生兴趣所在。

童谣以丰富的艺术表现力，牢牢吸引住孩子的学习兴趣，刺激学生诵读童谣的隐性动机。内容适合学生认知特点，产生愉快的情绪体验，往往容易激发学生去诵读的内部动机，"接受性"和"质量"强烈地影响到发展语感的成效。

规律之二：抓住教学重点难点。

童谣是教材创生和开发的"加工场"，经过创编的童谣应该给学生的是①具有具体、直观、形象的思维；②适合儿童的生活经验、思想程度和兴趣的浅显的内容；③精炼、简洁、口语化，适合儿童朗诵的语言是这三者的结合体。想方设法调动学生的想象力，唤起其内心视像，以典型语言最先输入给学生，通过典型语言的同化辐射形成格局，源于教材而高于教材。

规律之三：无痕改变认知冲突。

低段学生思考只基于"生活横断面"，面临铺天盖地的拼音、生字、词语，他们尚未适应引发认知冲突的过程。教师要将可能暴露和呈现的认知冲突在出现之前，在认知水平上得到正确的引导并向前发展。即语感品质向敏捷性发展：能从语言中迅速领悟信息，能快捷地感受或捕捉到语像、语情、语意，尤其是语言的隐含意；能迅速地区分相近语素的细微差别；能敏锐地预测到还未说出或未说全的话语；能在感觉层面上敏捷地生成语言。

规律之四：符合童谣韵律。

童谣形式复杂多样，修辞方式也多样。低段语文教材童谣编写篇幅简短，结构比传统童谣变化多。三字句是仿效三字经的句式而来；四字句大多来自四字词语和成语，教材本身部分课文就是用四字的词语串联成；五言句和七言句根据古诗衍生而来，对编童谣的老师而言是较易上手的形式；长短句即杂言形式对字数的要求比较自由，不受限制，对教材中的童谣元素而言，更易于编排。

（三）童谣多元开发的形式与方法

童谣的开发，需要关注诵读童谣发展语感的品质，同样需要关注诵读童谣形式的活泼与方法的多元化。追求"源于教材，回归教材"的目标，"基本思路"概括如下图：

```
                              促进语文学习
                          以活动促发展
                    ┌─────────────────────────┐  体验感悟表现学习
立足教材 ─找到元素→ 创编童谣 → │ 动作、角色表演          │ ─────────────→ 语感发展
                    │ 诵读童谣                │
                    │ 仿编、创编童谣          │  自然韵读形式掌握
                    └─────────────────────────┘
                          以竞争促学习
```

其一：基本思路。由上图可知，教材、童谣、语感存在着良性循环，其中"发展语感"是我们的初级目标，而通过语感的发展促进语文的学习，是我们的终极目标也是新的循环上升。此中，读的环节是发展语感的关键所在。实践证明，开展诵读童谣容易，而真正能够发展学生的语感则难，由此教师必须研究在形式和方法上落实童谣的实效。

其二：寻找元素。语感的产生是以感性为主体的，现行教材中的形象并非视觉形象，情景图大部分是以分散的学习点、没有联系的图片呈现，这些空白点都是童谣的元素。

其三：创编童谣。教师重在"源于教材，创作童谣"，自创童谣是儿童文学创作能力的最初体现。加以正确的引导，有助于他们增强自信心。

其四：诵读童谣。从学生的直觉感知（想象、联想、共鸣及语言的音律、节奏等感受）引起审美心理反应，一边表演一边诵读，符合学生的认知规律，又适应语言的最近发展区，使童谣的记忆长度保持。

仿编、创编童谣积累语感。不知不觉中量的积累可以在头脑中形成此类童谣形式的图式。积累的过程成为消化吸收的过程，有了"工具"就能表达出观察到的现象和内心的感受，丰富童谣的内涵，超越童谣的意境，才是更有意义的。

三、童谣对儿童语感促进的一般规律

1. 直觉学习，无意记忆

通过多元形式的童谣诵读，促进了语感直觉层面上正误感的敏锐性。童谣赋予孩子自动生成正确的言语，同时有了写童谣的"工具"。这是强化记忆的有效途径之一。

2. 童谣韵语，可防遗忘

自行编写的童谣，"组织"精，有"情"有"义"。实践结果证明，童谣越是具有"组织性"，节奏性越强，越容易记忆越难遗忘。

3. 意义联想，渗透人文

经过创编的童谣成为一个多层面、立体式的多维体验，诵读必然要引发联想和想象，丰富学生的情感世界。

4. 表现学习，美育熏陶

"表现学习"就是用节奏、音乐、动作和角色的形式读出唱出童谣独特的美感和趣味，给学生的表现学习提供平台，让每个孩子都有精彩的表现。

四、借助童谣发展语感需要注意的相关问题

在低段教学中开展"童谣发展语感"的策略需要注意几个问题：

其一，源于教材，又要高于教材。

童谣发展语感研究十分重视童谣所包含元素的质量以及童谣和语文教学的联系，尤其肯定从教材中选取内容作为童谣成分的重要意义。童谣的顾本性，即童谣是选取教材当中或教辅材料当中的内容，是学生学习的材料当中直接采集的内容，不是从别的地方拿来的童谣。

而且，立足教材创造童谣，需要综合考虑各种因素，并非是搞"拿来主义"。对儿童语感的"启蒙教本"应进行谨慎的选择，它应该具有两个特点：一是科学性；二是合适性。我们知道诵读童谣可以给孩子们带来好处更关键的是能有效发展孩子的语感。拿现成童谣大量去读的引入者虽用心良苦，但收效微薄。

首先我们要了解孩子，知道儿童的发展规律才可以从教材当中寻找童谣元素创编童谣，是侧重于对各种因素的综合考虑，是基于对教材的整体把握的基础，进行宏观调控、区别对待，即对教材进行重组，并非是拿来就用。因而，童谣的创编贵在因教材而异，因学生而异。

其二，"适合学生"——让每一个学生都能从童谣中有收获。

教育的目的就是让学生发展，因而要用童谣帮助不同水平、不同层次学生的语感得到发展，发掘除了课文学习之外的学习潜能，促进自己的学习，起到一种"心灵相通"的效果，使大量重复、争分夺秒的学习焕发童年的趣味和快乐的本质。

其三，"寻求规律"，授之以渔。

并不是教材中所有的内容都适合创编成童谣，能够创编成童谣的元素也是不相同的。编成童谣的教材存在以下规律：一是元素（字、词）在音、形、义方面有关联，能通过组织形成有趣活泼的童谣；二是元素（包括字、词、句子）之间有一定的联系，能通过组织形成贴近与学生生活经验和场景的童谣；三是元素是难以理解或记忆的，能通过浅显的语言表述成通俗易懂又方便记忆的童谣，让学生喜欢读爱读。

读的方式方法对童谣学习也产生重要影响，尤其是配上动作表演、打节奏、伴随音乐读时，对童谣学习具有推动的作用。概而言之，引入童谣真正的目的是为了帮助学生语感的发展和语文素养的提高。

引导学生细读文本，课堂生成回归语文

杭州绿城育华小学　曾水清

一、课堂生成发生偏差的主要现象

阅读文本的图式化结构和召唤结构，会引发读者形成不同的阅读感受。在个性张扬的小学语文课堂中，势必会出现许多个性理解和观点争鸣的课堂生成。笔者经过一年多的上课和听课实践，发现小学语文课堂生成发生偏差的现象如下：

1. 价值认同的异见。如认为《落花生》写得过于平实，对话缺少提示语，这样不是太好。

2. 个性解读的浅见。如学习《检阅》时，认为小伙子残疾却在检阅中表现出色，是主要赞扬小伙子最棒。

3. 价值观点的偏见。如学习《三个儿子》时，有部分学生认为文中第一、二个儿子很有才艺，非常可爱。

4. 理解感悟的不深入。如学习《去年的树》时，认为鸟儿应该飞回去给赋予树生命的树根唱歌，而不应该给无关的灯火唱歌等。

二、教师对课堂生成偏差的低效引导

学生课堂生成偏差发生时，需要教师及时、有效地进行课堂引导。而实践中的许多课例表明，教师面对学生在课堂上突发的个性迥异的生成偏差，往往限于教学预设、教师机智、教学经验等原因，缺乏有效的应对策略，导致低效引导。

1. 脱离文本，一味鼓励

不少教师面对学生的不同个见，总是简单地以"好！你的观点很有个性！""哇！你真能干，很善于发现问题！""你真棒！"等草草表扬一通后，便"王顾左右而言他"，课堂生成不了了之。试想，倘若学生课堂生成的观点有误，这简单敷衍之"个性"、"棒"的一味鼓励，岂不"误人子弟"！

2. 直接告知，忽略过程

教学《落花生》时，当学生质疑课文中的对话写得"过于平实，缺乏提示语"，"觉得不好"时，教师直接告知学生答案："你的问题提得很好！其实，这正是许地山的一贯文风,也是本文写作上的一大特色,平实就是本文的最好写法,文如其人嘛"。直接告知结果,把学生从"疑点"领到"答案"的终点,完全忽略了学生的学习过程。这样,学生即便知道正确结果,也很难留下深刻印象,而且其阅读能力也无任何增长。

3.隔空对话,虚无缥缈

教学《去年的树》时,有学生问"为什么鸟儿对着灯火唱歌,而不对着给予树生命的树根唱歌"时,教师随即"机智"引导:"鸟儿对灯火唱歌不好吗?"看似反诘,其实只是应付滑过。教师答非所问,学生问题依旧。如此隔空对话,虚无缥缈,让学生不仅捉摸不定,有时还可能导致不良引导。

4.远离文本,隔靴搔痒

教学《妈妈的账单》时,当学生质疑:"妈妈为什么不直接教育彼得,却写一份 0 芬尼的账单,这不是有点故弄玄虚吗? 如果彼得不理解,怎么办呢?"教师简单引导:"同学们,那你们想想,妈妈怎样做更合适?"避开问题关键,转移话题,研究与主题无关的东西,这样远离文本的对话,浪费时间,不得要领。

细析课堂生成产生偏差的成因,主要是学生对学习内容理解的不到位;综观教师的低效引导,失策于缺乏对教学内容的主要媒介——教学文本的充分有效的挖掘利用,也就是没有及时引导学生再次细读文本。因此,引领学生深入地进行文本细读,是有效把握课堂生成,实现课堂生成纠偏的关键。

三、引导学生细读文本纠正课堂生成偏差的策略

课堂生成为什么要纠偏呢? 这主要是由学生的学习文本(主要是文学作品)的特定属性决定的。文本带给读者的感受不是漫无边际的,受文本内容的制约,有一定的局限性和规定性。无论是现象学还是接受理论,都指出了文本对读者接受的制约:作品的图式化结构在为读者提供了想象自由的同时,又为阅读提供了基本的限制。

鲁迅反复说过:"文学因读者的体验不同,各人推见、设想作品的人物是不尽相同的,读者心目中的林黛玉不会是一个样,但那性格、行动,一定有些类似,大致不差。……一千个读者有一千个哈姆雷特,而一千个哈姆雷特还是哈姆雷特。"

特级教师周一贯先生说得好:"教师在解读课文和引导学生解读课文的过程中,一方面,要尊重学生对解读文本的多元反应和解读过程中的独特体验;另一方面,也必须承认教材的客观性、前提性和规定性。解读是读者与作者平等对话的过程,而不是飘忽不定、永无结论。教师应当努力做到二者的有机统一。""教师应当努力做到二者的有机统一",就是告诉我们既要尊重学生的课堂生成,同时也要引导学生与作者、文本进行细细对话,进行课堂生成纠偏,体味文本的深刻意蕴与内涵,达成文本价值的基本共识。

那么,如何在学生课堂生成发生偏差时,正确地把握教学时机引导学生细读文本呢? 笔者做了以下探索。

1.引导学生整体观照文本

作者为达成思想内容进行行文表达时,自然会有所经营和侧重,会进行全面系统的整体安排与架构。这些整体的安排与架构,既凝聚着作者运思作文的苦心,也传达了作者表达主旨的价值倾向,从而引领阅读者领悟此意图。为此,教师引导学生进行阅读学习时,务必全盘把握,整体观照,否则极易发生以偏概全、断章取义的情况,以致"一叶障目,不见森林"。

教学三年级下册《检阅》时,有学生质疑:"文章结尾处,两个观众的意见不统一,一个观众赞扬'这个小伙子棒',另一个观众赞扬'这些小伙子棒',那么到底赞扬谁最棒?"这是学生没有进行整体观照的结果。因此,笔者引导学生细细地整体回读文本,要求分别划找描写"这个小伙子"和"这些小伙子"的词句体会。学生在划找中,发现描写"这些小伙子"的内容比比皆是,而单独描写博莱克的内容却只有一段。这一段也只是描写博莱克在检阅时的精彩亮相,这当然值得赞扬。全文观照,详略内容一比较,学生很快就体会到:这些小伙子经过反复讨论商量、勇敢决策的做法更令人称道!"这个小伙子"的棒:棒在他幕后的刻苦训练,检阅时和全队保持一致。而"这些小伙子"的棒:棒在他们排除歧视,抱着宁可在检阅时出丑的心情也"不抛弃,不放弃"地接纳残疾的博莱克和他们一道参加检阅,其包容精神更值得人们钦佩。

2.引导学生细读文本的矛盾冲突处

文学作品少不了矛盾冲突,许多文学体式如童话、故事、小说、戏剧等都包含着矛盾冲突。文学作品往往通过矛盾冲突步步深入地展开文学作品。这些文学作品中的矛盾冲突,往往是作者匠心独具之处,关联着文章的思想内涵,浓缩了文中人物的情感。而且,这些矛盾冲突,看似矛盾,实际并不矛盾,作者只是借矛盾冲突来展开情节,就像竹子的竹节一样。

阅读文学作品,务必深入理解作品矛盾冲突,这样才能理解文本要义。因此,教师引导学生阅读时,重点应该放在理解文本矛盾冲突处。

教学二年级下册《三个儿子》时,有学生质疑:"为什么一个妈妈说看见了三个儿子,而老爷爷却说只看见一个儿子呢?第一个儿子会翻筋斗,第二个儿子会唱歌,都很有才艺。我觉得每一个儿子都可爱!"笔者就引导学生仔细品读文本内容的矛盾冲突处:"一桶水可重啦!水直晃荡,三个妈妈走走停停,胳膊都痛了,腰也酸了。"引导学生圈画关键词:"可重啦"、"直晃荡"、"走走停停"、"胳膊痛了"、"腰也酸了",从中体会理解到妈妈们提水的艰难,妈妈们此时最需要的,不是翻筋斗,也不是唱歌,而是帮助提水。从而懂得了第三个儿子帮妈妈提水,是真正孝顺妈妈,所以老爷爷说:"只看见一个儿子"。

3.引导学生细读文本语言形式的内涵

同一事物,可以入诗,可以入画,可以为文,可以成曲……作者寻求的无非表达手法不同而已。正如苏轼在《题西林壁》所阐述的那样:"横看成岭侧成峰,远近高低各不同。"同一内容,作者在进行文学创作时,也会根据自己的价值观和擅长点寻找合适的语言形式表达认识和价值观。

学习五年级下册《落花生》时，学生表示异议："这篇课文除一处对话用'回答'外，其他地方都全用'说'，显得非常单调，很不好。"笔者先引导学生认识文本语言形式的准确，再引导学生体会作者的个性创作特征。

第一步，划找对话，添加提示语。学生先划找出文中11处对话，再分小组对这些"说"添加"合适的提示语"。第二步，对比感受，反复体味。开始，学生在加上提示语朗读时，感到能够借助"不假思索地回答"等提示语，准确把握人物的情态；接着，进行与不加提示语的对话比较。学生就会发现不加提示语的对话其实更加简明，更能凸显"哥哥"、"姐姐"、"我"和"父亲"对话如聊家常，一切自然，加了反而拖沓、拘谨、生疏。第三步，知人论世，深化要旨。教师相机介绍许地山：许地山笔名是落华生，一生都在热情倡导"落花生精神"，给文学界、学术界以很大的启迪和深远影响。《落花生》就美在它不事雕琢而意境深远，美在它和作者做人融为一体！

4. 引导学生细读凝结情感的语言

文本凝结情感的语言，就像戏剧舞台上的典型道具和特征动作一样：一跨腿一扬马鞭即象征骑马疾驰……具有十分典型的象征意义，并且"言简而意丰"。对这些凝聚情感的语言，应该抓住其中的关键词语深入理解，不仅理解其字面上的"工具义"，还应理解字后面的"人文义"。孙绍振先生曾说："文章要害就是，看不见的比看得见的更重要。"这就告诉我们要深入理解凝聚情感语言背后含着的意蕴，只有理解了语言背后含着的情感，才真正读懂了文本和作者。

人教版四年级上册《去年的树》中，"鸟儿睁大眼睛，盯着灯火看了一会儿。"就是文本凝结情感的语言。当学生质疑："我不明白鸟儿为什么对着灯火唱歌，却不直接给树根唱歌呢？我觉得树根才是树生命的最重要组成部分，所以，鸟儿应该给树根唱歌，而不应该给灯火唱歌"时，就可以引导学生细读"鸟儿睁大眼睛，盯着灯火看了一会儿"。尤其引导学生对该句中的关键词"盯"作深入体会。学生通过对凝结情感的关键词"盯"的理解，不但消除了困惑，而且充满幻想地认为：鸟儿在给灯火唱完歌后，会重新飞回树根旁，陪伴树根，天天给树根唱歌，直待树根重新发芽长大。

5. 引导学生细读文本看似不经意处

金圣叹云："古人著书，每每若干年布想，若干年储材，又复若干年经营点窜，而后得脱于稿……今人不会看书，往往将书容易混帐过去。于是古人书中所有得意处，不得意处……无数方法，无数筋节，悉付之于茫然不知，而仅仅粗记前后事迹，是否成败。"作者在创作时，往往"吟安一个字，捻断数茎须"地苦心经营，而读者阅读时，往往流于形式或浮于表面，沉迷于故事的情节和结尾，对文本的语言却很少推敲，尤其对文本的筋节处容易忽略的部分，更是一眼瞟过。其实，文本中筋节处有些语言，看似不经意，实际上大有深义。其往往关联情节的发展，关系情感的内涵，关系复杂的内心世界。教学时，决不可等闲视之。

教学《妈妈的账单》时，学生质疑："妈妈为什么不直接教育彼得，却写一份0芬尼的账单，这不是故弄玄虚吗？如果彼得不理解怎么办？"笔者就引导学生细读文中看似不经意处："彼得的母亲仔细地读了一遍，然后收下了这份账单，什么话也没有说。"其中，"仔细"二字可以体会到母亲读得用心，一边读一边在思索：该怎么对待这份账单；而"收下这份账单"表明母亲已经有了自己的考虑，已经胸有成竹；最后"什么也没有说"说明沉默的母亲其实正经历了一个非常痛苦的思想斗争、一个艰难的心理磨砺过程。细读时，结合情境还原的办法引导学生边读边想：当时彼得母亲的感受是怎样的？为什么她"什么话也不说"？难道真的没什么话可说吗？她想说，又会说些什么呢？最终她为何还是"什么话也不说"？从中我们可以体会到什么？从而理解"母亲"这样做，主要是为了既教育彼得，又要保护他的自尊心！

综上所述，教师要纠正小学语文教学的课堂生成偏差，还是要以引导学生细读文本为佳：一方面，引导学生回归文本探究，让学生在有效纠正解决语文课堂生成的偏差中进行语文学习，在品味语言中涵养了语感，提高了阅读能力；另一方面，采取这种方式，避免使用过多繁杂低效的教学辅助手段。

启发学生感悟诗情的一些尝试

杭州市西兴实验小学　潘晓燕

有谁没有为诗而情动、为词而沉吟过？特别是古典诗词,是祖国文学的最美丽的奇葩,是我们伟大民族五千年灿烂文化的结晶,它们以优美凝练的语言、生动新奇的想象、朗朗上口的韵律、动人心魄的情感、深刻入微的哲理,让我们难以忘怀。

一、古典诗词在小学语文教学中的现状

(一)古典诗词的重要地位

2001年新试行的《语文课程标准》提出第一学段背诵优秀诗文50篇(段),第二学段为50篇(段),第三学段为60篇(段)。而且在其附录的"古诗词背诵推荐篇目"就有70首。可见背诵优秀诗文总量上是相当大的,而且在《语文课程标准》中对古诗词的教学提出了更明确的要求:在第一学段"让儿童诵读儿歌、童谣和浅近的古诗,展开想象,获得初步的情感体验,感受语言的优美"。第二学段中"诵读优秀诗文,注意在诵读过程中体验情感,领悟内容"。而在第三学段中则要"注意通过诗文的声调、节凑等体味作品的内容和情感"。可见,小学的古诗词教学的要求提高了,内容也趋向丰富,古诗词教学的重要地位毋庸置疑。

(二)古典诗词在教学中遭遇的尴尬

美学大师朱光潜先生说:"要养成纯正的文学趣味,我们最好从读诗入手。能欣赏诗,自然能欣赏小说戏剧及其他种类的文学。"朱先生的这句话实际上是在提高文学素养这方面,把诗歌的作用放在了第一位上。的确,诗词短小精练、节奏优美、形象生动、内蕴幽远,余韵悠长,对于学生精神的提升、人格的塑造、情感的陶冶、文化素养的形成、语文能力的培养等诸多方面,起着无可估量的潜移默化的作用,使学生一生受用无穷。

但是,"古调虽好空自爱,今人无心多不弹",浮躁的心态,急功近利的思想,快捷的生活节奏,使得"偌大的世界,放不下一张安静的书桌",现在的古诗词教学常常采用"释题——读通诗句——解释字词——串讲诗句——总结思想"的五步法,花大量的时间串讲诗句,使古诗词教学仅仅停留在"解释"的层面上,把完整和谐的诗词艺术品分解得支离破碎,把其中所蕴含的意境美扫荡殆尽,更多的教师为了对付考试,指

导学生背诵知识性的条文,如作者名字、作品名称、内容大意、地位价值等,这样重内容,轻意蕴;重传授,轻感悟;重背默,轻朗读教学形式,使课堂了无神采,索然无味,促成了学生对古诗词的不爱,真是让人痛心。

(三)"巧用移情,体悟诗情"策略的提出

金圣叹说:"人看花,花看人。人看花,人到花里去,花看人,花到人里来。"在诸多的应用形式中,如诗、词、歌、赋、绘画、书法等,诗、词的移情应用最为明显。"登山则情满于山,观海则意溢于海",中国古代及现代的诗人、词人所创作出来的丰富而优秀的作品中,使用"移情说"来创造意境,渲染气氛,抒发感情是一种十分常见的手法。这些作品感情流露真挚,情感细腻,意味深远,思路精辟,很多都成为了传世之作。下面我们举几个小学课本中的例子来说明。

《诗经》中,《小雅・采薇》记载:"昔我往矣,杨柳依依;今我来思,雨雪菲菲。"宋祁《宋景文笔记》卷中云:"'杨柳依依'、'雨雪霏霏',写物态慰人情也,谢玄爱之。"宋祁的解释正好说明了《诗经》这句是以物态的描写来见人情。以杨柳、雨雪来描写戍卒离乡和回乡的感情。

杨万里:"泉眼无声惜细流,树阴照水爱晴柔。"(《小池》)一个"惜"字,化无情为有情,仿佛泉眼是因为爱惜涓滴,才让它无声地缓缓流淌;一个"爱"字,给绿树以生命,似乎它是喜欢这晴柔的风光,才以水为镜,展现自己的绰约风姿。泉眼岂能惜,树阴怎会爱,分明是作者将自己独特的感受移注于物。王国维说"物皆著我之色彩"就是此意。

"感人心者,莫先乎情"(白居易)。诗是抒情的——感情是诗歌的生命,诗歌的灵魂。传唱至今的优秀诗篇,都是诗人用他们的真情实感,用他们的人生遭际,用他们的碧血热泪乃至用生命写成的,他们用敏于感受的心灵映射万象,使客观景物作我主观情思的象征,成就着一个个鸢飞鱼跃,活泼玲珑,渊然而深的灵境。唯其有情,才能使诗人展开想象的羽翼,"思接千载","视通万里";唯其有情,诗篇才得以澎湃的诗意直接冲击人心,从而引起我们感情与思想上的震动,发挥它的教育作用和审美作用。

"作者胸有境,入境始与亲",人的感觉、情感、态度可以在不同的情境中实现迁移。面对古诗词这个美丽动人的情感世界,试问,我们在教学时,无一个"情"字怎生了得?我们在体会感悟时,无一个"情"字怎生了得?

古人说:"夫缀文者情动而辞发,观文者披文以入情。"教材的情,既是作者之情,又是教者之情。既有显性,又有隐性。这就需要我们在钻研教材时,善于体察作者的心,并能充分调动自己的情感,随着人物的遭际矛盾的起伏、场景的变换去体验作者的情感,与作者同喜同忧,同欢乐共悲伤,才能用自己的感情感染学生,一起"披文入情",一起"入境"、"悟神";古诗词构思精巧,多处留有艺术的空白,言虽尽而意无穷,犹如中国的水墨画,虽寥寥数笔,却给人无限的想象空间,这些都能成为我们教学时的生长点。

二、巧用移情,体悟诗情

(一)创设情境,沟通情感

运用生动形象的教学手段,如图画、音乐、表演等等,创设一种与其相应的情境,我认为,基于感性,创设情境,就能提炼意境,同作者沟通情感,唤起共鸣。

在执教《赠汪伦》这一课时,在学生理解了这首诗的字面意思之后,我进行了如下的教学:李白和汪伦能成为好朋友,有一个非常有趣的小故事,我在音乐声中动情地讲述李白与汪伦如何结识故事,由于有了生动的故事充实诗歌内容,学生在故事的情境之中激发了情感的共鸣。这时教师再趁热打铁,进行时空延伸情境表演,大屏幕上出现了一叶扁舟停岸待发,大诗人李白雄姿英发,学生的热情再次被调动起来了,这时请学生选择合作伙伴,自由表达。他们把自己融入情境之中,说真话,表真情。如:"李白兄且慢走,今日一别不知何时相见?""汪伦兄,请留步吧!莫愁前路无知己,天下谁人不识君。"在这样的情境之中,调动了学生的积极性,也唤起了他们真诚的情感,体味到朋友之间这种依依不舍的情感是多么的纯美。

(二)角色转换,个性体验

就体验而言,一切外求,说到底皆为妄求,只有真正从自己内心流淌出来的,才是真体验,真性情。"文章自得方为贵,衣钵相传岂为真?"角色转换,就是把眼前所读的诗、词与自己的生活经验、阅读积淀相沟通,通过文字的桥梁,抵达作者的心灵。

有一位老师在执教《秋思》时,在学生初步感知诗意后,深情地简介张籍出身:张籍出身寒微。幼年家贫,年纪很小,就远离故乡,到二十五六岁时,已经历了浪迹天涯的羁旅生活。常年四处奔波、漂泊异乡。他祖籍吴郡,后客居洛阳,然后引导学生进行角色转换设计了这样一系列问题:"家书"是什么意思? 古人说,家书抵万金,假如你给家中写信,会写些什么? 假如你就是诗人,就是远离故土思念家乡的诗人,你还会在家书中写些什么呢? 你就是诗人,在这落红遍地的时节,给家乡的亲人写了一封家书。临发前,又将封好的信拆开,你当时心中会说什么? 那一刻,你的神态,你的举止又怎样? 你就是行人,你目睹了诗人这一奇怪举止,你会怎么说? 这时两人之间会发生什么故事? 当家书终于"开封"之后,你能想象诗人又是怎么做的? 一系列角色的转换,让学生调动了自己的生活经验、生活情感,去体会诗人当时的所思所感。

(三)对话感染,互动体验

由于受认知水平和阅读能力的限制,学生自主探究后所得的情感体验,往往较肤浅,这就要求教师在学生交流的过程中,能与学生一起互为主动、互为创造地去深入挖掘教材中的精髓,教师要根据教学内容的喜怒哀乐,表现出相应的情感。时而渲染诗情画意,拨动学生心弦;时而出语惊誓,引起心灵震颤;时而低沉悲哀,催人泪下……凭借教师富有情感的语言,引起学生心灵世界强烈的共鸣,激励和吸引学生积极学习和探索。

在执教《夜书所见》学习"萧萧梧叶送寒声"时，为了体会作者的凄清孤独，我和学生进行如下的对话：

师：是啊，你想，萧萧的秋风啊，把梧桐叶吹得纷纷落下来。诗人此时会有怎样的感觉？

生：有点寒冷的感觉。

师：诗人仅仅是觉得身上寒冷吗？

生：除了身上寒冷外，他肯定也很心寒，他现在一个人在外地，肯定很孤独。

生：看到梧桐树纷纷飘落，在风中打转，作者觉得自己跟树叶一样飘零。

师：你体会得好啊！树叶飘零，叶落还归根呢，诗人却孤身在外！

生：这萧萧的秋风，一定让作者更加思念家人。

师：触景伤情，诗人此时孤身一人在外地，看到萧萧的秋风吹落树叶，心里感到非常孤独。请你再读一读这句诗。

学生自己理解的孤独，经过与教师的对话后理解的孤独，会更丰富饱满。

（四）融情想象，感悟情深

"学生具有极大的想象潜力，只要在教学中加以培养和激发，学生便可根据语言描绘和各种教学媒体的音像，结合自己的生活经验进行想象，在头脑中组合成新的形象，化静态为动态，化平面为立体，化无声为有声，从而进入课文特定的情境中。"融情想象是移情体验的重要手段。

特级教师王崧舟在执教《长相思》时，就引导学生进行融情想象。

师：孩子们，请闭上你们的眼睛，让我们一起随着纳兰性德，走进他的生活，走进他的世界，随着老师的朗读，你的眼前仿佛出现怎样的画面和情景？（教师范读）

师：孩子们，睁开眼睛，现在你的眼前仿佛出现怎样的画面和情景？你仿佛看到了什么，听到了什么，你仿佛处在一个怎样的世界里面？

生：我看见了士兵们翻山越岭到山海关，外面风雪交加，士兵躺在帐篷里翻来覆去怎么也睡不着，在思念他的故乡。

生：我看见了纳兰性德在那里思念家乡，睡不着那样的情景。

……

师：你们都看到了，是吗？你们看到了跋山涉水的画面，你们看到了辗转反侧的画面，你们看到了抬头仰望的画面，你们看到了孤独沉思的画面。但是，同学们，在纳兰性德的心中，在纳兰性德的记忆里面，在他的家乡，在他的故园，又应该是怎样的画面，怎样的情景呢？展开你的想象，把你在作者的家乡，在作者的故园看到的画面写下来。

（五）联系背景，移情入诗

有一部分诗词，是诗人在特定历史、特定环境下的感情流露，只有移情入诗，联系诗人所处的时代背景,才可能体会到诗歌所表达的情感和所表现的意境。

在教学《秋夜将晓出篱门迎凉有感》,倘若不讲述金兵南侵,二主北虏,中原沦丧,人民流离失所、背井离乡、纷纷南逃的凄凉画面,学生怎能体会到"遗民泪尽胡尘里"的凄苦情怀? 倘若不讲解陆游早年参加抗金义军,以及终生以收复失地为己任,却屡受排挤、屡遭打击的艰难处境,怎能理解"秋夜将晓出篱门迎凉有感"的深刻涵义? 怎能感受到他那颗忧国忧民的心!

三、对"巧用移情,以情悟诗"的三点反思

1. 移情作用的发生有时并非单一的教学策略就能促成,而是多元策略共同作用的结果,如本文提到的案例《送元二使安西》中,就将创设情境、角色转换、融情想象等都运用进去。

2. 移情作用是极端的凝神注视的结果,它是否发生以及发生时的深浅程度都随人随时随境而异。也就是说,跟学生上课的专心程度、教师的引导是否得当、教学氛围是否融洽等等诸多因素有关;但毋庸置疑的是当学生与教师物我两忘,用"沉静"之心"沉浸"在课堂中,潜心涵咏时,所得到的移情体验和审美感受是最强的。

3. 诗的形象是人的情趣的返照,诗的意蕴深浅和人的悟性密切相关。深人所见于物者亦深,浅人所见物者亦浅。举个例子:二下年级白居易的《草》,有的小朋友读到的草就是草,但有的学生却能够从诗句中领悟到草的顽强生命力,还有的小朋友甚至会说要向小草学习,做一棵生活中的坚强的小草……一首《草》如此,一切事物也是如此,我们可以说:各人的世界都由各人的自我伸张而成,欣赏中都含有几分创造性。

"流行色"触发与阅读策略

浙江传媒学院实验中学 朱林春

一、命题缘起

《高中语文课程标准》中提出:"高中语文课程应遵循共同基础与多样选择相统一的原则,精选学习内容,变革学习方式,使全体学生都获得必需的语文素养;同时,必须顾及学生在原有基础、自我发展方向和学习需求等方面的差异,激发学生的兴趣和潜能,增强课程的选择性,为每一个学生创设更好的学习条件和更广阔的成长空间,促进学生特长和个性的发展。"要"注重个性化的阅读,充分调动自己的生活经验和知识积累,在主动积极的思维和情感活动中,获得独特的感受和体验。学习探究性阅读和创造性阅读,发展想象能力、思辨能力和批判能力。"因此,激活学生的内心的体验,让学生在体验中有所收获,是符合语文课程标准教学理念的。

教学实践证明:触摸学生的生命脉搏,满足学生的心理诉求,激活学生的创造欲望,是教学目标达成的决定要素。学生只有在情感领域里"想要学",才会在认知领域中发展为"学得懂",在此基础上去实现动作领域的"能发现"。来源于学生内心经验的激活才能获取最大的课堂效益。

加涅的九大教学步骤、巴特勒的"教学过程七要素互动模型"、梅里尔的"五星教学模式"等有影响力的教学设计模型中"引起学习注意"、"动机"、"激活原有知识"这一环节基本都呈现着尊重学生生活体验、激发学生学习兴趣的重要性。浙江大学盛群力教授认为:"了解学生情况,利用学生已有经验"、"教学富有吸引力,激起学习者继续学习的愿望"是一堂好课的主要标准。叶圣陶先生在《文心》中说:"读书贵有心得,关键是联系生活,在'触发'上下工夫。""所谓触发,就是由一件事感悟到其他的事。你读书时对于书中的一句话,觉得与平日所读过的书中有关系,是触发;觉得与自己的生活有交涉,获得一种印证,是触发;觉得可以作为将来某种理论说明的例子,是触发。"

语文是来源于生活的。语文学习的外延与生活的外延相等。学生阅读,从根本上说,是出于生活的需要,是认识世界的一种冲动。在阅读中,要依靠自己的生活体验和原有知识积累与文本对话,构建自己对文本的理解。阅读的收获,又提高了自己的生活品位和言语能力。因此,阅读自始至终离不开生活,生活的沉淀直接影响了阅读的收获。

信息化时代的丰富多彩，学生的阅读内容和形式都在发生着质的变化。学生的年龄特点和独生子女的优越性决定着学生逆反心理不同程度地强化。开放的世界，良莠不齐的各种信息不可避免地影响着学生的思想。学生生活阅历的不再单一，挑战着教师要跟上时代的节奏，要学会在时尚中挖掘素材，在流行里捕捉契机，要读懂学生，走入学生心灵，才会有所触发，实现有效阅读。

二、命题界说

"触发"，词典释义是"因触动而激发起某种反应"。在本文中主要指利用各种流行元素作为出发点，来进行阅读教学。阅读在本文中，是一个广义的范畴，包括文本的阅读，也包括以文本为连接点的拓展阅读。阅读策略主要指在流行元素触发的背景下，阅读教学采取的方法策略。在三个概念中，触发是前提，阅读策略是研究实践的重点，三者紧密结合，不可分割。

三、操作策略

主要策略是通过当前流行的元素，来触发学生的阅读。即"流行色"触发阅读。

1. "明星"与情景触发——入境

苏霍姆林斯基说："如果教师不想方设法使学生产生情绪高昂和智力振奋的内心状态，就急于传授知识，那么这种知识只能使人产生冷漠的态度，而不动情感的脑力劳动就会产生疲倦，没有欢欣鼓舞的心情，学习就会成为学生的负担。"因此，阅读教学中创设新奇的情境，是阅读教学的重要一步。

"追星"使学生的成长充满了浪漫的色彩，"追星"让学生逼真地看到了朦朦胧胧的成功。因此，"追星"在不知不觉中成为了少年的情结。语文教师可以从"追星"的偶像崇拜中，看到生命成长的朦胧动力，从色彩斑斓的明星中，捕捉到少年的心事，并巧妙地利用学生的明星情结去激活语文课堂……具体策略如下：

确定为研究性学习的素材。研究性学习需要学生对研究的素材感兴趣，又能有深入的了解，把学生的"星"作为研究性素材，不仅契合学生心理，而且让学生有深刻的感受，收到很好的效果。

例如顺应学生的喜好，关注明星的动向和成长之路，不仅在课堂教学中穿插进明星的故事，穿插进对明星的相对客观的看法，鼓励学生多去了解明星背后的故事，或者干脆设立"明星生活故事"、"流行歌词研究"等研究性课题。这些做法，不仅让学生在愉悦轻松的氛围中夯实了语文的基础知识，陶冶了情操，还有可能把很多追星族培养成文学爱好者。

创设阅读教学情境。在信息全球化的今天，对文娱、体育的明星或网络达人的兴趣,学生都有着不同程度的喜好,用他们鲜活的例子来创设各种学习的情景,往往能收获惊喜的效果:听一听或读一读周杰伦 2008 年推出的专集中一首《兰亭序》,引出对《兰亭集序》的学习。学生由对周杰伦的喜爱与了解,触发对《兰亭集序》学习的浓厚兴趣,就自然而然地进入到文本的学习中。

作为阅读的课外延伸的素材。"星"的故事,"星"的成长经历,"星"的拼搏奋斗精神,都可以作为学生课外阅读的素材,以此支撑起学生的部分精神天空。例如,用"一姐会说话"的素材来触发阅读,其效果同样是尽如人意的。退役的乒乓"一姐"邓亚萍,打球的时候说起话来是滴水不漏的,退役后到英国专门学习过沟通技巧之后在处理公共关系方面更是如鱼得水。这些内容融入到学生的课外阅读,可以作为学生的人文滋养,学生在追星的同时,丰富了自己,构筑了自己高层次的精神世界。

2."相亲才会赢"与问题触发——探究

"相亲才会赢"是一个电视节目,笔者借用其来说明,高中生因其年龄特点和时代因素对恋爱关注的现象,以及其本身的矛盾和问题的存在,在阅读中以此话题去触发,其效果是显而易见的。课堂的氛围会更加活跃,学生的思维会更加灵敏,既解决教学问题,又能借文本破解学生对人生困惑的难题。

《雷雨》是一篇戏剧,但写作时间较早,学生对于文章内容的理解有相当的难度。因此借用"相亲才会赢"节目的片头语,"勇敢找爱情,相亲才会赢"引发学生探究。爱情是人类最美好的感情,它不是亲情,但有时胜过亲情……而在《雷雨》中,爱情的滋味怎样? 两位主人公的各自感受如何? 学生带着趣味开始探究。

对于"为什么周朴园保留着侍萍喜欢的家具,柜上放着她的照片,连她关窗户的习惯都不改变?"对于这个问题的认识,学生产生了分歧:有的认为"这反映了周的一片真情";有的认为"这些完全是假象",有的认为"不能说周对侍萍完全没感情,他只是担心侍萍的出现会危及他的根本利益,他考虑的主要是利害关系"。在生生、师生各种多向的合作交流过程中,学生结合文本和生活阅历,谈了自己的理由和理解,最终形成与文本相对一致的看法。

所以说,引导学生交流探究,设计一些能"一石激起千层浪"或"牵一发而动全身"的问题至关重要。只有那些既能激起学生无限的兴趣和思考的潜力,又能立足于经典的文本使学生系统地把握文本的问题,才会像兴奋剂一般注入课堂,让阅读教学充满生机和活力。

3."电子控"与开放触发——拓展

阅读是文明的标志。在数字化逐渐取代纸质印刷的过渡时期,并存着各种阅读形式,传统的阅读方式不断地被改变,"手机控"正成为"电子控"群体更引领潮流的一族,且日渐庞大。

教师要适应新的阅读方式,拓展阅读教学的新渠道。具体做法是:以课本为主干,以资料为繁枝,以学生见解为茂叶。开创"放养式"的阅读教学,努力拓展阅读教学基地。要在课本和语文读本的基础上,指导学生利用图书、刊物、报纸、网络、移动工具等来增加阅读量,帮助学生提高阅读分析能力,允许和鼓励学生有多角度、多层次的见解。

例如:在学习《论语》选读时,学生在熟读文本经典的同时,可以根据教学条件引导学生实地或图片、语言描述等方式参观于丹的"心灵鸡汤"《阅读经典 感悟成长》的新书首发地——中国移动阅读基地。

在必修一第一专题"青春举杯"时,可以引导学生在碎片时间,阅读郭敬明的《小时代2.0虚铜时代》,把成长的岁月与畅销书联系起来,打通阅读教学和社会流行元素的通道,拓展阅读领域。这样的开放触发,不仅激发了学生学语文的兴趣,更拓展了学生的视野,引导学生大胆地触摸时代的脉搏,培养思考未来的发展以及明辨是非的能力。这样的开放触发是对学生终身学习能力的考验,是教师走入学生心坎的最佳途径和最成功的教学方式。

4."郁闷"与任务触发——创新

触发并非是一味地顺从学生的喜好,相反触发是有目的的,是要达到"柳暗花明又一村"、"蓦然回首,那人恰在灯火阑珊处"之境界的。

"郁闷",一度是这个年代的孩子的口头禅,既反映了他们的心理状态,也比较恰当地呈现了目前教育的一种现状,但从正面地去解读,这也并非是一桩坏事,特别是理解为是人生必修的课程或完成文本自身的一些学习要点。因此,带着任务,让学生体验"期盼——绝望——欣喜——失望——惊喜"的心路历程,只会是豁然开朗的一刹那,是黎明前的黑暗。作为处于成长期的学生,有这样的经历,才会趋向成熟,懂得珍惜。

利用孩子们郁闷的心态,同样可以激活阅读教学,并且使课堂灵光四射。在高中阶段,随着年级的升高,一些同学学习的为难情绪明显,他们不仅要面对各种层次的考试,而且对语文学习的许多任务,也感到力不从心,倦怠、抱怨、"郁闷"笼罩在同学们的心头。在这样的学习情景中,可以引用《论语选读》中的句子,为同学们释疑解惑,引发同学们创新。

"饭疏食,饮水,曲肱而枕之,人不堪其忧,回也不改其乐也。"说的就是儒家安贫乐道的苦乐观。这种思想,在当今的社会中,该怎样理解呢?同学们打开创新的翅膀,以自己的思想去构筑属于自己的苦乐观。在构筑过程中,同学们的思想得到了升华,郁闷情绪得到了抒发。

"知之者不如好之者,好之者不如乐之者"。有了浓厚的学习兴趣就有了强烈的求知欲,有了强烈的求知欲就产生了学习的动力,而课堂教学是培养学生学习兴趣的重要场所。利用学生喜闻乐见的内容和形式去触发其学习的兴趣,是走进学生心灵的钥匙。辨析"流行色"双刃剑的磨炼过程,让学生思辨而迅速成长,具有深远的教育意义。

一位教育家说过:"学生的潜能就像空气,可以压缩于斗室,可以充斥于广厦,你给它多大的空间,它就有多大的发展"。在教学中,我们要充分相信学生的潜能,为学生提供广阔的活动空间,热情鼓励学生标新立异,放开学生的手脚让他们去开拓、去创新。

浅谈阅读教学中的"补白"艺术

杭州市保俶塔实验学校　吴　慧

中国画,无笔墨处,有天与水之空灵,画意深远。这是传统水墨画的"留白"。禅宗的佛偈,讲究一个"悟"字,喻事明理,往往点到辄止,言简意深。这是古老哲学的"留白"。文学作品的"留白"则显示了语言艺术的含蓄之美,所谓"言有尽而意无穷"。作者通过在作品中"留白",给予读者无限遐思的空间。读者在阅读过程中则可以通过"补白"来完成自身对作品的再创造。"补白"是读者深入解读文本的特殊过程,是读者对阅读乐趣的绝妙体验。

将"补白"艺术巧妙地运用到阅读教学中,是指在教学实践过程中,在教师的引导下,学生对于那些留有想象空间,具有丰富内涵的文本材料,进行深入挖掘,通过想象拓展其丰富的内涵。从而在文本、学生、教师三者的对话中,拉近学生与文本之间的时空距离和心理距离,激发学生的创造性思维。实现知识、情感、价值观上质的突破,达到语文教学中"入境悟情"与"拓展创新"同构共生的至高境界。

一、"补白"艺术对于阅读教学的重要意义

德国著名的文学理论家和美学家尧斯曾提出:"在作家、作品和读者的三角关系中,后者并不是被动的因素,不是单纯的作出反应的环节,它本身便是一种创造历史的力量。"《语文课程标准》则指出"学生是学习和发展的主体",同时还指出"工具性与人文性的统一,是语文学科的基本性质"。语文课的意义绝不仅仅在于教给孩子某种知识和技能,更重要的是在教材与学生生命之间找到连接点,引领学生触摸文本灵魂,走进丰富多彩的心灵世界。

将"补白"艺术运用于阅读教学,可以说是阅读教学的神来之笔。通过对课文中留白的填补,学生对课文内容更熟悉了,对文本的理解更深入到位了,对作者的意图更明了了。通过"补白",为学生创造了自由想象的空间。同时,培养了学生合理想象的能力,挖掘了学生的创新潜能。对学生口头表达能力、写作能力都有较好的促进作用。因此,"补白"艺术在阅读教学中的运用不仅提高了教学效率,而且使语文课堂充满了无限魅力。

二、"补白"艺术在阅读教学中的有效运用

一部好的文学作品往往会留给读者无限的想象空间,而教材中此类文本材料也是不胜枚举。那么,如何合理利用作品的这些留白,通过各种有效的途径,巧设情景,引导学生进行深入挖掘和大胆想象,以"补白"来充实文本。同时制造出事先预设好的教学效果,从而提高阅读教学的效率,便是本文接下来想要探讨的内容。

1. 以"补白"勾勒场景画面,烘托作品氛围

成功的课堂教学首先应成功地将学生带入作品所营造的特殊氛围中去,所谓"入情入境",只有这样,学生才能感同身受,充分感知人物的命运。而怎样通过"补白"来实现这一目的的呢?

在《小音乐家扬科》中,描写"扬科挨打"一节,作者是这样表述的:后来听到骂声,鞭打声,小孩的哭声,吵嚷声,狗叫声。显然,这样的侧面描写,给读者留下了充分想象的空间。教学这部分内容时,我首先给学生创设了一定的音响情境:先是一段悠扬的小提琴曲,紧随其后的则是骂声、鞭打声、孩子哭声、吵嚷声、狗叫声等混杂的声响,最后是凄惨悲凉的小提琴曲。然后让学生闭上眼睛一边听,一边想象,把自己此时所看到、听到和感受到的场景画面描写出来。

无须问那骂声、鞭打声、哭声各是谁发出的,也无须提示他们发生了什么。学生在深入理解文本的基础上,在教师营造的特殊教学氛围中,能够很自然地在脑海中勾勒出扬科被打的悲惨画面。作品本身所带有的特殊氛围也呼之欲出。而学生对当时的社会现实和主人公的命运自然又有了更深层的解读。

2. 以"补白"丰富文本内容,感受文字魅力

有时候也可以通过"补白"来让学生进一步深入感受文本独特的表达方式。引导学生把作者没有描写到的或者省略的内容补上,在"补白"中练习文章的结构方式和修辞手法,在"补白"中学习优美的语言,感受文字的魅力。

比如《山中访友》中有这样一段:这山中的一切,哪个不是我的朋友?我热切地跟他们打招呼:你好,清凉的山泉!……工整的排比,隽永的文笔,生动的比喻和拟人,形象地写出了山中各类景物的特点,也充分展现出作者对于这一景一物的眷恋。通过充分的朗读,学生已经有了初步感知。为了更好地让学生体会到这些,也为了让学生学习这样的写法。我在这里设计了一个练习,让学生发挥想象,想一想,作者的山中好友仅仅是这些吗?还有吗?请模仿作者的笔触,再写一两个景物。

还有,在教学《草虫的村落》时,作者写道:各种不同的工作,都有专门的虫子担任。紧接着第九自然段是这样写的:我还看见了许多许多……显然,作者在这里省略了其他许许多多可能会出现的奇思妙想。于是,我让学生在充分阅读前文的基础上,大胆发挥自己的想象,把作者看到却省略的场景生动地描绘出来。学生的兴趣一下子就来了。由于对于本文的风格学生已经能够把握,再结合自己平时的生活,一篇篇

小练笔就应运而生。有的学生绘声绘色地描绘出草虫集市的热闹场景,有学生把自己在学校里生活的情景生动地移植到草虫部落里,也有学生向大家展现了草虫们在公园嬉戏游玩的画面。而无论描写什么,学生们都或多或少地承继了作者原著的微妙神韵。

3. 以"补白"探究人物内心,促进角色体验

《语文课程标准》指出,"要珍视学生独特的感受、体验和理解"。阅读活动中,由于角色模式的定势,学生往往是站在旁观者的角度展开阅读的。而有些作品,作者没有直接描写人物内心活动,而是通过人物的一言一行或者神态来展现他的内心世界。因此,引导学生通过揣摩特定环境下人物的语言、动作及神情的变化,准确把握人物最真切的想法,进行角色体验,是解读文本的一个难点。而巧妙运用"补白"艺术来突破这一难点,往往可以起到化繁为简的神奇功效。

比如,《临死前的严监生》一文,行将就木却仍对钱财耿耿于怀的严监生,多少有点令人匪夷所思。对于作者着力刻画他断气前的细节描写,学生也不能很好地理解。于是我让学生对严临死前三次伸指的细节描写进行完善,让他们写出每一次伸指时严的心理活动。通过这样的练习,学生更加仔细地去阅读和细味文本,真正从人物内心出发,去感受当时这位吝啬鬼的心理状态。学生通过换位思考和大胆想象,轻松完成了角色体验,这位爱财如命的守财奴形象在学生心里呼之欲出。

角色体验还特别强调学生的个性,即所谓"一千个读者就有一千个哈姆莱特"。如《唯一的听众》一文,课文中提到的"老妇人慈祥的眼神平静地望着我,像深深的潭水"。我在教学时,设计了一个"深深的潭水包含了什么"的填空,并让学生通过自己的理解去揣摩文中人物的心理,去填补人物内心思想的留白。同学们有的说:"深深的潭水包含了老人的支持和鼓励……"有则说:"深深的潭水包含了老人的期望和赞赏……"学生通过"补白"的方法一步步深入老人的内心世界,解读出老人的内心想法。这样的补白不仅充实了老人的形象,也创造性地完成了角色体验。

学生进入了角色,也就进入了文本的情景。因此,"补白"促进了学生的角色体验,促进了学生对课文内容创造性的理解。这也符合引导学生个性化阅读、创造性阅读的理念。

4. 以"补白"把握人物情感,体会人物品质

古人云:"文以入情"、"情文相生"。阅读理解文本时,只有入境悟情,把握住作者或人物的情感,才能体会到人物独特的品质,感受到文章的熏陶、感染,激起强烈的爱憎。在这一方面,"补白"也不啻是一种便捷的教学手段。

《桥》一文中,最后桥轰然倒塌了,洪水无情地吞噬了小伙子。"老汉似乎要喊什么,猛然间,一个浪头也吞没了他。"这里作者没有写出老汉此时此刻究竟要喊什么。便留下了一个很好的空间,可以让学生来补白。我在这里设计的问题是:在这危急时刻,老汉内心一定充斥着各种复杂的情愫,那么他究竟在想什么呢? 请把他没有喊出来的话,以老汉的口吻写下来。通过这一补白设计,学生必然要走进人物内心去做一

次深入的探访。当他们领悟到老汉内心的情感时,一个无私无畏、高风亮节的共产党员形象也突显出来了。

　　而《穷人》一文中,当桑娜用头巾裹住西蒙的两个熟睡的孩子,把他们抱回家里。她忐忑不安地想:"他会说什么呢? 这是闹着玩的吗? 自己的五个孩子已经够他受的了……是他来啦? ……不,还没来! ……为什么把他们抱过来啊? ……他会揍我的! 那也活该,我自作自受……揍我一顿也好!"作者在表现人物紧张不安心理时,运用了大量的省略号,使人物的心理活动显得跳跃而不连贯。为了更好地帮助学生把握女主人公从紧张到担忧再到内疚和最后的坚定抉择这一心理过程,我启发学生想象这里省略号省略的是什么? 让学生细细揣摩人物的内心情感。通过一系列的补白,一个备感生活压力,热爱丈夫又同情孤儿的善良女性形象在学生脑海里逐渐清晰了。而人物那种宁可自己吃苦也要收养孤儿的美好心灵也充分让学生感知到了。

　　5. 以"补白"发掘文本内涵,升华作品主题

　　以"补白"的方式也可以让学生更加深刻地发掘文本的内涵,把握作品的主题。例如在教学《凡卡》一文时,当学生读到文末,作品一改前面的悲剧气氛,而是描绘了凡卡做的一个美好的梦。学生自然明白凡卡的爷爷永远不会收到孙子的这封信。可是课文最后为什么不是凡卡悲惨地死去,而是写了这样一个梦呢? 这里如果直接告诉学生这是一种以喜衬悲的艺术手法,学生的体会不会太深。我就在这里设计了一次练笔。让学生对看似未完的作品进行结尾补白。通过深入研读文本,学生进行了合理的想象,在学生进行补白的所有作品中,最后凡卡都离不开一个悲惨的结局。于是,学生对文本的主题有了更深一层的解读——不管哪一种可能,在沙皇俄国的黑暗年代,凡卡的悲惨命运是不可能改变的。

　　"补白",有助于学生更深刻地理解文本,并在理解阅读材料的基础上概括文本内容,实现与文本的对话,从而提高阅读能力。不同的阅读材料,教学的重点、难点也不尽相同。"补白"艺术在课堂教学中的运用也是丰富多彩,各具特点的。这就需要教师深入挖掘饱含丰富人文内涵的文章中的留白,通过各种途径,引导学生进行阅读再创造,使语文课堂更具感染力和生命力。教师应善于创设情景,让"补白"艺术焕发光彩。

乡 土 魂

——鲁迅作品高度成就的重要元素

绍兴市旅游集团　徐　宏

作为中国现代文学史上翘楚的鲁迅,曾被毛泽东同志誉为"中国文化革命的主将"、"在文化战线上向着敌人冲锋陷阵的最正确、最勇敢、最坚决、最忠实、最热忱的空前的民族英雄"。在探讨鲁迅思想形成与作品伟大成就的过程中,很多人都注意到了鲁迅作品浓重的乡土色彩、乡土情结,一些绍兴籍鲁迅研究专家对此也多有著述;而进一步从绍兴地域人文精神(或称之"乡土魂")对鲁迅思想的影响的高度进行深入研究的却并不多见。笔者认为:鲁迅冷眼察世事、怒目抗邪恶、以智制强敌、"韧"战求取胜的特点的形成与鲁迅在文化战线上达到的高度成就,究其源,"坚韧、务实、抗争、崇智"的绍兴地域人文精神对他的熏陶与影响,不能不说是最重要的原因之一。

一、绍兴乡土魂(即绍兴地域人文精神)的特点与其形成因素

绍兴地域人文精神主要有以下几个特点:

一是坚韧。

历经 2500 年磨砺的胆剑精神的核心是坚韧,这是毋庸置疑的。越王勾践卧薪尝胆的千古佳话贵在忍辱负重,为了长远目标的实现而不惜屈身,几十年如一日地砺志奋斗。从东汉马臻到近代的绍兴仁人志士无不如此。南宋爱国诗人陆游一生以救国为己任,不但以诗明志,而且身体力行,亲临抗金前线,直至弥留之际还写下《示儿》诗以表"之死矢靡它"的心迹,其坚韧之志可谓惊天地泣鬼神;至辛亥革命时期,秋瑾、徐锡麟、陶成章辈热血志士前赴后继,蹈死不顾,不惜抛洒头颅,都足以证明绍兴人从来就有一种坚韧不拔、不达目的誓不休的精神品格。

二是务实。

越王勾践卧薪尝胆是为了蓄志复国,而真正使越国强盛致胜的则是实施"十年生聚十年教训"的务实方略与国力的逐年积聚;大禹是我们民族务实苦干的先驱,他开创性地"疏九河",成为我们从事水利事业的始祖,传说他死后葬于涂山,也把这种务实苦干的种子撒播在绍兴大地;绍兴人的务实精神最突出的就表现在兴修水利,从东汉马臻到明代的戴琥、汤绍恩,都把兴修水利、发展农业作为自己的头等政事,而在他们身后则是默默苦干的千千万万绍兴人民。看看今天的鉴湖、海塘和三江大闸、小舜江水库,就自然会想起两千多年来在绍兴土地上劳身焦思、埋头苦干的普通劳动者,

他们含辛茹苦代代相传建设着这片土地,也把务实的优良品质传承至今。

三是抗争。

明末绍兴名贤王思仁曾说:"夫越乃报仇雪耻之国,非藏污纳垢之地也。"2500 年来,绍兴人民从未停止过与封建恶势力、外来侵略者的抗争。南宋诗人陆游是绍兴先贤中抗敌爱国的一面旗帜。明代徐渭曾有亲身参与抗击倭寇战斗的经历,甚至身着布衣亲临前线侦察敌情;明末清兵南下,绍兴士人纷起抵抗,王思仁在绍兴城破后遁入秦望山,于病中绝食而死,祁彪佳自沉于水池以身殉国,刘宗周绝食 23 天而死;顾炎武抗清失败后终身不仕,留下"国家兴亡,匹夫有责"的千古名言,无不表现了越人宁死不折、抗争不息的精神。

四是崇智。

自古以来,越人在与自然的斗争中,在社会斗争中向来善于谋划,以智取胜。大禹治水,不因循旧法,大胆地改"湮"为"导",从父辈的失败中汲取教训,终于找到通向胜利之钥;越国谋臣文种为越王拟定"灭吴九策",用其三而胜之;汉代史家袁康、吴平、赵晔到哲学家王充的著述,也都体现了绍兴士人的睿智;大诗人贺知章与陆游以脍炙人口的诗作在古代文学史上彪炳千古、熠熠生辉;明清时期以徐渭为代表的绍兴名士与绍兴师爷留下许多以智胜敌的佳话。崇尚睿智从来就是绍兴人文精神中的一个强闪光点。身为越人的鲁迅自幼就受到越地睿智的深厚熏陶。

绍兴的这种地域人文精神是有其多元因素造成的。绍兴地处东海之滨的杭州湾南岸,南依稽山北濒泽国,历来是鱼米之乡,自然条件优越,物产资源丰饶,为社会发展与人文传承创造了优越的地域环境;自於越以始,民风淳厚、崇实,明礼俗、尊才智、讲骨气历来是越地乡风;自秦汉以来,绍兴重教化、多贤才,书香传家,名士迭出,人才荟萃。据查考:唐代兴科举以来,绍兴共诞生文武进士 2238 名,文武状元 27 名,这从一个侧面说明了绍兴的人才优势十分突出;越王勾践卧薪尝胆、兴越灭吴的史迹光耀青史,使越地士人与百姓从来就有足够的自信和意志,忍苦图强、抗争不息是绍兴历史上的主流意识。这几个因素历来为绍兴人所津津乐道,也是孕育、凝聚绍兴地域精神之必然。

二、乡土魂对鲁迅思想与创作动因的渗透与影响

1.乡土魂对鲁迅的影响首先表现在教育与阅读的思想渗透

鲁迅家所在的东昌坊口,东有沈园和绘有太平天国壁画的李家台门,南有绍兴府学宫,西面不远的大乘弄有徐渭的青藤书屋,生在这样一个人文氛围浓重的文化古城,自然使他对乡土历史与优秀人文传统有了广泛的了解。早年枯燥迂腐的书塾教育使鲁迅十分反感,他厌恶读《鉴略》与《四书》、《五经》类的所谓"正书"而喜读"闲书",如《花镜》、《山海经》之类,他爱不释手;这不但开阔了少年鲁迅的视野,而且使他对具有反抗精神的下层人物与叛逆抗争者充满了敬佩。

2.乡土魂对鲁迅的影响也来自家庭的熏陶与家庭重大变故的激励

鲁迅的继祖母蒋氏与母亲鲁瑞都来自农村。这让少年鲁迅有了大量接触农民与下层民众的机会,去外婆家成了他最快乐的童年经历,多彩而朴实的乡间生活和一群"闰土"那样的少年朋友让他沾染了浓浓的乡土气(直至晚年,鲁迅的饮食、穿着习惯仍带有绍兴乡间的俭朴特点),而且也使鲁迅深切了解中国农村的现实和农民的悲苦生活;而家庭的重大变故又让鲁迅亲身体验、深切感受因家道中落而遭世人唾骂与白眼的辛酸,从而使鲁迅对中国社会有了更痛切的感受,激励他叛逆精神与变革意识的进一步形成。

3.乡土魂对鲁迅的影响还表现在鲁迅自身奋斗经历的磨砺上

鲁迅因家庭的变故而不得不"走异路",特别是祖父因科场贿赂案而入狱,使家庭发生突变,这在鲁迅心灵蒙上浓浓的阴影,使他下决心摒弃旧途寻求新路。南京四年,他读了《天演论》等许多新书,更坚定了"变革才能图强"的信念。随后去日本学医遭人歧视与欺凌而为之痛下决心弃医从文,直至五四时期的呐喊与奋起,北京蛰居时期的彷徨与求索,面对形形色色敌人的围攻与污蔑,甚至自己阵营里人的误解与攻讦,鲁迅都一一从容以对,绝不退让、妥协,没有些许动摇,更无丝毫"奴颜与媚骨"。鲁迅经得起任何艰难险阻的磨砺,这不能不说是乡土魂中的坚韧、抗争的精神起着重要支撑作用。

4.乡土魂对鲁迅的另一影响是时代环境变迁的激发

鲁迅从日本归国时,中国社会正面临大动荡。清廷腐败,国运日衰,而绍兴城乡落后依旧,以秋瑾、徐锡麟为代表的绍兴志士的牺牲、辛亥革命时期斗争的曲折反复、当时普通民众的愚昧落后不觉悟,都在鲁迅心头打下深刻的烙印。绍兴人历史上的悖逆、抗争精神及坚韧的奋斗精神与现时国人的思想现状形成了强烈的反差,鲁迅痛心疾首之余,不能不陷入深沉的反思。他的小说与文章很多都反映出他的这种痛切思考,他要用自己的笔锋解开绍兴历史上的坚韧、抗争传统与眼前绍兴人却麻木愚昧这个"二逆背反"之谜。

这些因素的综合造成了鲁迅思想与创作的几个特点:

一是冷眼察世事。鲁迅看待中国社会不随世俗、不浮表象,对社会现实能作冷静思考与深入剖析。鲁迅之所以特别"冷峻",正是因为对腐朽的"大清国"、对争斗攫利的北洋军阀、对黑暗残暴的蒋政权从骨子里看透了他们的本质,才能看得如此"洞若观火"。

二是怒目抗邪恶。用鲁迅诗句诠释,就是"横眉冷对千夫指"。由于家庭的变故与经历的坎坷促其叛逆、抗争心理的成熟,这已为众多著家所论定。如在《死》一文中,鲁迅一反"人之将终,其言亦善"的传统意识,斩钉截铁地表示对敌人"一个都不宽恕",足见"他的骨头是最硬的"。

三是以智制强敌。鲁迅的斗争立场是最坚定的,而采取的斗争方式又是最有效的。幽默与讽刺是他最得心应手的武器。在冷嘲热讽中致敌于死命,使形形色色的敌人看到鲁迅的文章就胆战心惊。

四是"韧"战求取胜。鲁迅一再主张发扬"韧"的战斗精神,提倡"脚踏在地上"般的务实工作,持续不断地在斗争中积聚、壮大自身力量,并战斗到最后一刻。他一贯反对空喊口号与浮躁轻狂,甚至在遗嘱中还特意嘱咐"不可做空头文学家"。

三、乡土魂是鲁迅作品高度成就的重要元素

1.鲁迅小说创造出了最丰富、最生动的艺术形象群,这首先基于早年他对中国社会底层的了解与对"愚昧、麻木、不觉悟"的国民性的认识。

在《〈呐喊〉自序》中,鲁迅叙述自己从寂寞中走向奋臂呐喊的经历时,把中国旧社会比作"一间绝无窗户而万难破毁的铁屋子",而里面的人则是"一群沉睡中的人们",小说集《呐喊》里塑造的人物形象大多是这些人,其中有落后而不觉悟的典型阿Q、华老栓、闰土等;有在贫困与死亡线上苦苦煎熬的妇女形象祥林嫂、单四嫂子等;有深受封建礼法毒害的知识分子形象孔乙己等;他们都是有待于"首先醒过来的人们"去唤醒的。鲁迅创造的这些典型人物在绍兴都是有生活原型的,如:"狂人"的生活原型原是鲁迅的一个姨表弟,"闰土"的生活原型是一个叫章运水的农民;祥林嫂的生活原型是由叫"单妈妈"和"宝姑娘"的两个女性揉合而成的,而在当时的绍兴有这样惨苦经历的妇女又岂止祥林嫂一个。鲁迅从少年时代就接触绍兴底层社会的经历使他对旧中国劳苦大众的生活状况与精神面貌有着最深切的了解。这就是绍兴乡土给予他创造最丰富、最生动的艺术形象群的厚实生活基础。

绍兴自古以来的抗争精神也同样反映在鲁迅作品中。在《〈呐喊〉自序》中,鲁迅说,对于愚弱的国民,"第一要著在于改变他们的灵魂",就是要唤醒他们起来与反动势力抗争,所以鲁迅小说中写了叛逆者"狂人",写了革命者夏瑜,写了《长明灯》里的疯子,写了《过客》里的复仇者眉间尺与黑衣人;在《纪念刘和珍君》中,鲁迅热情歌颂了在反动军阀屠杀青年的枪林弹雨中殒身不恤、互相救助的刘和珍等革命青年。鲁迅作品对勇敢无畏的反抗精神的颂扬与他从小受到绍兴乡土的抗恶传统的熏陶是分不开的。

2.作为鲁迅主要战斗武器的杂文具有唯物辩证法的穿透力,对现实中国社会的深刻观察与无情解剖使鲁迅杂文能抓住事物本质,给敌以致命一击。

鲁迅对中国社会的审视与许多经验的积累很多来自于在家乡绍兴的生活体验与坎坷经历。不论是童年时了解下层人民的生活疾苦、体验自身家道中落的种种辛酸,还是辛亥革命时期在绍兴的复杂曲折的斗争经历,都对鲁迅透彻地认识中国社会的病根产生了积极影响。如《灯下漫笔》中,鲁迅把中国几千年的历史,归结为"想做奴隶而不得的时代"、"暂时做稳了奴隶的时代",两种时代交替轮换,说到底,老百姓永远只有做奴隶的份。这种揭示已经远远超越当时一般学者文人对历史的认识,体现出辩证唯物史观的穿透力了。

在鲁迅小说中,往往也有杂文式的议论做点睛之笔。在《狂人日记》中,鲁迅借狂人之口,对几千年的封建家族制度和礼教作了剔骨见髓的揭露:"我翻开历史一查,这历史没有年代,歪歪斜斜的每页上都写着'仁义道德'几个字。我横竖睡不着,仔细看了半天,才从字缝里看出字来,满本都写着两个字:吃人!"——我们在不少研究鲁迅小说的专著中可以读到对封建家族制度与礼教"吃人"的典型案例的解析,足以证明鲁迅的精辟议论有着厚实的社会生活积累作为立论的后盾。

对社会生活的病态作充分的彻底的揭露,然后剥下外壳,剖开来,挖下去,让社会的痈疽暴露于光天化日之下,以利于"群起而歼之"。——这就是鲁迅杂文解剖刀式的功力。之所以深刻、尖锐、触及事物本质,除了深邃锐利的观察力以外,鲁迅善于在斗争的发展中不断学习、思索、总结、反思,也是极其重要的原因。在20世纪20年代后期,鲁迅在有关"革命文学"的论战中认真读了不少马克思主义的理论书籍,接受了马克思主义世界观,并逐步掌握了唯物辩证法。他的思想从继承绍兴历来仁人志士的抗恶、取义、忠诚的层面,升华到能用辩证唯物史观指导自己的思想与行动,自觉地做革命队伍里的一个"小兵",从而达到一个掌握马克思主义思想武器的战士的思想高度。

3. 鲁迅是一个幽默与讽刺大师,这是众口一辞的不争事实。他善于在深入思考中探求斗争的道路与方式,选择正确的途径、策略来进行最有效的战斗。鲁迅后期,不作几万几十万字的宏论,而以短小精悍的杂文为武器,正是为了更及时更高效地投入战斗。他的杂文"似匕首、似投枪",直刺敌人的"心脏",这除了立论尖锐深刻的因素外,也与他高超的讽刺艺术紧密相关。绍兴文人睿智的气质尽显于鲁迅杂文的字里行间。即使在鲁迅严肃解剖黑暗社会的小说作品中,往往也充满了冷峻的幽默。鲁迅小说《药》中踮起脚跟、伸长脖子围观杀人场面的"那群鸭"、阿Q的被欺与欺人的场景描写、"细脚伶仃的圆规"般的杨二嫂、拿腔作势丑态尽显的假洋鬼子……这种惟妙惟肖的形象塑造无不充满了鲁迅式幽默的睿智,让读者忍俊不禁,拍案称绝。

再拿鲁迅所用的数以百计的笔名来说,不能不说是鲁迅高超的战斗艺术的又一突现,其中让我们看到了绍兴人历来就有的睿智与幽默的战斗功效。例如:鲁迅曾用"隋洛文"、"洛文"为笔名的出典,就不禁让人失笑:国民党浙江省党部,为迫害鲁迅出了个"通缉令",而在此堂堂省党部的"公文"上,居然把诬陷鲁迅的"堕落文人"一词写成了"隋洛文人",——四个字错了两个!鲁迅信手拈来,反手一枪,在一连串的反击文章中,就用"隋洛文"、"洛文"为笔名进行讥刺,使阴险凶残而又愚不可及的反动当局颜面扫尽,丑态毕露。这正是鲁迅特有的克敌制胜的利器,产生了最佳的战斗效果。

4. 鲁迅从长期的艰难曲折的斗争实践中总结了血的经验教训,提倡并践行硬骨头精神,主张痛打落水狗与发扬"韧"的战斗精神,而且愈挫愈奋,绝不妥协。

从清末绍兴革命志士的奋斗牺牲中吸取教训是鲁迅反复思考并再三强调的一个命题。辛亥革命曾极大地激发起鲁迅爱国救民的热情,他支持光复会的革命活动,为徐锡麟、秋瑾的被害痛心疾首,绍兴光复时他还带领绍兴府中学堂的学生上街迎接革命军进城;但他亲眼目睹革命后的绍兴一切照旧的现实又使鲁迅陷入深深的苦闷之中;作为秋瑾战友的王金发做了都督后不但被守旧派包围,而且还放走了杀害秋瑾的"谋主"章介眉,后又被章介眉借浙江军阀朱瑞之手杀害。这个惨痛教训对鲁迅的思想震动极大,故而在作品中一再论及,尤其是在《论"费厄泼赖"应该缓行》一文中,鲁迅提出了"痛打落水狗"的著名口号,主张对咬人之狗即使落了水也不要为它假装可怜的假像所迷惑而必须痛打之,主张对装成任何模样的敌人"一个都不宽恕"。

鲁迅在他生活的各个时期面临着各色各样的敌人,而且它们往往是"你方唱罢我登场",走马灯似地"城头变幻大王旗"。在险恶的政治形势下,鲁迅始终保持敏锐的政治嗅觉与旺盛不衰的斗志,愈挫愈奋,绝不犹豫。从五四时期的《呐喊》、20年代的《坟》、《热风》、《华盖集》、《而已集》到定居上海后的《三闲集》、《二心集》、《南腔北调集》、《且介亭杂文》等等,鲁迅对北洋军阀政府、国民党反动政府以及形形色色的帮凶帮闲、奴才走狗作了最坚决的揭露与抨击。有时他还要对付来自背后的冷枪与自己人的误解。但几十年如一日,鲁迅从未动摇过自己的信念,松懈过自己的斗志;直至生命的最后一刻,他的书桌上还摊放着未写就的一篇文章。他的几十本杂文集就是他"韧"的战斗精神的最好注脚。

鲁迅的作品是我们民族文化史上的一座巍巍丰碑,鲁迅的硬骨头精神、韧性战斗精神是我们民族的宝贵精神财富。鲁迅是在绍兴土地上养育长大的,绍兴的乡土魂渗透在鲁迅的思想和作品中,这种绍兴地域人文精神成为造就鲁迅作品高度成就的重要元素。我们不但为绍兴出了伟大的鲁迅而感到自豪,而且为绍兴乡土魂孕育了伟大的鲁迅而坚定我们的自信:进一步发扬光大坚韧、务实、抗争、崇智的绍兴人文精神,不但可以造就中华民族伟大复兴史上更多的"鲁迅",而且也必定可以在弘扬、发展、创新这种精神的基础上把绍兴的经济、文化建设推进到一个新的高度。

沐浴异域文化，拥抱阅读之乐

——以六年级下册外国名著单元为例谈小学语文单元整体教学

杭州市和睦小学　陈桔宏

在新课程六下第四单元的主题是学习外国文学名著，其编排和五上教材的"我爱阅读"及五下教材的"中国古典名著之旅"单元是一脉相承的，目的是引导学生读好书，读整本书，学习浏览的方法，进一步拓展学生读书的视野，使学生得到异域文化精华的滋养。笔者发现孩子们对这一单元的课文非常感兴趣，但因不能整体领略整本名著，所以对作品中人物的思想感情、人物命运不能清晰地理解，那么如何抓住孩子的求知欲有效地进行这一单元课文的教学呢？笔者以为，可以采用整体推进和优化的方法来落实外国名著单元的教学，并鼓励孩子们在多姿多彩的异域文化中开阔视野，感知世界，领略人文，拥抱阅读之乐，从而尝试创建小学语文单元整体教学的基本模式。

以六年级下册外国名著单元为例，笔者从明确单元主旨，了解学生基点，优化教学过程三方面来谈谈小学语文单元整体教学的基本模式。

一、明确单元主旨

"小学语文单元整体教学"，就是应该把小学六年的语文教学看做一个整体，应注意到小学语文学习目标和每学期目标之间的关系。学校应该把课程目标分到每个学期，进行目标的细化和具体化。明确单元主旨，就是要求语文老师要放开视野，用整体和统一的方式来看小学语文，明白小学阶段的每一个年级每一册书中每个单元的要求。以六年级下册外国名著单元为例，首先要明确单元编排意图。从教参中可以知道本组课文不仅强化了"阅读整本书"的观念，同时也很好地体现了小学课本向初中教材的过渡。

其次，细看目录。本单元共由四篇课文组成：《卖火柴的小女孩》是安徒生童话；《凡卡》是契诃夫短篇小说中的名篇；《鲁宾孙漂流记》和《汤姆·索亚历险记》则是从这两本文学名著中截取的片段。所不同的是，它采用了一种全新的编排方式，即名著的梗概＋精彩片段组合而成，先让学生通过梗概了解整本书的内容，然后是精彩段落的品读与赏析，激发学生阅读整部作品的兴趣，同时教给学生一些阅读的方法。这与人教版初中教材"名著导读"的安排也是比较切近的。目的是让学生在名著的梗概和精彩片段的引领下，通过课堂教学与课外阅读相结合的形式，使学生从单篇作品走向长篇作品。

而后，阅读单元导语，本单元的教学重点是：阅读时要把握主要内容，体会作品中人物的思想感情，关心人物的命运。

这样分三步走，就可以清楚我所教的单元课文的主旨，并且可以整体规划教学。

二、了解学生基点

如果说明确单元主旨是熟悉教材，那么了解学生基点就是熟悉学生。以人为本，就是据学情来定教法。在这一单元的单元导入课中，笔者先让孩子们来谈谈自己曾经读过的外国名著，说说阅读外国文学作品最困难的是什么，从而更好地教学。

从笔者班级 34 名学生的课前小调查中发现：同学们对外国名著并不陌生，但从读书的完整性看，部分同学只读过其中的几篇，如《安徒生童话》中的《卖火柴的小女孩》、《皇帝的新装》、《美人鱼》、《丑小鸭》、《野天鹅》等。可是，当问到《小红帽》的作者是谁？描述的人物有什么特点？她的命运怎样？等较细致的问题时，很多孩子都说不清楚。可见，孩子们所看的名著只有一个印象，与课程编排"阅读时要把握主要内容，体会作品中人物的思想感情，关心人物的命运"的意图相距甚远，孩子的阅读基本上处于浅阅读状态，即阅读时不假思考而采取跳跃式的阅读方法，囫囵吞枣、一目十行、不求甚解，有时还张冠李戴，所以这样的读书不属于真正意义上的阅读。

同时，从同学们的发言中笔者还了解到，同学们在阅读外国名著时遇到的困难是：

1.认为书中人物的名字太长，国名、地名生涩，记不住；

2.认为人物的想法、做法很难理解；

3.认为名著的篇幅太长，没有耐心看下去；

4.认为部分童话还能理解，但有些名著理解上有困难，与现实太遥远。

从孩子们的发言中，笔者发现孩子们虽对外国名著感兴趣，但在读书方法上还需要老师的指导和引领，特别是教学中要落实阅读细节，从而让孩子们逐步从浅阅读迈向深度阅读，从课内阅读延伸到课外阅读。

三、优化教学过程

语文学习虽然会有多种途径，但就语文教学本身而言，应该以感悟理解文本和获得语文学习的方法为主。因此笔者认为，要想"单元整体教学"有效，必须优化教学过程。从实践中，笔者提炼了五种方法。

1. 改一改：先学后教，尝试自主阅读

六年级的学生已经有一定的阅读能力，应该给予他们充分的时间进行自主阅读，培养他们个性解读文本的能力。所以在教学前，教师完全可以先放手让孩子们根据单元导读的要求来自己阅读这些外国名著，即改变以往的教学模式，从"先教后学"转向"先学后教"，通过解决几个核心问题如作品的作者及国家、主要内容、主要人物、人物品质及人物命运等来达成单元整体推进的目的。

2.比一比：思同求异，寻找前后关联

求异思维具有不拘泥于常规俗见、追求新颖独特的特点，是创造性思维的核心。在教学中教师可以通过对比学习的方法，让孩子们更细致地与文本对话，产生思同求异的思维，寻找课文的前后关联，从而在讨论中更深入地理解文本。

比如：老师问学生："《卖火柴的小女孩》（以下简称《卖》）与《凡卡》（以下简称《凡》）两篇文章相比较，你发现了哪些相同点？"

生："我发现两篇文章写的都是外国穷孩子悲惨的命运，他们的童年都非常可怜，令我们同情！"

生："我发现在写法上都运用了对比，《卖》中幻境和现实形成了对比，而《凡》中凡卡和爷爷在乡下过的日子与在鞋匠家里做学徒的日子形成了鲜明的对比。两篇文章都是通过对比来表现当时社会的黑暗。"

师："你们很会思考和发现，你们的评价有理有据，真可以称得上是美文鉴赏家哩！那么，这两篇文章还有哪些不同之处呢？"

生："安徒生通过让小女孩擦燃火柴产生幻想来表现现实社会充满了寒冷、饥饿、痛苦和孤独，这种虚实交替的写作方法更加反衬出现实的黑暗；而契科夫是通过凡卡写信的方式来表达凡卡悲惨的生活，采用了实景的对比，也很符合孩子——凡卡渴望离开的心理！"

生："契科夫是用插叙的手法来写的，乡下生活和现实生活不断地交替，表达出凡卡多么渴望乡下的爷爷能够带他离开。"

生："《卖》通过描写人物的外貌、动作来细致刻画；《凡》通过心理活动来细致刻画，把作者的叙述、凡卡的信和他在写信过程的回忆三部分内容穿插起来，互相映衬，采用了对比、反衬、暗示的表达方法。"

……

这样的教学，对于高段学生非常适用，不仅让孩子们学会了比较学习，而且学会了思考，深度地理解了课文，提高了阅读的能力。

3.带一带：以精带略，引导学法迁移

叶圣陶先生曾经说过："就教学而言，精读是主体，略读只是补充；但是就效果而言，精读是准备，略读才是应用。"精读与略读都是最基本的阅读方法，有着各自不同的作用，两者同样重要。因此，在教学中要总结方法，迁移方法，进行优化教学。

如：在精读课文《卖火柴的小女孩》和《凡卡》的教学基础上总结出阅读的方法，将略读课文《鲁滨孙漂流记》、《汤姆·索亚历险记》以练习的形式来学习。通过教给学生浏览的方法，引导学生阅读作品梗概，整体把握作品的大致内容，了解鲁滨孙非凡的人生经历，从而把握作品主要内容。

4. 拓一拓：提方荐文，学会赏文品析

单元教学是以学生为主体的实践活动，因此在教学思想和教学方法上，要明确学生的主体地位，开掘学生的学习潜能，引导学生主动学习，持续学习。教师要引导学生拓一拓，即提炼方法，迁移阅读。

步骤一：师生提炼阅读方法。

A. 阅读长篇的外国文学作品时，要提高速度。快速阅读时要学会默读，要逐句逐行地阅读，不能逐字逐词地读。

B. 在选择外国文学作品时，可以略读。粗略地快速阅读了解主要内容和大意，看自己是否有阅读兴趣，来判断是否选择阅读。

C. 选择后要尽可能读完整作品，可采取见缝插针式的阅读方式，有时间就读，连续几天读完一部。

D. 在开始阅读一部作品前，可以先浏览作家生平简介、译者的话、序言、后记和内容简介等，把握主要内容后再开始阅读。

E. 阅读中可以在书上作一些批注，阅读后通过写阅读卡或读书笔记留下读书思考的轨迹，并可以与读过这本书的同学、家长、老师进行交流。

步骤二：迁移阅读，老师推荐好书。

老师是孩子们的引领者，所以老师推荐的书，孩子们都会饶有兴致地去读。如苏联作家奥斯特洛夫斯基的《钢铁是怎样炼成的》，美国著名小说家海明威的《老人与海》，美国作家怀特的《夏洛的网》等等。

步骤三：开展"班级读书会"等活动。

鼓励孩子们边读名著，边做笔记，并以"班级读书会"等形式开展读书、品书、评书活动，让孩子们真正学会读书。

5. 写一写：积淀语言，促进心灵成长

薛法根老师曾说过："我们的语文课光说不写似乎成为了一种时髦，学生练就了一张巧嘴，却留下了一只笨手，要写，就显得非常痛苦，这是缺少锻炼的缘故。写顺了，写惯了，就不再觉得是一件苦事，反而有一种写后的酣畅淋漓的快感。笔下流出的是文字，是思想，是情感，对写的人来说，是一种物化的思维的结晶！所以，爱写，是习惯使然，一旦写成了一种习惯、一种思考的方式，那么，语文学习就成了生活的一部分，语文就成了一种素质。"所以，学完课文，读完课外书，老师一定要鼓励孩子写一写，让孩子们的文字因书中的语言而变得漂亮起来，这样自然而然地就将书中的语言积淀下来，同时书中人物的思想就会在孩子心中产生撞击，孩子们的心灵也会成长，这就是读与写的快乐所在。

如在教学完《卖火柴的小女孩》后，可以设计这样的作业，让孩子们来选择一题完成：《假如卖火柴的小女孩来到了我们身边》（写作）、《我和卖火柴的小女孩比童年》（写作）、《走近安徒生》（阅读了解安徒生，写写我眼中的安徒生）等。又如，在教学完《鲁滨孙漂流记》后，也可设计这样的作业，让孩子们自主选择来完成：《假如我是鲁滨孙》（写作）、读《鲁滨孙漂流记》有感（读后感）、《荒岛求生记》（仿写创作）等。

　　小学语文单元整体教学应该是一种教学模式，这种教学模式的突出特点是以培养学生的学习能力为核心，给学生学习的空间和学习的时间，让学生能够充分接触语言材料，能够充分发表自己的见解。而明确单元主旨，了解学生基点，优化教学过程的单元整体教学模式，不仅关注了单元内容的整合，也关注了学习过程的建构，它将改变传统的以教授为主的方式，让学生积极参与学习过程，让孩子们从浅阅读走向深度阅读，从而真正拥有语文学习能力，感受文学的魅力，拥抱阅读的快乐！

有效读写结合，优化写话教学

杭州市求是教育集团浙大附小　王　燕

写话是培养学生习作兴趣的关键期，也是习作能力的启蒙阶段，它为中高段的习作提供了实践基础。写话教学开展得好不好，直接关系着学生今后对习作的态度和能力。一、二年级没有专门的写话教材，也没有单独的写话课，那么，写话素材、写话教学的时间从何而来？写话兴趣从何培养？

实际上，现行教材中的每篇课文都是经典之作，可以成为学生写话的源头活水。如果能将课文阅读和写话有机结合在一起，让他们"就地取材，言之有物"，有了那么多写话素材和写话技巧，学生在"吸收"和"倾吐"之间，不怕没有精辟的论断，不信没有兴趣的激发！

语文课标对写话的要求是：对写话有兴趣，写自己想说的话，写想象中的事物，写出自己对周围事物的认识和感想。在写话中乐于运用阅读和生活中学到的词语。可见，抓住教材，范文引路，读写结合，仿写起步，为写话教学提供了一条出路。

一、积极探索——如何有效读写结合，优化写话教学

（一）"有效读写结合"的课堂特色

怎样的读写结合才是有效的呢？首先，读写结合的习题创设没有脱离课文，属于"就地取材"。其次，它不会单独设立写话指导课，它的设计充满创新意识，实行读写同步，在阅读中渗透写话的方法和技巧，然后在情境写话中加以运用，让学生举一反三。再次，它重在激发兴趣，关注后续发展，引导学生多角度全方位地思考，让学生充分发挥想象，给予独特体验的机会，鼓励在课堂外的继续学习和自主探究，把课堂延伸到课外。当然，它也遵循写话能力培养的规律：由易到难，由浅到深，由单项到综合。

（二）"有效读写结合"的课堂教学模式

这一教学模式的结构与运行流程，首先是根据课标，确立所选文本的教学目标，围绕目标优化学生的学习行为和教师的教学行为。教学部分分为"精挑细选"、"层层递进"、"意犹未尽"三大环节；其中，"层层递进"环节引领着"精选文本"、"精导妙引"、"提炼技巧"、"仿写迁移"、"举一反三"五个学习板块。

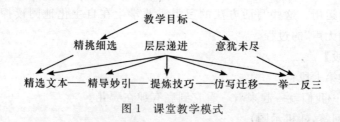

图 1　课堂教学模式

二、身体力行——"有效读写结合"的具体实施

如何在具体教学中实施有效读写结合，实现写话教学的优化呢？下面以人教版二下二单元中的课文——《卡罗尔和她的小猫》(以下简称《卡》)为例作阐述。

（一）精选文本

实现目标的第一步就是精选文本。我们选择的例文中要有比较典型的、值得学生学习并借鉴的语句表达方式或习作技巧。而这些句子、片段、布局谋篇等，是接近低段学生最近发展区的，学生容易掌握并进行模仿迁移，丰富启迪。

《卡》一课语言质朴，可读性强，贴近学生的生活。特别是第十自然段，作者通过动作描写，把小猫的可爱、淘气写得活灵活现。孩子们非常感兴趣，容易联系到平时与小动物们相处的点点滴滴，相似的生活体验让他们在读悟、体验、积累中有了思想的碰撞。这时，说已经不够表达他们内心的情感，写就成了他们另一条表达思想的有效途径。所以，这类文章比较适合读写结合。

（二）精导妙引

读是写的基础。学生只有理解了课文，进入了情境，才能有效地调动自身的情感和语言天赋，觉得写是表达的一种有效方式，是快乐的思想。因此，在写之前，必须有精心的导读过程，学生在自然中"入乎其内"，而后在思考中"出乎其外"。

教学《卡》这一课时，教师在紧扣默读的感悟中，放手让孩子们自读自悟其"趣"。首先，师生共同感受全文的"大趣"。再让学生用横线画出自己认为有趣的句子，在全班交流。通过一步步地搀扶，集孩子们的个个"小趣"为"共趣"，细细品味第七段"叔叔带小猫来卡罗尔家时"丰富的"内趣"。教师的初步引领为学生树立了导航作用。接着，大胆放手让他们自由感悟第十段"小猫在卡罗尔家热闹的场景"。这时，老师把主动权真正还给了学生，他们可以大胆想象，畅所欲言，保留自己的"私趣"。整个过程，"教师为主导，学生为主体"，教师合理的教学设计和看似随意却在私下做了精心准备的点评，起到了精导妙引的作用。学生的精彩发言和丰富想象，为后面的写话奠定了扎实的基础。

（三）提炼技巧

片段练习中，最关键的是教师对文本写话方法的提炼；学生对技能的学习以及在练习中的灵活运用。这些写话方法的习得需要学生在自主化地阅读探索中引申出来，是"润物细无声"的过程。

【教学片段】

（一）研读第七段：

1. 师：……我们就一起来看一看它到底有趣在哪儿？

（生自由回答，随机示图）

2. 师：小猫把叔叔的口袋当成了什么？

生1：小猫把叔叔的口袋当成了温暖的小床。（师评：小猫可以在里面呼呼睡大觉呢！）

生2：小猫把叔叔的口袋当成了妈妈的摇篮。（师评：一摇一晃，真舒服！）

……

师：小猫在叔叔的口袋里呆了那么长时间，它们真想跳出来……

生：……

（二）研读第十段：

1. 导语：……到了晚上，家里可不得了了。这么多小猫在干什么？

2. 示范读第十段，生闭眼倾听，展开想象。

3. 全班交流：你仿佛看到了什么？

● 小猫弹钢琴。

生：小猫在钢琴上跳来跳去，好像一位钢琴大师在弹钢琴！……

师：你听得真仔细，连小猫的动作都听清楚了，还发挥了想象。

（板书：跳　好像）

● 小猫钻柜。

生：一只淘气的小猫在柜子里钻来钻去。

师：哦，它们还喜欢钻来钻去呢！

（板书：钻）

● 小猫吓人。

生：一只小猫躲在门后扑出来吓人呢！

师：它们还会跟大人开开玩笑，真有趣。（板书：扑）

案例中，因为第七段中师生的精彩互动，激发了孩子的热情，第十段的学习就在不知不觉中达到了高潮。教师敏锐地捕捉学生的发言，通过评价、板书等提炼形式，把最值得学习的动作描写这一写作技巧随风潜入式地渗透给了学生。读写结合的优势就体现在这里，切入点小，概括精炼，传授方式在无形之中。

（四）精雕细琢

1. 从说到写，仿写迁移

"说是写的先导和基础"。说到仿写，林崇德教授在《论学科能力的结构与特点》中就指出："中小学生写作能力的培养要抓好两个过渡，一是从说到写，二是从读到写，主要抓仿写。"仿写，就是以所阅读的范文为例，依照一句、一段、一篇的格式来练习写作，以达到掌握范文立意、情节、结构、表达方式等方面的写作技巧。由读到写则是一种"入格"到"出格"的过程，即迁移。通过迁移能使已有的知识、技能得到进一步的检验、充实与熟练。需要说明的是，读与写之间的迁移，不是呆板的依样画瓢，应该融入展开的思考和鲜活的个性。

【教学片段】

1. 师：卡罗尔家还有很多可爱的小猫呢？请仔细观察，展开想象，选择一只你最喜欢的小猫说一说！

生1：一只黑白相间的花猫悄悄地溜进了爸爸的拖鞋里，把它当成暖和的大床，在那儿美美地睡大觉呢！

生2：一只小猫四脚朝天，手里捧着个大绒线球，在地上滚来滚去。

师："滚"这个动词用得特别好，还用上了好词（板书：四脚朝天）！

……

2. 师：你能用自己的话连起来介绍几只小猫吗？

生3：晚上，家里可不得了了。有的……有的……还有的……小猫们真是太可爱了。

师：用了"有的……有的……还有的……"这样的连接词，把话说得非常有条理，值得大家学习。

……

案例中，教师让学生仔细观察图，从选择一只猫到选择几只猫想象说话，这个过程由易到难，循序渐进。在学生说的过程中，教师通过评价，复现本次写话的技巧——动词的运用，同时鼓励学生有新的生成，如用"有的……有的……还有的……"这样的连接词，把话说得有条理。由说到写，仿写迁移，指导得很到位。

2. 规范格式，精雕细琢

低段学生处在学习的初期，包括标点的使用、句子的表达、成段文字在纸上的摆放格式等，都需要具体学习和相应指导。等写话初步完成，学生还需要学会在教师和同伴的点评中修改、完善自己的作品，做到精益求精。

【教学片段】

1. 教师指导格式。

师：如果把刚才说的这段话写下来，大家要注意什么？（出示一张放大的作文纸，用小粘纸替代汉字，并将标点，。！单独列出。）

生：①一段话的开头空两格。

②一句话没说完，中途的休息用逗号，写完了，结尾用句号。

（教师现场演示。）

③少写错别字。

④写完后要轻轻地读一读，边读边修改。

2. 学生根据要求现场写话。

3. 写完后,抽取学生中的代表性作品全班交流。

◆作品初稿:

……有的小猫爬到了柜子上,有的小猫躲到爸爸的拖鞋里乎乎睡大觉,还有两只小猫躺在地板上,你弄我一下,我弄你一下,好像在打架。

生1:我觉得×××观察得很仔细,他把小猫的动作都写出来了。

生2:它悄悄躲起来睡大觉,就怕有人打扰,真调皮!

师:在"躲"前面加上"悄悄"两个字,更妙了。

生3:小猫不是在打架,它们在玩。

师:"打架"用在这里合适吗?

生4:不合适,打架是不文明的行为!

师:怎么改?

生5:还有两只小猫躺在地板上,你看看我,我看看你,你碰我一下,我碰你一下,快乐地嬉戏着。

师:"嬉戏"这个词用得真好,可以替代"打架"。

生4:第一只小猫没写清楚,它爬到柜子上干什么呢?

师:有道理,这里也可以添加想象,把话写得更完整。

生6:呼呼睡的"呼"有口字旁。

师:眼睛真亮,发现了错别字。我们写文章时,要避免写错别字,否则会影响文章的质量。

师:老师也有点想法。"有的小猫""有的小猫""还有的小猫",这里面都有一个小猫,如果把小猫两个字都去掉,大家读一读,可以吗?

生(此起彼伏):可以。

师:写话时,在不影响句子意思的情况下,可以精练些。如果在末尾处加一句总结的话,这样的片段就更完整,更有条理了。

师:对照刚才的修改意见,自己先修改写话,然后同桌间相互评一评,再次修改自己的写话。

◆作品修改稿:

到了晚上,家里可不得了了。有的奋力一跳,爬到高高的柜子上四处张望,满意地欣赏着自己的新家;有的悄悄躲到爸爸的拖鞋里,呼呼睡起了大觉,似乎在做着香甜的美梦;还有的躺在地板上,你碰碰我,我碰碰你,快乐地嬉戏。卡罗尔家的小猫可真有趣!

"好文章是修改出来的。"片段写完后,需要有一个精雕细琢的过程,自评、他评、互评等多样的反馈形式必不可少。有效的评价能帮助学生正视问题,明确方向,树立信心并且激发兴趣。评价的作品来源于学生,不仅能让问题更有代表性,也让学生感到亲切,注意力更容易集中。评的过程中,固然要有激励性评价,给学生以榜样示范,但也不能忽视问题，以便进一步提高学生审美能力。当然，也要防止在评的过程中东拉西扯，要有针对性。最后的修改是在听了老师的点评和同学的意见，有了对比、学习和思考后的反刍，效果肯定会更好！

（五）举一反三

一篇课文的学习，不是终结，而是另一项学习的起点。读写结合，增加了学生练笔的频率，但是还不足以让技能巩固。将有限的课堂时间延伸到课后，有步骤、有计划地对课堂上新掌握的写话技巧进行系统、扎实的训练，既可以巩固新知，又能发挥他们的主观能动性，促进学生继续学习。当然，课后的作业不是简单的重复，而是在原有基础上的提升，由简单到复杂，举一反三。

【教学片段】

课件出示：

试一试，我能行！

★读一读：《我和我的动物朋友》《我们家的猫》

★★写一写：留意你身边的一种小动物，仔细观察它们的样子，记下它们有趣的故事。在写故事的过程中，如果能用上准确的动词，你笔下的小动物肯定会更可爱！

《卡》的结束余味无穷，给了学生无限的展示空间。这两项延伸作业，给学生提供了继续学习的内容。它依照因材施教的原则实现了作业的分层，适用于不同层次的学生，孩子们可以根据自己的能力，选择自己喜欢的内容。练习放在课外，也让学生有了自主支配的权力，一旦遇到困难，老师、家长、网络、书籍等都可以成为他们寻求帮助的对象。因此，这项作业不会成为学生的学习负担，反而能让他们自主写话。

三、有感而发——"有效读写结合，优化写话教学"的初步成效

从《卡》这则案例中，我们看到课文的学习为写话提供了范本，而写话又催化了文本的理解。整个过程，从导读到构思到写话到修改，每一步都是具体详尽、操作性很强的，给孩子提供了怎么写话，怎么写好话的指导，让孩子不仅有兴趣写，而且知道写什么，应该怎么写，写好后又该怎么修改等，写话思路一目了然，情节层层推进，写话步步为营。而学生学完了课文后，能够用同样的写作技巧去观察其他事物，举一反三，实现理论与实践的完美结合。

学生写话能力的形成是一个漫长的过程，需要细水长流——教师要细心钻研，耐心辅导；学生要勤于练习，持之以恒。这样，才能预见成功！

造句训练模式多样化的探究

——以"锐利"一词为例

杭州市饮马井巷小学　　裘晓玲

《语文课程标准》指出,语文教学要注重语言的积累、感悟和运用,注重基本技能的训练,给学生打下扎实的语文基础,要引导学生掌握必要的基本知识,更要着力于培养技能,即语言文字的理解、积累、运用的能力。对此,不少专家认为,语文教学中要加强语言文字的训练。

而文字的训练与应用,是从字开始,由词语到句子,最后成篇,这是每个学生语文知识和能力渐进性发展的一个过程。在这个过程当中,句子处于中心环节,造句就成为最基本的语言训练。新课程理念下我们要非常重视造句的训练与研究,以促进学生对语文知识的学习。

在我们的课堂教学中,造句训练可谓无处不存,然而现在的许多练习模式往往跳不出以下窠臼。

以"锐利"一词为例:

教师教学过程往往是先让学生在课文中找出含有这个词的句子,说说意思,最后用这个词说一句话。这还算有指导,而更多的是老师是把作业一布置,就完事,根本就没有引导,没有训练。

我们都知道语言学习必须经历一个感受、理解、内化、运用的过程,对以上造句练习模式进行分析,我们发现传统造句练习是一种机械式的训练,这种在教学中普遍存在的训练模式没有很好地体现三维目标实现的过程,它抛却了情感,放弃了感悟,是一种孤立机械的字词句训练,谈不上有过程与方法,情感与态度以及价值观的体现。

在新课程的背景下,我们的造句教学也应该紧紧围绕课程目标,探索多样化造句训练模式,使造句训练有效而又生动,成为学生学习母语的一种强有力手段。

一、理解词语含义,渗透语法知识,
在造句训练中落实语文基础知识

造句训练过程其实是加深对所造词语理解的过程,如果对一个词语的意思没有深入浅出地理解,造句时学生是难免会出错的,就像我们看到的一些造句笑话一样。

例如用"天涯海角"造句,有学生写"妹妹乱跑,跑到天涯海角";"陆陆续续"造句,学生"下班了,爸爸陆陆续续地回来"。让学生弄懂词语的意思是造好句子的前提。

但弄懂词意不能照搬字、词典上的注释,应把词语理解透彻,对词语有深刻的感受,才能准确地使用词语,造出好的句子来。

练习模式一

锐利——

(1)先理解这个词在字典上有几种意思:

a. 尖而快,指刀刃锋利等。

b. 尖锐(多指目光、言论、文笔等)。

(2)根据以上两种意思,我们就分别可以造出两类句子:

a. 这把刀很锐利,容易划伤人。狂风像一把锐利的尖刀。

b. 翠鸟长着一对锐利的眼睛。老师的目光很锐利,似乎看穿了我的心。

让学生在透彻地理解词语的基础上造句,不仅发展他们的语言,还能培养学生用不同方向去思考问题、解决问题的发散思维能力。

如果造句训练就这样戛然而止,也算是完成了语文的教学目标。但关于造句我们还可以在学生认知水平的基础上,引导他们体会语言结构,从句式的生成、词语搭配、词序安排等方面来提升学生对语言文字的深层认知。

练习模式二

修辞学家指出,语言的存在和表达方式可以根据规定的有限的规则与手段,生成无限的各种的交际功能所需的句子。按句式生成的技能和方法,句式有:陈述句、否定句、祈使句、倒装句、疑问句等。

例:"这把刀很锐利,容易划伤人"这一句话。变一变可以成为:

(1)否定句——这把刀不是很锐利,不容易划伤人。

(2)感叹句——这把刀真锐利啊!

(3)倒装句——很锐利的,这把刀。

(4)疑问句——这把刀很锐利吗?

(5)"被"字句——我的手被这把很锐利的刀划伤了。

有一点需要注意,对于小学生来说,在教学中必须不知不觉地渗透语文知识,教师无需强调"陈述句"等句式的概念。

练习模式三

"锐利"一词是很奇妙的,它可以在句子的不同位置,你能根据以下提示造句吗?

(1)锐利……(用在句子最前面)(2)……锐利……(用在句子中间)(3)……锐利(用在句子最后面)

生 1——锐利的刀片割破我的手。

生 2——老虎用锐利的牙齿咬伤了小动物。

生 3——老师只要眼睛轻轻一瞪,同学们就不敢说话,我想老师的眼睛像鹰一样锐利。

……

　　长期有意识地让学生在造句的过程中感受汉语的独特魅力,促使学生从不同角度学习语言结构体系,能使他们的语文学习能力得到明显提升。

二、突破传统模式,巧设练习过程,
在造句训练中培养发散思维能力

　　造句训练过程中,最让人头痛的是学生所写的句子枯糙干瘪,人云亦云,毫无创意,学生的语言表达只能浮游于浅层。如:

　　生1——老师的目光很锐利。

　　生2——爸爸的目光很锐利。

　　生3——妈妈的目光很锐利。

　　……

　　从语法角度来看,这样的造句,是完全正确的。但对学生语言能力、思维能力的培养来说,这样的造句毫无意义,从某种程度来说,甚至是一种"抄袭"。造句是让一个个语言符号(词语)变成有意义的语句,进而衍生出各种形象的复杂世界。只有不同词语间的搭配才可以让语言显示出多样的光彩。

　　练习模式四

　　请展开想象,把每组内两个词相联系起来写一句话。

　　武士——锐利　　　人——锐利　　　动物——锐利　　　作家——锐利

　　眼睛——锐利　　　爪子——锐利　　工具——锐利

　　造句不是造谣,造句要以一定的情境为依据。教师要为学生提供情景,尽量减少让学生"无中生有"的可能。

　　练习模式五

　　我加几个词,与"锐利"组成一组词,请用上这组词进行构思和想象,说出几句简短的话。

　　锐利　　怪兽　　勇敢　　森林

　　生——……

　　以上训练,注重了对"造什么"的具体要求。这样的教学必然开阔了学生思路,提升了学生语言技能,使学生的语文学习有了深度,也有了广度。为学生的造句提供了丰富生动的情景和细腻的情感体验,延长、加宽了学生对"锐利"一词的感受过程。

　　其实,造句训练是一种语言的创造过程,只有激活学生的生活经验,让学生的思维过程有了形象的依托,学生才会激发出表达的欲望,泉涌出一句句奇言佳句。这就要求教师在教学中懂得为学生"搭桥",设计恰当的训练点,搜寻合理的突破口,不断引导,让学生闪现思维火花。

三、增加练习的趣味性,改善评价方式,
在造句训练中体现语文人文功能

在教学中我们为了"应试",经常会让学生背诵规定的几个句子,以增加得分率,唯恐学生因为自由发挥而造出病句。在评价学生的用词造句时,也主要从语法上进行评改,极少考虑内容的真实与合理。这样的教学不仅是老师教假,也在无形中告诉学生造句是可以造假的。

在某种程度上来说造句练习更需要为学生创设一个有趣味的情境,让学生在放松的状态下表达自己对所造词语的真实理解。

练习模式六

回想学过的课文内容和自己的生活实际,按照要求用"锐利"一词写话。

"小鱼悄悄地把头露出水面,吹了个小泡泡。尽管它这样机灵,还是难以逃脱翠鸟锐利的眼睛"(三下《翠鸟》)。在你的生活中,你曾感受过他人"锐利的眼睛"? 在大自然中哪些动物也和翠鸟一样有着一双"锐利"的眼睛?

生1——小偷想要在人多的地方偷东西,可是又十分害怕保安那双锐利的眼睛。

生2——我在家里不听话时,爸爸就会用锐利的目光盯着我。

生3——猫头鹰长着一双锐利的眼睛,再机灵的老鼠也逃不过它的爪子。

……

练习模式七

可以从故事引入"锐利"的造句训练

(1)为了创设一个轻松环境,我先从一个小故事引入:

马克·吐温发表《竞选州长》后,一次偶然的机会遇到了纽约州州长霍夫曼,霍夫曼见到这位大名鼎鼎的小说家,便恶意攻击说:"马克·吐温,你知道世界什么东西最坚固吗? 什么东西最锐利吗? 我告诉你,我的防弹轿车的钢板最坚固,我手枪里的子弹最锐利。"马克·吐温笑着回击说:"我以为世界上最坚固、最厚实的是你的脸皮,而最锐利的还是你的胡须。你的脸皮那么厚,可你的胡须居然能够刺破它长出来,还不锐利吗?"

(2)根据上面这段话的内容,用上"锐利"这个词来说几句话。

(3)然后我再进入上面的"练习模式一"环节。

造句训练在语文的学习过程中虽是一个小小的练习,但它也是学生的一个创作过程,一句句简短的话里,包含了学生辛苦付出。教师对造句的评判不能简单地以"对"或"错"来衡量。对于学生的每句话,教师应该给予精心的批评、点评,精彩要适当鼓励,照搬的要帮助修改补充。另外,对于造句中出现一些内容不太健康甚至有消极思想的句子,我们也要及时引导,不应以句小而不为。

造句训练的目的是让学生学会语言,发展语言。在训练的过程中,我们设计的方法可以百花齐放、百家争鸣,教师可以追求与众不同、风格迥异的训练模式,让学生在多样化的训练模式中获得全面的发展。

语文课堂"十分钟书面作业"的思考与实践

杭州市学军小学　郑秋霞

教育家布卢姆非常强调教学的反馈,他不仅要求反馈的科学性,而且要求反馈的及时性。教育家加涅将学习过程分为八个阶段,后四个阶段均通过作业表现出来。

调查显示,在现实的语文作业中,知识巩固类多,实践应用类少,教师布置作业具有很大的随意性和盲目性,作业形式单调枯燥,作业方式简单机械。

语文作业亟须找到一条通向"轻负高质"的捷径。笔者从教育时间学的视角,提出在课堂中利用"十分钟书面作业""趁热打铁",从而提升语文作业的价值。

一、作业内容:因"材"制宜,避免随意性

书面练习作为课堂教学环节的一部分,理应引起老师们足够的重视,向"巧练"要质量。这绝不是形式上的十分钟,而是紧扣课时目标,促进目标有效达成的实在意义上的十分钟。

（一）词语巩固:作业中体现学以致用

谈到积累,平时用得较多的是摘抄、背诵,但积累的目的是什么呢? 是运用。如果把摘抄和运用词语设计在一道习题中,那多好! 如:《卖木雕的少年》要求积累四字好词,教师可以设计一组填空题,让学生选择本课学到的四字好词填入句中:"大瀑布真是（名不虚传）。这里（游人如织）,景色十分壮观。摊点里陈列的木雕（琳琅满目）,（各式各样）。其中象墩（构思新奇）,大象雕得（栩栩如生）,我一看就（爱不释手）。"这样,既抄写了词语,又不显枯燥,还训练了学生的词语运用能力。

（二）句式积累:作业中发展文本对话

句式训练是儿童思维和语言发展的台阶,情感积极向上攀登的扶手。可是,我们经常可以看到在情味浓浓的语文课堂上,因句式训练的出现而阻碍了学生与文本主人公的对话、情感沟通。曾听一位名师执教《我的战友邱少云》,在学习关键句"我发现前面60多米就是敌人的前沿阵地,不但可以看到铁丝网和胸墙,还可以看见地堡和火力点,甚至连敌人讲话都听得见"时,老师先通过调换分句的语序让学生分辨句式"不但……还（而且）……甚至"中三个词语所表示的程度不同,然后联系文本内容设计情感化的句式训练:运用这一句式写出邱少云和战友们潜伏时必须纹丝不动的

原因。这样的作业设计,既发展了学生的语言能力,又将句式练习成为学生感悟文本,宣泄积极情感的渠道,促进三维教学目标的达成。

(三)片段拓展:作业中深化文本内涵

学生的学习成果必须以一定的形式巩固下来,依照建构主义理论,学习的成果应该通过"同化"和"顺应",在学生的知识结构中得到丰富。通过创设符合教学内容要求的情境和提示新旧知识之间联系的线索,帮助学生建构当前所学知识的意义。在练习设计中,通过片段拓展练习深化对文本的理解,如《绝招》展现了三个农村小伙伴比绝招的场景,但对于小柱子怎样练成速算两位数乘两位数的绝招没有展开描写,让学生想象写"小柱子怎样练绝招",既发展语言,又领悟文本的思想内涵:"本领是要练出来的"。学生在写的过程中,就是加深对文本这一价值观的认同和呈现。

二、作业时间:科学安排,避免盲目性

从时间效益的角度看,捕捉与利用教育时机能获得以少胜多的效果。在教育时机出现之际,受教育者有着迫切需要获得指导的饥渴感,主动精神最强,心理准备也最充分。教师结合课文的学习,捕捉并精心设计课堂作业亦能达到事半功倍的效果。而课堂的"十分钟书面作业"时间的安排同样讲究科学性,因教学内容、设计而异,既可以安排在后四分之一时段,也可以分2～3个小版块分散安排。

(一)备课中把作业有机融入教学设计之中

在备课的过程中,我们应解读课后习题,这里渗透着编者的意图,是确定教学目标的一个参考维度;通盘考虑配套练习册,有机整合,把某些习题的指导融入朗读感悟的环节设计中,这样就可以避免重复、零碎的讲解,且易使学生头脑中建构的知识体系清晰化。如《蟋蟀的住宅》、《课堂作业本》前3题为基础题,可以让学生初读课文后作为自我检测题完成。第4、5题为理解拓展题,与课后习题相关联,可以统整考虑:课内阅读题通过教学中对课后习题2的两个大问题展开讨论,学完相关段落即可让学生落笔练习;拟人句积累与课后习题1、3融合,通过朗读体会课文语言的生动,领悟到拟人手法的妙处。

(二)教学中把作业有效融入阅读理解中

作业不是教学的附属部分,而是重建与提升课程意义的重要内容。教师要更新观念,着眼于全体学生,改变作业的内容与形式,优化作业设计,使学生在应用知识中进行"自我建构",张扬个性,培养创新意识。如:《飞向蓝天的恐龙》第四自然段介绍了科学家推想的恐龙变成鸟类的演化过程,段落很长,为本课的重点段。教学中,可以设计一张表格,让学生在自读课文的同时尝试填写表格,读懂文章的主要内容,梳理脉络。在此基础上抓住重点语句朗读感悟,理解文本内容与学习表达方法双管齐下。

（三）教学后把作业有意融入巩固总结中

在阅读教学中，教师往往会设计关键问题引导学生展开讨论，学生个性化解读文本，只要言之有理，老师都会给予肯定，如果在一片热热闹闹的讨论过后，课堂戛然而止，那就没有关注学生思维的条理性，课堂讨论的内容若没能及时地帮助梳理，学生便很快淡忘。所以对某些课文中的关键性问题，有必要在热烈的课堂讨论之后，让学生落笔梳理脉络。如：《检阅》一课，课堂上围绕观众们的两句评价语"这个小伙子真棒！""这些小伙子真棒！"展开研读，学完课文，就让学生书面回答："为什么观众们称赞'这个小伙子真棒！''这些小伙子真棒！'"？设计练习，应以"有效"为着眼点，朴实而传统的问答题若运用得当，同样有它独特的效果。

三、作业形式：生动活泼，关注趣味性

设计作业时，明确要求，讲究方法，并注意作业形式的多样性，尽可能做到以趣激趣，让学生全身心地投入到完成作业的过程中去，不产生厌烦情绪，更不把做作业看成是一种负担。

（一）放入"调味品"，凸显作业的实践性

教师在设计作业时还应充分考虑学习主体，即各年龄段儿童的特点，与生活接轨，增强作业的趣味性、实践性、探索性，促使学生在作业过程中自主地获得新知，体验幸福和快乐、苦恼和辛劳。小学生的行为方式受情绪影响很大，因此，我们在作业设计时要尽量放进一些"佐料"，使作业形式灵活多样、生动有趣。如：低段字词巩固性作业可以设计一个个有趣的情境："走迷宫"、"把小鸟送回家"、"小猫钓鱼"、"投篮"、"足球小将射门"等。中高段学生可以联系现实生活，抓住自己从广播、电视、影片、阅读、观察、实践等渠道获取的信息，写写"一分钟练笔"，培养学生对现实生活的敏感度，培养快速表达的能力，渗透价值观的引导，同时使学生感到学习语文是一件十分有用、有趣的事情。

（二）采用"作业超市"，凸显作业的自主性

不同的学生有不同的特长和兴趣指向，学习程度也有差异。所以，教师在开放性作业的设计中，有意识地设计多样化的作业类型，让学生结合自己的情况选择适合的作业，这样既能使学生带着愉悦的情感体验完成作业，又能促进学生语文能力的有效发展。如：对于学习基础薄弱的学生，教师可以紧扣教材，巧妙设计基础类的练习；对于学习能力较强的学生，应注意设计一些弹性作业，让学生在自己的"最近发展区"去跳一跳摘到果子。不同情况不同对待，正如加德纳所说，教育对孩子最大的帮助是引导他们走入适应的领域，使其因智能得以发挥而获得最大的成就感。

四、作业指导:收放有度,追求实效性

(一)过程中有机融合

教师应善于挖掘教材资源,在教学过程中无痕地进行作业指导,做后反馈。讲和练都是紧扣目标和教学重难点的,所以内容上应该是融合的。如:《燕子专列》有一道读写结合片段练习"我想对贝蒂说几句话"。我首先指导学生抓住重点词句体会春寒,感受人们博大的爱心,并结合插图,拓展想象贝蒂救助燕子的细节。交流中既发展了语言,又唤起了爱心,事实上,这都是班上孩子自己想出的救助行为啊!写话时,学生能很自然地联系细节来谈贝蒂对自然界生灵的爱护,表达自己的佩服之情,这就是得益于过程中的指导。

(二)下笔前先行辅导

作业前,教师有针对性地强化指导,做后反馈。针对难以融进教学过程中指导的习题或难度较大的习题,做前先讨论、讲解,再落笔,避免走弯路。如:学习了《送孟浩然之广陵》、《送元二使安西》两首送别诗后,要拓展积累别的表达人间真情的古诗词,这就有必要对学生收集到的古诗词先展开交流学习,扫除字词理解的障碍,把握诗词的情感内核,然后动笔完成多种形式的积累训练。

(三)练习中实时监控

学生做练习,老师该做"警察",敏锐地捕捉问题,可以及时反馈、纠正。我一般采取以下几种形式:巡视中重点看一个大组,"窥一斑而知全豹";从不同层次的学生中选取对象面批或了解情况;提高性练习多关注优生,讲评时可以挑选尖子"引路";基础性的练习更多地关注弱势学生,可以多次一对一的辅导。在时间允许的情况下,对部分学生,尤其对班级中"两头"学生的作业采取当面批改、现场解说的做法。实践显示,这样做对于促进学生的最优发展是相当有效的。

(四)批改后错例讲解

简单的习题可直接用于检测,批改后,教师通过作业中所反映的情况,可以对同学们的学习状况及时进行归纳、分析、总结,并采取相应的措施,抓住集中错例集中讲评,强化训练,或个别错例个别辅导,切切实实地把因材施教落到实处。这样一来,作业就好比一个学生的"肌肤",教师通过"望、闻、问、切",或"疾在肌肤",或"疾在膝里",或"疾在骨髓",就一目了然,心如明镜了。

五、作业评价:多元开放,体现发展性

(一)即时评价,体验成功

评价应成为学生发展的助推器,虽然"十分钟课堂作业"留给评价的时间并不多,

但巧妙地施以评价同样会唤起学生上进的动力。作业讲评中,对优秀作业的大力表扬,对不尽如人意的作业善意点拨,这种充满关爱的言语性评价会温暖学生的心灵;给自己写得漂亮的字、精彩的写话打颗五角星,这是一种自我激励性评价,长期坚持,会培养起学生一种纵向比较评价的意识;同桌或小组里的学习伙伴互相交流,欣赏或评议,这又是一种生生互动评价。

(二)"绿卡"评价,整体发展

学习评价,既要关注学习结果,也要关注学习过程,以及情感态度与价值观的变化。在我校"让儿童成为儿童"的课题研究中,推出了学科"绿卡"制度,为了永葆"绿卡"的魅力,我考虑了争"绿卡"的梯度,在班上实施了"作业争章机制",争效率章、正确章、书写章、发表章,兑换"语文学科绿卡",可以免做部分作业,可以提升单元卷成绩,可以计入学期综合积分……用处多多!

(三)延后评价,保护自信

我们的教育对象是具有个性差异的生命体。课堂巡视中,若发现个别学生的作业面貌不尽如人意,或出现反常,老师切不可贸然批评,可以先给予正常化的点拨,若不奏效,可在课后与学生个别交谈。若了解到是因为知识没有掌握,能力没有形成,老师要有足够的耐心及时给他补课,等他有能力完成后再施以激励性的评价;若了解到孩子的情绪遇到了危机,老师应热情关心,帮他调整好心态,重新完成作业;若只是态度的原因,要进行饱含关爱与宽容的批评,允许给一次补救、再评价的机会。延后评价也是一种"艺术"。

略谈低段小学生作文批改的创新

杭州育才教育集团第二实验学校　陈聪聪

作文批改,实际上是教师对学生作文之前、作文之中指导的延续。从某种程度上来说,它比前两个阶段更为重要。因为作文之后的指导更具可操作性,不仅有总结和反思,还包含对作文质量的整体评价。它从属于整体的作文教学设计,而不是一个孤立的环节。

低段小学生因其年龄身体心理等特点,对教师常用的书面批改常常不甚理解,甚至视而不见:许多同学拿到作文后,最迫切的是看老师打的分数。因此,在很多情况下,作文批改正在弱化甚至丧失了其对作文指导的功能。

为此,笔者在低段小学作文批改实践中作了以下几点创新,并得到了明显的成效。

一、把教师的批改和学生自己的修改结合起来

学生的习作是用自己的话表达自己要说的意思。写出来的习作与原来想要表达的意思是否一致,学生自己最清楚,所以修改习作应该是学生自己分内的事。再说学生(特别是低年级的学生)在构思表达过程中,不可能一下子就想好写好。经过自己的检查修改,学生就会明白,哪一个地方写错了,为什么错,应该怎么改。这对学生无疑是一个锻炼和提高。反之,学生容易养成写完就了事的不良习惯。因此,教师和学生都要转变观念,变"替学生改习作"为"指导学生自己修改习作"。根据低年级学生身体心理特点,教师可以采取以下几点措施。

1.教师先示范,再让学生自己改——注重交流,引导借鉴

教师首先认真阅读学生的习作,从中挑选一两篇有普遍性问题的,制成课件展示。接着师生共同讨论哪儿该改,该怎样改,使学生从中受到启发,然后再去修改自己的习作。要注意多鼓励,少批评,抓住共性的问题,用特定的批改符号给予指点。

讲评低段孩子的写话作品时要推荐孩子写话作品中出现的好词好句,这会成为其他学生模仿的范本。有趣的文字,经典的句式才是讲评的重点。这个阶段的孩子要着重培养模仿能力,这也是他们学习句型、训练语言,写好作文的关键。

在看图写话《助人为乐》的习作训练中,当乌龟面对小兔子因自己的帮忙而万分感谢时,学生小范写道:"不用客气,我也要谢谢你,你的称赞消除了我一天的疲劳!"

这让我眼前一亮：这正是前几天刚学过的课文《称赞》中的经典语句。我不免为学生的活学活用和自己一直提倡的灵活借鉴引导感到欣慰。教材中的课文都是经过专家层层筛选的经典作品，语言表达非常规范，适合孩子的年龄特征。在作文讲评时，当我读到这时，孩子们纷纷议论起来——"咦，这不是课文《称赞》里的句子吗？"，"他用上了书上的句子……"这时我表扬了小范的活学活用，并告诉所有孩子，真正的学习，是当个有心人，活学活用，你有新的创意也很好，但是在合适的语境中用上你学来的东西，不是也很棒吗？从那以后，孩子们文章中的书面语言也越来越规范了，亮点越来越多了，笔下的世界更宽广了！

　　2. 教师批，学生改——低段以面批面改为主

　　教师在认真阅读学生习作的过程中，发现需要修改之处打上各种符号，或适当加点眉批，然后由学生按照老师的提示，自己动脑动手修改。要注意所谓批改符号是表示一定意思并且固定的批改记号。这可分为两种：一是表示赞许的，如嘉奖号，每当学生写到妙处就用这种符号表示出来，学生一看这种符号就产生了自豪感，无形中激发了修改的兴趣；另一种是表示此处有错需要修改的符号，如错别字、重复号、增补号等。这些批改符号在学生作文练习的初始阶段就应进行渗透。低年级基本以面批面改为主。教师面批时，要求中等生以上的同学能大体说出自己文章的长处和不足；对那些词不达意、言不成段的学困生，教师则可以把选出来的范文给他们看，让他们与自己的作文进行对照，培养他们最基本的鉴赏能力。

二、从实际出发，讲求实效，注重鼓励

　　习作批改要考虑不同学段学生的习作能力和修改能力的实际，有侧重有区别地进行。在低年级写话阶段，应着重指导学生进行字、词、句的修改。

　　兴趣是作文最大的内驱力。《语文课程标准》在写作初始阶段的目标设定上，特别强调情感、态度方面的因素，把重点放在培养写作的兴趣和自信上，"让孩子愿意写作、热爱写作"。

　　对于习作批改，对于处于作文练习初始阶段的孩子，我们首先要定位准确：我为谁批改？我怎么批改对他（她）最有帮助？想清楚这两个问题，方法和方式的选择就要因人而异了。对于缺乏习作兴趣的孩子，只要他（她）一次习作中有一点值得肯定的：某个词用得好；某个句子表达与众不同；选择的习作材料有新意等等，就及时表扬、鼓励。就像我班的后进生小曹，每次批改他的作文时，我都会尽量找找他作文中的闪光之处，哪怕一个好词，一个好的短句，甚至篇幅比前一篇长一点了，我都会在评语中加以体现："小曹，你的作文进步真大啊。你看老师用红笔圈画的词语，数数看，一共七个呢，真厉害，有七个好词语出现了。加油吧，我想你下次的作文中会有更多的精彩之处！"为了激发他的上进心，我时常将他比较通顺的小练笔作为优秀习作跟班里"小作家"的文章一起贴到了展示栏上，于是每周一的早上，小曹自己要求写的周

记会准时地出现在我的办公桌上。心理学家威廉杰尔士说过：人性最深切的需要就是渴望别人的欣赏。小学生自我评价、自我认识的能力尚未完善。没有几个孩子能在你这些"糖衣炮弹"下，还面无表情地告诉你："我没兴趣！我不想写！"

再如，对于不知道该写什么（也就是不善于选择习作题材）的孩子，可以和家长一起，引导孩子每天用一两句话记录今天印象最深的事情，至于事情本身，只要口头复述一遍就可以。等到习作的前一天，提醒孩子把题材记录本带来，老师根据孩子记录的情况选择和本次习作最吻合的题材，让孩子有话好说。等孩子习作交上来后，教师就针对他的选材在评语中体现他的可取之处，鼓励他如何积累素材，如何做到与众不同！

实际上学生作文涉及很多方面，除了文章的立意、选材、语言、表达外，兴趣、态度、观察方式、文字书写等都可以成为评价的对象。多元化的评价有利于调动学生的积极性，使学生知道怎样扬长避短。

三、习作批改要尊重学生的原意，鼓励学生的点滴进步

小学生对事物的认识和思想感情与成年人不完全相同。教师在批改学生的习作时，不要用成人的眼光、成人的心理、成人的语言去看小学生的作文。特别是低年级的小学生处于作文练习的初始阶段，对于语言既有新鲜感，又有运用不成熟的地方。对于他们的作文，倘若教师分寸把握不好，批改失当——不考虑原作思路，"以己之言替学生之言"，就会抑制学生学习语言的兴趣和思维的发展。在习作批改中，应确立以下几个原则：

1. 尊重小学生思维和语言的特点

语言是思维的外在形式。儿童的思维不同于成人，非逻辑性，少理性，多感性，直觉敏锐，形象感强，这些都反映在语言上。儿童在描述事物时不遵循成人的思路，往往从自我出发，根据自己的经验和感受来进行。我们应该肯定儿童这种思维的价值，尊重他们的表达方式。在批改儿童作文时，教师必须进入儿童的经验世界，体会儿童的心理，理解并学会儿童观察世界的方式，切忌以自己的思维代替儿童的思维，以成人的语言代替儿童的语言。如："春天来啦！春天来啦！春姑娘像一个活泼可爱的仙子，她接到上帝的谕旨，乘着祥云来到人间，让原本冷冷清清的大地一下子热闹起来"。这种自然、天真的语言，新奇大胆的想象，应该更多地出现在学生作文当中。所以，我们要提倡和引导学生写自己的话，用自己思考的富有个性的语言写作，少写或不写公式化的套话，让学生内在的感情和外在的语言达到一致。

2. 鼓励小学生独创性的表达

儿童对事物的理解，有他们自己的视角和方式。他们对语言的感受力和对语言的运用，有时超过了成人。他们思想的非推理性以及语言组合的非常规性，富有创新色彩。二上的第一次小练笔：仿写课文《找春天》的中间几段"……，那是春天的……

吧?"。学生小徐写道：小蝌蚪在水里欢快地游来游去,那是春天的音符吧？ 蝴蝶在花丛中飞舞,那是春天的舞蹈吧？ 风雨过后的彩虹高高地挂在天上,那是春天的头箍吧？ 翠绿的柳枝随风飘扬,那是春天的头发吧？ 百灵鸟唱出动听的歌声,那是春天的歌声吧？ 春雨姑娘沙沙沙,雷公公轰隆隆,那是春天的交响乐吧？ 清澈的湖水安静地流淌着,那是春天的镜子吧？ 风筝在天空中飞来飞去,那是春天的贺信吧？ 教师在批改作文时,应该及时发现这些亮点,允许并赞赏儿童新颖的、个性化的表达方式,积极地加以引导。

习作教学，从学生的乐于表达开始

杭州市西兴实验小学　王彩方

一、问题的提出

（一）学生的习作积极性现状

学生习作的现状，有言戏称："提起作文直摇头，看见题目皱眉头。横眉冷对作文簿，俯首干啃铅笔头。"根据笔者 2006 年在班中的调查，当时有 55％的学生害怕写作文。这些学生除了语文基础知识的薄弱所造成的文字表达上的困难外，在习作积极性上的主要表现和原因：首先是无话可说。习作课上，学生搜肠刮肚之后发现："亲历的事"不多、"真实的体验"不强，非亲历的事就更空洞了。因此，"无话可说，言之无物"，是学生讨厌写作文的一大根源。其次是信心不足。常有学生说："我写不好，不喜欢写。"写作困难的学生一般具有自卑心理，他们在写作中缺乏自信，体验到的成功太少，就消极逃避习作，写作动机缺乏，写作意志薄弱，往往怕作文，烦作文。再次是觉得习作课单调枯燥。对写作课，有学生觉得从审题、选材、构思到行文，形式单调，十分枯燥。

（二）学生习作要从乐于表达开始

《语文课程标准》明确指出："写作教学应贴近学生实际，让学生易于动笔，乐于表达，应引导学生关注现实，热爱生活，表达真情实感。"还提出了作文教学的新理念："写作要表达自己对自然、社会、人生的独特感受"，"要为学生的自主写作提供有利条件和广阔空间，减少对学生写作的束缚，鼓励自由表达和有创意的表达"。教师的引领，最重要的是要激发学生的表达欲望，引起表达动机，同时明确该怎么做，树立信心，要让学生主动思考，从而乐于表达。

儿童学习心理学表明，表现欲是儿童的一种积极的心理品质，当儿童的这种心理需要得到满足时，便产生一种自豪感，这种自豪感会推动儿童信心百倍地去学习新东西，探索新问题，获得新的提高。基于这些理论，我认为要让学生爱表现的天性在习作教学中获得充分的展示，教师应该鼓励学生自由地表达自己熟悉的生活，做到"用我心思我事，用我口抒我情，用我手写我心"，用自由之笔，写自我之境，抒自得之情，表自觉之意。

二、让学生乐于表达的策略

（一）创设乐于表达的氛围

"字字看来皆是血，十年辛苦不寻常"，饱学的曹雪芹也深感写文章的艰苦，何况小学生。要想让孩子乐于表达，不能让学生在思想上觉得作文难，更不能让他们觉得形式枯燥乏味。

1. 趣味练习，轻松动笔

小学生的学习活动讲究趣味性，对自己感兴趣的事就喜欢去做，积极去做。教师要根据小学生的特点，设计各种愉快活泼、新颖有趣的训练形式，使学生感到作文不仅是一种练习作业，还是一种有趣的活动。

例如，为班上同学进行肖像描写、性格描写，然后进行有奖竞猜。这样的写作练习方式很多老师采用过，效果非常不错。又如给出几个不相关的词，进行想象推断，巧妙地组合成一个完整的故事，写成一篇文章。再如听寓言故事，续写结局：《龟兔第二次赛跑》、《跳出井口的青蛙》等，学生都能轻松完成。新颖有趣的训练形式，让学生根本感觉不到写作的枯燥，在活动中轻轻松松表达。

2. 多元感知，欣然动笔

我们的写作实践受狭隘"生活"观念的影响，写作题材局限于日常生活，这导致学生作文的内容缺乏变化和生机。在具体操作中，表现为单纯注重经验性、回忆性的写作引导，缺少把作文命题真正融入社会生活进行调查、考证的实践环节。

笔者经常对本班进行多元感知的习作练习。比如写《超市里的小发明》，要求家长带领孩子去逛大超市，寻找一些具有创意的多功能的新商品，通过听营业员介绍、演示功能，买回家自己试用，与原先产品比较，请使用者谈感受，想象发明者灵感来源等，进行全方位的实践、体验，获得丰富的感受，再进行习作训练。这样的练习，学生自始至终充满兴趣，同时促使了学生写作能力和个性的全面健康发展。

3. 大胆想象，放手动笔

爱因斯坦说过：想象力比知识更重要。笔者对本校高段学生的调查显示：大部分同学对想象作文情有独钟！我们要处处注意肯定学生独特的见地，训练学生想象的独特性。最好的办法是在动笔之前"侃大山"，不同个性的学生自由表达不同的感悟，侃过以后，放手动笔，擅长叙事的同学，可以创作出情节完整、条理清晰的佳作；爱幻想的同学，则会用他的想象去穿越时空。想象是思维不可或缺的手段，在作文训练时，要有意识地多让学生进行续写、改写，想象未来和未知的世界，这样思维驰骋的空间便会越来越广阔。其次，要鼓励儿童的思维裂变。要写出有新意的东西，就得让学生敢于打破常规，超越思维定势，从不同方面、不同角度、不同层次展开思维，多引导学生换个角度、换个层次去思考问题。

（二）指导学生寻找易于表达的主题

小学生从出生到六年级只12年左右的时间，经历并不丰富。但是他们每时每刻都在接触一些人和事，如果鼓励他们体验并自由表达生活中的酸甜苦辣，放开种种束缚，叙自己的事，写身边的人，作文就会有事可叙、有话可说。

1. 记录活动，抒写快乐

实践证明：游戏可以激发儿童的兴趣，可以成为小学生作文的直接动力。他们对丰富多彩的活动总是充满了爱好。因此，需要老师有目的、有计划、有组织地开展多项活动，丰富学生的写作材料。春天我们带学生放风筝，冬天下雪的时候带他们打雪仗、堆雪人。甚至在班级里临时搞一个活动，做个游戏，都可以成为写作的材料。等到学生尽情投入地玩过以后，在学生余兴未尽之时，让学生说说刚才好玩的镜头和感受，七嘴八舌，自由表达，就能给学生很多写作的灵感和欲望。这时提出写作要求，就是水到渠成的事了。

2. 撷取小事，发现真实

有的学生认为自己生活面太狭窄，"巧妇难为无米之炊"。其实平凡之中自有真意、琐碎之中更见伟大，真实的就是好的。笔者就班中一个学习优秀但性格内向的孩子的事写成了一篇随笔《孩子，我想对你说》，发表在校报上。本班的学生看到文章后就惊喜地发现：老师写的人就是班里的同学，写的事他们也知道。"啊，这么小的事也能写文章？""那我们班级不是有写不完的人和事吗？"同学们明白了什么叫"万事皆可入文"。更明白了：写作是就是说话，把生活中的所见、所闻、所思、所感用笔说出来。

3. 情到浓时，妙笔生花

鲁迅先生在《作文秘诀》中说过："有真意，去粉饰，少做作，勿卖弄。"这种要求可以称为"求诚"。要想让儿童把表达当作一件乐事，必须把他们自己的思想情感摆进去。本班学生曾经为救校园内一处即将被填埋的池塘里的小青蛙，怀着善良之情自发地将小青蛙钓起来，装到袋子里，拿到田野里放生。成功后，又怀着一种"救助"之后的喜悦，写成了日记。其中李佳伟同学以此题材写成的文章，因为充满了真情实感，获得了区征文三等奖。叶圣陶也说："人是生来就怀着情感的核的，如果能好好培养，自会抽芽舒叶，开出茂美的花，结得丰实的果。"给小学生创造更多的投身社会、体验生活的机会，更好地让学生在生活中学习作文，是我们在习作教学中需要着力解决的问题。

一次次的习作实践让同学们明白了生活处处皆文章：家事、班事、路边事，事事可叙；师长、同学、陌生人，人人可写。习作要引导学生善于深入生活、体会生活，等到习作真正达到"我手写我口"，学生习作就能乐在其中！

（三）评价让学生获得表达成功的体验

儿童心理学告诉我们：一个人只要体验一次成功的欢乐，胜利的欣慰，即使是一个小小的成就，也会激发继续奋斗的志趣。"教人未见意趣，必不乐学"。因此，要让孩子乐于表达,得让孩子享受"成功"的欢乐。

1. 评语点燃的热情

《语文课程标准》提出的"鼓励写作的个性化,珍视学生的主观、独特感受",就是要求我们教师做到欣赏并珍视孩子的个性特点。教师激励的话语能让孩子不断地前进,这是一种外在的动力;而赏识能满足每一个人渴望得到肯定的心理需求,并使孩子为得到更多的赞赏而激发出他内在的潜能,则是一种内在的动力。我们不妨以一个读者的身份,去阅读孩子的习作,了解他们的生活,感受他们的世界。这样,就能写出那种平等交流式的评语,而不去苛求孩子的用词与语法。如"你真会观察生活! 一个小小的发现竟然有这么大的学问,见解独到,小中见大。""这个词用在这里有画龙点睛的作用。""你的想法很真实,我跟你也有同感!"看着老师这样的评语,学生的写作热情一定会被点燃! 为了期待老师更好更多的评价,他们会更用心地写作,形成良性循环。

2. 分数激发自信

"小学作文教授之目的,在令学生以文字直抒情感,了无隔阂,朴实说理,不生谬误。至于修辞之工,谋篇之巧,初非必要之需求,能之固佳,不能亦不为病。"由此可见,小学生的习作是一种启蒙性的练习,要求不要太高。

作文经常得低分,会使学生产生焦虑感,失去自信心,最终引起回避和退缩的反应,失去作文兴趣,形成畏难消极的心理。我们不能否认有一部分学生作文确实很差,但对多数学生来说,之所以低分,主要还是教师批改作文时,标准太高。教师应认识到小学生作文只是一种练习作业,一种学习过程。儿童在学习、运用语言的过程中,会形成一套属于他们的话语系统,来表达自己的所见所闻、所思所感。这套话语系统独特而富有情趣,词汇虽然不丰富但很生动,不够规范但有创意,表达不精确但足以描述他们的生活。我们对他们在学习和运用语言中所犯的错误,要持宽容的态度。不要吝啬分数,只要达到了本年级作文的基本要求,就是好作文,就要给予较高的分数,以帮助学生增强写好作文的自信心,提高积极性。

3. 体验发表的成功

成功感是一种积极的情感,它能满足学生自我实现的高层次需要,激励学生写好作文。反之,如果一个人办事总是感受不到一丁点成功的体验,再坚强的人也难免丧失信心,何况是小学生。我们要想办法积极为不同层次的学生创造成功的机会。

发表欲,是儿童共有的心理,即使是写作困难的学生,也梦寐以求。讲评时,在全班同学面前朗读,这是口头发表;班级设一面大大的"作文墙",给每个学生留一块空间,只要作文有些许的进步就可以把自己的习作贴上去,让同学翻阅欣赏;创班刊,让每个学生都选择自己最得意的作品来发表;选择部分优秀作文参加学校文学社作文选;鼓励写出特色习作的学生去校外刊物上投稿。教师力求做到让最不愿意写作文的学生能有一次发表的机会;让每个学生编一本作文自选集;每个学期让每个学生在班上诵读一次自己的作文。这样的体验,就会让学生乐在其中,欣然动笔!

三、创造乐于表达的美好境界

两年的实践之后，在各级各类作文竞赛中得奖，在各种报纸杂志上发表作品的同学多起来了，更能证明学生乐于表达的是班中喜欢写作的同学达到了 63%，增长了 18 个百分点。

"学生不是一个可填充的容器，而是一把待燃烧的火把。"小学语文老师需要用智慧和爱心来点燃学生习作积极性的火花。习作教学，教师从学生乐于表达开始——引领学生去发现，让学生享受到有话可说的快乐；激励学生有自信，让学生体验到小小的成功后的快乐；创设愉快的情境，让学生感觉不到写作的枯燥！学生的笔尖与童心逐渐合拍，在稿纸上快乐地舞蹈，汩汩流淌出个性的语言，就是孩子乐于表达的美好境界！

小学高段语文小组合作成长式评价的研究

杭州市萧山区育才小学　何彩红

小学高段学生语文学习成绩两极分化的现象一直是困惑我们的问题。近年来，为了充分开发教学资源，调动学生学习积极性，发挥他们的主体作用，我们尝试运用小组合作成长式评价来促进学生的成长。

一、小组合作成长式评价的具体内容

小组合作成长式评价让学生既成为被评价者，又成为评价者，运用抓两头促中间的策略，让优等生与学困生结对，加上中等程度的学生，组成合作学习小组，通过组际评价激发学生的竞争意识，组内评价提高学生的合作意识，从而促进学生的共同成长。具体实施方案如下：

1. 评价的内容：与语文学科有关的各项学习任务，视作业的完成情况以分数进行量化；把学生间相互评价、相互批改的状况以分数进行量化。

2. 评价的主体：学生——对组内成员部分家庭作业、听写默写、作文修改、积累等进行互评；教师——对学生课堂作业、作文、平时小测验等进行评价，同时对学生间的互评作业进行二次评价。

3. 评价的结果：个体——以周为单位进行计算、登记；每月累计，全班同学所得分数，从高到低，评出金奖、银奖、铜奖与进步奖，颁发奖状。小组——以周为单位进行小结，按小组成员总分高低敲盖印章"冠军"、"亚军"、"OK"；以月为单位进行评比，评出冠军组、亚军组、季军组，颁发奖状，教室张贴。

4. 活动的阶段：

基础阶段，侧重于大胆尝试。把批改评价作业的权力下放给学生，首先要保证评价的质量，因此采取的是比较容易操作的内容，如默写、查字典、听写、背诵等，评价时分数的量化以教师、组长为主。

提高阶段，侧重于不断完善。①批改作业的范围开始出现主观题，如填充题的质量，学生所出的小练习卷的质量，作文评语的质量等，分数的量化尝试由小组成员确定；②分数挑战，开始出现减分，如评价出错、对待批改的态度不端正、作业有漏做、抄袭等就相应减分；③主体与形式的变化，尽可能让全员参与到评价的队伍中，安排组间互换、前后互换、左右互换，或安排组长评价、1号组员评价、2号组员评价等。

二、小组合作成长式评价案例举隅

　　小组中以合作为主,组间以竞争为主,竞争与合作相伴进行,使学习语文的气氛既紧张又愉快。为小组而奋斗,充分激发了学生的好奇心和集体荣誉感,组员紧张而密切合作,在充分表达自己观点的同时也听取、分析、同化别人的想法,思想不断融合,不知不觉增进了彼此的了解和友谊,习得了人与人交往的更多技能。小组中学生都有自己的闪光点,有的善表达,有的善归纳他人意见,有的善组织活动进程……彼此的互相合作,使之取长补短,学生之间平等、民主、和谐关系逐步确立,为今后更加密切合作和展开竞争创造了可能和条件。现以"细心阅作文 用心写评语"作文修改为例对小组合作成长式评价给予分析。

　　1. 实施的策略。此例采用捆绑式评价,即同一小组内同学互相评价,认真修改作文,以作文的质量及评语的实效性为依据给小组加分。教师要求本组内的同学对其他三位同学的文章提出两条优点,两条建议;文章作者在此基础上进行修改。主要流程为"学生作文草稿—组内成员评价—学生斟酌修改—教师再评价"。教师再评价侧重组内成员相互间的作文评语,并以分数量化进行鼓励。

　　2. 学生间评析,以习作《我爱妈妈,妈妈爱我》为例。

　　学生评语之优点举例:略写部分简单,意思清晰;用设问的方式,更可以体现妈妈对我的爱;详略得当,把妈妈关心自己写得很吸引人,还用了排比,语气层层加重,语势层层推进,很有感染力;比以往的文章写得具体了,能用真实的事例来表现母子之间的爱;开头写得很好,把心里想的都写了出来。

　　学生评语之建议举例:请加上一个体现你对妈妈爱的结尾;第二自然段的最后一句不够通顺,词语用得不是很准确,请修改;语句不通顺,以后写好作文要多读几遍,使语言更流畅;第二自然段最后一句:去堂姐的花店拿花送给妈妈,这一句中的"拿"改成"买"、"挑"会更好,之前,把我搬花时的劳苦、累和几次想放弃的心理活动写出来,更能体现出我对妈妈的爱;这件事的选材很好,但是事情不够具体,你可以写写当你打算把贺卡送给妈妈时,心里在想写什么,当时的心情怎样,还可以写写妈妈收到贺卡时,神情怎样,说了哪些话,也可以描写一下贺卡上图画里的内容;此外,你是否只送贺卡给妈妈,有没有为妈妈做一些事,如果有,可以简单地写一写。

　　共同评价、共同成长是小组合作成长式评价的最大成效。朴素、具体、富有操作性,是学生评语的最大特征。每次写作文评语,同学们都显得热情高涨,他们极其认真地阅读评语草稿,至少三遍,然后再思考,再动笔,可谓是绞尽脑汁。在此期间,他们有时会翻阅作文书,有时会翻阅作文本,不时地比较,反复地琢磨,尽可能把评语写得完善些。这样的学习,既帮助了同伴,使同伴能对症下药;同时也提高了自己,明白了自己作文的优劣,有利于自己扬长避短,而这种写评语的方式,更是锻炼了他们的评析能力,事半功倍!

三、小组合作成长式评价方案实施的反思

1. 小组合作成长式评价的作用

①培养了学生的群体意识和活动能力。开展小组合作评价将个人独立学习成果转化为全组共有的认识成果,学生不但要为自己的学习负责,而且还要对小组其他成员的学习负责,体现出"人人为我,我为人人"的意识要求,小组的成功也只有在小组所有成员都达到既定的学习目标时才能获得。

②提高了学生的自我反思和调控能力。小组合作评价学习有互查作用,能使学生从别人的错误和方法思路中学到更多的知识,形成自觉的自我反思能力。学习过程中存在着自我评价和他人评价的过程,具有激励和导向作用。可以提高学生学习的自我监控、自我调节能力。

③强化了学生学习语文的主体意识。本方案的实施在我班已经两年,学生主动学习的能力增强,对语文产生了较浓厚的兴趣,无论是阅读、习作、基础知识,还是各种类型的能力竞赛,在平行班中名列前茅,学生的文章多次获区级一、二、三等奖。

2. 小组合作成长式评价的创新点

①评价以促进学生发展为出发点。此方案的实施强化及时评价、过程评价,注重学习的全程评价,同时讲究评价范围的整体性、评价主体的多元性、评价方式的多样性,相对公平与公正,深受同学的喜欢。

②评价以学生进步为第一标准。不以统一的标准要求每个学生、评价学生;更多关注学生的纵向发展,因此在金奖、银奖、铜奖之外特设进步奖,对本月进步最快的几位同学予以特别鼓励,照顾到了班内一部分弱势群体。在方案实施期间,学生进步很快,学习热情上涨,连班中中度智残的学生也乐于参加,平时能按时完成作业,认真练字。

③评价以生生评价为主要内容。让学生成为评价主体,最大程度地发挥了学生的积极性。更多的学生评价,有利于教师全面了解学生的学习历程,提高教学实效。

3. 对评价方案实施的再思考

保证组间的均衡与公平。小组合作评价的前提是公开公正,在每一阶段的实施之后,教师要善于分析,谁进步最大,谁最有潜力,谁现阶段的学习动力最足;哪个组的积极性受挫了,哪个组的组长带动力缺乏,哪个组过于落后,哪几个组的成员可以调整……只有在相对均衡的条件下学生才会有动力去奋力追赶。

侧重组内的合作与进步。评价学生的个体学习,评价小组的合作学习,除了要赞扬合作有成果的小组,更要关注小组成员合作学习的过程,以培养学生集体荣誉感和合作精神。教师正确及时激励那些小组内分工合作学习很成功的小组,能让学生在今后的小组合作学习中互相帮助,互相配合,从而培养学生的协作精神,让学生充分体验和感受到小组合作学习成功的喜悦,提高合作质量。

语文课堂教学中学生良好人际关系的培养

浙江传媒学院实验中学　张继军

夏丏尊先生曾经说过:"现代普通教育中所列的科目,都是养成人的材料","不管学生将来入何等职业,先使他成为一个人",得天独厚的语文学科是"养成灵肉一致的人"的最典型材料。在语文教学过程中,师生的双向活动不仅是语文知识和技能的传承,更是师生心灵的碰撞和交流。因此,营造良好的人际交往氛围,培养学生健康的交往心理,语文教师责无旁贷。

一、对良好人际关系的理解

《孔子问道》中讲述了这样一个故事:孔子率众弟子向老子问道,请他传授做人做事的道理。老子闭目不语。过了一会儿,老子张开嘴巴问:"我牙齿还有吗?"孔子说:"没有了。"沉默了一段时间后,老子伸出舌头问:"我舌头还在吗?"孔子答:"尚在。"此后,老子打坐冥想,再也没有说半句话。孔子站起身来,深深鞠了一躬,说:"老子今日所教,孔丘终身受用。"然后拱手退了出去。众弟子不解,孔子笑了笑说:"牙齿是坚硬的,舌头是柔弱的,牙齿经常会咬到舌头,然而牙齿不见了,舌头仍然存在。这难道不是深刻的道理吗?"

其实,这个小故事阐述的是以弱克刚的道理。它对于今天我们的人际交往具有借鉴意义和指导作用。日常生活中,哪有多少矛盾是异常尖锐甚至不可调和的呢?其实没有。解决问题的关键在于你是否站到对方的角度去考虑,为别人着想,像舌头一样柔软地解决问题,就会得到别人的理解、支持和拥护,营造和谐的氛围。相反,不为别人着想,以硬碰硬,往往会使对方产生抵触情绪,甚至还会激化矛盾,与解决问题丝毫无益,更与我们创建和谐社会的目标背道而驰。所以说,良好的人际关系就是人与人之间的相互体谅和相互协作、人与人之间的相互理解和无私帮助。

二、学生良好人际关系的培养

(一)在师生互动中学会尊重

师生关系是学校生活中重要的人际关系。良好的师生关系是师生共同满足教学需要、协同教学活动、实现教学目标的基础和保证。

　　教师要获得学生的尊重,首先得尊重学生。尊重学生体现在教学的全过程。每天以饱满的热情走进课堂,真诚地问候学生,让学生感到老师喜欢自己;在学生回答问题时,注意倾听,尽可能给予积极的评价,并适时地把掌声献给学生;对学生回答中的偏差,不是简单粗暴地否决或表示不满,而是及时转移,保护和珍惜学生的学习积极性。教师的举手投足,一颦一笑中传达的信息,极易被学生捕捉。学生在获得被教师尊重的愉悦体验后,也学着为别人的成功高兴,宽容地对待别人的缺点。

　　抄袭作文是每个语文教师都会遇到的问题。有的学生为了获得老师的好评,抄袭他人。碰到这种情况,教师往往会对学生进行批评教育,甚至把学生当成作业不认真的典型。这种做法严重挫伤了学生的自尊。其实学生的习作主要是从模仿开始的。有一位同学在周记中向我反映他的朋友的周记都是抄袭的。当时,我分析抄袭学生的情况:对文学的兴趣渐浓,而且选择的文章本身就很有价值。于是,我在反映情况的同学的周记上写道:谢谢你向我反映了这一情况。如果一个本来对文学毫无兴趣的人因此爱上了阅读,我们为什么不给他一个尝试的机会呢?你是他的朋友,我想你会帮助他的。由学生的朋友代我处理这件事,既教会反映情况的同学保护别人的自尊,又使抄袭作文的同学感受老师对他的人格的尊重,以更大的热情投入到学习中去。可谓一举两得。

　　教师必须树立每个学生都是具有创造潜力的活生生的人的观念,珍惜他们创造性思维的萌芽。帮助学生树立"吾爱吾师,吾更爱真理"的科学精神,欣然接受"青出于蓝而胜于蓝"的现实。可以说,学生质疑老师,挑战权威,是学生安全感最极致的表现,也是教师尊重学生的最高境界。

　　(二)在与同伴竞争中学会合作

　　在教学实践中,语文老师最大程度地突出学生的主体地位,以师生互动为中心、学生互动为网络的课堂教学模式,可以促进学生积极地与同伴交往。

　　小组讨论是学生与同伴交往的最轻松的形式。在讨论中,小组成员的学习目标相同,但各自达到目标的途径却不同。学生一方面要使别人认同自己的观点,另一方面也要发现同伴观点中的合理性及不足,相互吸收,共同讨论建设性的解决问题的方法。在求同存异的过程中,建立良好的伙伴合作关系。

　　辩论在语文课堂教学中也有积极的意义,对学生合作能力的培养更具挑战性。就辩论的同一方来说,辩手之间只有抛弃个人的表现欲,相互合作,才能形成集体的力量,取得最佳的辩论效果,满足辩手获得成功的需要。但是,辩论双方的利益是相斥的,一方需要的满足会阻碍他方需要的满足,于是出现唇枪舌剑的竞争。但是由于这种竞争是团体性质的,对个体的心理压力不是很大。教师要使学生明白,辩论是为了对有争议的问题有更全面的认识,而不是"你输我赢"的淘汰。在一次竞争中失败,完全可能在另一次竞争中成功。辩手们要调整好心态,在合理的竞争中学会相互合作,建立"你行我也行"的共同发展理念。

　　课堂是学生的,把学生的时间还给学生。在这样的教学理念指导下,学生在课堂上获得了更多自主时间,学生之间的交往更趋丰富多彩。我在课堂教学中设计一些受学生欢迎的活动:富有创造性的课本剧编写;轻松中透着智慧的文学沙龙;生动活泼的即兴故事接龙等等。这些活动突破了活动人数的限制,满足了每一个学生的交往需要,而且,活动内容带有创造性、研讨性。学生不必为回答不出问题而担心。因而,尽管对学生的合作要求较高,但学生与同伴的交往态度十分积极。

对中学生来说,沙龙似乎有点成人化,然而,正是这种成人化的活动,满足了学生在成长过程中社会化的需要。杭州西博会期间,夏衍故居重新开放。为了让学生走近这位文坛前辈,我在班里开了一个"百年夏衍"的文学沙龙。全班同学参观夏衍故居,查找有关资料,阅读夏衍作品,忙得不亦乐乎。虽没有老师介入,可合作气氛融洽,学生互通资料,共同讨论。在沙龙上,学生交流的热情、交流过程的流畅,大大出乎我的意料。尽管有意见分歧,但从别人的观点中吸收营养的合作心理十分真诚。学生普遍有一种畅所欲言的满足感。正是这种良好的课堂气氛营造出一种具有感染性的催人积极向上的教学情境,激发了学生的学习兴趣,培养了学生学习语文的心理需求。

（三）在与作品共鸣中学会理解

"问渠哪得清如许,为有源头活水来"。语文学习的源头有两个:一是书本,二是生活。在中学语文教材中,选择了大量文质兼美的作品。教师应让学生自主地阅读文学作品,让他们在人类的文化遗产中徜徉、玩味、思索,感悟作者在作品中所表达的对世界的认识,对人生的理性思考,从而将课堂学习向生活延伸,学会处理生活中的问题,改善自己的生活质量。

以《浙江省课程标准实验教科书》中选录的篇目来看,其内容涉及学生人际交往的各个方面。这与联合国教科文组织对学生"学会生存"能力的培养十分协调:(1)会在家庭中生活——会与家庭成员相处,作为家庭中的一员,为创造一个幸福美满的家庭生活做出自己的贡献,从而使家庭有利于家庭中的个体的积极发展。如《陈情表》、《项脊轩志》,让学生学会承担家庭责任,与父母和谐相处。(2)会在班级中生活——会过集体生活,会在集体中学习、劳动、交往等等,在集体中获得成就感。如《兰亭集序》,让学生在与同伴的竞争中建立深厚的友谊,获得共同提高,并在同学有困难时给予热情的帮助。(3)会在社会中生活——会在成人的社会里生产、创造、享用等。如《我与地坛》、《假如给我三天光明》,学会正确处理自己在社会生活中的位置,乐观地承担起社会责任,为他人的成功无私奉献。因此,教师要充分挖掘作品的人文精神,营造良好的人文气氛,关注作品中人物的内心、情感、命运,与作品中人物形成共鸣。然而,由于作品的产生有特定的时代背景,与学生自身生活的阅历、贮存的信息有一定的距离,学生往往会用现代的眼光去审视过去的生活,从而表现出对作品的不理解甚至是指责。如上《骑桶者》时,学生觉得作品主人公"我"骑桶借煤很愚蠢,结果完全是咎由自取,这样的人无法在社会中生存;也有学生指责作者卡夫卡构设的故事情节荒诞不经,愚弄读者。以现代社会的价值观去评价作者和作品,学生的分析不无道理。但是,很明显,学生缺乏的是从情感的角度去理解作者构设作品的意义。因此,在课堂教学中,教师要充分发掘教材中的情意因素,因势利导,相机点化,让学生的思维训练和情意因素相偕而行,使理智与审美形成合力,站在作品中"人"的角度去鉴赏他,理解他。

现代中学生中普遍存在这样一个问题:不会欣赏。对别人的要求"高","善于"发现别人的缺点,却看不到别人的优点。这使他们生活在不满和指责中。引导学生理解他人,积极地帮助他人,十分重要。穷困潦倒的贝尔曼用生命绘制毕生杰作,点燃别人即将熄灭的生命火花。作品对主人公着墨不多,甚至连最感人的画叶子的镜头都没写,但我们可以想象,那个风雨交加的夜晚,老人是怎样冒雨踉踉跄跄地爬到离地面二十来英尺的墙上,颤抖着调拌黄色和绿色,在墙上施展他的艺术才能,同时也毫无保留地献出了生命。这种牺牲是何等的震撼人心(《最后的常春藤叶》)。让学生和家长一起看这篇课文,交流各自的想法,就能达到父母与孩子之间的相互理解。其中,孩子的理解和感悟是主要的。同样,在与同伴的交往中,不要一味要求同伴对自己的"肝胆相照",学会理解同伴在特殊情况下的"不得已",允许同伴有自己的隐私,在对他人的理解和宽容中获得和谐的人际关系。

语文学科承载着我们祖国和民族的思维方式、思想感情,传承着我们祖国绵延不绝的文化。语文教师应把握好自己在课堂中的主导地位,积极引导学生与老师对话,与同学对话,与作品对话,让学生在丰富的人际关系中游刃有余,感受人情的醇美和人生的丰富,以健康的心态乐观地接受 21 世纪的挑战。

让生活文本走进数学课堂

杭州绿城育华小学　范耿泉

所谓数学生活化，即在数学教学中，从学生的生活经验和已有知识背景出发，联系生活讲数学，把生活问题数学化，数学问题生活化。数学是源于生活的，生活中到处都有数学，存在着数学思想。让学生处于一定的生活背景下学习数学，所得到的知识才是牢固的、灵活的，才使学生更加地喜欢数学，学好数学，数学能力、数学意识得到更大的发展。为此，我们让生活文本走进小学数学课堂。

一、创设生活情境，激发学习兴趣

兴趣是最好的老师，直接影响到学生学习数学的效果。但是学生的兴趣不是天生的，要靠后天的引导和培养。创造生动的、愉悦的学习气氛是数学教学的关键环节，同时也是诱发学生求知欲望，产生内在学习动力的前提。而新知识总是在某个旧知识的基础上发展或派生出来的，新知识是旧知识的发展和深入。教学时可结合学生的生活经验和认知特点，通过创设生活情境，把抽象的数学问题生活化，以激发学生学习数学的兴趣

1. 将学生熟悉的生活情境和感兴趣的事物作为教学活动的切入点

将学生熟悉的生活情境和感兴趣的事物作为教学活动的切入点，学生能迅速进入思维发展的"最近区"，掌握学习的主动权。创设生活情境的策略应更多考虑学生的生活基础，努力在学生生活与数学生活之间建立一种相似或相对的联系，这样学生更有构建的基础和探究的动力，在激发探究兴趣的同时，指点出探究的方向。

案例1　教学"折扣"一课时，谈学生感兴趣的话题，师：麦当劳的套餐打折了，你说买哪种最合算？

先出示模拟广告1：套餐1（原价18.60元，现价10.00元）

套餐2（原价18.60元，现价11.00元）

套餐3（原价18.60元，现价12.00元）

学生当然选择了套餐1，它下降得最多。

再出示模拟广告2：套餐1（原价18.60元，现价12.00元）

套餐2（原价14.60元，现价9.20元）

套餐3（原价17.40元，现价11.50元）

问：现在买哪一种最合算？在数字的变化中，学生感到有些困惑，这时教师引导他们先算算再讨论交流。部分学生认为，套餐1价格下调了6.60元，下降的钱数最多，所以选择套餐1。还有部分学生提出不同意见，套餐1的原来价格最高，下降的幅度并不是最大。双方各执己见，学生在矛盾中迫切期待结果，此时教师引导学生算一算下降了百分之几，学生很快找到答案，此时再来教学"折扣"，学生易于掌握。

2. 将学生的学习及生活情境作为提高学生积极参与的兴奋点

无论是数学的产生，还是数学的发展，都是以现实生活为基础的，《数学课程标准（实验稿）》指出："数学教学要充分考虑学生的身心发展特点，结合他们的生活经验和已有知识，设计富有情趣和意义的活动，使他们有更多的机会从周围熟悉的事物中学习数学。"新课程强调数学与现实生活的联系，让学生从自己的数学现实出发，用数学的眼光在生活中捕捉数学问题，主动地运用数学知识分析生活现象，从而主动地解决生活中所遇到的实际问题。这就要求我们把生活中的事例引入课堂，让学生看到生活中的数学问题，体会身边处处有数学，培养学生的"数学眼睛"。

案例2　在教学"比例的应用"时，考虑到知识本身较为抽象，大部分学生知识经验不足，不善于抽象地运用数学知识解决实际问题，所以在课前拍摄了有关本班学生在操场上队列训练的场景。在课堂上，当大屏幕开始放映这段录像时，同学们看到自己的身影出现在大屏幕，个个兴奋不已，把所有的注意力一下子都集中于屏幕。激发了他们学习的欲望，调动了他们学习的积极性。当画面定格于"整齐的队列"后，请他们根据刚才的场景说出从中获取的信息，他们都脱口而出"全班有54人"，"每行站9人"，"共站了6行"。问他们还想到什么信息，他们就争先恐后地说出了："如果每行站6人，可以站9行"，"如果每行站18人，可以站3行"，后来又说："不管怎么站，全班都有54人。""全班人数是一定的量"，"每行站的人数和站的行数成反比例"。问他们可以编成什么数学问题。有的说："可以编用反比例方法解的应用题"，有的说："已知每行站的人数求行数的问题"，有的说："已知站的行数，求每行站的人数的问题"。他们编出了多种不同的应用题。接着请他们根据自己提供的信息解决问题时，自然就水到渠成了。

数学课堂生活情境的创设，目的在于激发学生的学习兴趣和求知欲望，降低认知坡度，其内容来自生活，问题来自学生，方法亦来自学生，要重视学生在自主探索过程中提高应用数学的意识和解决实际问题的能力。这就要求我们要从学生的实际情况出发，充分利用学生已有的生活经验，引导学生学习新的知识，促进学生认知的发展；也要从教材的实际情况出发，让学生在比较真实的情境中去体验，学习数学问题。

二、运用生活素材，开发教学资源

随着社会生活的不断进步与信息技术的迅猛发展，单纯的教材内容已经不能适应新形势的要求。因此，我们在教学中要联系生活实际，吸取并引进与现实生活、科技等密切相关的具有时代性、地方性的数学信息资料来处理教材,整理教材,重组教材内容。这样的教材由于具有开放性和弹性,给教师留有开发和选择的空间,也给学生留出选择和拓展的余地,以满足不同学生学习和发展的需要。所以,我们要增强课程意识,重视教材资源的开发和利用。

　　1. 运用生活素材开发教学资源,感受生活中处处有数学

　　案例 3　在教学"百分数的应用"时因为以前学过分数应用题和百分数与分数的关系,许多学生都会解"求一个数是另一个数的百分之几"的应用题,只是有些同学对"百分率"的理解还不够透彻和书写格式不规范。我就准备了以下练习题供学生课前练习:(1)我们班今天的出勤率是多少? (2)小明的爸爸用一袋 60 千克的稻谷碾出42 千克大米,求出米率。(3)王师傅加工一种机器零件,50 个产品中有 48 个合格,求合格率。在课堂上,首先请几位不同层次的学生把自己的解答过程上台板演。然后,组织学生以学习小组为单位进行交流讨论,看看每题的解题过程还有什么问题,你认为怎样更好、更规范、为什么? 接着指名发言,教师板书,纠正板演过程的不足,对说得好、写得好的同学给予鼓励。这样,学生在愉悦的气氛中深刻领悟到百分率的意义,并掌握了正确解百分率应用题的方法。为了更好地掌握本节课的知识,我设计了一道实践题,让学生回去后数出若干粒稻谷或黄豆等作种子发芽试验,种子发芽后,求出种子的发芽率。这样,使他们认识到学习这部分知识的重要性。

　　可见,运用生活素材开发教学资源,可以让学生真正感受到生活中处处有数学,进而激发他们学习数学的兴趣,提高了应用数学的能力。

　　2. 挖掘生活资源解决数学问题,体验学习数学时时有价值

　　在陶行知生活教育理论看来,生活就是教育,生活是数学的宝库。无数的数学问题等待开发、利用、解决,作为学习活动设计者的教师要充分挖掘生活资源,把有限的数学知识用于无穷的生活情境中,揭开数学的神秘面纱,让学生在解决数学问题的同时感受生活化的数学,变抽象为具体,变无味为生动,变恐惧为亲切,更有利于学好数学。

　　案例 4　学习周长时,带领学生做游客到操场上沿跑道走一走,到附近的花园、公园找有一些形状各异的花坛,并绕着花坛走一走。由此认识三角形周长,长方形周长,圆的周长……,有什么办法知道走了多少路? 讨论决定方法,然后分组独立开展测量、计算活动,最后分组汇报,议定周长计算的最佳方案。学生学得生动活泼,学习效率大增。

　　借助活动所获得的亲身感受和体验,理解了抽象的数量关系。将数学问题生活化,有效地缩短了数学与生活的距离,扩大了学生的认知视野,拓宽了学生的思维空间,既满足了学习和理解数学知识的需要,又体会了数学的价值,培养了数学兴趣。

三、联系生活实际,培养应用意识

生活是最好的课堂,能对人产生最直接、最深远的影响。教师应从现实生活中选取观察的素材,为学生提供大量的实践活动情境和参与的机会,让他们亲身感受到数学问题的真正存在,认识现实中的生活问题和数学问题之间的联系,从而学以致用,举一反三,真正掌握数学知识,学会解决生活中的实际问题。

1. 把所学的数学知识应用到实际中去

教师不仅要善于挖掘生活中的数学素材,引入数学知识把生活问题数学化,而且要善于把课堂中书本上所学的知识应用到实际中去,把数学问题生活化,以实现通过知识的运用、实际问题的解决,促进学生对知识更深层理解的目的。

案例 5 在教学"圆的认识"后,教师用计算机生动、形象地展示了这样一个活动情境:学生站成一横排帮投沙包的游戏。教师问:"这样站你们有什么想法?"学生说:"这样站队不公平。"教师接着问:"怎样站队才公平?"学生应用刚学的同圆半径相等的知识说出应该围投沙包的目标站成一个圆,或固定好投包的站立点排成纵队一个人投完后下边的人再依次投,这样距离相同才保证了竞赛的公平性。

数学知识在实际中的应用,体现了数学问题生活化,体现了在获得数学知识的同时,逐步形成良好的思维品质和运用数学知识,让学生在多种多样的活动中,在丰富多彩的现实生活中轻松愉快地学习数学。

2. 用数学解决生活中的实际问题

学生在学习知识后,不考虑所学数学知识的作用,不应用数学知识去解决现实生活中的实际问题,这样的教学培养出来的学生,只是适应考试的解题手。学生掌握了某项数学知识后,让他们应用这些知识去解决我们身边的某些实际问题,他们是十分乐意的,这也是我们教学的目标。

案例 6 在教学"比和比例"时,我把学生带到操场上,要学生测量计算操场边的树木的高。树木高上天,如何测量?多数同学会摇头,少数几个会窃窃私语:"爬上去量,但是两手抱树怎么量?拿绳子量,先用绳子量树,下树后再量绳子。可怎样上去呢?……"当学生陷入沉思时,我取来一根长 2 米的竹竿,笔直插在操场上。立竿见影,量得这影子长 1 米。出示思考:"从竿长是影子的 2 倍,你能想出测树高的办法吗?"一些尖子生立即说:"树高也是它的影长的 2 倍。"(师强调:必须要在同一时间内。)这个办法得到推广后,学生很快会用从测量树影的长来算出树高。当然,还可设置问题:"你们能用比例写出一个求树高公式吗?"于是得出:竿长∶竿影长=树高∶树影长或竿长∶树高=竿影长∶树影长……此时,学生定会意犹未尽,完全沉醉于探究活动中。这样,不仅增长了知识,而且锻炼了能力。

运用所学的数学知识解决实际问题,在实际生活中尝试到学习数学的乐趣。更重要的是使学生感受数学与生活中的联系,即数学来自生活实际,数学又应用于生活,服务于生活。

把鲜活的生活题材引入课堂,数学课堂有了源源不断的"生活"活水。因此,数学不再是深奥难懂的"纯数学",它与学生熟悉的生活经验和体验紧密结合,牵动学生的心灵,数学课堂由此充满魅力。走向生活数学的教学,并不是要丢开文本,而要在现行教材和课堂教学上做文章。敢于挑战教材,活用教材。用生活化的文本、用生活化的教材,沟通现实生活中的数学与教科书上的数学的联系,让学生真正亲近数学,学习有用的、有价值的、有趣的数学,数学才能真正走进学生的生活。当课堂与学生的生活、学习息息相关时,他们能主动地参与学习,课堂才能焕发出生命的活力。

《商不变性质》教学的实践与思考

临安市衣锦小学　帅　莹

一、缘　起

美国数学家哈尔莫斯说:"数学究竟是什么组成的? 是概念? 是公理? 定理? 定义? 公式? 证明? 诚然,没有这些组成部分,数学就不存在了,这些都是数学的组成部分。但是,它们中的任何一个都不是数学的核心所在。数学的核心应该是越过这些表面知识的内在问题、思想和方法,并且问题是数学的心脏,思想是数学的灵魂,方法是数学的行为。"

我以《商不变的性质》教学为例进行研究,想知道:"就这节课,课改之前和之后教师对教学目标有着怎样的不同理解? 数学思想和方法又是如何渗透的? 到底什么才是学生真正受益的东西? 今天我们应该怎样去上这节课?"带着疑问我进行了思考与实践。

二、情景回放

1. 提出问题

出示算式 $12 \div 6 = 2$。

改变被除数、除数,商会怎样? 将这些算式分类。

师:今天我们就来研究被除数和除数怎样变化,商是不变的?

2. 提出猜想

师:观察商不变的这些算式,猜想一下,被除数与除数怎样变化,商不变?

猜想一:被除数与除数同时乘以相同的数,商不变。

猜想二:被除数与除数同时除以相同的数,商不变。

3. 举例验证

(1)小组合作学习。

(2)分别交流上面两种猜想。

(3)质疑:0除外。

(4)共同概括出商不变的性质。

4.运用规律进行简便计算

反思:这个设计除了传授数学知识以外,我们可以感觉到教师已经有意识或者说是很明确地想在这节课中向学生渗透猜想、验证的方法。在教师引导下,通过观察算式,学生出现了两种猜想,通过小组验证,得到了规律,然后通过质疑完善了规律。一切都显得那么顺利。其实在"貌似顺利的教学设计"背后往往隐藏着诸多不利于学生探究与发展的观念和操作,例如:被除数和除数变化时是用乘法和除法运算,学生怎么想到的呢? 从教学的过程我们不难看出,学生的思路从一开始就往这方面引,往这方面诱导、暗示,无形中把学生的思路定位在乘除法运算上,把学生的思考空间一下子就框死了,限制了学生的思路,这样数学思想方法就不可能得以有效地生成和发展。

三、亲身实践

在查找资料、归类、反思的前提下,我们对这节课的教学目标的定位,数学思想方法的渗透渐渐地在头脑中清晰起来。于是有了第一次设计与实践:

把理解和掌握商不变性质并进行运用定为本节课的知识目标和能力目标;把渗透"猜想——验证"定为本节课的数学思想方法目标。设想如下:

1.复习旧知,诱发猜想

计算一组有规律的乘法算式题,说说你发现了什么规律。

$18 \times 20 = 360$

$(18 \div 2) \times (20 \times 2) =$

$(18 \div 3) \times (20 \times 3) =$

$(18 \times 2) \times (20 \div 2) =$

$(18 \times 4) \times (20 \div 4) =$

小结:这就是我们在乘法中学到的规律:积不变规律。运用这一规律,能使一些计算更简便。

师:那么在除法里,会不会也有这样的规律呢? 这个规律会叫什么规律呢?

预计:有的学生说"没有";有的学生说"有",叫"商不变规律"。

2.验证猜想,揭示性质

(1)鼓励学生大胆猜想,在什么条件下商不变?

预计:会出现以下猜想:

猜想1:被除数乘以一个数,除数除以相同的数,商不变。

猜想2:被除数除以一个数,除数乘以相同的数,商不变。

猜想3:被除数加上一个数,除数减去相同的数,商不变。

猜想4:被除数减去一个数,除数加上相同的数,商不变。

猜想5:被除数和除数都乘以相同的数,商不变。

猜想 6：被除数和除数都除以相同的数，商不变。

猜想 7：被除数和除数都加上相同的数，商不变。

猜想 8：被除数和除数都减去相同的数，商不变。

（2）学生选择其中一种猜想，以 $16 \div 8 = 2$ 这个除法算式为例，举例验证。

提供验证报告：

验证对象：$16 \div 8 = 2$

验证类型	举例算式	是否相等
	$(16○\underline{\hspace{2em}}) \div (8○\underline{\hspace{2em}}) = \underline{\hspace{2em}}$ $(16○\underline{\hspace{2em}}) \div (8○\underline{\hspace{2em}}) = \underline{\hspace{2em}}$	

汇报：我验证_____，举了这样的两个算式，从结果来看，说明商_____（变了、不变），这种猜想是_____（对、不对）的。

（3）小组汇报，全班交流，对前面的猜想进行否定或肯定。

（4）小结：被除数与除数怎样变化，商是不变的？合起来说一说。

（5）质疑：相同的数可以是任意数吗？（0 除外）完善性质。

3. 明理内化，巩固练习

安排不同层次、形式各异的习题，进行巩固和提高。

【首次试教】：两度惊喜三度遗憾

惊喜一：著名科学家牛顿有句名言："没有大胆的猜想，就不可能有伟大的发现和发明"，猜想是一种难度较大跳跃式的创造性思维。设计中我们通过复习积不变规律，诱发学生对商不变性质的猜想，从课堂生成来看，也取得了良好的效果，学生竟然出现了 8 种猜想，远远地超出了我的预计（3～4 种），说明只要提供适当的情境，是能够诱发学生大胆猜想的。

惊喜二：在小组汇报各自验证结果时，出现了特例"0"，$(16+0) \div (8+0) = 2$，我心中一阵惊喜，原来我们设计中是把"0 除外"这一点放在初步得出商不变性质之后，让学生质疑，再师生完善商不变性质。由此可见，我们可以把"特例"的教学与验证这一环节结合在一起，让学生真正理解为什么要"0 除外"。

遗憾一：小组验证，教师巡视时，发现很多学生根本不会验证。出现了各种情况，如：①无从下手；②凑得数，如：$(16+4) \div (8+2) = 2$；③计算错误或不计算 $(16 \times 4) \div (8 \div 4) = 2$；④结果与验证不一致：验证是不对的，后面却说猜想是正确的。学生的表现出乎我们的意料之外，整节课就在这里"搁浅"了。事后回想，原因有二：一是教师布置任务，讲解要求时，没有出示作业纸，而是口头说说，很多学生没有明白怎样验证，拿起作业纸不会填；二是作业纸设计中等号后面没有计算过程，导致学生算也不算，就写 2。

遗憾二：汇报交流时，发现有 3 种猜想根本没有小组选择进行验证。无奈之下，老师和学生草草举了几个反例进行验证。在大部分同学迷迷糊糊之中，教师引导学生进行了总结,概括出了商不变的性质。反思一下:问题出在教师让各小组自由选择其中一种猜想进行验证,全班没有进行统筹安排,整节课总体感觉验证不够充分。

遗憾三:教不完。当我们不再局限于传授知识时,当我们把探究的主动权还给学生的时候,一堂课究竟应该怎样展开,已经远远不是我们备课时就能全部预料到的,它需要我们循着学生认知的曲线,思维的张弛和情感的波澜,机智灵活地开展教学。在本节课中,学生自主探究的学习过程长达 30 分钟,出现了课堂时间不够用的情况,学生没有多余的时间巩固新知,还需一节课来解决学生存在的问题,再巩固商不变的性质。反思一下:一是学生不会验证,浪费了大量的时间;二是要让学生通过验证各种猜想,得出商不变性质,确实需要很多时间,再安排"巩固应用"环节,内容确实多了点。

【流程跟进】:

受三个遗憾的提醒,笔者对预设流程进行微调。(1)舍去"巩固应用"这一环节,本节课力求让学生在大胆猜想的基础上进行充分的验证,得出商不变性质,让学生探究"过瘾"。(2)验证时,要求小组对提出了各种猜想进行逐条验证,因为验证出猜想错误与验证出猜想正确是同样重要的。(3)对作业纸的表格设计进行改良,迫使学生进行计算得出结果变还是不变。并在验证前讲解要求时出示作业纸,给学生质疑的机会。(4)在以 16÷8=2 这个算式为例进行验证的基础上,让学生再自己举一个除法算式为例,进行验证,体会不完全归纳法。(5)增加"反思"环节,在师生交流、提炼中帮助学生领悟"猜想——验证"这种数学思想方法。

【再次生成】:

……

师:谁来大胆猜想一下,在什么条件下商不变?

……

师:那我们怎么知道这些猜想对,还是不对?

生:验证,算一算。

……

师:通过验证,谁来说一说在什么条件下,商是不变的?

生1:我们小组通过验证,第 1 种猜想是正确的,我们举的例子是:$(16 \times 2) \div (8 \times 2) = 32 \div 16 = 2$(其他小组没有不同意见)

生2:我们小组通过验证,第 3 种猜想也是正确的,我们举的例子是:$(16 - 0) \div (8 - 0) = 16 \div 8 = 2$。

生3:我们小组有不同意见,$(16 - 4) \div (8 - 4) = 12 \div 4 = 3$,商变了,所以这种猜想是不正确的。

生4:我认为第 1 种猜想也是不正确的,$(16 \times 0) \div (8 \times 0) = 0 \div 0$,可是 0 不能做除数。

……

"商不变的性质"在学生探究、交流、争辩中渐渐清晰起来，完善起来；"猜想—验证"的方法在学生的运用中渐渐熟练起来，灵活起来。

四、体会与思考

1. 传授数学知识与渗透数学思想方法并不矛盾

数学学科教的不仅仅是知识，还有思想方法。从本课的实践来看，这两者是相互依存，相互促进的。本节课是渗透"猜想—验证"这种思想方法的很好的一个载体，因此把重点放在使学生学会"猜想—验证"的思考问题的方法，进一步促进学生对商不变性质的理解和掌握。

2. 教师要提高渗透数学思想方法的自觉性

数学概念、法则、公式、性质等知识都明显地写在教材中，是有"形"的，而数学思想方法却隐含在数学知识体系里，是无"形"的，并且不成体系地散见于教材各章节中。教师常常因教学时间紧而将它作为一个"软任务"挤掉。因此，作为教师首先要更新观念，从思想上不断提高对渗透数学思想方法重要性的认识，把掌握数学知识和渗透数学思想方法同时纳入教学目标，把数学思想方法教学的要求融入备课环节。

3. 让学生在主动探究中暴露思维是渗透数学思想方法的关键

数学思想方法是在启发学生思维过程中逐步积累和形成的。数学学习过程充满着观察、实验、模拟、判断、推理等探索性和挑战性的活动，要促进学生自主学习，必须要给学生充分的自我思考时间和空间。有了充分的思考时间和空间，学生的学习过程才能得以充分展示出来，学生的思维和问题才能充分的暴露出来。在实践中，我们可以欣喜地看到，如"经过大家的讨论，我们的猜想不完全对，应该这样说，要使商不变，被除数和除数应该同时乘以相同的数"等一个个富有创意的精彩回答。学生的发言踊跃，思维活跃，课堂因为学生丰富多彩的答案和激烈的辩论而变得精彩纷呈。

4. 注重反思，让学生领悟数学思想方法

数学思想方法的获得，一方面是课中有意的渗透，但更多的是靠学生在反思过程中领悟，教师要引导学生自觉地反思自己是怎样发现和解决问题的，运用了哪些基本的思考方法、技能和技巧，走过哪些弯路，有哪些容易发生的错误，原因何在，该记住哪些经验教训等等。只有这样，才能对数学思想方法有所认识，对数学的理解会由量的联系发展到质的飞跃。比如在概括出商不变性质后，让学生回忆这节课我们学了什么知识？是用什么方法得到的？在这一过程中，你有哪些经验和教训？学生个体反思后进行全班交流，促使学生进一步领悟"猜想与验证"的思想方法。

5. 渗透数学思想方法是一个长期的过程

在实践中，我们深刻地体会到帮助学生掌握一种思想方法比帮助学生掌握数学知识更困难。如：本节课的教学中，有些同学提不出猜想，部分同学在教师提供验证表格的情况下还是不会验证，不懂什么叫"反例"，如果教师不提供验证表格，相信很多同学束手无策。因此,在数学教学中向学生渗透数学思想方法是一个长期的过程,数学思想方法必须经过循序渐进和反复训练,才能使学生真正地有所领悟。

　　总之,数学思想的培养应是我们数学教学的终极目标,只有用数学思想武装起来的知识,在学生解决问题时才更具有远见和洞察力。要使学生真正具备个性化的数学思想方法,并不是通过几堂课就能达到,但是只要我们在教学中大胆实践,持之以恒,寓数学思想方法于平时的教学中,学生对数学思想方法的认识就会日趋成熟。

差异教学理论在数学教学中的应用

杭州市学军小学　查　贽

《数学课程标准(实验稿)》指出:"由于学生所处的文化环境、家庭背景和自身思维方式的不同,学生的数学学习活动应当是一个生动活泼的、主动的和富有个性的过程。"社会的进步和发展需要不同层次、不同类型的人才,这就要求教育要立足于学生个性差异,促进每个学生发展,使得不同的人获得不同的发展。然而长期以来,在我国的教学实践中,无论学生的发展水平、个性特征、认知风格、兴趣等如何,老师大多都采用统一的教学目标、统一的教学内容、统一的教学方法、统一的教学进度、统一的评价方式和统一的评价维度,这种对不同的学生进行相同的教学是不公平的。

在现行的学校教育中,有许多教育工作者也认识到了学生的差异,虽然承认差异,但是受"统一目标"的影响,不知如何对待差异或改变差异,不懂得利用差异过程和差异方法来达到统一目标和促进学生特长的发展。

如何使教学适应人的个别差异呢? 这也是古今中外教育界共同关注的问题。而解决这一问题的最主要的策略就是施行差异教学。

一、何为"差异教学"呢?

"差异教学",亦可称为"课程差异化",是根据一个班上学生的不同能力对课程进行修正或调整的过程。美国教育专家汤姆森把差异教学定义为"教师针对学习者需要做出的响应性反映"。另一个研究差异教学的美国教育专家黛安·荷克丝认为"实施差异教学就是教师改变教学的速度、水平或类型以适应学习者的需要、学习风格或兴趣"。中央教科所研究员华国栋先生认为,差异教学是在班集体中立足学生个性差异,满足学生的不同学习需要,以促进学生最大限度发展的教学,简单地说差异教学要使每个学生的学习和学生本人最大限度的匹配。

现代的教育教学观要求教师与学生是平等的,教是为学服务的,所以"差异教学"强调的是教师的教要满足学生个别学习的需要,教和学是不分的。"差异教学"既立足学生的差异,但又不消极适应。

因此,面对学生差异,我们应从教育内部入手,从最基本的课堂教学入手,实施差异教学,不断提高教育质量。在小学低段数学课堂中如何进行差异教学呢? 我结合教学实践谈一些个人看法。

二、了解学生起点，尊重个体差异，促进个体发展

个人的成功是从学习者起点开始的个人发展情况，不论这个起点在哪里，学生的学习与发展都是基于这一个起点的。因此了解学生的学习起点，根据学生起点调整目标是非常重要的。

由于时间和其他因素的影响，教师不可能每节课前都做前测，所以在课堂教学的开始，关注学生的起点，激发学生的学习兴趣是重要的。比如"100 以内数的认识"一课，通过了解起点，教师可以帮助数数水平较弱的孩子。

【片断一】 让学生自己数数，初步感受 100（老师课前给每一对同桌一捆小棒，两个大组刚好是 100，一个大组是 99，另一个大组是 102）。

师：我们已经会数 20 以内的数，我们一起来数一数。

你们还会怎么数？（请小老师带，复习 2 个 2 个数，5 个 5 个数）。

师：那么比 20 大的数你会数吗？老师给每一对同桌都准备了一些小棒。从信封里拿出小棒，请你们两个人合作，一起数一数一共有几根？

学生独立数，教师巡视，个别辅导不会数的孩子，并且辅导两个小朋友学会合作，学会一起数。

学生汇报数的结果。

问 怎么变成 100 根？

分析 学生都会数 20 以内的数，但是不同的孩子会选择不同的数法，老师请学生先用不同的方法数 20 以内的数，就可以了解孩子数数的不同水平，也可以激发孩子的原有认知，使他们借助原有方法完成新的学习任务。接着老师让孩子们自己数"100"的时候，可以有针对性地帮助那些数数水平不够好的孩子，促进学生更好的发展。

又如，"年、月、日"一课，通过了解起点，教师可以为"优秀"的孩子提供具有挑战性的作业。

【片断二】

师：根据你的生活经历说说你所了解的年、月、日？

生自由说。

一年有 12 个月。

评价：你给大家介绍了年与月之间的关系。

一年有 365 天。

评价：你给大家介绍了年与天之间的关系。

一个月有 30 天；月有大月、小月（平月）……

评价：你给大家介绍了月与天之间的关系。

问 那一年究竟有几天？一个月又有多少天呢？同学们所说的都对吗？这节课

我们就一起来了解有关的知识。

分析　学生对"年、月、日"知识的原有认识水平是不一样的,教师通过了解孩子的起点,了解不同班级的孩子对"年、月、日"的认知水平,以便从准备好的练习中选择合适的作业。

三、提供机会,让学生选择不同的方法,促进学生思维的发展

鉴于学生之间的差异,教学方法的选择也应是灵活多样的。在课堂教学中,教师要让学生有选择自己的方法的机会,学生通过选择,能增强学习动机。通过学生的选择,教师可以更加了解学生。

比如,"求一个数比另一个数多(少)几"一课时,教师向学生呈现同样的一个问题情境,让学生用自己的方法来解决。

【片断三】

课件呈现:小明有 8 颗☆,小红有 12 颗☆,小红比小明多几颗?

问题:你能用画图的方法表示"小红比小明多几颗"吗?

学生可以画出多种方法,比较典型的是:

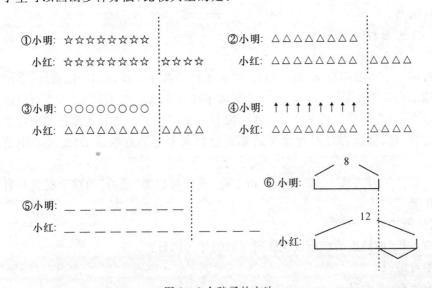

图 1　6 个孩子的方法

分析　图 1 中呈现了 6 个孩子的方法,可能不同班级的孩子还有不同的方法,这6 种方法中,孩子的抽象水平是不一样的,老师让学生选择自己的方法表达自己的理解,然后请全班同学讨论两个问题:①两种方法有什么相同的地方? ②哪种方法更简洁?

让学生再一次选择,有的孩子仍旧选择原来的方法,有的孩子会选择更简洁的方法。从而获得学习的乐趣,促进发展。

又如,在计算教学中,学生可以选择适合自己的计算方法;在估算教学中,学生可以选择自己喜欢的估算方法,等等。

四、注重激励,使用多样评价方式,促进学生整体发展

在对学生的评价中,差异教学强调评价应以促进每个学生的发展为目标,对学生作全面考察,而不是考察传统的学习成绩。

差异教学强调评价方式多样化。在课堂教学中,我们可以采用"绿卡"制度,设计各种各样的卡片,鼓励学生各方面的发展。如,在课堂上,大声响亮地发言可以获得一张喜羊羊卡,5 张喜羊羊卡可以获得一张发言喜报;坐姿端正可以获得一张沸羊羊卡,5 张沸羊羊卡可以获得一张坐姿端正喜报;书写认真可以获得一张美羊羊卡,5 张美羊羊卡可以获得一张书写认真喜报。积满 3 张喜报可以免做一次作业,积满 5 张喜报可以把考试成绩提升一个等级,等等。

差异教学强调评价主体的多元化。除了传统的教师评价之外,在课堂上还进行同伴评价,当同桌说得不错的时候,拍手表扬同桌。差异教学还注重学生的自我评价,课堂上在适当的时候让学生表扬自己。准确的自我评价可以帮助学生更好地监控和调节自己的学习活动,选择适合自己的学习目标、学习内容、学习方法等,促进学生的发展。

在差异教学中,对学生的评价标准在强调统一的基本标准的同时,也特别强调评价对学生的发展适宜性。同样的行为可能得到不同的评价,而不同的行为也可能得到相同的评价。对学生的评价要具体明确,而不是笼统模糊,才能对学生的发展产生积极的影响。

【片断四】

如:二上年级《找规律》一课,在课的结束,教师了解学生的收获,并具体评价。

课件:

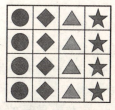 

师:通过今天的学习,你有什么收获?

生 1:一年级学习找规律是 4 个图形,现在还是 4 个图形。

评价:是啊,万变不离其宗,你用"火眼金睛"找到了不变的东西。

生 2:一年级图形的规律是以 4 个图形为一组,重复出现的,而二年级的图形规律是有变化的。

评价：你善于对比，找到规律的不同之处。

生3：二年级图形的规律是变化的，如果把第一行的第一个图形放到该行的最后一个，其他图形往前移，就变成了第二行，……

评价：这些图形在你的头脑中动起来了，是吗？你的想象真丰富。

生3再一次举手发言，补充，图形的变化规律还有其他方式。

（老师对全班说）评价：看来举手积极的同学，收获也更多。

分析：不同的学生有不同的收获，老师对他们的收获进行具体而适当的评价，使得每个学生都有成功的喜悦。

五、提供不同的练习，满足不同个体的需要，促进个性特长的发展

在课堂教学中，教师可以通过当堂练习，以及对学生的提问、观察等，全面及时地了解学生的学习和掌握情况，并据此做出适当调整，以保证教学目标的落实。

为了保证每个学生都能达到课程标准的基本要求，也为了使学生都能跟上班级教学进度，学生的作业也应坚持共同的基本要求，以保证对基础知识和基本技能的掌握。但是学生掌握知识的水平是不一样的，要求学生在相同时间内完成同样作业是不现实的，"一刀切"的作业要求往往成为学生抄袭作业的直接原因。对学困生，作业难度不要太大，而对那些学有余力的学生，可给他们布置一些扩大知识领域、思考性、技巧性较强的以及探索性质的作业。

如，在上完"100以内数的减法"之后，我请孩子们练习竖式，对学习困难的孩子，老师出题，学生练习得数是16的算式，对中等水平的孩子，请他们自己尝试出得数是16的算式，并互相帮助；对学习水平高的孩子，老师要求他们自己出题，尽可能多地找到得数是16的减法算式。最出色的孩子会发现，从16-0开始，被减数和减数同时增加1，有17-1,18-2,19-3,20-4,21-5,22-6,23-7,24-8,25-9，被减数和减数同时增加10，有26-10,36-20,46-30,56-40,66-50,76-60,86-70,96-80，等等，共有81个算式。

再如，一课学完之后，老师可以呈现不同星级的作业，一星级为基础题，二星级为变式题，三星级为提高题，让学生根据自己的需要选题。

总之，教育的基本功能是使个体获得发展。树立"没有差生，只有差异"、"人人都能成功"、"人人有才、因材施教、个个成才"的教育理想，坚持因材施教与"因材适学"相结合的差异教学模式，面对有差异的学生，实施有差异的教学，促进学生个体的发展。

数学概念教学走向生本的策略研究

杭州绿城育华小学　厉　哲

一、数学概念教学的现状

理解数学概念是掌握数学基础知识的重要条件，也是正确数学思维养成的基础。随着新课程改革的实施，改进数学概念教学的研究很多。但仍然存在着：教师长期的"重运用轻明理"，造成数学概念认知缺少根基；"以个体代全体"，使学生学习程度之间的偏差越来越大。为改变现状，让数学概念教学走向生本，笔者结合四上《平行四边形和梯形》教学来谈谈具体的操作策略。

二、关键词的界定

数学概念教学：有关数学概念教学的定义很多。笔者认为数学概念教学是在一个具体的情境下，学生通过感知概念的表象等方式，进而理解概念的本质，初步建立新的知识结构的过程。重点指向的是学生学习概念内核，最后达成运用概念、巩固、拓展的环节。

走向生本：对强调知识本位的传统观点进行改革，摒弃教师过度掌控学习过程等做法，在过程中强调学生探索新知的经历和获得新知的体验，保证学生的积极情感，以学生发展为本位。

三、具体实践的操作策略

笔者以小学数学四上年级《平行四边形和梯形》为例，提出数学概念教学走向生本，要落实两个维度的指标，即"有营养"、"味道好"。

指标一："有营养"

"有营养"指向学习目标和学习内容。学习目标做到"有营养"，首先要准确定位。其次，学习内容要丰富内涵。

策略一：学习目标准确定位，指明方向

学习目标是学习的起点和归宿。有效学习始于知道达到的目标是什么，即弄清学什么,学到哪,比怎样学更为重要。

1. 联系比较教材体系

学习目标的制订,不能仅从一节课的学习来谈,更应考虑知识、技能、情感的连贯性,如在三上年级第三单元《四边形》中明确要求,初步建立平行四边形的表象,并能在方格纸上画平行四边形。还可以考虑对同类知识内容的各版本教材进行参考整合。

2. 对照研读课程标准

对照《数学课程标准》,《平行四边形和梯形》属于"空间与图形"领域中的"几何与图形",重点要培养学生的空间观念,需要大量的观察、操作、猜想、交流等学习活动作支撑,丰富、深化对平行四边形和梯形的理解,教师应着重关注学生对它们的体验、感受和探索。

3. 联系学生实际

几何图形在日常生活中应用广泛,学生已经有了大量现实生活中的感知,经个别访谈发现学生存在共性问题:首先,直觉偏重于明显要素,感知的是概念中最明显、最突出的部分。其次,偏重于单个要素。要用图形的特征反映要素间关系时,学生就感到比较困难。

在学习目标的制定上,要根据具体学生制定目标,上限目标可以到什么程度,估计可以达到的是哪几位,下限目标也一样,在充分体现课堂上个别化学习要求,实现单位时间的最优化差异发展。

策略二:学习内容丰富内涵,全方位理解

让学生从数学概念的现实原型、数学概念的抽象过程、数学思想的指导作用、形式表述和符号化的运用等多方位理解数学概念。

1. 设计任务驱动型板块进程

数学概念教学一般要经过概念引入、概念建立、概念巩固深化这三个环节。在《平行四边形和梯形》一课,笔者提出了任务驱动型板块进程:定义概念、理清属性、实例匹配、操练变换、分类诊断。

(1)任务驱动操作直观。与传统型概念教学比较,任务驱动型是从学生学习的角度,来看待数学概念学习过程,在某一板块有明确的内容以任务驱动的方式来完成学习,划分得更细致,表述得更清楚,具有直观的操作性。

(2)内容板块大致界定。

定义概念:根据学生的年龄、心理特点、知识的丰富程度,在小学阶段需要在一个具体的情境下来对概念下定义。

理清属性:分析主题内容时,确认概念的每一个一般属性、关键属性,分清容易混淆的非本质属性,使学生对概念的本质属性达到"守恒"。

实例匹配:向学生呈现各种变化的实例,包括正例、反例和有歧义的例子,进行一一对应。让学生在变式和比较中,再次巩固概念的本质。

操练变换：操练是理解概念的最好的方式，是对学生的提示、点拨引导、学生间的交流、学生的自我调整合并，促进学生的理解能力。

分类诊断：通过检测来看学生是否真的掌握了分类行为，即概括新的例子和区别不同概念种类中的实例。把它作为评价学习的量化指标，为矫正学习提供有利的信息。

2. 落实各板块具体操作

（1）定义概念，呈现图形特征主线。从上位概念出发提供学生大量感性的背景材料，通过新旧概念的相互作用，从一般到个别，进而明确新的概念。

具体操作：进入情境→创设大量感性材料→呈现图形特征。课前复习四边形，上课从平行四边形和梯形的上位概念四边形引入，创设一个做法简单收益丰富的构图情境：在九组平行线上再画两条线，组成不一样的四边形。学生尝试不同的画法进行交流，老师展示具有代表性的画法。大量的感性材料，真实地出自学生，让学生进而研究分类，得出两类图形：平行四边形和梯形，并清晰它们的特征。

（2）理清属性，呈现归属关系主线。定义概念是概念形成的基础，理清属性则更多地指向概念学习的本质内核。

具体操作：分析主题→清晰概念的内涵外延→揭示归属关系。学生会分别讲述平行四边形、梯形、长方形甚至四边形的定义、特征，但让学生说说它们之间的包含关系，往往到了六年级还不知其解。笔者据此将此块内容作为学习的关键。

学生已经知道各种四边形的特征、定义，但没有纳入已有的前知识体系，那他对概念的掌握情况还是模糊的、零散的。因此在用集合圈分析内涵、外延时，在笔者执教过的四年级 6 个班级中，学生出现了以下四种情况：①平行四边形包含梯形，梯形包含长方形；②平行四边形包含梯形和长方形，梯形和长方形并列关系；③梯形包含平行四边形，平行四边形包含长方形；④梯形和平行四边形并列关系，平行四边形包含长方形。

这些集合圈都是学生主动运用这些概念进行加工，外在显形化的体现，又渗透了现代数学"集合思想"。虽然前三种是不正确的，但充分地暴露了学生对概念的理解水平、内化程度的情况，真实地呈现了学生的思维含量。课堂中有不同的"声音"、意见、想法是非常宝贵的，为师生展开更充裕的交流提供了有利的材料。让学生说理由，阐述他们的思维过程。

（3）实例匹配，变式把握概念本质。向学生呈现大量的实例，有概念中的正例和反例。这两种不同属性能帮助学生更好地区分概念。

具体操作：反例补充→ 一一对应。对一般四边形"没有一组平行线"特征的理解，图形的想象，作为反例进行反面衬托、补充比较，更凸显了教学概念的特征。采用图形的形式，当学生做出正确匹配，一一对应后，该图形就会移到相应的圈内，并缩小直至融入。选取难度不是太大的最佳实例，这些变化的感性材料出现，让概念教学从最初的感性具象、抽象概括，再回归到具体实例的探讨上。

（4）操练调整，巩固构建认知结构。在几何概念的教学中，让学生动手，引导他们进行实践操作活动。操练是理解概念的最好方式。操作的过程，也是学生对数学概念掌握并进行自我调整、不断修正的过程。

具体操作：主题式整体巩固→反馈调整。教师以主题式任务，进行整体下放。如《平行四边形和梯形》中，交代主题内容"图形变变变"，里面设计了通过拉一拉、拼一拼、折一折、围一围得到平行四边形或梯形的 4 个小任务，让学生体验图形间的分解、组合、转化。进一步明确平行四边形、梯形的特征、关系，也为以后学习平行四边形、梯形的面积，求组合图形，图形面积的变形计算等等提供了丰富的表象。

（5）分类检测，诊断学习延续发展。在课堂学习中，可以把检测当作一种评价，但更多的是为矫正培优教学提供了有利的信息内容。

具体操作：分层检测→延续活动。在检测环节中设计有难易层次的作业，供学生自主选择，对号入座，使低起点的学生在完成基础题的过程中也能享受到成功的喜悦，使高起点的学生在完成提高题的过程中得到更多的发展，实现"不同的人在数学上得到不同的发展"。

检测不是教学的终止。获得反馈信息后，可以开展延续性的教学活动，以个别化教学思想，对需要帮助的学生（不一定是学习能力弱的学生）提供辅导。

指标二："味道好"

"味道好"指向学习方式。数学概念比较抽象、协调与精确，要让学生学得有兴趣，感受数学火热的思想，激发他们内在学习动力的本源，就要改进数学概念教学方式。

策略：学习方式充分多样，思维外显。更多地在探究建构、思辨冲突、完善体验中充分展示学生的思想，有更多的机会让思维外显。

1. 探究建构方式

学生所有的动手实践、观察、比较等等，都可以看作是探究形式。教学过程中探究的点很多，学生在平行线上再画 2 条线组成四边形，小组合作摆放四边形集合圈内关系等等都是，让学生对概念知识点主动建构。美国著名教育家布鲁纳曾说过："学生获得的知识如果没有完整的结构把它联系起来，那是一种多半会被遗忘的知识。"通过对平行四边形和梯形两条主线：特征线、关系线的探究，将四边形概念发展成为一个内涵丰富，外延清晰的完整系统整体结构。

2. 思辨冲突方式

概念教学的实质是现代思维和科学思维进行碰撞，吸收科学思维养分，将现代思维进行调整，使之更具科学性、合理化，这样的一种学习和训练的过程。

各种四边形在四边形集合圈内归属关系的讨论上，老师将课堂交给学生，由他们介绍成果想法，为学生提供充足的时空保障。将小组的合作成果全部展示，进行合并，得出几种不同的情况。可以请疑义多的组先来汇报；再由学生独立思考，并提出相关质疑；接着进行讨论辨析，课堂上，有的学生拿着图形的样子上台边比划，边解释,将思考过程清晰阐述,有的学生没有想明白,自由地进行提问,同伴现场解答。学生是思辨的主体,教师共同参与,紧扣"平行四边形和梯形区别"的辨析点,最后统一意见。

3. 完善体验方式

数学概念的习得不是一蹴而就的,需要反复落实打磨,不断认识完善的。在"图形变变变"的4个活动中,让学生选择其中的1项,对图形进行拉、拼、折、围,在体验的过程中对平行四边形和梯形概念进行调整完善。这并不是学生个人的单兵作战,而是在同伴间及时交流、相互取经,能对学生个体的数学概念认识,起到很好的矫正、提高作用。

如果将观察和操作看做探究,笔者认为有深一层的学生认知过程外显的过程,即在交流活动中思辨、体验。学生的知识脉络是需要在建构、冲突、完善的过程中清晰起来的。

函数概念教学例说

一、概念的核心与教学的焦点

　　数学概念是数学思维的细胞，是数学学科的灵魂和精髓。掌握好数学概念是学生学好数学的基础，是提高解题能力的关键，是培养数学思想的重要途径。高中数学概念教学是课堂教学的重点和难点，是"双基"教学的核心，在整个数学教学中有着非常重要的地位。高中数学课程标准指出：教学中应加强对基本概念和基本思想的理解和掌握，对一些核心概念和基本思想要贯穿高中数学教学的始终，帮助学生逐步加深理解。如何指导学生进行概念学习，如何进行概念教学？这是摆在教师和教育研究者面前的重要问题。

　　美国在2006年9月公布了《数学课程焦点》，这是全美数学教师联合会为了改变美国中小学数学课程泛而不精的问题，在2000年4月公布的《美国学校数学教育的原则和标准》的基础上，经过长期争论形成的补充文件，其中设置了K—8各年级数学的一组完整的"课程焦点"，描绘了整个数学课程的轮廓。实际上，"课程焦点"就是各年级的重要数学课题，在中小学数学课程中处于中心地带，是打好数学基础的核心结构，是组织教学内容、建立内容间联系的强有力纽带。

　　"课程焦点"解决了课程的核心问题，但只是解决"教什么"，不解决"怎么教"。在实际教学中，特别是在概念的课堂教学中，相对于"课程焦点"，"课堂焦点"又是什么呢？

　　新一轮课程改革已实施多年，义务教育阶段的课标教材已在全国范围使用；高中课标教材实验也在迅速推进，2004年在海南、山东、宁夏、广东开始实验。2006年使用高中课标教材的省市达到15个。浙江省从2006年9月实施新课程。这次课程改革在教育观念、教学思想、教学内容和教学方式方法上，比起以往都有着巨大的变化。高中数学教学正进行着新一轮实验与检验。

　　必须看到，与课改迅速推进形成鲜明对照的是，课堂教学改革严重滞后，新的教学观念仍然难以到位。随着课程改革的深入，虽然教师重解题、轻概念的观念有所改善，但在教学实践中，大量数学教师在课堂上并没有抓住数学概念的核心进行教学，教学中没有前后一致、贯穿始终的数学思想主线，学生经常在没有对数学概念和思想方法有基本了解的情况下盲目进行大运动量解题操练,导致教学缺乏必要的根基,教学活动不得要领,在一些无关大局的细枝末节上耗费学生的宝贵时间,数学课堂中效益、质量"双低下"。

章建跃先生在组织"中学数学核心概念、思想方法及其教学设计研究"课题时提出:相对于"课程焦点",概念的核心及其教学便是课堂的焦点。因此,在概念的课堂教学中,围绕"课堂焦点",抓住概念的核心进行教学设计与教学,使学生真正领会和把握数学概念的核心,领悟概念所反映的数学思想方法的真谛,学会数学地思维,这样才能形成功能强大的数学认知结构,切实发展数学能力,提高数学素养。

众所周知,函数是中学数学的核心内容。函数思想方法贯穿高中数学课程的始终。理解函数概念及由其反映的数学思想方法,学会用函数的观点和方法解决问题,是高中阶段最重要的数学学习任务之一。同时,函数概念因其高度抽象性而成为教师最难教、学生最难学的数学概念之一。

函数与函数概念的教学是大家最关注的,也是最熟知的。但本文是从如何抓住概念的核心,如何瞄准"课堂焦点"进行教学设计与教学为例来说明如何进行概念教学。

二、抓住概念的核心进行教学设计与教学

(一)认清函数的前提

必须看到,函数概念的本质是两个变量(数集)之间的关系。本节教学的核心任务是建立一般意义的函数概念。

正如函数的奇偶性的前提是在整个定义域上考虑问题、函数的单调性的前提是在某个区间上考虑问题一样,函数概念的前提是在两个变量(数集)的关系上考虑问题。

函数所反映的是两个变量(数集)之间的关系,所以讲函数的前提是提出两变量。若不是变量(数集)间的关系,则不能视为函数关系。这里我们有必要弄清楚何为变量,变量即变化的量,变化的数。数学认为:万物皆数。其实是万物皆可用数去刻画。现实中许多人不能区分其间的关系,把可用函数刻画的实际问题完全等同于函数问题。

本节教学的核心任务是建立一般意义的函数概念。作者认为最好去掉具体的函数关系,直接探寻两变量的关系,这就抓住了函数概念的核心,且背景清楚明白,问题指向性强。这不是说不强调函数的背景、函数的应用,而是说对这节课而言,直接探寻两变量的关系即瞄准了概念教学的"课堂焦点"。

(二)瞄准函数概念教学的"课堂焦点"

讲函数概念时,最好直接提出两个变量,让学生去发现并揭示两变量间存在关

系,指出这种关系即为函数(关系)。再进一步揭示成为函数关系的内在条件。由此得到函数的本质。在此基础上,对函数进行定义就显得较为容易了。在函数概念的课堂教学中,本人设计了以下几个问题。

问题 1:怎样学函数？什么是函数？

问题 2:设有两个变量 x,y 满足:

x	1	2	3	4	5
y	5	4	3	2	1

问 $x=8$,$x=16$ 时 y 的值。

问题 3:这儿有两个变量,为什么仅仅根据 x 的值就能求出 y 的值？

前 3 问组成一个问题串,瞄准了概念教学的"课堂焦点",直指函数概念的核心:两个变量间存在某种关系。这是一种用打仗的方法,迅速占领制高点,再向四面扩大战果,快速有效。

笔者对不同的学生做过多次实验,无论是初学函数概念还是进入高三复习阶段的学生,对问题 1 或多或少都能说出自己的一些认识,但也存在问题。一方面,函数概念自初中就开始接受,另一方面,函数概念仍然是高中学习的难点。在学生说出函数的各种说法后,(肯定学生)提出问题 2。

问题 2 材料简洁;问题明了,思维起点比较低,使大多数学生能开始有效的思考。答案易猜想但不唯一。为探求两个变量 x,y 之间更高层次的关系提供了条件。多数学生能较快给出答案,如按 $x+y=6$ 或周期变化等得到;还有的学生不能找出,可提示 $x=6$ 时,$x=7$ 时 y 的值,学生得出答案并给予肯定。有一共同点:在被问及能否找出 y 的值时,都确信能。

问题 3 好似学生弄懂了,老师却还不明白,引导学生反思。一般地,两个变量,是否知道其中一个的值就能确定另一个的值吗？这说明了什么？学生得出:变量 x,y 之间有函数关系。

(三)辨明概念的内涵

问题 4:我们把这两个变量间的关系叫函数关系,(直接点明主题)一般地,变量间什么样的关系叫函数关系？函数关系的条件是什么？(此问题可延迟回答)下列 x 与 y 的关系中,哪些 y 能成为 x 的函数？为什么？

(1) $y=x^2$,　　　　　　　　　　(2) $x=y^2$

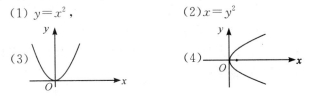

(3)　　　　　　　　　　　　　　(4)

(5)

x	1	2	3	4	5
y	2	4	6	8	10

此处问题的设计可根据学生程度的不同加以变化,如对一个学习较好的同学,他对上述问题都能得到准确的判断,笔者特意加了一个问题 $y=\begin{cases}1 & \text{有理数} \\ 0 & \text{无理数}\end{cases}$,结果未能做出正确判断。而此题势必提高他对函数的认识。

问题4突出函数概念的条件:对任意的变量 x 都有唯一的变量 y 与之对应,即变量 x 到变量 y 满足1对1或多对1。

研究表明:高中生对函数概念的理解多种多样,在判断一个对象是否为函数时有的学生是根据定义,更多的学生是根据函数概念在头脑中的表象。问题3在突出函数概念条件的同时,注意运用函数概念表示的多样性,用图像、表格、对应、解析式等方法表示。

(四)函数概念初高中的不同定义及转换

初中阶段的函数变量关系说定义还需发展为高中阶段的集合定义。可设计问题5。

问题 5:$y=x$ 与 $y=\dfrac{x^2}{x}$ 是否为同一函数?

函数所反映的是两个变量之间的关系,这种关系还包含了变量的取值范围。在初中的定义中,我们强调自变量在一定范围取值,在高中,我们学习了集合,现代数学是建立在集合的基础上的。用集合的观点来看函数,把所有的自变量集中起来组成一个集合,把所有的因变量集中起来组成一个集合,两个变量之间的关系则演变为两个集合(数集)之间的关系。这就是高中函数的定义。

这样,不仅解决了定义2的问题,也解决了为什么的问题。

函数两种定义方式可总结为:(1)$x \xrightarrow{\;f\;} y$ (2)$A \xrightarrow{\;f\;} B$ 其中关系 f 满足 $1-1$ 或多-1。

(五)认清函数的外延

问题 6:天上一颗流星飞过,你对流星许了一个愿望,流星是否是愿望的函数?

至此,本节函数概念的学习可算基本完成。由于时间的原因,此问题的解答可以在后面的学习中进行。另外,对对应关系 f 的认识,作者认为它不是该节课课堂的焦点,可在完成函数概念教学后再学习,或在教师指导下学生自学。

在以后的学习中我们知道,在对函数概念定义后,还必须掌握函数概念的外延,需学习函数的上位概念——映射,得到函数是特殊的映射,得到函数是"含数"的两个集合间的映射,是从定义域到值域的映射。建立函数概念系统,函数有三要素(定义

域、值域、对应法则），三性（奇偶性、单调性、周期性），图像。函数即关系，函数按其关

系可分为函数 $\begin{cases} 具体函数\begin{cases} 基本初等函数 \\ 复合函数 \end{cases} \\ 抽象函数 \end{cases}$，其中基本初等函数包括一次函数、二次函

数、三角函数、幂函数、指函数、对数函数等。从而全面研究函数概念。

　　本节"课堂焦点"：（1）紧紧抓住函数所反映的对象，两个变量（数集）及其关系。
（2）抓住函数关系的条件。（3）努力实现函数由初中定义到高中定义的转变。本人多
次的实践结果来看：抓住"概念的核心"，让"概念的核心"及其教学成为"课堂焦点"的
做法是成功的，就本节而言，学生对函数两种定义方式：(1) $x \xrightarrow{\;f\;} y$　(2) $A \xrightarrow{\;f\;} B$ 其
中关系 f 满足 $1-1$ 或多 -1 及函数即"含数"的映射，都有较深的印象，对函数概念
的判断迅速准确。对函数概念的本质有较好的认识，为函数的后续学习奠定了良好
的基础。

　　从认清函数的前提，辨明函数的内涵，完成函数初高中的定义及转换和认清函数
的外延几个角度，瞄准"课堂焦点"、抓住概念的核心进行概念的教学设计与教学，以
便发挥数学课堂效益，提高质量。

基于网络环境的小学数学学习方式的研究

杭州濮家小学教育集团　陈青来

一、研究背景

信息时代的知识爆炸,客观要求课程从传授知识为主转变为培养学生应用能力为主;信息技术对社会生活形态的深刻变革,要求课程培养信息社会的文化基础——信息能力;信息时代赋予人类的"信息型的认知结构",客观要求课程的组织形式、实施方法和手段要符合信息技术的要求;信息技术为课程的设计与实施提供前所未有的手段,使实施个性化的课程发展成为可能。

数学课程的内容不仅要包括数学的现成结果,还要包括这些结果的形成过程。《标准》指出:"动手实践、主动探索与合作交流是学生学习数学的重要方式。……数学学习活动应当是一个生动活泼的、主动的和富有个性的过程。"这是数学学习的一个新境界。同时《标准》"把现代信息技术作为学生学习数学和解决问题的强有力工具",对现代信息技术进入数学课程领域采取"大力开发"的策略。现代信息技术要致力于改变学生的学习方式。

二、概念界定

"基于网络环境的小学数学学习方式的研究"是将现代信息技术与传统课堂教学及目前倡导的学习方式整合而产生的新的学习形式,其教与学的活动方式将采用数字化学习方式进行。

采用整合的方式,就是更好地发挥现有资源的效用,使得一个系统内各要素互相协调、相互渗透、集中优势,从而使系统各个要素发挥最大效益。

三、遵循原则与具体方式

(一)遵循的原则

目的性原则、主体性原则、开放性原则、整合性原则、辅助性原则。现代信息技术的应用,只是辅助数学学习的策略之一。是否要用现代信息技术应根据教学的需要和学生的实际来确定。

（二）具体方式

（1）信息技术作为演示工具；（2）信息技术作为交流工具；（3）信息技术作为探究和发现学习工具；（4）信息技术作为信息加工与知识构建工具；（5）信息技术作为协作工具；（6）信息技术作为评价工具。

四、整合信息技术和课堂教学，建立新的学习方式

教师应成为课堂教学的组织者、指导者、学生建构意义的帮助者、促进者，而不是知识的灌输者和课堂的主宰。媒体也不再是帮助教师传授知识的手段，而是用来创设情境、进行协作学习、讨论交流，即作为学生自主学习和协作式探索的认知工具与情感激励工具。显然，在这种场合，教师、学生、教材与媒体等四要素要成为教学活动进程的另外一种稳定结构，既发挥教师主导作用又充分体现学生主体作用的新型学习方式。

（一）网络环境下小学数学自主探究型学习方式

现结合"限塑令"上的《可怕的白色污染》一课（统计与概率范畴）的教学实践为例，谈谈网络条件下学生自主探究性学习模式构建的具体操作：

1. 创设情景，引入课题

运用现代信息技术，通过教师的网络下载和学生的网上查询两种途径，感受到污染严重。教师此时揭示课题——如何减少白色污染？

2. 搜集资源，合作探索

首先布置学生上网了解什么是白色污染？引导学生说出对白色污染的认识。

教师再提供资源所在的位置（如专题网站），让学生利用资源和工具，小组合作完成以下调查报告：①小组成员家庭一天丢弃塑料袋情况的调查统计图；②我校及我区所有家庭丢弃塑料袋情况统计表；③我校及我区所有家庭一年丢弃塑料袋铺开的面积。（每一个研究小组成员的角色都要进行合理地分工）

学生完成调查报告，展示调查报告，通过师生之间、学生之间交流评价，了解统计表中触目惊心的数据，形象直观地感受到白色污染的可怕。在这个探究性学习过程中，每一位学生都是发现者、创造者，同时培养学生主体性和创造性。

3. 成果展示，互相评价

教师展示学生的探究成果，全班交流评价。教师要求学生在环保论坛上用各种形式制定减少白色污染的方案。要求学生在小组内探索、交流，提出方案及想法，发挥小组合作作用，让各学习小组将探究成果汇报出来。

4. 联系实际，拓展提升延伸

教师布置学生到网上了解其他污染的危害及其治理方法。从白色污染的危害及治理拓展到其他污染的危害及其治理方法，树立保护环境的意识。同时也充分感受

到"限塑令"的重要性,可借助自己的研究发现,说服身边的人积极响应"限塑令"。

"自主探究学习"是在教师指导下,让学生自己发现问题,通过尝试发现、实践体验、独立探索、合作讨论等形式主动获取知识的一种学习方法。从上面的课例中,体现了基于网络环境下自主探究性学习方式的一些特点:(1)增大学生的知识摄取量;(2)突出了学生的主体性;(3)突出了学生学习的自主性、探究性;(4)把媒体从原来作为教师的演示工具,转变为学生的认知工具,突出学生的实践性;(5)使交互式学习成为可能。网络教学为学生创设一种相互交流、信息共享、合作学习的环境。进行"人与人"、"人与机"甚至"机"与"机"的相互探讨,使不同层次的学生都能充分得到发展,较好地解决了教学中学生个性差异的问题。

(二)在开放式学习环境中以学生使用软件为主的合作型学习方式

这种学习方式的主要特征是开放的学习环境,即允许学生自己决定需要什么信息,采取什么方法解决问题,教师作为指导者、促进者要为学生提供必要的支持。其基本学习方式包括:探究学习、设计与制作、以问题为中心的学习。常用的教学软件有:画图软件、几何画板、中文 Excel 2003 等等。

1. 画图软件

画图是 Window 操作系统中自带的简单的绘画软件,在低年级的几何教学中,可以很好地帮助学生来认一认、画一画、比一比一些常见的平面图形。由于在电脑里画图形,能在图形上添加各种各样的颜色,比在纸上画方便,还容易修改,学生学习的积极性很高,能够提高学习效率。当学生能在电脑中把图画出来时,就说明他已经掌握了图形的基本特征,而且还提高了计算机操作能力。

2. 几何画板

如利用几何画板进行《平面图形的初步认识复习》,教师在导入后进入了下面的学习过程:

(1)复习整理。由于是学生已经学过的知识,因此没有必要把每个知识点都去复习,只要把学生还不懂的内容进行有针对性的讲解。所以,在课前给学生发了一张表格,表格如下:

图形	特征(或性质)	
直线、射线和线段		
角		
垂直和平行		你还想知道什么?
三角形		
四边形		
圆		

让学生通过看书或在专题学习网站的学习资料栏目里去找问题的答案。

（2）进行数学实验。①讲清做操作题的注意事项；②学生开始做题。

利用几何画板进行。当学生在做题时，教师要巡回指导操作有困难的学生，还要充分利用电子教室管理软件的功能，为学生做好示范。

（3）进行反馈，评价学生的作品。教师在评价学生作品时要充分发挥学生的积极性，可以先让学生发表意见，教师不要过早地下结论，关键不是看学生的作品的结果如何，而要注重学生学习的过程。

由于"几何画板"既能创设情境又能让学生主动参与，所以能有效地激发学生的学习兴趣，使抽象、枯燥的数学概念变得直观、形象，使学生从害怕、厌恶数学变成对数学喜爱并乐意学数学。让学生通过做"数学实验"去主动发现、主动探索，不仅使学生的逻辑思维能力、空间想象能力和数学运算能力得到较好的训练，而且有效地培养了学生的发散思维和直觉思维。

3. 中文 Excel 2003

中文 Excel 2003 是在 Windows 环境下运行的一种电子表格软件，其应用十分广泛，不但为制表提供了方便，还允许输入计算公式，进行自动计算。此外，它还提供了大量统计图的类型，实现了制图表的自动化。由于六年级的学生已经掌握了 Word2003 的使用，加上两个办公软件界面和操作有些类似，学生应该很容易上手。所以，在数学课上就可以引入 Excel 2003 来帮助学生学习统计图表。如用 Excel 2003 制作统计图（数学统计图表）的教学，是非常能让孩子体会到："我是个数据分析师"的经历和快乐。

（三）以教师使用信息技术为主的演示型学习方式

这种学习方式可以应用于目前小学数学中最常见的新授课、复习课和习题课。

如笔者教授"线段、射线、直线"时，先在屏幕上显示一组图形，让学生辨认直线和线段，然后将线段向右边似光线一样地匀速延伸，使学生看了之后迅速悟出射线是怎样形成的。还可以把线段向两边无限延伸形成直线，让学生分清直线和线段的区别。

实践表明，计算机显示的图像可产生动态美，它能刺激学生的好奇心理，去探究知识的奥秘，能把学生的无意注意引向有意注意，有效地提高信息反馈的频率。所以，计算机辅助教学好比是给学生的思维插上一对有力的翅膀，让学生的创新思维能够在课堂上尽情飞翔。

五、研究效果与分析

我校课题组关于"基于网络环境的小学数学学习方式"的实践与研究，基本达成了设定的目标：（1）突出了学生主体地位，学生自主学习能力逐渐增强；（2）多媒体网络环境满足了学生学习的不同需要，实现了教学的多向开放；（3）优化了学习方式，提高了学生的信息素养；（4）培养了一支适应教育现代化的数学教师队伍。

请在猜想与验证之间驻足

——从"数与代数"领域中的学习探究谈起

杭州市西兴实验小学 孙剑静

小学阶段"数与代数"这一知识领域大致包括了数的认识、数的运算式与方程、常见的量以及探索规律等等。它们都是研究数量关系和变化规律的一种数学模型,可以帮助学生从数量关系的角度,更为准确清晰地认识、描述和把握我们的现实世界。课程标准理念下的"数与代数"的教学领域在它的目标、内容以及处理方式上有了很多实质性的变化,比如重视对数的意义的理解,淡化过分形式化和记忆的要求,注重让学生在具体的情境当中体验和感受知识,注重过程,提倡学生在学习过程中的一种自主的活动来提高发现、探究规律的能力等。这些改变的实施影响着学生数学学习能力的提升。

在"数与代数"领域内容的教学过程中,教师总会想方设法引领学生运用不同的方式进行探究,虽然不同于"空间与图形"的领域内容那样可以摆弄图形,通过点、线、面之间的变幻来经历学习过程,获得数学知识与技能、数学思想与方法、数学情感与态度以及数学经验与思考等方面的提升,但是,"数与代数"的内容也同样为学生的数学学习提供了另一些让思维增量的空间与途径,老师们心中在呼唤——孩子们,请在猜想与验证之间驻足!

一、驻足是为了经历枚举与反证的过程

著名美籍匈牙利数学家乔治·波利亚曾说过:"要成为一个好的数学家,你必须首先是一个好的猜想家。"当然,数学教学的终极目标不是培养数学家。但猜想本身作为一种探索性的思维活动,它能锻炼一个人的思维,也能使一个人提出新的思想和新的问题。因此,让学生学会猜想是第一步,更为重要的是让学生从猜想出发,经历寻求验证猜想的合理性、科学性的过程。

在猜想与验证之间驻足,可以充分让学生枚举,让学生反证。这份驻足探索的价值在于过程重于结论。数学猜想一旦形成,正确、清楚、行之有效的证明过程也是非常重要的,这是数学思维中最为有序、最为严谨的部分。因为猜想具有两重性,它既有引导我们走向真理的一面,也有可能把人引入歧途的一面,所以"猜想必须证明"这是教学的一个原则。而对于学生的一些不够合理的猜想,教师既要保护他们大胆猜想的积极性,充分利用验证的各种方法,又要加以正确引导;对猜想的问题进行质疑、

反思,让学生知道数学中的猜想应是明智的、严肃的、负责任的。

案例1　"沈氏猜想"

人教版五下册学完《因数与倍数》单元以后,隔了一个单元之后是《分数的意义与性质》,学到"求最大公因数"的内容的一节课后,一个学生拿来了她经过整理后的草稿,她说"老师,我有这么个猜想",全文如下:

像 $\frac{3}{5}$,两数互质;

像 $\frac{4}{18}$,$18-4=14$,$4\div18$ 有小数(两数相差很大,当 $a\div b$ 无法整除,且 $b>a$);

像 $\frac{15}{45}$,$45\div15=3$,两数成倍数关系;

像 $\frac{9}{15}$,是单数(奇数)中的合数。

以上四种情况除外。

其他分数要找分子分母的最大公因数,只要大数减小数,就是它们的最大公因数。如:$\frac{6}{8}$,$8-6=2=$它们的最大公因数;

$\frac{8}{12}$,$12-8=4=$它们的最大公因数;

$\frac{6}{9}$,$9-6=3=$它们的最大公因数;

……

人教版五下册新教材中,教学求两个数的最大公因数或最小公倍数,不再采用唯一的、固定的短除法分解质因数的方法,而是引导学生采用多种方法"找"最大公因数和最小公倍数。教材中还呈现了"哥德巴赫猜想"的历史,这种改变确实为学生的思维打开了一个广阔的空间。这位沈姓女生思维的缜密还是非常可贵的,后来就戏称为"沈氏猜想"了。当老师把这个猜想公布于全班甚至全年级后,要求学生举出反例来验证,但最终也还是不了了之了。因为孩子们举出的每一个例子,基本上已经被概括其中了。那么,这样的猜想算不算猜想呢?

数学大师波利亚极力主张,"在数学的教学中必须有猜想的地位,教学必须为发明做准备,或至少给一点发明的尝试"。数学猜想一般来自于严密的论证推理完全不同的推理方法——合情推理。合情推理用来为猜想提供依据。波利亚告诉我们,数学思维不是纯"形式"的,它所涉及的不仅有公理、定理、定义及严格的证明,而且还有许许多多其他方面:推广、归纳、类推以及从具体情况中辨认出或者说抽取出某个数学概念等。其实,在日常生活中,合情推理无处不在,比如,平时我们说,"它可能是……"(猜测),"做出来看一看"(实验),"由上所述可得……"(归纳),"可以想象"(联想)等,都属于合情推理,所以说在严格的数学中还是必须要学会使用"不严格"的类比、推广、特殊化、实验等合情推理的方法。

让学生从合情推理开始,通过列举、反证的思想与方法,驻足于猜想与验证之间,充分享受数学猜想的积极价值,作为教师要充分了解学生,要充分估计学生的经验与困难,认真考虑怎样去启发、引导学生猜想,怎样验证或推翻猜想,使我们的学生也像数学家那样学会猜想,尽情领略数学学习的魅力。

二、驻足是为了提升操作与说理的锻炼

数学猜想具有积极的推动作用,它作为一项探究性的思维活动,对数学这场思维的体操是极其贴切的运动。但是对于猜想,教师还要清楚几个问题:学生要形成怎样的猜想? 学生的猜想是建立在什么样的学习经验上? 对猜想形成的必要性如何? 探索的过程与结论孰重孰轻? 探索的价值在哪里? 这些问题的条分缕析,意味着在教学前需要整体考虑细节设计,尽可能让学生在"猜想—验证"之中学数学,让多种感官参与学习活动,既可以丰富学生的感性认识,又可以在教师的指导下,逐步进行抽象概括,掌握知识,并且进一步加深对知识的理解,促使他们更积极主动地学习,获得独特的情感体验。

案例 2 "分数与除法的关系"

浙教版"新思维数学"读本四下册《分数与除法的关系》的教学目标之一就是要求通过学生的自主探究活动,发现并证明分数与除法之间的关系,理解并掌握这个关系的本质属性。其中在展开环节的教学片段如下:

出示:2 张纸平均分给 3 人,每人得几张?

(1)列式计算。$2÷3=\dfrac{2}{3}$

(2)尝试证明:为什么可以用 $\dfrac{2}{3}$ 张来表示计算结果?

①把 1 平均分成 3 份,取其中的 2 份。

②把 2 平均分成 3 份,取其中的 1 份。

我们需要求证:①=②。教师引导学生用 2 张纸一起来动手操作。

(3)学生反馈。

①把 2 张纸看成一个整体单位"1",平均分成 3 份,取 2 份,就是 1 个 $\dfrac{2}{3}$。

②把 2 张纸叠起来,平均分成 3 份,取 1 份,就是 2 个 $\dfrac{1}{3}$。

发现:1 个 $\dfrac{2}{3}$ 与 2 个 $\dfrac{1}{3}$ 就是同一部分的纸张,是相等的。

因此,①=②,也就是证明了 2÷3 这个除法与 $\dfrac{2}{3}$ 这个分数的关系,分数可以表示两数相除的商。

　　这个环节的教学看似简单,但从深层次去分析,是非常有价值的一个过程。教师从学生列出的算式入手,从似乎不容置疑的等式,去发现或提出问题,进行猜测,引起学生对新课学习内容的关注,同时激发学生研究的兴趣。但如何解释就需要对其进行验证。学生通过操作,发现两次不同方式的均分居然验证获得了同一部分的纸张,因此学生能够感悟到这个结论:"$2÷3$ 这个除法与 $\frac{2}{3}$ 这个分数的关系,分数可以表示两数相除的商"。不仅拓展了教学的严谨性和知识的可靠性,还可以引导学生通过这样的操作体验,把分数与除法的关系用口头或书面的文字表达出来。说理建筑于操作,操作夯实了说理,学生的思维品质在优化,加深了学生对这两者关系的理解,让学生在猜想与验证之间驻足片刻,以操作和说理的方式经历了整个过程。

　　数学学习不应该仅仅是要获得新认知,更重要的是让学生在学习的过程中获得数学思维力的增量,如学会观察、学会分类、学会比较、学会提炼等。东北师范大学校长史中宁教授认为演绎推理表现为一种知识,归纳推理表现为一种智慧。"知识本质上是一种结果,可能是经验的结果,也可能是思考的结果。"单纯追求知识的教育是一种结果的教育。智慧并不表现在结果上,而是"表现在经验的过程中,表现在思考的过程中"。归纳能力是建立在实践的基础上,更多地依赖于过程,依赖于经验的积累。要促进学生的发展,培养学生的创新意识,必须注重过程。

　　因此,学生在"数与代数"领域中的学习探究过程中,我们提出"请在猜想与验证之间驻足",让经历过程的脚步放慢一些,学生将会获得身心长足的发展。

错误资源　不容错过

杭州市西湖小学教育集团　祝灿琴

一、引　子

曾在一次浙江省希望工程学员班的接待课中,笔者执教了人教版三年级下册数学课《连乘解决问题》,整节课非常流畅,环节一个连着一个,学生的回答也都能达到教师的预设,课堂的达成度非常高,从表面上看貌似一节"滴水不漏"的课,听课老师们也都给予高度的评价。正当笔者欣欣然时,校长的一句"你的课太顺,让人觉得假"触动了笔者。其实,笔者心知肚明,无论在探究时还是在练习中都有部分学生出现错误,但是由于是公开课,担心错题一讲时间会来不及,因此在巡视时我都进行了个别指导,没有将其呈现出来,在全班讲解。

其实不然,正如叶澜教授所说:"学生在课堂活动中的状态,包括他们的学习兴趣、注意力、合作能力、发表的意见和观点、提出的问题与争论乃至错误的回答等,都是教学过程中的生成性资源。"课堂教学是一个动态生成的过程,学生的学习错误具有不可预见性,而这样的错误又往往是学生思维的真实反映,蕴含着宝贵的"亮点",让学生充分展示思维过程,探求其产生错误的内在因素,则能有针对性地展开教学,有利于学生的自主建构。

由此可见,这些学生的学习错误是非常宝贵的教学资源。

二、措　施

教师该如何正确对待学生课堂的错误资源呢?又该如何巧妙地加以利用呢?笔者认为,应从儿童的认知心理特点出发,选择儿童乐于接受的学习方式,结合数学学科的特点,采用教师点拨、课堂辩驳、适度类比、深入探究等策略,巧妙地利用"错误"这个宝贵的生成性资源,变废为宝,为学生建构正确的数学知识发挥其独特的作用。

(一)及时点拨,纠正错误,绽放精彩

1. 点拨,纠正错误

【案例】《复习20以内的数》

师:小朋友们,请你找一找生活中的数。

生：早上经过十字路口时，红绿灯上有数字。

师：你看到红灯上的数是怎样的？

生：红绿灯上的字是红红的、方方的。

师：你看到红灯上的数是怎样变化的？

生：20、19、18、17、16、15……

笔者本来是想通过红灯上数字变化复习倒数。可学生的回答却出乎意料，且与课无关。教师及时调整提问，把孩子的思维重新拉回到主题上来。课堂教学就是这样极具现场性，学生的回答教师要善于倾听，及时分析。如果学生的回答不如你所愿时，绝不能采取搁置生成，婉言拒绝的教学策略，应该及时点拨、调整。苏霍姆林斯基说过："教育的技巧并不在于能预见到课的所有细节，在于根据当时的具体情况，巧妙地在学生不知不觉中作出相应的变动。"只有尊重生成，弘扬学生的课堂主体性；引导生成，保证资源的有效价值和不断地反思生成，我们的课堂教学才能触动到生命的灵性，教育才能充满智慧的灵光。

2．点拨，绽放精彩

【案例】《乘法的练习课》

题目：1．有 4 排椅子，每排 5 张，一共有多少张？

2．有 2 排椅子，一排 4 张，另一排 5 张，一共有多少张？

师：谁来说一说这两个题目怎么解决？

生 1：第一题 $4 \times 5 = 20$（张）

师：第二题呢？

生 2：$5 \times 4 = 20$（张）

生 3：不对，是 $4 \times 2 = 8$（张）

生 4：也不对，是 $5 \times 2 = 10$（张）

生 5：还是不对，是 $2 + 4 + 5 = 11$（张）

生 6：你们都不对，应该是 $4 + 5 = 9$（张）

很明显，部分学生是受到乘法应用题思维定势影响，没有读懂题意，就胡乱列式的。面对这样的错误，该如何对症下药，并作为一种生成教学资源呢？当时我并未加以指责，而是把它们都板书下来，然后问："这五种方法的得数都不相同，你们来说说想法，好吗？"于是，学生们都认真地读题，进行分析，找出了错误的原因，还形成了共识：以后做应用题一定要多读题目，理解题意后再列式。这样似乎已经将问题解决好了，但我并未满足于此，而是继续引导："你能想个办法，改编一下题目，使那些列式正确吗？"于是学生充分开动脑筋，积极思考，不一会儿，一只只小手纷纷举了起来。

在此案例中，笔者并不满足于纠正学生的错误，而是根据学生的探究需求，抓住此"错误"点，及时点拨，提供新的问题信息，刺激学生再以此为起点，进行思维发散，获得更深广的体验，进行更深层次的挖掘，充分激发了学生的创新思维。教师巧妙利用错误，因势利导，让学生在探讨、尝试中沟通新旧知识的联系和区别，发现规律、掌握方法,在已有的认知基础上得到升华,有所创造。这样不仅保护学生的自尊心和学习数学的积极性,而且培养学生的思维能力和创新精神,使课堂更加开放、深入。

（二）恰当辩驳,化解错误

课堂教学中,学生错误有的是需要教师及时点拨、纠正的。而有些错误教师所要做的并不是急着解释、下定论,而是把错误抛还给学生,给予他们争论的时间和空间,在争论中明理,在争论中内化知识。如果采用"节省时间"地"立马纠正",是不能让学生真正理解数学的意义,这也正是在教学过程中忽视了错误资源所存在的价值。

【案例】《分数的意义》

师:把一个圆分成四份,每份一定是它的四分之一。对吗?

生 1:正确

生 2:不正确

（其余学生有的认为是"正确"的,也有的认为是"错误"的）

师:你们的理由呢?

生 3（正方）:（把纸对折两次）我把它撕开拿出一片,（把一张纸对折两次,再沿折痕撕开）你们看,这其中的一份不就是它的四分之一吗?

生 4（反方）:（把一张纸随意撕成四瓣）你们看,难道这就是你们说的四分之一吗?

（双方僵持不下）于是教师让双方的学生分别发表意见,继续说出理由。

生 5（正方）:"这里说把一张纸分成四份,我们把纸平均分成四份,难道不占1/4吗?"

生 6（反方）:"你们是平均分成四份,可是题目中没有说平均分?"

……此时,正方恍然大悟

生 7:我们刚才忽略了一个最重要的问题就是平均分。

最后教师强调平均分很关键,还感谢学生大胆的发言和争论给全班同学带来了有价值的讨论。

这节课的亮点就是利用了学生的错误回答,通过正反两方的辩论,使全班学生更深入地理解了知识,突破了难点,并且让课堂变得更加生动,更有趣味。大量的事实证明,一旦激发起学习的欲望,孩子们的学习劲头是很大的,根本不用教师去催。教师要做的是创设一个师生融洽的教学环境,鼓励孩子大胆提出问题,组织他们去解决发现的问题。在彼此思维的碰撞中,就会闪现智慧的火花! 在以上的教学过程中,笔者并没有急于点拨或代替学生包办,而是把解决问题的主动权还给学生,组织了一场精彩的辩论比赛。学生在争论的过程中,逐渐找到解决问题的方法,既加深对知识的理解和掌握,又提高了自己的智慧水平。通过这种途径习得的知识,远远比教师的纠正要深刻得多。

（三）适度类比,解决错误

在学生的学习过程中,往往因为题目类似而出现错误,对于这样的错误关键是教师要善于借题发挥,由此适度引出一些相似或容易混淆的问题让学生进行对比,使其为教学服务。这样教学,既给予学生鼓励,激发学生认错,又有利于学生思维的发展。

【案例】《平行四边形面积计算》

师:同学们,长方形和正方形的面积怎么计算?

生:长方形面积＝长×宽;正方形面积＝边长×边长

师:猜测一下平行四边形的面积怎样计算?

生:底边×底边

不少学生认为是两边相乘,也就是底边乘底边。有的学生好像对这个猜想有意见,却说不出个所以然来。这时,我将错就错,因势利导,出示课件:

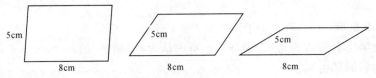

师:请你算一算这三个平行四边形的面积

生:学生计算得到 3 个平行四边形的面积都是 8×5＝40(平方厘米)

师:这 3 个平行四边形的面积都相等吗?"

(学生仔细观察)

生(齐声):不同

这时,教师再用课件展示 3 个图形的变化过程,以及重叠图形,使学生进一步理解和明白底边乘底边不是求平行四边形面积的方法。然后进一步引导:"平行四边形的面积到底应该怎样计算?"最后,通过运用直观图,加上学生的动手操作,自主探索,平行四边形的面积计算方法也就水到渠成了。

针对学生的错误推测,笔者并没有直接加以纠正,而是出示课件让学生比较三个底边都是 8 厘米和 5 厘米的平行四边形的面积。在类比中使学生明确猜测是错误的,从而激发学生的探究欲,让学生在探讨、尝试中沟通新旧知识的联系和区别,发现规律、掌握方法,这样不但能保护学生的自尊心和学习数学的积极性,而且能培养学生的思维能力和创新精神。

(四)深入探究,修正错误

在生生互动、师生互动过程中,有时自然而然地生成一些"错解"、"错例"、"错说"。不可否认,这些差错可能对部分学生的新知产生"负移迁"作用,但有些差错是防不用防,是学生主客观反应的必然结果,它反映了知识的易错点、注意点、关键点或思维的忽视区、盲区等。因此对于学生来说也是合理的差错。这些差错与其采取"围追堵截"、"置之不理",还不如把"错"顺手拈来,深入探究,往往能收到出奇制胜之效。学生犯错误的过程是一种尝试的过程,教师只有具备了"主动应对"的理念,才会看到错误背后的成功,才会因地制宜地处理好来自学生的错误,让其发挥应有的价值。

【案例】《可能性大小》

一节数学活动课——"可能性的大小",执教者通过"抛硬币"、"摸彩球"等一系列活动,帮助学生明确"可能、也可能、一定、不可能"等词的含义。同学们在玩中学,学中玩,乐在其中,课堂上洋溢着和谐愉悦的气息。为了使学生进一步体验到可能性有大有小,教师设计了"分组摸球"的活动——每个小组的袋子里都有 8 个球,分为黄白两色,但黄球、白球的个数不同。小组活动完毕,各小组争相汇报活动情况,老师很满意地在黑板上作着记录。到第 5 小组汇报时,出现了颇富戏剧性的局面:他们小组的袋里有 6 个黄球,3 个白球,结果他们摸到白球的次数反而比黄球的多了几次! 并且他们组有个学生"坚决"不同意袋里边什么颜色的球多,摸到这种颜色球的可能性就大。

面对这种"意外"情况,笔者并没有武断行事,而是先弄清楚孩子的真实想法,然后再对症下药——以学定教。策略对头,老师便比较从容了——先是让孩子毫无保留地谈出自己的看法,明确问题的症结所在,再去引导说服,但因为没有把握住孩子思维的"脉搏",未能达到目标。第二次调整,老师明确了问题的真正症结——"眼见为实",应该让事实说话,让孩子自己说服自己。终于,第 5 组同学在自己的二次实验之后,基本认同了其他同学的看法。经历了这个"对话"的过程,有收获的是所有同学,他们认识问题的角度会更全面,他们头脑中的认知结构会更合理。收获远不止这些,孩子们的情感得以洗礼,态度受到熏陶,方法获得启迪,这对促进他们全面、持续、和谐地发展弥足珍贵。老师也不例外,他们的教育机智、教育智慧、教育艺术得到了磨砺、发展。

《全日制义务教育数学课程标准(实验稿)》指出,"数学教学是数学活动的教学,是师生之间、学生之间交往互动与共同发展的过程。"强调师生之间、学生之间相互沟通、相互启发,交流彼此的情感与体验,分享彼此的思考与理解,从而达成共识、实现共同发展的过程。课堂教学不再是简单的知识教学过程,而是师生共同成长的生命历程。随着社会的进步和科技的发展,孩子们的知识越来越丰富,他们的见识、他们的思维、他们的经验往往是不可估量的,因此在教学中往往会出现老师的教学预设与实际教学不相符的现象。这时,老师应该怎么办? 是机械地执行自己的"既定方针"(教案),还是将学生出现的这种思维状态作为一种动态生成的教学资源,顺应着学生的这种思维状态重新调整、组织自己的教学呢? 这不但反映了教师的教学机智,更反映了教师的学生观和教学的基本理念。

三、结　语

"错误"是学生在认知过程中发生的偏差与失误,它伴随教学的始终,是无法避免的,我们不必整天为学生的出错而苦恼,为防错、纠错费尽心机。防微杜渐、亡羊补牢的做法算不上十分明智,教师面对学生的"错误"时,应宽容地对待、冷静地分析、有效地挖掘错误中蕴含的创新因素,帮助学生突破思维障碍,引领学生灵活地纠正错误,带领学生从错误中反思,指引学生在探究中改正错误,鼓励学生不断地从"错误"走向"正确",使得学生最终能"拨开云雾见明月",使得我们的课堂更具生机和灵性!

　　失败是成功之母,错误是正确的先导,是通向成功的阶梯,是创新火花的闪现。学生的"错误"是宝贵的,课堂正是因为有了"错误"才变得真实、鲜活。"错误"是小学数学课堂永恒的话题!对于错误,我们要站在数学教学价值的角度重新审视,要将错误作为一种促进学生情感和智力发展的教学资源。善于挖掘和运用学生学习中的错误,帮助学生突破思维障碍,会给我们的课堂教学带来蓬勃的生机和活力,为数学教学添上一道亮丽的风景线。

小学低段数学"菜单式"预习活动设计的研究

杭州市现代实验小学　李　琰

一、问题起源

(一)反思教学现状

在课改实践中课前预习与课后延伸的研究滞后于课改的其他环节,预习活动的设计缺乏具体的可操作性措施。其实,课前预习是自学之基,有利于促进课堂教学。故我尝试构建低段数学"菜单式"预习活动策略体系,形成科学、合理的预习评价机制,为进一步探索适合各段学生数学预习活动提供依据。

(二)感悟教学实践

教学实践中,我感受到培养预习习惯,是提高学生数学自学能力的有效的途径。"课标"指出,让学生学习有价值的数学,让学生带着自己的思想进入课堂对数学学习有重要作用。有些教师不注重数学课前预习,不安排学生去预习新知识,去发现新规律。这样势必影响课堂教学效率,影响学生自学习惯的养成及自学能力的提高。

(三)体会学生需求

我通过调查学生目前预习方法,预习效果的呈现等,认为不同类型教学内容需要设计不同的预习活动,不同的学生对于预习的要求也需区别对待。因而,设计有效的预习活动,培养学生自主、互动的预习习惯十分必要。

二、探索研究

(一)形式

1.合作预习

合作预习的核心是交流、探究,师生共同摸索"菜单式"预习活动的方法,帮助学生树立预习意识,创设良好预习氛围,以便更好地深入教学。

(1)建立合作预习小组。我采用了小组合作互动型的预习形式(2～6人)。首先将全班学生根据一定目标和相关因素组成合作预习小组,先布置预习任务,各小组再各自拟出预习步骤和方法,进行合作预习,并拟定汇报提纲。在课堂上以小组为单位,分别展示预习结果,这种方式既给了学生展示自我的机会,又增强了合作学习的积极性。

(2)确立合作预习菜单。教师给予了合作小组设计预习菜单的时空,使学生能根据自己的情况自由选择预习活动,既能了解新知,又能激发学习数学的兴趣。

【案例1】

课题:《分类》

教学目标:通过操作活动让学生理解分类的标准和方法。能选择合适的分类方法进行分类。

提供预习建议:①和家长一起逛菜场或超市,留心观察商场里的商品是怎样摆放的。②找找生活中分类的实例。

设计预习菜单:有一个合作预习组在合作预习中给自己制定了一份预习菜单:"①逛超市记录超市的部门名称。②观察商品摆放的规则(照相)。③交流自己的想法。④给自己的文具盒里的用品分类。"学生可以根据自己的情况选择其中一项或几项预习活动。

修改预习菜单:这个小组的学生在教师的指导下,对预习菜单进行了修改,增加了一条:思考超市管理员怎样让超市这么整齐? 你为什么能很快找到你要的商品在哪里?

预习成果:这个小组的学生分别进行了预习活动,在上课时他们能很快地说出"同样的商品摆在一起",也能说出这样放的各种好处,这就为分类的认识奠定了基础。同时,他们在家里把自己的衣柜按照春、夏、秋、冬整理了一下,就对分类更有感受了。

感悟:学生在自己身边的"情境"里预习新知识,既增加了数学教学的现实性,趣味性,又使学生不仅认识到数学课知识与日常生活的密切联系,把生活带进数学,把数学带进生活,而且培养了喜欢数学的情感,调动了学习数学的积极性,激发他们学习数学的兴趣。

(3)设计成果展示活动。很多时候,教师布置了预习内容,却没有给学生相关的成果展示的机会,或者只是在布置了收集资料类的预习作业时,才让学生读一读自己找到的数学信息。这样一来,让学生觉得预习并不重要,或者对预习的程度难以把握。所以,要组织学生在合作预习时,设计一个合理的预习成果汇报,既能提高预习的效率,又能使学生全面地设计"菜单式"预习活动。

(4)制定相关评价方案。预习之后,教师需要根据学生的预习态度、预习目的、预习方法等给予评价,使学生逐步养成预习的好习惯,并提高自学的能力。评价指标如下:

● 有积极参与小组合作活动的态度。

● 能认真参与设计预习菜单。

● 能发现问题,提出有价值的问题进行思考并能合作解决问题。

●能较好地组织合作交流的语言,并能较为准确地表达。

2.自主预习

既包括自主设计活动,也包括自主选择菜单,同时,还应会自主地反思预习活动。

(1)自主制定预习目标。指导学生根据教学内容的总体目标自主确立需要预习的内容和目标。

【案例2】

课题:《时分的认识》

自主确立预习目标:学生根据自己已有的知识经验,以及本课教学内容,自主确立的预习目标是:①说出钟面上的各种名称。②会认几时。有的学生则又加了一条:学会几时半的表示方法。

感悟:学生在制定预习目标的同时,既是对自己学习数学的自信的表现,也表达了自己学习数学的欲望。

(2)自主选择预习方案。在自主预习能力培养中,选择一些典型内容指导自主学习,再从课内推向课外逐步提高,并能根据不同预习内容、自己的数学学习基础选择不同的预习方案。

(3)自主反思预习成果。在组织学生自主预习时,要根据学生的自主预习时间、预习态度、预习方法等反思预习过程,从而确立下一步学习计划,提升自学反思的能力。

(二)策略

1.精心设计分类预习活动菜单,提供合理的预习策略

根据教学内容的特点,学生原有知识结构特点以及后续知识的特点从数与代数、空间与图形、统计与概率三方面设计了不同的预习活动菜单:

(1)在"数与代数"领域中设计"菜单式"文本预习活动策略。

① 阅读概念性知识

a.粗读:动手画、圈知识要点,了解大致内容,从整体上了解新的数学知识,为理解和掌握知识做准备。

b.精读:仔细阅读新内容,理解主要数学知识。

◆ 观察　指导学生在试做题前首先观察特点,有何内在联系。如 $10+30>$（　）。观察①含有 2 个数;②有 1 种运算;③是一道带有大于符号的不等式题。

◆ 联想　即是分析题中的数值特征和运算间的联系,联想到有关运算定律、运算性质,然后尝试运算。如:$54+8+6=$（　）。可通过观察联想到凑整法,即可先算出 $54+6$ 的和再算 $60+8$ 的和。

②释疑运算类知识。

a.分解　当学生对题目整体观察后,引导学生分析运算顺序,可采用画线标序法、分步解析法等。这利于学生理解知识的外延内涵,还能揭示新旧知识之间的关系。

$$73+20-60=33 \qquad 36-8=28 \qquad 16-8=8$$

例如：①93——　　　　　　20　16——→　　20+8=28

　　　　②　　　　　　　　　　　　　　　→8

b. 试算　小学数学中有部分内容是以解答数学问题的形式出现的,如果不指导学生怎样预习,就会造成只看解答不思考的现象。因此,我让学生先经历数的运算过程,一是仿照例题的解法,二是用自己喜欢的方法,然后解释自己的算法。

数与代数的预习活动,特别要注重培养学生具体问题具体分析的习惯和灵活运用知识的能力,掌握算理,发展数感。

(2)在"空间与图形"领域中设计"菜单式"操作预习活动策略。

① 查阅资料,拓展视野。

a. 查阅数学历史资料　教师在指导学生学习数学知识的过程中、在组织学生开展数学预习活动时,充分利用中外数学发展的历史资料,适时地给学生介绍有关数学发现和数学史的知识,提高学生的数学素养。

b. 查找数学生活信息　新课标倡导要会用数学眼光发现生活中的数学问题,并会用数学方法解决。因而,我们在进行预习活动指导之时,就应充分考虑数学发展中人类活动轨迹,让学生走近现实生活,寻找生活的数学信息。

【案例3】

课题:《毫米的认识》

预习活动设计:教师让学生试着填写"1毫米信息收集卡"。

预习活动过程:学生在收集资料之前,采取了多种途径先了解1毫米的意义,有的看书、有的询问、也有的自己实验,从而收集到了相对正确的数学信息。

感悟:诸如此类的实践性预习活动的研究与推广,改变了单纯的做习题看书预习,为"做数学"的实践性预习活动,不仅有利于课堂内外的联系,校内外的沟通,学科间的融合,也有利于为学生的数学学习和实践应用开辟更为广阔的空间,还有利于学生创造精神和实践能力的培养,从而提升了数学学习的品质。

② 考察体验,感受空间。在教师引导下,学生主动参与,亲身经历,获得对数学事实和经验的理性认识和情感体验。完整地参与预习过程,在体验和创造中预习新知。

③ 经历活动,感悟实质。教师在布置预习作业时往往会忽略把数学学习与生活实践相结合的预习策略。实践后,我发现,让学生经历有趣的数学活动,不仅能培养多种能力,更有助于理解掌握数学知识的本质。

(3)在"统计与概率"领域中设计"菜单式"实践预习活动策略。

① 提问题。为让学生能在预习时初步了解统计的意义和过程,我建议学生根据预习建议,对收集的信息提出问题,然后再从数据中找到答案。学生从提问题到找答案,就要预习例题中的统计分析,自然体会到观察分析数学信息对生活的意义,这就是预习的魅力。

② 提建议。学生在分析数学信息时只停留在表面的数据分析,而不会深入看待问题本质,设计"提建议"的预习活动,是为了提高学生的分析能力,联系生活实际学习数学;也渗透了一种从现象分析本质的科学研究方法。

2.细心设计分层预习活动菜单,提供个性的预习策略

预习不同于自学,但对自学能力的提高却有积极的意义。我依照因材施教的原则,依照《数学课程标准》的基本理念,将学习材料按照一定原则分层,逐层预习并最终合为一体。分设上、下限预习菜单灵活地让学生视自己的情况以及时空条件确定预习目标,自由选择合适的预习活动。省时有效,学生自我发展需求更强烈,思路更清晰。

(三)评价方式

1.运用"菜单式"预习活动点型评价,体现"人性化"

"知心信箱"激励评价——师生、生生、家校之间以书信,肯定与表扬预习活动中的进步与成功。"小喜鹊情报站"肯定评价——家校各持数份,随机报喜。"小蜜蜂采集卡"即时评价——学生自赏、生生互赏预习过程中的成果。

2.运用"菜单式"预习活动线型评价,注重"过程化"

对学生的预习活动定时定期量纪录,并作线型评价分析,对学生下阶段预习活动提出合理建议。

(1)"观察记录"。教师在预习活动中对学生的知识技能、数学思考、解决问题、情感与态度四维度的发展目标进行记录和评定。

(2)"成长档案"。是用代表性事实来反映学生预习情况的过程性评价方法。学生根据预习目标和重点将自己的学习成果装入档案袋,以反映自己的学习成绩。采用自评与互评相结合、家校交流的方式进行等级评价。

(3)"预习储蓄卡"阶段评价。组织学生将平时听到、看到、学会的数学问题、谜语、故事、方法……以日记的形式存入存折,可随时存储。要求储蓄内容有一定价值。评选阶段性最佳"储蓄秀",并进行指导讲评。

三、思考分析

(一)教学理念的引领,形成了有效的预习活动策略

我从"数与代数"、"空间与图形"、"统计与概率"等领域入手,进行了积极的探索和实践,以知识与技能、数学思考、解决问题、情感与态度等方面的目标维度为研究成果的评价标准,形成了一系列有效的预习活动策略,促进学生自主探究学习。

(二)预习项目的实施,培养了学生的自主预习习惯

"菜单式"预习活动的设计引导学生自主地学数学,发挥了他们的主体性,让他们在多元互动中自主建构数学知识,并获得积极的情感体验,自主预习的习惯自然地养

成了,自学能力也随之建立起来。

(三)学习方法的改变,提高了多维的数学学习能力

1. 提高了学生的探究能力

通过"菜单式"预习活动的设计,学生明白预习不是随意翻看,要有明确的目的,要善于从课本中发现问题,并尝试用自己的方法解决它,自主探究,了解新知。

2. 提高了学生的创新能力

引导学生对自己在预习过程中所遇到的疑难问题进行探究,让学生在课前就能自主学习一些数学知识,不仅让他们对数学产生了兴趣,更重要的是他们会发现更多的数学奥秘,从而提高了创新能力。

(四)预习形式的创新,增强了学生的数学学习信心

我们不仅关注了对学生预习习惯的培养,预习策略的设计和预习过程的引导,更加大对学生预习过程、思维发展、技能形成等的关注,促使自己改善教学,发挥学生的主体作用,增强学生的自信。

学生学习方式的改革是一个需要长时间研究总结和反复实践验证、改进和完善的过程。限于时间空间的限制,我的研究尚属初级水平,只能形成粗浅的认识,尚需从深度和广度上进一步深化和拓宽;我将在今后的教学实践中继续进行深入的研究和完善,以积极提高学生的数学素质。

预习为数学概念教学引路的实践

杭州市西兴实验小学　孟凌云

现行教材跟以前的教材相比,在知识的呈现方式上发生了非常大的变化,注重创设生动有趣、富有数学意义的问题情境,倡导利用教材提供的素材开展数学活动,引导学生在丰富多彩的问题情境中,建立数学模型,并进行解释和应用,让学生在生动具体的情境中获取知识、得到发展。但是,现行教材结论性的东西越来越少,启发性的语言越来越多,留给学生的空间越来越大,这些就给了学生课前预习一片处女地。笔者要阐述的是如何在概念教学中发挥预习的作用,从而达到更好的教学效果。

奥苏贝尔在《教育心理学》中指出:"影响学习的唯一最重要的因素,就是学习者已经知道了什么。要探明这一点,并应据此而教学。"预习是指教师在新课讲授前让学生预先阅读教材,了解有关新知识,并独立地进行思考,探索获取新知识的一种学习活动。从学习心理学角度看,预习是一种学习的心理准备过程。从教学论的角度看,预习是学习的个体一种独立的探索活动。

一、数学概念学习的重要性

数学概念是学习数学知识的基石,是培养数学能力的前提,是人对客观事物中有关数量关系和空间形式方面本质属性的抽象。概念反映的所有对象的共同本质属性的总和,叫做这个概念的内涵,又称涵义。适合于概念所指的对象的全体,叫做这个概念的外延,又称范围。小学数学中有很多概念,例如:数的概念、运算的概念、量与计量的概念、几何形体的概念、比和比例的概念、方程的概念,以及统计初步知识的有关概念等。这些概念是互相联系着的。只有明确牢固地掌握数的概念,才能理解运算概念,而运算概念的掌握,又能促进数的整除性概念的形成。因此,在教学中,概念学习成为帮助我们完成数学学习的重要部分。

学生掌握基础知识的过程,实际上就是掌握概念并运用概念进行判断、推理的过程。数学中的法则都是建立在一系列概念的基础上的。有的时候,学生要学习的是临时的内容,那么,我也会尽量让学生去先看看内容,了解一下所学的内容.例如,整数百以内的笔算加法法则为:"相同数位对齐,从个位加起,个位满十,就向十位进一。"要使学生理解掌握这个法则,必须事先使他们弄清"数位"、"个位"、"十位"、"个位满十"等的意义,如果对这些概念理解不清,就无法学习这一法则。又如,圆的面积公式,要以"圆"、"半径"、"平方"、"圆周率"等概念为基础。如果学生有了正确、清晰、完整的数学概念,就有助于掌握基础知识,提高运算和解题技能。相反,如果一个学生概念不清,就无法掌握定律、法则和公式。

二、预习为数学概念教学引路的实践

预习是学生的一种心理思维活动,其目的、内涵及其功能应放在新课程理念背景下思考并给予正确定位。它不仅是为了掌握课本上现成的知识和结论,也不仅只是为了促进学生的发展,让学生适应未来的学习和生活,更为重要的是让学生凭借自身知识经验进行自主探索,学会观察、实验、猜测、验证、体验和交流,学会运用数学的思维方式、方法分析现实的数学问题、解决问题,培养初步的创新精神和实践能力。

(一)预习什么

某些概念,在数学教学中,是无法探究也无需探究的,它没有"为什么"可言,它更多的是某种科学上的约定。这样的知识对于小学生而言,他们的学习应更多地倾向于如何正确地领会其内涵,如何灵活地运用。与其把时间花在"为什么这样的算式叫整除?""为什么叫约(倍)数?"等问题上,不如先让学生通过自学,明确相应概念,再引导学生举例应用。

(二)怎样预习

1. 明确预习内容

课前预习,就是让学生先熟悉所学内容,并根据自己的思维方式研究学习内容,先学后教,这样就能有效地提高学生的课堂参与面、参与热情和参与质量。预习时,要考虑不同年龄段学生的心理特点。低年级的学生应侧重培养他们的预习兴趣、预习习惯;中高年级学生重在训练他们的数学思维、培养他们掌握数学学习的方法。

2. 提供预习提纲

例如,预习《百分数》:(1)什么叫做百分数?(2)人们为什么喜欢用百分数?(3)百分数和分数之间有什么联系?(4)你在哪里见过百分数?(5)关于百分数你还有哪些不明白的问题?

3. 指导预习方法

说到预习的方法,我们在平时的教学过程中几乎是不太指导的。指导的最多的就是怎样解题,其实在解题之前还有一系列的理论知识要讲解,而这些理论知识就有可能是课堂上不能有效解释的问题,所以,预习是为了理解知识和解答题目而服务,指导预习的方法是为了有效的预习而服务。

第一,初读教材,了解主要内容。阅读时,学生要从教材的情境图中发现数学信息,试着回答教材中提出的问题,从整体上了解新知,读懂教材上的结论,把重要的概念、结论画出来。自己给自己提的问题要越多越好。

第二,细读教材,把握知识的来龙去脉,理解例题的解题思路和解题方法。要指导学生在了解了当天要学习的数学知识后,消化、吸收这些知识。这是预习的主要环节。

第三,学做记录。预习不等于自学,对预习中遇到的疑难之处,要鼓励学生通过自己的思考和分析,努力去理解知识,但是不一定要在预习时解决,发现问题应该及时记下来。

第四,尝试练习,检验预习效果。这是预习不可缺少的过程。但是因为学生在家里完成的预习作业不能及时地了解对错,所以,教师在次日的讲解中必须要讲解这些类型的题目。

(三)为什么预习

预习的好处究竟是什么呢?它又有一些什么样的优点呢?笔者认为有以下几点:

1. 服务性

由于一些新知识与学生原有知识背景、生活经验存在一定程度上的差距,不利于学生的学习,因此,在教学前可布置适量带有超前性的预习任务,为课堂教学服务。如以下教学片断:

师:通过预习,你们学会了什么?

生1:我知道了三角形的面积计算的方法。

生2:三角形的面积计算公式是:面积=底×高÷2,用字母表示:$S=ah÷2$。

生3:我知道了三角形面积公式是通过转化成平行四边形后,再推导出来的。

生4:两个完全一样的三角形可以拼成一个平行四边形。

师:三角形的面积是怎样推导的呢?

课件演示课本里的转化过程,学生上台讲解。(略)

师:有什么问题需要交流吗?

生1:为什么要拼成平行四边形?

师:对呀!为什么要拼成平行四边形呢?

生2:把三角形拼成平行四边形,我们就可以计算了。

生3:这里是用了转化的方法,推导平行四边形面积时,也是用这种方法的。

生4:三角形能不能拼成长方形、正方形呢?

师:噢,你们想过这个问题吗?

生:可以的,直角三角形就可以。

生4:我是说其他的三角形能不能也可以拼成长方形和正方形。

师:你们觉得可以吗?(对这个问题学生有争论,最后决定要试试。)

师:还有其他问题吗?

生:一个三角形是不是也可以拼成平行四边形?

……

由于学生有了预习,就没有了那种远离文本、任意生成的局面;没有了那种陷于一点、纠缠不清的场景。师生的思维和文本不断碰撞,新的学习需求、方向不断产生,认知体验不断加深,学生在这个过程中兴致盎然,焕发出智慧和生命的活力。

2. 灵活性

由于年龄段不同,教学内容不同,预习的方式也应有所不同。如低年级学生学习"笔算两位数加一位数的进位",可以先让学生尝试计算 $45+6=$?想一想自己是怎样计算的?再看一看课本是怎样计算的?有什么不同?让学生模拟解答并回答具有一定思考性的问题,再阅读课本。在高年级,就可以直接要求学生通过阅读课本、查阅资料、实践活动、实验操作等方式进行,如"纳税"等与生活密切相关的知识,就可以让学生到税务所或向有关人员询问纳税的意义、作用以及税种,并选定自己较熟悉的一类税种了解其税率公式。通过实践活动,不但让学生直接感知有关"税"的知识,也体验到了数学与生活的密切联系。

3. 整合性

现行教材将每个知识点分得较细,采用线性呈现、逐步引领的方式进行编排,随着时间间隔增长,许多知识逐渐被遗忘,在有效的时间内学生较难回忆全面,在预习时就可以以"数学块"的形式进行。如"比的基本性质",就可以布置学生先写出"商不变性质"、"分数的基本性质",再想一想"比的基本性质",继而阅读课本写出"比的基本性质",三者比一比,你发现了什么?并把你的发现简要地记录下来。融会贯通新旧知识间的联系,达到知识块整合,形成知识网络,促使学生在课堂中将数学思维向深度和个性化发展。

4. 多样性

学生课前的预习大多是个体学习行为,各有各的收获,各有各的感受。如教学长方形周长的计算,课本呈现了三种方法:(1)$5+3+5+3=16$ 厘米;(2)$5×2+3×2=16$ 厘米;(3)$(5+3)×2=16$ 厘米。这些方法对每一个学生来说,由于其内在思维的差异,可能有不同的策略选择。因此,很需要在课堂上进行集体交流,相互启发,使学生对课本的学习产生深层次的反思与感悟,进一步提升对数学知识的认识,做到知其然而又知其所以然,知其一又能举一反三,知其中而又能优越之于外。

千言万语,汇成一句话:预习有着相当重要的作用。上课开始就直奔主题,让学生带有一定的目的性,在交流中举例佐证自己的观点,补充他人的观点,辩驳教师的观点。你一言,我一句,将几条枯燥、单调的概念演绎得生动、厚实。你帮、我辅,将学习的差距越缩越短。你举例,我验证,将概念的应用贯穿于课堂。你出题,我解答,将学生的主人翁意识反映得淋漓尽致。

数学的概念是比较抽象的一个教学内容。让预习成为一种习惯,给孩子一点知情权,自主靠近预设目标,这便是本文力求体现的宗旨。正如罗杰斯所说"自由度愈高的学习,身心投入的程度愈高",预习后的数学课堂,将会在学生"情投意合"中变得更加热情洋溢,呈现出一番"映日荷花别样红"的喜人景象。

小学数学练习设计创新的思考

杭州市学军小学　周　菲

练习是反馈,调控教学过程的一项经常性实践活动。数学练习是学生经过自己的独立思考,灵活运用所学知识去解决数学学科问题,进一步理解和巩固知识,促进能力发展的过程。优化课堂教学必须优化课堂练习。令人遗憾的是,教师在不断创新数学课堂教学设计的同时,往往忽略了作为课堂教学重要环节的课堂练习的设计。在新课程背景下,我们既要对传统练习设计的经验进行扬弃,汲取其中的合理内核,促进学生的心智技能和动作技能的形成,又要更新观念,给学生更多的参与机会,更大的选择空间,让他们得到成功的体验,使不同的学生在数学上得到不同的发展。有鉴于此,根据课堂教学目标要求,创新练习设计,走"轻负高效"之路,应成为我们优化练习设计时努力的方向。

一、设计趣味练习,走进学生心灵

学习的最佳动力乃是对所学材料的乐趣。由于小学生好奇、好动、好胜的年龄特点和心理特征,他们喜欢新颖有趣、形式多样和符合他们生活经验的练习。精心选择现实生活中的材料,设计一些包含情境的数学问题,对于走进学生心灵,激发学生的求知欲,调动学生的学习积极性大有好处。

1. 练习的情景化

例 1　据书中介绍,我们人类的身高与标准体重之间存在着密切的关系:

男性:(身高厘米－80)×70％＝标准体重

女性:(身高厘米－70)×60％＝标准体重

体重评价指标:

正常:低于标准体重10％或高于标准体重10％以内。

偏瘦:低于标准体重10％以下。

偏胖:高于标准体重10％以上。

根据以上信息,请你回答下面的问题:

(1)郑叔叔身高180厘米,郑叔叔的标准体重应该在(　)千克左右。

(2)如果郑叔叔的体重是84千克,郑叔叔属于(　)的人。(正常、偏瘦、偏胖)

例 2　小明为了测量出一只鸡蛋的体积,按如下的步骤进行了一个实验:

①在一个底面直径是 8 厘米的圆柱体玻璃杯中装入一定量的水，量得水面高度是 5 厘米；②将鸡蛋放入水中，再次测量水面高度是 6 厘米。如果玻璃的厚度忽略不计，这只鸡蛋的体积大约是多少立方厘米？（得数保留整数）

从上面两题可以看出，通过情景展现数学问题，可以让学生从中探索问题的结果，可以检测学生综合应用所学知识解决问题的能力，练习形式的优化设计最直接的结果就是促进了教学质量的提高。

2. 练习的游戏味

四年级小数比大小一课，我们尽可能地提供内容有趣的题目，打破常规的两个数比大小的枯燥形式，设计了有趣的扑克游戏。

例 3　如题扑克牌游戏：

每张扑克牌背后是 1～9 当中的一个，现在这些扑克牌组成的两个数谁大谁小呢？

如果让小数点参加进来又会怎样呢？

右边数的小数点由你支配，两个数的大小会出现什么情况呢？

这个游戏，全体学生都喜欢参与，每个学生积极思考，气氛十分活跃。学生在玩中不仅进行小数的比大小，而且还复习整数的比大小。

二、设计弹性练习，进行自主选择

由于受文化环境、家庭背景及自身因素的影响，学生之间存在数学基础、经验能力等方面的差异。为此，设计练习时，不能"一刀切"、"齐步走"，而要从学生学习现实出发，针对学生的个性差异设计弹性化练习，供学生自主选择，以满足各层次学生的学习需要。

1. "套餐"型

根据不同层次的学生设计模仿练习、变式练习和发展练习三类，学生根据自己的实际情况自由选择自己需要的练习。例如在学习了"长方体和正方体"之后，设计了如下练习：

例 4　一星级：一个长方体纸盒的长是 6 厘米、宽是 4 厘米、高是 3 厘米，做这个纸盒需要多少平方厘米的纸？它的体积是多少？

二星级:一个长方体纸盒的棱长总和是 52 厘米,长是 6 厘米、宽是 4 厘米,它的体积是多少？

三星级:一个长方体纸盒的底面积是 24 平方厘米,底面周长是 24 厘米,它的表面积是 108 平方厘米,它的体积是多少？

这种练习设计可以让不同层次的学生找到适合自己的练习,调动学生做练习的积极性。

2.“自助餐”型

传统的练习都是教师布置,学生完成,学生往往是出于应付心理,主动性不够。我们提倡把学生的需要放在首位,让学生自主选择自己喜欢的练习。在中高年级的练习设计中,笔者采用以完成“数学乐园”的方式进行。“数学乐园”由五个栏目组成(如下表)。这种练习既能突出学生的主动性、自主性,又赋予学生人文关怀,学生乐于接受,从而使练习成为学生探索和实践的广阔天地。

数 学 乐 园

知识万花筒 根据当天教学内容适当选择练习	
数学直通车 默写近期学习过的概念、定律、法则或常用公式	
数学自助餐 在“练习超市”中,选择适合自己的内容	
错题回收站 将自己在课上和平时练习、测试中出现的典型错误,收集并改正	
生活五彩园 记录自己动手、动脑实践的过程及体会等	

(说明:除第二栏为每天的作业外,其余栏目因人而异,由学生自主自愿完成)

三、设计应用练习,贴近生活实际

数学,源于生活,用于生活。尤其是小学数学,几乎都能在生活中找到“原型”。因此,教师对练习的选材,内容和形式要充分联系学生的生活实际,加强应用练习,促使学生独立思考问题,将数学知识与学生的生活实际有机结合起来,培养学生的数学应用意识。

1. 在“实际生活”中应用

例 5　中午到了,让我们一起去品尝一下杭州的风味小吃吧！

美味竹筒饭6元　　　煎饼拼盘4元3角　　　小菜6元5角　　　酸菜鱼12元

如果你有 20 元钱,你打算怎样安排你的午餐?

你想买( )和( ),一共要( )元,还剩( )元。

这样的练习设计贴近学生生活,让学生体验到生活中处处有数学,从而乐于运用所学的数学知识解决实际问题,学生综合运用知识的能力得到了培养。

2. 在“实际操作”中应用

小学生的思维水平往往处于具体运算阶段,不具备完全依靠推理等纯抽象思维方法获取知识的能力。因此对于一些抽象的数学知识学习,教师应借助必要的操作活动。

例如学习了圆的周长后,可以设计下面的实践练习。

例 6　你一定观察过植物的叶子吧! 它们的表面是什么形状呢? 怎样计算它们的周长呢? 请你利用细绳、剪刀与刻度尺等工具,求出不规则树叶的周长。

(1)画出一片植物的叶子。

(2)记录使用的工具和实验方法。

学生根据叶子形状的不同,采用了不同的操作方法。如有的用尺子按刻度画在绳子上;有的借助小石子化曲为直;有的把树叶看成近似的平面图形;有的把树叶看成圆心角近似 90°的扇形等。学生在实际操作过程中,自觉地把所学知识与现实中的事物联系了起来,初步学会了用分析、推理判断或计算来解决生活中的实际问题。

四、设计开放性练习,迈入探索之门

结合练习设计,培养学生思维的灵活性、敏捷性、深刻性、创造性与批判性,是数学教学的一项重要内容。而设计“开放性练习”,让学生在“多种解法”或“多种答案”中灵活运用所学知识,可以拓宽学生思维活动的空间,增强学生的创新意识与能力。

1. 在“练习多解”中发现

一题多解、一题多变,是拓宽思路、发展思维和培养创造能力的有效途径。教师要重视让学生进行一题多解、一题多变题的练习。学生在一题多解、一题多变题练习后,教师要注意让学生比较解题思路,找出各种解法之间的联系,从而更好地促进学生思维能力的发展。

例 7　“找出一个在 2/3 和 5/6 之间的最简分数。”

本题可以引导学生从如下几个角度来思考:

①将分母化相同。因为 2/3=4/6,再将两个分数的分子和分母同时扩大 2 倍,得 8/12 和 10/12,所以,2/3 和 5/6 之间可以找到这样一个分数 9/12,化简后得 3/4。

②将分子化相同。因为,2/3=10/15,5/6=10/12,显然,10/13,10/14(即 5/7),都是符合条件的最简分数。

③将分子和分母分别相加。因为分子相加 2+5=7,分母相加 3+6=9,所以要找的最简分数是 7/9。

④求这两个分数的平均数。因为$(2/3＋5/6)÷2＝9/12＝3/4$，所以 $3/4$ 就是所要找的最简分数。

⑤将两个分数化成小数。因为 $3/4≈0.667，5/6≈0.833$，所以，要找的最简分数可能是 0.7，即 $7/10$，或 0.71，即 $71/100$ 等。

最后还要让学生比较，找出适合自己的方法。

2. 在"练习阅读"中发现

将数学知识与社会实际相结合，可以让学生体会数学知识的来源与用处，激发练习兴趣。例如，在教学"单式折线统计图"时，我让学生课前读图解意，获取信息，概括特点。阅读折线统计图是学生自主获取知识的一种学习过程，它不仅是读的过程，而且是动口、动手、动脑有机结合、统一协调的过程。在这个过程中，教师把学习的主动权交给学生，放手让学生去读、去发现、去交流，给予学生思考的空间。学生借助已有的条形统计图知识和经验，将折线统计图的新知识纳入原有的知识体系，完成了折线统计图作用及特点的构建。

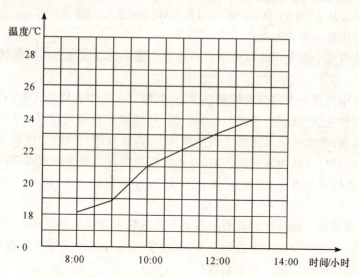

图 1　小宁家室内气温变化统计图

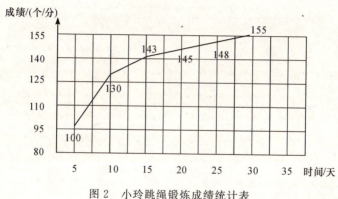

图 2　小玲跳绳锻炼成绩统计表

（1）读图解意。引导学生能对教师（教材）提供的信息做出分析，理解把生活化问题过程转化成数学问题的过程，形成初步的信息认读能力、分析能力与处理信息合理预测的能力。

（2）获取信息。引导学生应用一定的策略解决一些简单实际问题，形成初步的策略意识（如根据数据变化的趋势才能做出科学、合理、符合实际的预测等）。

学生的学习方式：

对于图1，学生经过独立看图，搜集相关信息后进行组内交流，得出进一步的全面认识，最终以组为单位进行汇报。

对于图2，在学生有了阅读图1的经验后，让学生采取独立读图，并简答，然后汇报。

（3）概括特点。在学生完成对两幅图的理解后，教师对学生进行引导：你们是不是对折线统计图又有了进一步的认识？能说说它有什么特点吗？

①看图，说说小玲每隔（　　）小时测量一次气温？

②这一天从 8:00 到 16:00 的气温从总体上说是如何变化的？

③你还能提出什么问题？

④小玲锻炼中哪一个阶段成绩提高最快？哪一阶段成绩提高比较缓慢？分析其原因。

⑤估计小玲第 8 天的成绩约是多少，达到每分 135 个大约是在第几天？

以上两种开放性练习，形式与内容新颖，问题解决具有发散性，为学生提供了广阔的思维空间，学生可以运用所学的知识与方法，从自己对问题的理解和处理问题的方法着眼，得到自己认为满意的答案，从而较好地激发了学生探索、发现的创造意识。另外，开放性练习起点低、层次多、答案不唯一，学生容易下手，能使所有学生选择适合自己的切入点，进行思考，体验成功。

总之，课堂练习设计的创新要照顾到学生的知识基础和接受水平，注意激发学生的练习兴趣，处理好全体与个体的关系，要让学生通过练习变得越来越聪明，思维越来越活跃，解决问题的能力越来越强！

用估算于学习，融估算于生活

杭州市西湖小学教育集团府苑小学　朱可悦

　　源自数千年前结绳记事，以物易物初始，数学便遵循着来源于生活，又运用于生活的原则，伴随着社会发展一起跨入当今的高科技时代。让适龄儿童学习数学就是为了更好地学以致用于生活。《数学课程标准》在"教学建议"中就指出："数学教学，要紧密联系学生的生活实际，从学生的生活经验和已有知识出发。"

　　想达到生活化的数学，极重要的一方面就是重视估算在儿童发展过程中的培养，因为它是人们日常生活、学习、工作中一种广泛使用的技能。《数学课程标准》对估算提出这样的要求："能估计运算的结果，并对结果的合理性作出解释"、"能结合具体情况进行估算，并能解释估算的过程"、"在解决具体问题的过程中，能选择合适的估算方法，养成估算的习惯"。可见，估算的教学是个涉及范围广，延续时间长的过程，本文在此阐述课改背景下，教师对估算的新认识，估算在生活、学习中的实用价值，以及培养学生估算能力的一些策略。

一、估算不仅是一种技能，更是一种意识

　　众所周知，估算是一种特殊的计算方式，它采用比较简便的计算方法，估出接近于准确值的大致的答案。估算不仅仅是一种技能，而且是必须成为一种深植脑海的意识。因为如若教师只教孩子估算的方法，而不形成意识，出于估算在生活中的"非必需性"，以及小学中低段孩子刚接触估算——那种完全区别于他们一贯追求精确计算的另一种计算形式所产生的"不适应性"，使得他们往往只能用估算解决某些类似"大约""够不够"之类统一模式的估算题，令估算学习变得枯燥、狭隘、公式化，却放弃有效地将其运用于生活、学习中，便利生活的机会，从而无法体会估算真正的价值。所以教师不仅仅要教估算的方法，让学生练习估算的技巧，更要培养孩子们的估算意识，使其渗透在普通计算、应用题等等练习的始末，可以起到检查计算，简化待解决问题的作用。

1. 运用估算简化应用题

　　估算于生活中产生的初衷在于为生活带来简便，因此，数学习题中常用于解答问题里含有"大约"的应用练习，有时也用来解答一些"够不够"之类不需要精确答案的应用题，它可以很大程度上降低应用题的计算难度。但由于孩子们从小就一直处在

追求计算精确的过程中,所以初识估算,很多孩子不习惯,内心对于这种不准确的答案充满怀疑和排斥,除非题目出现必须估算的情况,否则像此类"够不够"、"能不能"的题,他们宁愿列竖式计算,觉得更为保险。这就需要寻找一个契机来改变。

机会来了。人教版数学三年级下册的《课堂作业本》P29 中第 5 题如下:实验小学的阶梯教室共有 32 排,每排有 28 个座位,如果有 750 名教师参加听课活动,能坐得下吗? 请用算式说明。

时值当日,学生还没有学过两位数乘两位数的笔算乘法,但将近一半的孩子用 28×32 的精确计算,结果由于计算障碍导致受挫。"不会列竖式的同学有没有其他更好的方法呢?"我赶紧把握时机提示提问。

立刻就有孩子响应:"可以用估算来解决。28×32 看成 $30 \times 30 = 900$,即 $28 \times 32 \approx 900$,900 比 750 大多了,所以坐得下。"

"你觉得这样的方法好吗?"

"好,计算方便多了。本来算不了的现在也能算了。"学生纷纷回答。

"对,所以像这样够不够、能不能的应用题,我们用估算的方法来解决会更方便,而且能减少错误的几率。"

2. 运用估算解决连线题

估算其实并非一定要应用于"估算题",或者"应用题",在很多题型的解答中都起到重要的作用。当然估算的方法也不单纯是"四舍五入",而要根据具体题目具体确定。连线题就是一种很适合运用估算的题型。

例如:人教版数学三年级下册课本 P67 练习十六的第 6 题。

在新课程新教材中,类似的连线题出现频繁,尽管形式看起来很漂亮,但据孩子们反映,由于"答案接近,容易连错";或"列竖式很麻烦"等原因,极不得他们的喜爱。我对曾经做过的三个连线题进行统计,得到的 30% 左右的高错误率着实令我头痛。这状况必须改变。我以这道题为契机,带领孩子们摒弃列竖式连线,而采用估算的方法:先用末位检测,56×39,末位相乘,六九五十四,所以积的个位一定是 4。而末位是 4 的蜜蜂只有 1014,2184 两只,即二选一的答案。接着用估算,把 39 看成 40,$56 \times 40 = 2240$,即 $56 \times 39 \approx 2240$,由于考虑到 39 比 40 小,也就是精确值比 2240 略小,所以选择 2184 这个答案更正确。像这样,通过末位计算和估算的方法可以更简便正确地解这类连线题。我在课堂中实际教学后,很受孩子们接受和欢迎,当天,孩子们回家作业里的连线题的错误率明显降低。

3. 运用估算检查计算题

美国心理学家布鲁纳认为:学生自己对学习结果的检查,是使学生的学习动机产生于学习过程本身的一个重要条件,教师必须提供学习者最后能自行把矫正机能接过去的那种模式,否则教育的结果势必将造成学生跟着教师转的掌握方式,学生的主体地位也没有得到真正地落实。因此,教师要鼓励学生检查,指导检查的方法。在时间有限的时候,估算就是检测计算的一种很省时、省事、又实用的方法。

例如计算 32×58,有孩子计算成:
$$\begin{array}{r} 32 \\ \times\ 58 \\ \hline 256 \\ 160 \\ \hline 416 \end{array}$$
这时用估算,看成 30×60,结果约等于 1800,很容易发现自己计算出的答案距离估算结果太远了,有可能是算错的。

4. 运用估算于日常生活

估算作为基础数学的一部分,其根本还要服务于生活,教师不能受制于薄薄的教科书、小小的课堂,而要抓住甚至创造时机,将它拓展到生活中。

那是个青菜大丰收的日子,我和孩子们来到学校的菜地,看到绿油油的青菜迎风招展,不待我说什么,孩子们已经兴致勃勃。

“哇,长得真好!不过可没这么大的秤,谁能想法估估看我们大概能收多少斤菜吗?”我朋友似的问道。

孩子们兴致极高地猜测:“10 斤!”“25 斤!”“100 斤!!”

“这样猜不准。”有个孩子冷静地提出。

“那怎样比较准?”

“先称一排有多重,再数数有几排,乘一下就行。”

“这办法好。那现在我们是不是该先拔一排菜来称呢?”我一边赞扬,一边启发他们继续思考。

“其实只拔一颗菜称出重量就行,然后数一排有几颗,就能算出一排菜的重量。最后有几排就乘几。”

“你们真是太能干了,那我们动手拔一颗吧。拔哪颗好呢?”

“那颗,那颗,最大了!”有孩子马上叫起来。

“不行,这样就估不准了!要找颗不大不小的。”立刻有同学反驳,并得到大家的认可,拔出后称好重量。

我又问:“每排的颗数都不同,数哪排好?”这回大家一致选不疏不密的一排,估算出它的重量,进而算出整块地的青菜总重量。

孩子们拔好菜,准备进行“义卖献爱心”活动了。“每斤青菜卖 1 元 8 角,算算今天我们大概能卖多少钱?”

"1元8角就看成2元吧……"孩子们立刻七嘴八舌地热烈讨论起来。

布鲁纳在《教育过程》一书中写道："学习的最好刺激,乃是对所学材料的兴趣,而不是诸如等级或往后竞争便利等外来目标。"这样快乐的估算实用而美好,最大限度地刺激了孩子学习估算的内在动机。

除了运用学校的特殊资源,我还充分运用家庭教育的资源,通过家长会、日常单独交流、家委会活动等形式,调动家长的积极性,在平时生活中,捕捉机会培养孩子的估算意识。

二、指导估算不仅注重估算法则,更要注重因题制宜

1. 估算结果需符合实际

估算是我们在日常生活中无法或没有必要进行精确计算时所采取的一种计算方法,是生活化的写照,一旦脱离现实情景,估算就失去了意义和存在的价值。所以教师设计练习时所提供的情景、材料也必须来源生活。为了适应现实的多变,估算方法也需相应灵活,随实际情景选择正确估法及答案,无法一味考虑四舍五入,或标准的估算法则。

例如:学校春游,如果租大客车9辆,每辆最多可坐48人,全年级450人够坐吗?

解题时很多孩子把48×9看成50×9得到约等于450,回答"够坐"。可是这从估算过程看完全没有错误的解法却是一道错题,它源于学生对估算理解的不透彻,或者解题时思考的不够全面。

我决定让孩子们先得到正确答案,再思考出错的原因,于是提示:"真的够坐吗?我们用精确计算来验证一下吧!"

学生的试验很快有了结果:"坐不下呢!"

"为什么和估算的结果不一样呢?"

"估算时把48看成50,估大了,所以实际座位数一定小于450,而总人数是450人应该坐不下。"

"对!像这样的应用题估算时,还应根据实际情况来考虑估算的结果是否直接可用,或者估算的方法是否正确,再做出判断。"

类似的题目很多,又例如:工厂添置微波炉,每台售价608元,要买8台,张会计大概带多少钱比较合适?

该题中不能简单地将608估小为600,因为钱可以适当多带,却决不能不够,此时估成610更合理。

教师设计题目时必须通过多种题型,多样练习,让学生感受并选择估算在不同实际情境中的正确估法。

2. 估算答案要允许多样呈现

由于估算本身就是要取得一个接近准确数,又便于计算的估计值,所以它的结果

往往不是单一的,不同的估法造就不同的答案。例如人教版数学三年级下册课本P16做一做第1题,把260个桃子平均放在4个筐里,每筐大约多少个? 该题中260即可看成240,又可看成280,答案也随之出现60或70两种。

又如306×9,学生出现了几种正确的估法:

(1)300×9≈2700　　　　(2)310×9≈2790

(3)306×10≈3060　　　　(4)300×10≈3000

千万别让孩子比较哪种答案更好,更接近精确值,最精确的未必是最好的,否则何必估算? 而且哪个特别接近的答案计算起来往往比较麻烦。例如上题,310×9最接近标准答案2754,可它不如300×9,300×10来得简便。所以,只要在一定的范围内应该允许孩子答案的多样性。

三、编制估算题要凸现估算的优越性

估算是一种让计算变得简便实用的计算形式,本应很受欢迎,但事实上在学习过程中,学生感到最有困难的还是估算。我认为教材在编写估算题时应体现估算的优越性,让孩子喜欢估算,从而乐于估算。而目前部分估算题却起到了误导学生的反作用。

人教版三年级下册数学书P36练习九第1题:896÷8,要求写出"商的位数","估算结果","准确值"。我发现在解这题时由于精算简便,很多孩子直接先计算准确值,然后估成近似值,从而失去估算的价值。另一些孩子把896看成800,880,888或者1000,结果众说纷纭,各有各的理。在我讲解完这题后,有孩子问:"这题不是很好除吗,为什么要用估算呢?""这没有余数啊,能不能不用估算?""哎! 还不如直接计算方便呢。"我想这样的估算题不但无法激起学生估算的兴趣,还适得其反,在孩子学习初期应尽量避免。

一道好的估算题还要选择出现的时机。例如人教版二年级下册数学书P72页第6题:下图,估一估,大约有多少本书?

这道富有生活气息的题原本非常适合估算,但摆在当时,学生还没有真正明确准确值、近似数,估算,以及两位数乘一位数的口算乘法时,这题的难度就会令部分孩子从一开始就对估算产生抵触情绪,而不利于后面估算技能的学习和估算意识的培养。

　　估算的形式多样,孩子的错误百出,估算教学成为值得探索的学问。为了让孩子不再"望估色变",作为教师的我们,必须放弃照本宣科地刻板讲述估算的四舍五入,并赋予它生活的各种场景,置其于各式练习中运用,使它生动灵活地展现在学生面前,且不断巩固提升,直至将估算融入脑海,形成一种意识,并在生活学习中自然而然地运用于行为里,这才是真正的估算教学。

小学数学第一学段数与代数教学中的困惑及反思

杭州市濮家小学　郭剑萍

新课程改革给教师带来机遇的同时也带来了很多困惑。课堂上打破了以教师为主体、以教材为主体的教学方式,教师正由单纯的知识传授者转变为教学活动的组织者、学生探索知识的引导者和合作者;教学内容的选取更加密切联系社会实际和学生生活实际;学生的学习普遍采用自主、合作、探究的方式;师生之间关系和谐、民主、平等。但在这实施过程中也存在着不少的问题,笔者结合自己的教学实践,对人教版数学教材中"数与代数"第一学段教学中存在的困惑,进行反思并提出一些改进策略。

困惑之一:如何兼顾算法多样化和算法的优化?

算法多样化和算法的优化是培养学生数学思维的重要途径。数学课程标准提倡算法多样化,包括计算方法和解题策略的多样化。由于学生的生活经验、认知水平和思维发展等各方面都存在差异,导致学生思考问题和问题解决的策略会有所不同。就像20以内的加减法、两位数加减两位数,两位数乘两位数等等,这些内容的课堂教学中老师都鼓励学生积极地思考问题,提出自己的想法,培养他们独立思考的习惯。学生思维活了,方法多了,但也使我们面临一个问题,如何兼顾算法多样化和算法的优化?

反思:方法多样化、发展学生的思维固然重要,但是也要适时进行优化,让孩子选择适合自己的方法,通过观察比较找寻一种最简便的方法,对于这一难点主要可以从以下三点入手。

1.理解每一种算法。如:"两位数乘两位数笔算乘法"片段教学案例:在上这一节课时,从买书的情景中引出 $24 \times 12 =$,请同学们自己独立思考、尝试计算,并汇报算法。学生汇报得出的算法有:

算法① $24 \times 2 = 48$　　$24 \times 10 = 240$　　$48 + 240 = 288$

算法② $4 \times 12 = 48$　　$20 \times 12 = 240$　　$48 + 240 = 288$

算法③ $24 \times 2 = 48$　　$48 \times 6 = 288$

算法④ $24 \times 3 = 72$　　$72 \times 4 = 288$

算法⑤
$$\begin{array}{r} 24 \\ \times\ 12 \\ \hline 48 \\ 24 \\ \hline 288 \end{array}$$

　　教师应尊重学生的想法,鼓励学生独立思考,并且让学生仔细的观察这些算法,真正理解每一种算法,让他们明白其实有几种算法的解题思路是一样的。

　　2.比较沟通算法。面对这样的算法多样化,老师应及时让学生观察、比较沟通算法,发现一种优化的方法。像上面的算法③和算法④其实解题思路是一样的,都是把12拆开,只是一个拆成2乘6,一个拆成3乘4,还有特别要让学生比较沟通算法①和算法⑤,让学生明白算法之间内在的联系,以便透彻的理解各种算法。

　　3.选择合适的算法。就像上面的算法①利用乘法分配律进行计算,算法⑤利用前面学习的两位数乘一位数和两位数乘整十数的知识列竖式计算,对这一典型的算法要多加呈现和分析,让学生认识到方法优化的必要性,会选择合适的算法。课堂教学中我们要避免不总结不发现,就让学生用自己喜欢的方法做一做,这样有些学生的学习效率可能就会比较低下。

　　困惑之二:如何兼顾估算意识和估算方法的培养?

　　估算在日常生活中有着广泛的应用。新课标大大增加了估算的内容,对估算的要求也有所增强,提出:"结合现实素材,感受大数的意义,并能进行估算,能结合具体情境进行估算,并理解估算的过程,在解决具体问题的过程中,能选择合适的估算方法,养成估算的习惯。"这就要求我们在课堂教学中处处留意,培养学生的估算能力,发展学生的估算意识。但是在这过程中,也带给老师和学生很多思考,比如学生不知道什么时候该进行估算,往往是看到"大约"就进行估算,还有学生不知道在什么情况下采取怎样的估算策略? 老师不知如何兼顾估算意识和估算技能的培养?

　　反思:估算的教学不是单纯的教给学生估算的方法,而是培养学生的估算意识,让学生理解估算的意义,明白估算在学习过程中的作用,尽量避免出现为了估算而估算。教师首先应从思想上引起重视,不要教给孩子看到"大约"就进行估算,对于一些题目要选择合适的估算方法,采取合适的估算策略。否则就会误导学生,如:有这样一道题"邮递员叔叔每分钟大约行95米,他30分钟行多少米? 合多少千米? 如果每天用2小时送信和报纸,邮递员每天大约行多少千米?"对于这样类型的题,学生就比较容易出错,看到"大约"就会进行估算,说明学生已经形成了一定的思维定式,没有真正明白估算的意义。兼顾估算意识和估算方法的培养,应从以下三点着手:

　　1.把握好不同年级的估算要求。数学课程标准中提到:第一学段中,学生应"能结合具体情境进行估算,并解释估算的过程"。一年级对于估算并没有具体要求,只要老师在教学中适当渗透即可。如:《100以内数的认识》片段教学案例:

　　师:小朋友们,你们喜欢放风筝?(喜欢)

　　师:上个星期我们学校也举行了放风筝比赛,今天,老师也把风筝带进了我们课堂,(课件出示百只风筝图)看多漂亮啊,你能来估一估大概有几只风筝吗?(80,100,90…)师:把话说完整(大约80只,大约90只)(板书学生估计的数)

　　师:刚才小朋友们估出了风筝的只数,现在一定非常想知道它到底有几只,有什么办法知道?(数一数就能知道有几只风筝。)

师：拿出你的风筝图，同桌合作，你们是怎么数的就怎么圈，几个几个的数，就几个几个的圈，比一比哪组做的又对又快。（2 个 2 个数的，数出来有 100 只；5 个 5 个数的，10 个 10 个数的）

师：你猜他们是怎么数的？（2 个 2 个的数，因为他们是两个两个的圈的）他们数出来是多少只啊？或者他们数出 100 只对吗？（100 只）出示 5 个 5 个的数，猜他们是怎么数的？（5 个 5 个的数，5 个 5 个的圈出来了。）他们组数出来也是 100 只。出示 10 个 10 个的数，一起说怎么数的？（10 个 10 的数。10、20、30…）

师：哪个同学估计的最接近？哪个同学估计的最准确呢？

通过这样的一些具体的情境渗透估算，逐步培养学生的估算意识。人教版二上年级 P31 首次出现估算的专项学习内容"加减法的估算"，但近似数和约等号并没有出现，只要求学生能用语言阐述估算的过程。二下年级估算体现的主要是提倡估算方法的多样化，能根据问题情境选择合适的估算策略。三上年级笔算与估算相结合，加大了估算教学的力度，同时也出现了约等号的教学，从这里也体现出了"估算为笔算服务，估算和笔算不分家，笔算和估算是和谐统一的"精神，既适时地教学了估算，体现了"加强估算"、"提倡算法多样化"的改革理念，又可培养学生"能为解决问题而选择适当的算法"的能力，从而有利于发展学生的数感。三下加强估算教学，使学生掌握估算的方法和体会估算的作用。

2. 引导学生比较、反思估算方法。对于一些实际的情境，如三上课本 P70 例 2："每张门票 8 元，29 个同学参观，带 250 元钱够吗？"估算 $29 \times 8 \approx$，学生的想法有：

● 把 29 看成 30，$30 \times 8 = 240$ 元，240 元 < 250 元，所以说带 250 元去是够的。

● 把 29 看成 30，把 8 看成 10，$30 \times 10 = 300$ 元，300 元 > 250 元，不够。

● 把 8 看成 10，$29 \times 10 = 290$ 元，290 元 > 250 元，不够。

出现这样的情况，老师有责任引导学生进行比较，对于这些估算策略的合理性做出一定的说明和解释，特别是要结合具体的实际进行估算，而不是单纯的教给学生把一个数看成整十数或者整百数就可以了。对于上面的第一种方法，把 29 看成 30，然后乘 8，比准确值多了 8 个一。而第二种方法估出来的数比准确值多了 68，多了 2 个 29 和多了 10 个一，合起来是 68。第三种方法，估成 29×10 比准确数大了 2 个 29 元。总之要让学生在比较、反思的过程中，感受估算的意义和不同情境时所采取的策略也是不同的。

3. 估算意识的培养重在渗透。估算意识的培养重在点滴，而不是学到了才培养，我们应该将它渗透在教学中的每一面，避免为了估算而估算的尴尬局面。当然在培养估算意识的同时要重视学生估算方法的习得，教学中应兼顾两者。

困惑之三：怎样培养学生的数感？

《数学课程标准》指出：通过小学数学"数与代数"、"空间与图形"、"统计与概率"、"实践与综合应用"四块内容的学习，发展学生的数感、符号感、空间观念、统计观念以及应用意识与推理能力。数感主要表现在：理解数的意义；能用多种方法来表示数；

能在具体的情境中把握数的相对大小关系;能用数来表达和交流信息;能为解决问题而选择适当的算法;能估计运算的结果,并对结果的合理性作出解释。我们该如何在教学中培养学生的数感,将它渗透到平时的教学过程中呢?

反思:数感的培养是无处不在的,它出现在学习中的方方面面,可以从以下三点入手:

1.经常性的用数来表达和交流。如学习了"厘米、分米、米、千米"、"克和千克"等,可以通过让学生观察、比较、分析,发现一厘米的长度跟大拇指指甲的宽度差不多,一米的长度大约是小朋友伸开双臂的长度,50克大约是一个鸡蛋的重量等等,从而让学生感知长度单位和重量单位的数感。

2.在情境中选择合适的数培养学生的数感。如选择54,26,206,27填入括号中。人的每只手上有( )块骨头,你的双手共有( )块骨头。人的一只脚上的骨头比一只手上的骨头少1块,脚上有( )块骨头。人的身体上一共有的骨头数是比双手骨头块数的4倍少10的数。人的身体上一共有( )块骨头。类似以上这样的题,学生可能会运用各种方法进行推测,计算验证,从而做出合理的解释,其实这一过程本身就是数感的体现。

3.用好"数"在生活中的作用。数学来源于生活,又服务于生活。"生活数学"强调了数学教学与社会生活相接轨。在参与学生学习过程中,教师引导学生学会运用所学知识为生活服务。让数学教学充满生活气息和时代色彩,真正调动起学习数学的积极性,培养他们的自主创新能力。

新课程改革后,数学书上安排了"生活中的数"这一内容,比如一上年级出现了三次。但对于这一内容,很多老师并没有太重视,导致数学学习与生活脱节。老师首先应从思想上引起重视,不能忽视它,也不能单纯的让学生看着书上,说说你发现了那些生活中的数,就这样一笔带过。要让学生深刻体会到数学与生活之间的关系,真正明白数学生活化的意义。

困惑之四:如何使计算教学扎实而不失灵活?

新课程对计算教学进行了大幅度的改革,对计算的目标、难度、训练的强度重新定位。计算内容贯穿每个年级,比如乘法在二、三年级包括到高段都有涉及,难度上根据学生的认知在加强,内容上也形成了一定的梯度。但这样的安排笔者觉得缺少了一定的系统性和完整性,可能会导致有些学生学过了就遗忘。计算教学中如过分强调计算方法的多样化,40分钟的课堂教学都是你说我说,而减少了很多必要的练习,导致学生在计算过程中经常性出错。那么,计算教学应该如何扎实而不失灵活呢?

反思:这三年的计算教学给我最大的感触是学生错误率高,存在的问题有进位的时候忘记加1、退位的时候忘记减1、乘法计算中的数位问题、除法竖式中的商的位置等等,总之错误的情况是屡屡再现,针对这一现象我及时进行了反思。

1.努力寻求算理与算法之间的平衡点。计算教学要在领悟算理的基础上掌握算法,最后形成计算技能,不明白算理的算法是机械的算法,对计算技能的形成是不牢固的。寻求算理算法的平衡点是当前计算教学的关键。

2.教学过程中加强基本练习的训练。在加强算理和算法的教学之后,也不能忽视算法的练习,保证新算法的练习有一定的时间和一定的量,但是并非鼓励老师们回到传统的计算教学模式上,而是对于算法的巩固应该及时,让学生初步形成计算技能。在教学新的计算方法时,要保证留有一定时间、一定量的练习,这样对于掌握算法、理解算理都是有好处的。既要继承计算教学扎实有效的传统,也要体现新课改后计算教学的灵活性和算法的多样化,更要冷静思考计算教学对学生后续学习能力的培养,我们要不断改善教学方法,使计算教学在算理、算法、技能这三方面得到和谐的发展和提高,使之真正做到扎实而有效。

提高一年级学生数学"问题"分析的意识和能力的策略

富阳市永兴学校小学部　蒋迪锋

《数学课程标准》明确指出第一学段"解决问题"的详细目标:"能在教师指导下,从日常生活中发现并提出简单的数学问题。……初步学会表达解决问题的大致过程和结果。"但是,我们发现刚踏出幼儿园大门的一年级小朋友,对于题目的"问题"分析的意识和能力较欠缺。那么该如何帮助其提高"问题"分析的意识和能力呢?

一、抓住课堂上的"鲇鱼效应",撞击思维的火花

有这样一则故事:挪威人在海上捕得沙丁鱼后,如果鱼能活着抵达港口,卖价就会比死鱼高出好几倍。但多年来只有一艘渔船能成功地带着活鱼回港。该船船长一直严守其秘密,直到他死后,人们在打开他渔船上的鱼槽时才发现鱼槽里只不过多了一条鲇鱼。原来当鲇鱼装入鱼槽后,由于环境陌生,就会四处游动,沙丁鱼受到惊吓也不断地游动。如此一来,沙丁鱼便活着回到港口,这就是所谓的"鲇鱼效应"。

课堂上学生犯的各类错误就是活跃在课堂上的鲇鱼,我们的课堂需要鲇鱼来撞击我们的思维,迸发出思维的火花。在课堂上,学生会出现种种错误,有的老师采取马上制止的态度,一语搪塞,而有的老师则抓住这教育的契机,将错误转化为教学资源,达到教学目的。

案例1　北师大版一(下):"乘车"

车上原来有 56 人,下车 27 人,上车 19 人,车上现在有多少人?

一学生列式为:19+27=46(人)

师:19+27 怎么可以加? 说完就把错误擦掉了。

[反思]　该教师担心一年级的孩子说不清楚,更担心自己解释不清楚,于是采取了回避的方式——把错误直接擦掉。显然,这种方式是不妥的。

心理学家盖耶认为:"谁不考虑尝试错误,不允许学生犯错误,就将错过最富成效的学习时刻。"当学生回答错时,教师明确给予反馈固然重要,但对错误的回答要有技巧,特别是当学生对事物的感知还不是很精细时,教师不要马上进行否定,随意地扼杀学生学习的兴趣,而是要进行引导,这有利于学生感知能力的培养,思维得到发展,从而慢慢喜欢上数学。

应该明白:改正题目中的错误,重点在于训练学生分析、思考的方法和提高处理

实际问题的能力,让学生增长智慧。因此,在面对各类错误时,要引导学生进行错误的延伸,从而诱发学生的思维。学生在经历争论、观察、说理辨析等活动中,自己发现错误,探索中感悟,在感悟中发现,并找到正确答案。抓住资源,把错误转化成"宝"。

二、抓住题目中的"问题",筛选有用信息

《数学课程标准》指出:教师应帮助学生在自主探索和合作交流的过程中真正理解和掌握基本的数学知识与技能、数学思想和方法,获得广泛的数学活动经验。在课堂里,学生是数学学习的主人,教师是数学学习的组织者、引导者与合作者。面对题目中的种种条件,教师要引导学生掌握筛选有用信息的能力。

案例 2

课件出示:教室里有 38 人,第一次出去 10 人,第二次出去 15 人。

a. 出去了多少人?　＿＿＿＿＿＿

b. 教室里还有多少人?　＿＿＿＿＿＿

在讲解此题时,教师让学生读了 4 遍题,充分理解题意。

接着,针对第一个问题"出去了多少人"问了以下几个问题:

①问题是什么? ——出去了多少人?

②求出去了多少人,与题目里的哪些数字有关? ——第一次出去 10 人,第二次出去 15 人;与"教室里有 38 人"有关系吗? ——没有

③求出去了多少人,用加法还是减法解决? ——加法

　　　　10＋15＝25

针对第二个问题"教室里还有多少人?"问了以下几个问题:

①问题是什么? ——教室里还有多少人?

②求教室里还有多少人,求总数还是部分? ——部分;那么总数是多少? ——38 人。

③求部分用加法还是减法? ——减法

[反思]　小学低年级学生的思维有其特点,虽然有了抽象的成分,但仍然是以具体形象思维为主,特别是一年级的孩子,他们所掌握的概念大部分是具体的、可以直接感知的,但是他们难以区分概念的本质和非本质属性,问题中的有用和无用的信息,他们习惯地用条件之间的关系进行简单地列式,并不去考虑所求的"问题"应该怎么解决,缺乏"问题解决"的目标意识,只是盲目地将数字加加减减。

三、抓住算式的数学意义,分析数量关系

课程标准注重把解决问题教学与运算教学结合起来,将应用数与运算的知识解决的问题作为解决问题教学的重点,第一学段需加强数量关系的教学,帮助学生通过

理解数的运算的意义来理解基本的数量关系,根据分析数量关系的难易程度有层次地安排有关解决问题的教学;重视引导学生发现问题和提出问题,逐步地有机渗透解决问题的策略。

因此,作为教师,要引导学生分析题目中已知量和未知量(或显性,或隐性)之间通过情境和学科术语的融合具备运算意义上的逻辑关系,即数量关系。

案例3　在教学《比多少》一课时,有这么一个片段:教师摘掉一个橘子后,

师:现在呢? 橘子比苹果少几个? 算式列在 3 号本上,开始!

几分钟,学生开始反馈。

生 1:7－6＝1

生 2:7＋6＝13

生 3:8＋5＝13

学生一边汇报,师一边板书学生的回答。

师:那么多的算式,到底哪个是正确的呢? 我们请问题来帮忙,一起把问题读一遍(师生齐读)。

师:是谁和谁在比呢? 比的结果相差几个?

生齐说:橘子和苹果,相差的个数是 1 个。

师:哪个算式是苹果和橘子比,而且比的个数相差的是 1 个呢?

生 4:7－6＝1

师:"7"、"6"、"1"分别表示什么?

生 5:"7"表示有 7 个橘子,"6"表示有 6 个苹果,"1"表示橘子和苹果相差 1 个。

师:所以这个算式是正确的。(师在 7－6＝1 后面打钩)

师:我们看看其他算式在解决什么问题?

师指着"7＋6＝13"问:"这个算式在解决什么问题?"

生 6:苹果和橘子一共有几个?

师:是的,可惜问题是这个吗? (教师微笑地问)

师:8＋5＝13,这个算式是谁列的? 你能说说你的算式是什么含义?

生:8……(生支支吾吾说不出来)

师:没有理由的算式不成立,擦去。(师擦去算式)

分析算式里每个数表示什么意义,对于学生理解算式的含义有很大帮助。学生通过说算式中每个数的含义,自然地发现了错误,逐步建立条件与问题的逻辑关系。

四、抓住学生"用数学"的眼光，提高提出数学问题的能力

（一）重视自主提问，符合孩子天性

在《数学课程标准》（实验稿）的总体目标中，分为四个领域来阐述目标，其中一个重要的领域就是"解决问题"，标准指出："初步学会从数学的角度提出问题、理解问题，并能综合运用所学的知识和技能解决问题，发展应用意识。"

我们要抓住学生"用数学"的眼光，提高提出数学问题的能力。正如杭州现代小学数学教育研究中心课题组说的：系统地培养问题解决的能力，要从重视提出问题能力的培养开始。

案例4　人教版小学数学第二册"100 以内的加法和减法"。

教师出示主题图（池塘边有三只小猫在钓鱼，其中黑猫已经钓了 15 条，灰猫钓了 20 条，白猫钓了 8 条），教师提问。

师：看，你能提数学问题吗？

生1：有几只小猫在钓鱼？

生2：黑猫钓了 15 条鱼，灰猫钓了 20 条鱼，黑猫比灰猫少钓多少条鱼？

教师应该表扬后者，因为他听清楚了从数学的角度提出问题。

重视自主提问是新课程的一个重要理念，翻开任何一种版本的新课程教材，我们随处可见"你发现了什么"、"你知道了哪些信息"、"你还能提出哪些数学问题"等提问要求，可见提问很重要。一年级的孩子对自己感兴趣的话题总喜欢打破砂锅问到底，这说明他们的思维有一种好奇心、上进心的天性，通过一些提问要求可以让学生从提问中获取更多的新知。

（二）创造问题情境，营造提问氛围

古人云：学起于思，思源于疑。学生探求知识的思维活动，总是由问题开始的，又在解决问题的过程中得到发展。创设问题情境能激起学生的求知欲望，打开思维的闸门。

创设一个好的问题情境，有利于学生提出问题，理解问题。我们提倡创设有意义的情境，必须具备以下几点：能吸引学生的注意，让学生主动地关注学习内容；能唤起并暴露学生的经验；能为学习内容"抛砖引玉"，引起思考；能贯穿整个课堂甚至整个知识段的学习。

案例5

1.给出一个动态图，原来有 4 只小鸟，先有 2 只小鸟飞进来，然后又有 3 只鸟飞出去。

▲先让学生说说这幅图的图意，能提提数学问题吗？

▲根据刚才的问题你能列一列算式吗？

▲根据学生的算式,让学生说说算式的意义。

2.出示一幅动态图:原来有 4 只小鸟,先飞出 3 只鸟,然后飞进 2 只。

▲先让学生说说这幅图的图意,能提提数学问题吗?

▲根据刚才的问题你能列一列算式吗? 写在本子上。

▲集中反馈,让学生说说算式的意义,从而得出正确的答案。

[反思]　不是锤的打击,而是水的载歌载舞,才使鹅卵石臻于完美。教育同样如此,只有贴近儿童、走进他们心灵的教育才能入脑入心。案例中,情境与问题息息相关,做到了为教学而创设情境,为提问、解决问题而创设情境。创设良好的问题情境,可以把理性的传授与声、色、形等融为一体,激发学生学习的兴趣,形成生动、活泼、高效的课堂教学环境,促进学生潜能的发挥和教学的提高。

五、建立数学模型,将抽象问题形象化

数学模型方法是通过建立客观对象的数学模型来揭示对象的本质特征和变化规律的一种基本数学方法。小学生还处在认知发展的具体运算阶段,形象思维发达,抽象思维能力还未成熟,数学模型方法具体、形象的特点不仅符合小学生的思维特点,而且在提高小学生的问题解决能力方面也发挥了重要作用。

案例 6　一年级思维题:

小丽从 1 楼跑到 2 楼要 10 秒钟,那么她从 1 楼跑到 4 楼要几秒钟?

假如教师这样讲解:1 楼到 2 楼有 1 个楼梯需要 10 秒,从 1 楼到 4 楼只有 3 个楼梯,就需要 3 个 10 秒,即 30 秒。或许有一些孩子能听懂老师的意思,但是其他学生呢,绞尽脑汁也想不通:为什么从 1 楼到 4 楼不是 4 个楼梯,而是只有 3 个楼梯呢?

但是假如教师在黑板上简单地画一画:

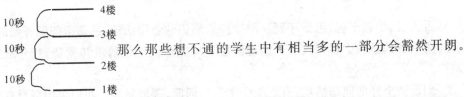

那么那些想不通的学生中有相当多的一部分会豁然开朗。

显然,把数学模型方法作为一种解题策略,打通了形象思维与抽象思维之间的"数学通道",能把本来只有小部分学生会做的数学,变成大部分学生都能完成的数学。这样的方法,何乐而不为呢?

教师是数学学习的组织者、引导者与合作者,在数学学习中教师要有目的地培养学生的数学思维。动手实践、自主探究和合作交流是学生学习数学的重要方式,教师要精心设计问题;优化合作过程;促进主动建构。

小学数学变式教学的操作思路

杭州市濮家小学教育集团　萧恩颖

一、变式教学的内涵

变式在教学领域,最初是指经常变换感性材料或事例的呈现形式。而后又形成了变式教学的概念,与变式训练不同,它是在教学中使学生确切掌握概念的重要方式之一。即在教学中用不同的直观材料或事例说明事物的本质属性,或变换同类事物的非本质特征以突出事物的本质特征。目的在于让学生了解哪些是事物的本质特征,哪些是事物的非本质特征,从而对一事物形成科学的概念。

目前,变式教学已经不再局限于帮助学生掌握概念。在数学教学中,除了概念教学外,还包括数学活动经验教学,由于数学活动经常镶嵌在动态的教学过程中,这就诱发了人们很自然地将变式迁移到数学知识的过程性教学中,用以突出数学的规律,或者把复杂问题转化为简单问题,然后通过概括使认识达到新的高度。变式教学中的概念性变式旨在使学生对概念获得多角度的理解,而过程性变式关注的是在数学活动过程中,通过有层次的推进,学生分步解决问题,积累多种活动经验。

在本文的讨论中,变式教学的内涵仅指小学数学的概念性变式、过程性变式及其教学操作思路。

二、概念性变式教学——对概念多角度的理解

(一)概念性变式教学的含义

数学概念是反映一类对象在数量关系和空间形式方面的本质属性的思维形式。数学概念所代表的是一类对象,而不是个别事物,它反映的是这类对象内在、固有的属性,而不是表面的属性。在这类对象的范围内具有普遍意义。因此,概念学习是学生数学学习的核心。数学概念教学中的变式主要包括两类:一类是属于概念的外延集合的变式,称为概念变式,其中又可以根据其在教学中的作用分为概念的标准变式和非标准变式;另一类是不属于概念的外延集合,但与概念对象有某些共同的非本质属性的变式,称为非概念变式,其中包括用于揭示概念对立面的反例变式,所有这些概念变式和非概念变式,我们统称为概念性变式。概念性变式是小学数学概念教学

中的重要手段,在教学中的主要作用是帮助学生"去伪存真",使学生获得对概念的多角度理解。

(二)概念性变式教学的操作思路

1.通过非标准变式突出概念的本质属性

和一般科学概念一样,数学概念是一种外延性概念。也就是说,每个概念都有一个明晰的边界,掌握概念意味着能够通过内涵去确定一个具体的对象是否在这个边界内。在概念的对象集合中,尽管从逻辑的角度看,每个对象都是等价的,但实际上,这些对象在学生的概念理解系统中的地位并不相同,特别地,一些对象由于其拥有"标准的"形式,或者受到感性经验的影响,或者在引入概念时的"先入为主"等原因而成为所谓的标准变式。非标准变式是小学数学概念教学中采用最多的概念性变式。

(1)非标准图形变式。如教学《梯形》时,通常教师都会给出一些非标准的梯形让学生识别(图1),以帮助学生排除标准图形所带来的负面干扰,避免出现误将"上底长、下底短,腰相等、无直角"等非本质属性当作梯形的本质特征的片面认识。

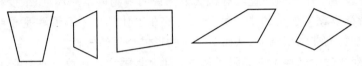

图1

在新课改背景下,教师更应发挥积极启发和引导作用,尽可能地创造条件,变"教师演,学生看"为学生自己动手操作,主动去探索数学概念的本质。以《梯形的面积》为例,教师可以引导学生用以下两种方式学习:

一是让学生把平行四边形沿直线剪成两个四边形,使它们都不是平行四边形(图2):

图2

二是让学生用半透明的长方形与三角形纸片重叠出四边形(图3):

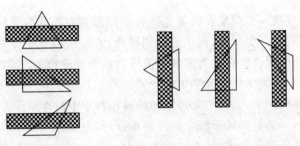

图3

同样是观察梯形的非标准变式,但观察对象不是教师提供的,而是学生自己动手构造的,两种方式都能使学生在生成性的操作与观察中动态地认识发现梯形的共同特征。这也说明变式直观的教学效果在一定程度上取决于学生的主动性及独立性的发挥。

(2)非标准语言变式。概念的非标准变式也可以通过语言表现。例如,为了使学生对因数的概念理解深刻,可用下面的变式材料:①18的因数有哪些? ②哪些数能整除18? ③18是哪些数的倍数? ④18能被哪些数整除? 其中①是标准形式,其他都是变式,但不管哪种形式,因数的本质"必须整除"始终存在。

又如教学"直角三角形"时,告诉学生"有一个角是直角的三角形就是直角三角形",然后让学生用这样的语言自己说说直角三角形,在为学生充分创造"说"的机会的基础上,教师可以用"判断"的形式,变换语言的叙述方式,引导学生加深对"直角三角形"概念的理解。教师可以这样说:"有一个角是直角的三角形叫做直角三角形。"教师也可以这样说:"有一个角是90°的三角形叫做直角三角形。"教师还可以这样说:"有两个角的和等于90°的三角形叫做直角三角形。"可见三种不同语言变式的呈现,诱导学生从不同角度加深对"直角三角形"这个概念的理解,拓展了学生的思维空间。

2. 通过非概念变式明确概念的外延

概念的教学除了在内涵上下功夫外,还应该使学生对概念所包含的对象集合有一个清晰的边界认识。要明确概念的外延就必须划清概念与其周边概念之间的边界,这里的一条有效途径就是利用非概念变式。教师应在教学中适当使用非概念变式,让学生通过辨析,从反例、错误中体会概念的本质属性,促进理解。

(1)非概念图形变式。以教学"平行"为例,在平行的概念"在同一平面内,两条不相交的直线"时,"不相交"是概念本质属性中的"强成分",而"在同一平面内"是概念本质属性的"弱成分",学生比较容易忽视。教师在教学中制作了这样的教具:将画有两条醒目平行线的纸板沿中间剪开,下半部分不动,旋转上半部分,使纸板错开,让学生看到两条直线仍然与本质属性中的"强成分"符合(图4),但却不平行了。因为它们不在同一平面内。

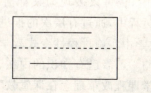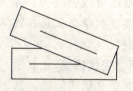

图4

实践表明,这样的教具演示,能使学生清楚地看到两条直线所在的平面,在实验和操作中体会"同一平面"与"不同平面"的区别,使学生对平行的本质属性有确切的认识。

（2）非概念语言变式。数学概念具有抽象性，学生对概念的获得往往又直接来自具体的感性经验。在概念教学中，非概念语言变式有助于学生形成正确、鲜明的概念。如在教学"梯形"时，在教学并巩固梯形概念的基础上，教师的表述可从"只有一组对边平行的四边形"变式为"有一组对边平行的四边形"，或者变式为"只有一组对边平行的图形"，让学生判断，一方面可以帮助学生建立相关概念之间的联系，另一方面也可以预防或者澄清学生在概念理解时可能出现的混淆。

3.通过两种变式使学生进一步理解概念

在实际教学中，上述两种概念变式也可以结合使用。例如"垂直"的概念辨析，图5中①是标准图形，②、③是非标准变式，④、⑤则是非概念变式，它们从正、反两方面揭示了垂直概念的本质特征。让学生看图作出正确的判断，从而达到多角度理解概念，确切地把握概念本质特征的教学目标。

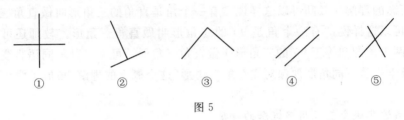

①　　　　　②　　　　　③　　　　　④　　　　　⑤

图 5

三、过程性变式教学——教学过程的有层次递进

（一）过程性变式教学的含义

概念性变式主要将概念作为一个确定对象进行教学，把教学对象看做是静态结构的数学知识，而数学教学中，除了概念教学外还有数学活动经验的教学，这种活动经验常常嵌套在动态的教学过程中，而静态的概念性变式往往很难反映这种动态的过程。在上世纪80年代初，顾泠沅教授提出了"过程性变式"的概念，并将数学变式从概念教学推广到活动经验的教学。

顾泠沅教授关于过程性变式的研究告诉我们：数学活动过程的基本特征是层次性。这种层次性既可以表现为一系列的台阶，也可以表现为某种活动策略或经验。过程性变式的主要教学含义是在数学活动过程中，通过有层次的推进，使学生分步解决问题，积累多种活动经验。在小学数学教学中实施过程性变式教学，旨在优化学生的学习过程，通过变式铺垫，建立学习对象与学习者已有知识的内在、合理的联系，使学生逐步获取知识和解决问题。这也是数学课程改革理念在课堂教学中得到具体落实的体现。

（二）过程性变式教学的操作思路

1.用于概念的形成过程

概念性变式局限于将概念作为一个既成事实（确定对象）进行教学，而实际上，每个概念都有一个形成的过程,让学生体验这个过程,特别是让学生了解引进概念的必要性,将有助于他们对概念本身的掌握。用于概念教学的过程性变式,与概念性变式的作用是不一样的,前者的目的是为概念的建构提供一个有层次推进的过程,而后者的主要目的则通常是对一个成形的概念进行多角度的理解。

例如,在方程的概念教学中,有两个教学难点,一是"平衡"的思想,二是"未知数"的含义。如果我们在教学方程的定义"含有未知数的等式"的基础上就给出概念性变式练习让学生判断的话,学生也能找出正确的方程,但学生对方程的理解只是形式的、外延的,并没有真正理解方程概念的本质属性。教师在解决这个问题时,可以利用一些过程性变式进行多阶段铺垫,逐步形成概念。

阶段一:用具体的事物表示未知量。

教师可以让学生尝试用直观的方法去解决具体问题,如:"四辆小货车一起运一堆重 22 吨的货物,运一次后还剩下两吨,问:小货车的载重量是多少?"这个问题可以形象地表示如下:

$$22 \text{ 吨} - \text{(四辆车)} = 2 \text{ 吨},\text{ 或 } 22 \text{ 吨} - 4\text{(车)} = 2 \text{ 吨} \tag{1}$$

阶段二:用简写记号表示未知量。

在阶段一的基础上,可以用字母"x"代替直观图形,从而缩写成简写记号形式:

$$22 \text{ 吨} - 4x = 2 \text{ 吨} \tag{2}$$

去掉上式中的单位,简写成:$22 - 4x = 2$ （3）

上面三类式子在某种意义上反映了数学史上形成代数符号系统的三个阶段,即从"象形代数"到"简写代数"再到"符号代数"。通过这个过程,不仅可以让学生体验到字母代数的简洁性,而且也建立了方程概念的基本模型,但这时学生对于未知数的理解仍然停留在具体的对象上,也就是说,学生眼里(2)、(3)式中的 x 表示的是具体载重量,而不是一般化的符号。为了使"物化符号"变为"抽象符号",教学中可以继续设置如下铺垫:

阶段三:用教学符号"□"代替物化符号"x"。

于是(3)式变为:$22 - 4\square = 2$ （4）

虽然从形式上看,(4)式离方程式的写法似乎远了,但实际上(4)式中的"□"更具有一般意义。我们可以把它想象成一个可以在其中填写数字的方框,让学生进行填数游戏,并考察填入哪个数时,符号的两边相同,让学生找到所需数值时,让学生明白,这就是我们要找的未知数的值。再回到(3)式,这时的 x 就不是我们所说的物化符号了,它已经转化为具有一般意义的抽象符号。通过这种游戏,不仅可以让学生理解"未知数"的本质属性,而且能让学会体会"平衡"的思想。

2. 用于问题解决的教学

过程性变式用于问题解决的教学,基本操作思路是教师使学生明晰问题的初始状态和目标状态,依据问题情景及其所蕴含的信息,通过联想、类比、阐释等相关操作,"将未知的问题化归为已知的问题,将复杂的问题化归为简单的问题。"但未知与已知问题,复杂与简单问题之间往往没有明显联系,因此需要设置一些过程性变式在两者之间做适当的铺垫,作为化归的台阶。

例如,在比较不规则物体周长教学中,学生已经在之前的活动中直观体验了图形的转化。接下来教师出示了两幅图(图6)。解决问题的关键在于找到未知图形周长和已知图形周长之间的变式。在这里,对图形的构造做如下变式分析,可为该问题的解决提供合适的铺垫(图7)。

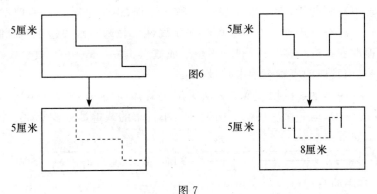

图6

图7

通过对问题的变式构造,使学生对问题解决过程及问题本身的结构有一个清晰的认识,这是学生积累活动经验,提高问题解决能力的一条有效途径。

3.用于建构特定经验系统

设置过程性变式的主要目的,是在数学活动经验的教学中,增加活动途径的多样性和活动过程的层次性。每个数学活动过程通常都涉及一个或一系列的过程性变式,这些变式就形成一个有层次的经验系统,成为认知结构的重要组成部分。小学数学中有一些比较适合让学生进行探究学习的内容,比如关于物体面与体的很多计算公式,它们既有相对的独立性,又有相互渗透的层次性。

以梯形面积公式探究为例,在此之前学生已经学习了长方形、平行四边形、三角形面积的计算公式,对图形的转化以及对转化的思路"将面积计算公式未知的图形转化成面积计算公式已知的图形"也有了一定的认识。这些都是探究梯形面积公式时可供利用的基础。

教学时先复习长方形、平行四边形、三角形的面积计算公式及推导过程,接着教师提出探究目标:找出梯形面积的计算公式。启发学生思考:

(1)你打算把梯形转化成什么面积公式已知的图形?

(2)你打算怎样转化,是拼补还是割补还是分割?

(3)转化后的图形面积与原来梯形的面积是什么关系?

(4)转化后的图形面积怎样计算?

(5)总结梯形的面积计算公式。

学生探究过程中每人备有两张完全相同的梯形纸片以及剪刀、尺、笔等工具,小组合作,教师巡视并适当给予指导。在汇报时学生想到的转化方法有很多,教师按照转化成平行四边形(两种)、三角形、平行四边形+三角形等进行梳理。(图8)

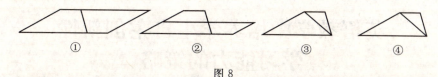

图 8

也有转化错误、失败的,如:划分成直角三角形和直角梯形,直角梯形的面积计算方法仍然是未知的,也无法拼补成长方形。或者划分成两个直角三角形和长方形,却没想到两个直角三角形可以拼成一个三角形,以致半途而废。

在探究中,各种转化变式的出现是随机的,由于学生思维存在着差异,因此想到的变式种类也存在着差异。教师的教学思路是学生能得出几种就出示、交流几种,如有缺失就启发感兴趣的学生课后继续探究。在探究中,有这几种变式:①$(a+b)\times h \div 2$;②$(a+b)\times(h\div 2)$;③$a\times h-(a-b)\div 2$;④$a\times h\div 2+ b\times h\div 2$ 等,不强求统一成梯形面积计算公式的标准形式。多样化的算法有利于开拓学生的思路,这也是实施过程性变式的目的之一。

不同学生的数学学习差异是客观存在的,构建经验的过程性变式关注的是学生的探索与体验。教师在教学中构建适当的变异空间,将同一个问题的不同解决方法作为变式,丰富学生问题解决的特定经验,对于学生认知结构的完善至关重要。

英语教学中培养学生自主创新性学习能力的策略

浙江传媒学院实验中学　胡师慧

随着中学英语教学改革的不断深入,英语课程标准已经全面实施。课程改革是国家提高民族文化素质、建构知识创新体系、追赶世界先进文化潮流的一项战略决策,也是国家改革人才培养模式,推进素质教育的必由之路。对教师来说是一次职业的革命,使教师面临着过去从未经历的挑战,传统的教师角色已由被动的实施者转变为课程的主动建构者。

21世纪,英语在国际上被广泛学习和采用,因此,英语成为中学的课程中必不可少的课程,在教学中必须培养学生的探究意识,教会学生自主学习的能力以及创新能力,不仅使学生学会,而且使学生会学,会举一反三地学,在实践中运用。

一、自主创新性学习的提出

"创新是一个民族进步的灵魂,是国家兴旺发达的不竭动力,一个没有创新能力的民族难以屹立于世界先进民族之林。"当今世界的竞争,是综合国力的竞争,实质则是知识总量、人才素质和科技实力的竞争,培养学生自主创新学习意识,是个长期的过程,也是改革教学中的方向。

自主创新性学习是一种全新的学习观,在基础教育中大力实施素质教育,指导学生走向自主创新性学习之路,提高整体素质,这将有利于社会与个人,更可为国民素质不断提高奠定坚实而牢固的基础。

英语自主创新性学习,是以学生为主体,积极培养创新性思维,改革传统英语教学方式,指导学生以已有学习的基础知识和基本技能为基础,运用一定的具体方法和程序,获得新的知识和技能的主动学习过程。在学习实践中逐渐形成和发展学生自主创新性学习的意识和能力,教师把培养自主创新性学习的动机和能力作为重要的教学目标。

二、英语自主创新性学习的特点

英语自主创新性学习的特点,表现在有着一定的预期性和广泛的参与性。

1. 预期性

预期性表现出思维的超前意识，教师能引导学生面向未来而学习，激发学生发散性思维及独创精神，能主动根据学习要求有效地选择学习内容、主动规划，能有创新性的发挥，具备捕捉信息与敏锐的理解能力，激发学生认知的内驱力，诱导学生积极思维，不满足于老师给予的答案。教师对学生要有充分的估计，清楚地了解每一单元的内容，即：要掌握词汇、句子、重点、难点、语法、概念等等。由传统的教师"主宰"的课堂模式变为"主导"式，教师成为教学的组织者、指导者、思维构建的帮助者、促进者，使学生的地位由"他主"变为"自主"，对自己有充分的认识，产生学习英语的兴趣，有自信心，主动探索新问题，实现自我调控，从依赖教师，迷信教材的习惯中解放出来；使之认识自己的主体地位，自我激发学习动机，主动地学习。学生有了学习的参与权、选择权、评价权，从被动的桎梏中解放出来，对今后走向社会有着对未来的美好憧憬和丰富的想象力，以及责任感。

2. 参与性

在教师创设的情境中，以学生为主体，进行生生之间、师生之间的交流，达到掌握运用所学知识的教学目的。可以采取多种多样的方式，如：对话、复述故事、个人朗诵、集体朗诵、扮演各种角色进行表演、把文章改编成小品、自创节目进行表演、还可以用多媒体进行实践活动等等。在师生的共同参与下，教学活动变得更生动、具体。如：九年级 Unit 8 I'll help clean up the city parks. 主题是：Volunteering。讲述如何给别人提供帮助，是助人为乐的好题材。当今大部分学生都是独生子女，如何学会助人为乐，显得尤为重要。学了本单元后，布置作业：根据单元内容，组成四人一组，扮成不同的角色，进行表演，体现出人与人之间的关心和爱护，并教会学生关心人，乐于助人，做文明的人，让学生明白：Being a volunteer is great！又如："三·八妇女节"，"母亲节"到了，教师向学生征求意见，如何给妈妈们过节呢，学生们七嘴八舌，热烈地讨论开了：有的说帮妈妈做事，有的说要好好学习，还有人提议给母亲制作一份节日问候的贺卡或礼物。最后决定以做贺卡来表示对母亲的爱，要求用英语写祝贺语，学生们运用学过的多媒体电脑制作本领，制作出一张张表达对母亲真挚的爱的精美的贺卡并展示，还评出了一等奖、二等奖、三等奖……

参与性教育重在培养学生的社会性。每个人时刻处在交往关系的网络之中，要展现自己的才华，实现自己的价值，积极热情地参与各项有利于社会进步和社会发展的社会实践，把握与现实人生密切联系的预期性。

作为教育工作者，要为教育对象提供有益的学习良机，要平等对待学生，沟通师生感情，教师要养成无微不至关心学生的态度，欣赏学生，鼓励学生有不同的意见，鼓励学生的创意，使自主创新性学习得到充分发挥，成为现代人具备的内在素质。

三、运用教材,进行英语自主创新性教学的运用

1. 学好基础知识,培养基本技能

运用已学词汇,拓宽会话内容,激发学生创造。

如:七年级下册 Unit 6 有关天气,这是日常生活的常识,而且气候是随季节的变化而变化的,要求学生能够说出并写出三、四句句子。

预习作业是:请收看电视节目,说出三、四个以上大城市的天气预报。老师事先给学生一些课外的词汇,例如:毛毛雨:drizzle,阴天:overcast,强冷空气:the strong cold,雷电:thunder and lighting,雷声:thunder clap,雷雨:thunder storm rain,雷阵雨:thunder shower,潮湿气候:humid atmosphere,风力:winds of force,小雪:light snow,中雪:moderate snow, 雨夹雪:sleet。

请根据收听情况,做出一则天气预报。

第二天上课,学生们先互相之间考查此单元中的一些短语、词汇、重点、难点句子可以看得出学生是做过准备的,达到了预期的效果,学生们基本上都能说出几个大城市的气象。下面摘录一位同学的气象预报:

Weather Report for the next twenty-four hours:

Most of South China is sunny. Guangzhou is sunny and Xiamen is having a sunny day. The temperature is 20—22.

In the Northeast,it is fine. The temperature is staying above zero in the day, but at night it is falling below zero.

In the Northeast, there is moderate snow. It is snowing heavily.

Shanghai is overcast.

Hangzhou is cloudy, etc.

又如:中国改革开放以来,越来越多的城市成为国际旅游城市,外国游客日益增多,处处体现运用英语的氛围,在教学中渗透文明教育更为重要,根据以上信息布置作业:请同学们编写一些在公共场所使用的文明标语。

第二天课堂上,学生分成几个小组,大家踊跃地说出自己准备好的标语,然后进行汇总:

1) It's a bad manner to spit in public places.

2) Please don't drop litter in streets.

3) Please don't talk loudly in a library.

4) No smoking and no eating food in a crowded bus.

5) Don't step on grass in a park.

6) Please speak in a polite way to people.

7) Please give your seats to the old、the young and the pregnant woman.

8）Try our best to make our city more and more beautiful!...

学生们把课堂上学的知识运用到实践中去，同时巩固了知识，也培养了文明意识。

综上所述，学生在老师的指导下，发挥了主体作用，尝到了自主学习的甜头，增加了一些自己的创意想法、创新意图。在学习的过程中充分体现了自主的主导性，变得愿意学习，更感到学有乐趣。

2. 培训学习策略，改善学习方法

运用教材内容，发展学生想象，深化教学主题。如：八年级下册 Unit 12 讲述有关学校的 School Rules，还有九年级 Unit 3 " Talking about what you are allowed. " 讲述的是学生可以允许做什么事情。通过学习，可以延伸到家规或者公共场所的一些公共道德意识，学会用 I'm sorry. Would you please...? Excuse... 教师在课前播放事先制作的多媒体短片，布置预习作业：请学生做出判断或评价，让学生自主地去发掘潜力，根据已学的基础知识和基本技能，从头到尾认认真真地预习，重新领略做人的基本道理，明白要学会尊重人，处理好同学关系，走出学校大门，要做一个有文明意识的公民。

通过这两个单元的学习，各个小组编写一个微型的对话，最好有表情，到讲台前表演，请同学作出评价。这作为一个回家作业。学生们用自主创新的学习方法，扮演各自角色，进行绘声绘色的对话，然后小组共同讨论，得出结论：同学之间的关系处理是要互相体谅的，要学会体恤别人，凡事要设身处地为别人着想，对人的说话要透出礼貌，适当运用点幽默。通过学习、对话表演，同学们很轻松地真正把学习作为一件开心的事，从中学到了知识，更重要的是学会了做人，学会了处理人与人之间的关系。人与人之间要互相关心，互相爱护，做一个有公德心的人。同时也提高了课堂教学中学生的参与意识，创造参与途径和参与深度，也培养了学生的阅读能力。

3. 培养创新个性，提高创新能力

运用科学家、奥运冠军、音乐家实例，营造会话氛围，激发学习兴趣。如：八年级上 Unit 9 这单元介绍的有科学家、发明家、奥运冠军、球星、音乐家。课前教师准备多媒体课件，展示系列短片，然后布置回家作业：上网查资料，寻找自己喜爱的人物，说出他们成功的秘诀。

在课堂上，把学生分成几个小组，让每个学生发言，并推举一位同学作为小组代表，向全班同学介绍科学家、发明家等的优秀事迹，与此同时，教师借此东风对学生进行热爱学习，善于观察，勇于创新，敢于实践的教育，要求学生向科学家、发明家学习，启发学生思考：要做到"热爱学习，善于观察，勇于创新，敢于实践"的关键是什么？学生们踊跃地举手发言：科学家、发明家具有观察能力强，具有好奇心，动手能力强，能独立思考问题，解决问题，会动脑筋，不怕苦，不怕累。此时，教师就适时地归纳：他们的共同特点是：有创造能力和实践能力，这两大能力的前提恰恰是科学家具有的自主能力，教师以此来调动学生的积极性，鼓励学生上课积极思维，自己动手做作业，有问题,先独立思考,如有难处可与同学讨论,更可以向老师提问。激发学习兴趣,激活了学生的主体参与性,促进了学生主体的能力发展。在编写对话时,能自己收集创设情景所需的材料,编入对话,使学习更趋生动、活泼,具有实效性。课堂气氛活跃,在 45 分钟内,人人不甘落后,表演非常精彩,真正达到了自主创新的学习目标。

学生有了自主学习能力,在学习过程中自然表现为主动、积极的状态,有助于改变目前学生学习过程中的盲目状态,有助于启发,引导受教育者内在的教育需求,创设民主、和谐的教育环境,从而有目的地、有计划地组织宽松的教育活动,培养学生对自身发展的自觉意识和能动作用,开发学生内驱力,不断创新,把学生推入到竞争的浪潮中去。

当今世界科学技术突飞猛进,时代变化的节奏加快,使市场经济的确立、发展加速竞争日益激烈,人类的生存环境呈现多变、多元、多彩的状态,时代需要人的独立性和自主性。要发挥学生主观能动性,把他们从应试教育的现状中解脱出来,使其具有"会学习,能生存,有创新"的学习能力,从而立足于社会。通过几年来的实践,使我感到新教材的新,它的与时俱进,越教越觉得新课程标准给我们指明了教学的方向,让我们不断地学习,推动教育事业,使我们的教育事业蒸蒸日上!

小学英语课堂教学的创造性拓展

杭州市求是教育集团浙大附小　林　娴

近年来,随着课程改革的稳步推进,教师的教学行为、学生的学习方式等都发生了较大的转变,小学英语课堂教学积极探索着教学设计的创新性。本文拟就小学英语课堂教学创造性拓展,谈谈个人的一点粗浅看法。

一、教学目标的全面拓展

新课程的教学目标改变了原先以语言知识传授为主的单一目标,转为"语言知识目标、语言技能目标、情感态度目标"的三维目标。教师在课堂教学设计时,既要考虑如何让学生掌握和运用语言知识,又要兼顾教学手段与策略的有效实施,还要关注学生学习过程中的情感体验。

如在设计《PEP 小学英语》Book 5 Unit 6 阅读课时,笔者制定了如下教学目标:

1. 知识目标:掌握 There be 句型的复数疑问句形式,能自如地提问及使用肯定形式和否定形式回答;能够书写对话中黑体字部分的句子。

2. 能力目标:能自行阅读课文,能和其他同学展开对话,就类似话题能创造性地编写对话,并能根据老师提供的阅读提升材料自主完成阅读。

3. 情感目标:通过本课情景的设计和相关对话及阅读训练,让学生真正体验到英语交际和阅读的乐趣,并培养学生热爱、保护大自然的美好愿望。

二、教学内容的合理拓展

教材是课程资源的核心部分,是教学内容的主要载体,为教学提供了清晰的教学体系。然而,没有一种教材能够完全满足所有学生的学习需求。教师应在扎根教材的基础上,适当拓展知识内容,使学生多方位地领略宽广的学习空间。

（一）语言内容的拓展,丰富学生的知识积淀

每一种语言的认知习得都是从学习词、句开始。小学英语教材中的单词、句型贴近学生日常生活,浅显易懂。教师应深入研读教材,充分预设,适时扩充一些相关词汇与句型,满足各个程度学生的需求。

[**教学案例 1**]　在教学 Book 7 Unit 5 What does he do A 词汇教学中,教师选取

了学生喜欢和熟知的"小丸子"一家成员为主线,当问学生:What are you going to be?发现有很多学生口是心非的随意应答。但有一名学生却大胆地说,这些职业他都不喜欢,他长大想成为像朗朗一样著名的钢琴家,因为他已苦练 5 年。这时教师就抓住机会,补充了 pianist 一词。然后课堂顿时议论纷纷,大家都争先恐后地想来谈谈自己的理想。

[案例分析]　本课虽拓展了不少有关职业的单词,但并没有要求学生一定要记住全部的词汇。实践证明,学生对感兴趣的词汇往往印象深刻。此外,教师在日常教学中也可以采用联想法进行词、句的拓展,如在教学水果类单词时,让学生试着形容一下水果的大小、颜色、酸甜等特征,既滚动了旧知,又发散了思维。单词与句型的整合和运用则可理解为另一种深层拓展。

（二）生活化语境的拓展,让教学内容成为有本之源

五彩缤纷的生活是语言的源头,又是运用语言的沃土。让学生将学到的语言知识进行各种生活化的活动演练,不仅可以把知识融入到实践中,而且还能搭起课本知识和学生生活的桥梁。

[教学案例 2]　在教学 Book 5 Unit 5 My New Room A 对话中,主要内容为一些有关家具、物品的词汇和 There be 句型。教师在拓展环节中,抓住了四川汶川大地震这一事件,让学生来做一做小小设计师的活动,为四川的孩子们重建校园。要求以小组为单位,画一画并说一说。

[案例分析]　教师充分把握了小学英语的教学理念,以学生生活经验为出发点,从现实生活中选取了学生最感兴趣、与教学内容相关的素材,同时深入挖掘教材中的生活化元素,让教学内容链接生活。实践表明,学生对源于自己生活的学习活动特别感兴趣,并有强烈的参与欲望。其实这样的实例非常多,如巧妙运用生活中的道具、模拟生活中的角色、再现生活场景、介绍身边的家庭、校园、城市及世界等等。只有将语言融入生活,它才会绽放魅力。

（三）文化的拓展,培养学生的多元文化意识

当今世界是一个多元的世界,教师应有意识地鼓励学生体验与所学语言相关的文化。如利用本校与多个国际友好学校的访问或接待活动,组织学生与外国小朋友们结为伙伴,开展书信交流;如利用课余时间,让学生鉴赏几个经典原版童话故事;如通过学校"校园英语日",结合西方传统节日 Halloween、Thanksgiving、Christmas等,开展一系列主题活动,介绍背景知识,渗透文化意识等等。英语教学不能只单纯地注重语言教学,还必须加强文化导入,重视语言文化差异对学习过程的影响。

三、教学方法的有效拓展

（一）阅读化拓展，为深层学习开发多重视角

《PEP小学英语》教材从四年级起，每个单元均有"Read and write"或"Let's read"内容，其中有对话也有短文，"Read"应理解为阅读理解而不是朗读，是让学生对前面所学知识的综合运用和拓展。但是仅靠这些课本的阅读材料是不够的，量太少，形式也太单一。为此，应根据学生的兴趣特长、知识水平，对教材的语篇资源展开外延性拓展，开辟课外立体课堂。例如每月安排半节阅读课，或鼓励学生开展课外阅读等。

[教学案例3]　Book 6 Unit 2 My Favorite Season 中的一篇"Read and write"，主要讲述了主人公 Zoom 和 Zip 在四个季节中的不同活动及对四季的不同喜好，全文紧紧围绕季节展开。在学完整个阅读材料后，笔者提供了一个来源于网上的关于四季 flash 故事，图文并茂，生动有趣。

Each season is different. Spring says," I am warm. I help the sprout come out. I give them my rain as a present. The butterflies love me. I give them the flowers as gifts. " Summer says...

[案例分析]　在教学中选用此故事，对四季的气候、食物、活动都做了大量的补充，大大吸引了学生的注意力。学生通过阅读，不仅拓宽了知识面，更为课堂学习内容做了很好的延伸。教师要立足文本，抓住有效时机给学生充分的阅读量，使学生的阅读面不仅仅停留在封闭的教室和狭窄的书本中。

（二）故事化拓展，为课堂教学提供宽广语言空间

爱听故事是孩子的天性，故事在语言教学中的作用是毋庸置疑的。故事的形象性、情节性和趣味性符合小学生思维发展的特点，运用故事拓展教学，有利于激发和维持学生的学习兴趣，有利于发展学生的想象力、创造力和语言运用能力有利于开发学生的多元智能。

[教学案例4]　Book 5 Unit 1 My New Teachers A 的词汇，主要内容为学习人物的外貌等一系列单词。在巩固环节中，笔者就以学生喜爱而熟悉的 Herry Port 为线索，从谈论学生自己身边的老师引到 Herry 的那些魔法老师，更加灵活地运用所学知识。之后又创设了 Snowwhite is lost 这一情境，让学生用已学的形容人物样貌的词汇，一起来撰写"寻人启事"，帮助七个小矮人来寻找白雪公主。

Lost（寻人启事）

Snow White is lost(丢失),

She is ___ and ___.

She has ___.

If you see Snow White, please

call me ××××××

tall kind young long/short hair big/small eyes ...

[案例分析]　案例中提到的人物或动物都是小学生喜欢并熟悉的,案例 4 能够巧妙地将教学重点通过故事人物描述来完成,图文并茂,色彩鲜艳。学生参与十分积极,也非常投入,真正达到了让学生用英语交际与做事的目的,把课堂变成运用英语和体验英语的舞台。

(三)活动化拓展,让课堂教学奏响欢快旋律

从某种程度上来说,没有活动就没有小学英语课堂,但活动只是获得语言知识的一种途径,其目的是通过活动让学生学会在真实的情景中运用语言。

1. 表演化拓展。在英语课堂教学中,角色表演是最常用的教学方法,而且是优化教学过程、增强教学效果所必须的重要因素,这样的教学实例举不胜举。美国的艾帕尔·帕拉别思曾指出:信息的总效果＝7％的文字＋38％的音调＋55％的面部表情和动作。

在学习"Let's talk"对话后,常见的教学环节是,教师通常让学生同桌或小组合作分角色表演。但仅仅停留在文本本身的对话操练就未免太呆板和局限了,我觉得可以通过创设情境进行范例演示或观看事先拍摄的录像等途径来实现。

[教学案例 5]　在教学 Book 8 Unit 2 What's the matter? A 部分对话中,在全班同学分角色朗读后,教师让学生观看一段自己身体不适的录像。然后请学生结合自己,展开合理想象,创编一则对话。录像内容为:

S：Hi, Miss Lin. You look so bad. What's the matter with you?

T：I have a fever, and my throat is sour.

S：Oh! Maybe you've got a cold. Sit down, please. Drink some water.

T：Thank you.

S：You should go to the hospital.

T：Yes, I will.

2. 调查与访问。"Make a survey"这一教学活动,在小学英语教学中运用的比较普遍,可以放在课内,也可以安排在课外。学生通常进行调查访问、搜集和处理信息、表达与交流等探究活动,完成教师提出的一些具有挑战的任务。激发学生的参与意识,培养学生的自主合作和探究情感。

[教学案例 6]　在教学 Book 5 Unit 1 My New Teachers B 部分阅读内容时,在布置任务前,首先和学生谈论学校里的各科老师,Which teacher do you like best? What's she / he like? Why? What subjects do you have on Monday? Do you like Math... 然后让他们做个调查,调查好朋友喜欢哪个老师,哪些学科。

3. 讨论与竞赛。讨论能使学生对事物或观点的了解更为清晰,思考更为深入。在讨论的过程中,学生间加强了交流,表达了自己的思想。竞赛更能激起学生的参与性,吸引学生的注意力,让学生享受到其中的紧张和乐趣,增强集体的凝聚力,活跃课堂的氛围。

[教学案例 7]　在教学 Book 5 Unit 4 What can you do? 时,正逢教师节的到

来。于是在课堂的结尾设计了 What can you do for our teachers? 的话题讨论。学生们精彩纷呈的回答给课堂带来了无限的惊喜与乐趣。

S1：I can clean the teachers'office.

S2：I can clean the teachers'bike / car...

S3：I can make a nice card / flower...

S4：I can give her a small gift.

...

4. 歌曲与童谣。如今的网络资源非常丰富，一个个画面生动、形象卡通的 flash 动画歌谣深受学生的喜爱。如在教学 Book 4 Unit 6 At a farm 时，可穿插 Old Macdonald had a farm 作为拓展，在 Book 3 教学身体部位名称单词时，可选用 Head, shoulders, knees and toes，在 Book 4 教学有关天气单词时，可欣赏 Rain, rain, go away，在 Book 6 教学月份单词时，可播放 The months 歌曲…… 有趣悦耳的歌曲与童谣数不胜数。只要教师做个有心人，善于收集与整理，及时合理的运用，英语学习就会变得轻松与愉快。

（四）练习化拓展，为学生发展提供有效途径

以往的教学经验告诉我们，灌输式教学可能会产生短时间内的效果，但容易遗忘。要使学生真正掌握知识，需建立在兴趣的基础上，并有适合学生的练习作业。小学英语的起始阶段学习以听说为主，但到了高段，适当地运用一些书面的拓展练习，有时也能达到较好的教学效果。

［教学案例 8］ 在教学 Book 7 Unit 2 Where's the cinema A 部分对话中，为了增加对话的真实性，教师呈现了一张自制地图，将学校周边的主要场所、马路、车站等展现给学生，然后请学生小组讨论，改编对话，最后向全班汇报表演。

如：S1：Excuse me! Where is the Zhejiang University?

S2：It's near. Go straight, then turn right. Walk for 5 minutes, you can see it.

S1：Thank you.

［案例分析］ 实践证明，课堂中当场练习的效果比课后布置要好得多。学生对刚刚操练过的句型印象深刻，有话可说，有话可写。练习的方式可多种多样，教师要灵活设计练习形式，避免过多形式单一、机械性的练习。

随着课程改革的深入，教师创造性地运用教材显得越来越重要。教师应不断提高自身的业务水平，突破固有的思维定势，从更高层次认识教材、活用教材和拓展教材，从而不断改进教学。

构建小学英语生活化学习场的实验研究

杭州市西兴实验小学　张　俞

一、课题的提出

小学阶段是学生情感性学习的关键时期,这阶段学生的学习带有很大程度的情绪化倾向。当学生对学习有浓厚的兴趣、好奇心和强烈的求知欲望时,不仅能产生积极的情感迁移,而且会使注意力特别集中和持久,学习和交往能力迅速提高。能不能培养学生学习英语的兴趣,关键在于英语学习氛围的构建。本实验着重探索小学英语教学的校园学习场及学生心理场建设,旨在探索小学英语学习氛围的构建,为学生提供一个良好的学习环境及宽松的心理氛围,激发学生学习英语的浓厚兴趣,使学生发挥学习的自主性、创造性。

二、实验的过程、结果分析

1. 实验的过程

样本选择　以我校四年级 58 名学生为研究对象。58 名学生随机分为实验组(30 例)和对照组(28 例)。实验组中,男 20 例,女 10 例;年龄 12 岁,学习英语时间为 1 年半。对照组中,男 18 例,女 10 例;年龄 12 岁;学习英语时间为 1 年半。两组差异无统计学意义($p > 0.05$),具可比性。

研究方法　两组学生均给予常规课堂授课,包括常规上课和课外辅导。对照组仅给予常规英语教学,实验组在常规教学的同时,给予英语学习环境的渲染,外部刺激和不同程度学习者的心理干预,力图构建英语校园生活化学习场。

观察指标　两组实验前和实验后区英语统测、各单元口语成绩;检查两组实验前及实验后英语水平;实验前和实验后第 2 个月学生对英语学习兴趣、学习主动性,学困生的心理状态。

判定标准　优秀:对英语学习有浓厚的兴趣,英语成绩提高明显,能说敢说英语。良好:对英语学习较有兴趣,英语成绩有进步,能主动参与课堂英语发言。合格:实验前后比较无差别或差别不明显。优秀、良好两者之和为总有效。

统计学方法　所有计量资料采用均数±标准差表示($\bar{x} \pm s$),统计处理先用 F 检验,再行 q 检验。配对资料采用配对 t 检验。数据分析采用 SPSS13.0 统计分析软件,$p < 0.05$ 为差异有统计学意义。

2. 两组有效性结果比较

实验组总有效率为 90.0%,显著高于对照组(60.7%),相比较有显著性差异($p < 0.05$)。结果见表 1。

表 1 两组有效性比较(例,%)

组别	n	优秀	良好	合格	总有效率(%)
实验组	30	19(63.3)	8(26.7)	3(10.0)	90.0*
对照组	28	3(10.7)	14(50.0)	11(39.3)	60.7

注:与对照组比较* $p < 0.05$

两组实验期均为 6 个月,实验结束后评价其有效性。四年级英语口笔试成绩合格率优秀率比较表明,实验组与对比组基础接近,但在实验中,学期考试的结果,实验组的合格率、优秀率全部高于对比班。合格率、优秀率相差幅度随时间的推移越拉越大。

3. 结果分析

经过一年多的实验,学生的英语素质显著提高,主要体现在:(1)口语水平提高很快。学生除了能对熟悉的内容进行问答外,能较好地运用日常用语与成人交谈,能准确地运用所学词语造句子,能用所学的句子创编一段对话并声情并茂地表演。(2)听力较强。学生能听懂教师的课堂用语,并迅速做出反应,能听懂用英语叙述的课文内容,能听懂简短的英语小故事和补充材料。(3)具备一定的阅读能力。学生能够自己预习对话及单词,能根据上下文初步理解对话大意,能规范地拼读音标,能借助工具书尝试读一些英语小故事。(4)具有较好的书写习惯和听写能力。学生书写字母、单词规范,能根据音标准确地拼写单词。实验课对实验班影响是明显而积极的,对学生课外的英语学习也具有一定的促进作用,能从心理层面提高学生克服英语学习中战胜困难的能力。

三、小学英语生活化学习场构建

孩子自主学习意识和能力的培养,是孩子终身英语学习能力养成的必要手段。因此,在生活化学习场构建时,如何渗透学生自主学习能力成为值得探究的问题。

(一)在单词教学中渗透学习策略的培养,激发学习意识

1. 单词新授

从学习外语的角度来看,使用直观手段解释词义可以使英语单词直接与实物建立联系,有利于培养学生用外语思维的能力。因此,在英语教学过程中,尤其是初学阶段,应尽量使用直观手段。如用实物揭示 book,pencil,desk 等词义,用模型揭示

car，bus，plane 等的词义，用动作解释 sit，stand，jump 等的词义，用手势解释 here，there，this 等的词义。在缺少实物和模型的情况下可用图画释义。

另外，教师在单词教授中，要做到词不离句，即单词的学习和句型操练相结合。如在教授 family 一词时，可以组织学生用已学的单词和句型进行一个活动"introduce my family"，这样的策略有助于培养学生的口头表达能力，同时在反复的操练中也加深了学生对 family 一词的印象。

2. 单词的记忆

教师应随时提醒学生词汇的记忆不仅是单词的词义和用法。所以在单词复习时，教师可有规律地将单词进行分类，可以借助某些词汇的联系，如词义方面，可把同一类的词合起来记：如 red，black，yellow 等颜色单词；从词的结构方面，可以把结构相似的词合起来记：如 wear，bear，hear 等；从词的用法方面，可以把有相似用法的词归为一类：如 finish，imagine，enjoy，fancy 等都是只能接动名词做宾语。

3. 单词的检测

检查学生的词汇量并不一定要通过考试、听写等方法，且这些方法往往较容易使学生走"死记硬背"的老路，教师可以通过个体和集体做游戏，让学生在轻松愉快的气氛中得到有效的复习和巩固。如(1)"抢读单词"：把集体分成若干组开展竞赛活动；(2)"单词接龙"：如 red—duck—kite—enemy 等。

(二)在合作学习中渗透学习策略的培养，培养学习能力

课堂中的小组合作学习应自然融入课堂教学设计中，在课堂教学中教师应有意识地围绕教学内容，创设便于小组交流的语境或情景，引导学生在小组活动中创造性地思维。

开展组内讨论是合作学习的一种形式。在教学过程中，教师要善于把握学生感兴趣的话题，如在教 The developing of televisions 一课时，教师可以设计一个问题：What's your attitude towards televisions? Is it good or bad? Why? 此类问题是日常生活中的问题，学生自然而然有话可讲。教师此时可以组织小组讨论，效果一定不错。

(三)在口语教学中渗透学习策略的培养，树立学习信心

1. 在听的基础上开展说的练习

教师在示范时，要做到准确，对一些较长的语言材料，为使学生做到听与思想结合，可以设计一些问题使学生始终处于活跃状态。

2. 鼓励学生开口，注意订正错误的技术

学习说英语，由说不好到说得好是一个发展的过程。在这个过程中说错是难免的，也是正常的。教师要从心理上解除学生不敢说，不愿说的顾虑，更要不断为学生创造轻松愉快的开口说英语的环境。在某些场合不要有错必纠，以免挫伤学生的学习积极性。对学生大胆说英语的习惯要及时鼓励，使他们敢说，敢读，不计较别人的嘲笑。

小学英语阅读教学中任务设计的原则与实施

杭州市西兴实验小学　邵荣竹

任务型语言教学作为一种语言教学模式,已受到广大外语教师的重视。这种学习活动以完成任务为基础,以目标为导向,学生在活动中真实地使用语言,以达到完成任务或解决问题的目的。Willis(1996)总结了语言学习的四个基本条件:一是要有语言环境,有大量的、真实的语言输入。二是要有使用语言的机会,要能使用语言做事情,交换信息。三是要有使用语言(包括听、说、读、写各类活动)的动机。四是理想的状态,应该有教学的条件,也就是有机会注意语言的形式。它的实施有三个步骤:(1)任务前——教师引入任务;(2)任务循环流程:①学生执行任务;②学生报告任务完成情况;(3)语言聚焦——反馈。

一、阅读教学中任务设计的原则

任务型教学对任务的设计有着较高的要求,教师应充分考虑到活动的可操作性,结合小学生的心理特征,符合以下原则:①情景性原则。②形式和语言功能相结合原则。③所设计的任务要由简到繁,由易到难,前后相连,层层深入的原则。④学生自始至终通过完成具体的任务来学习语言的原则。⑤任务要跟社会实际生活有联系,从而引起学生共鸣和兴趣的原则。⑥任务结果的可评价性原则。

阅读课中任务的设计要遵循这些原则,在完成这些任务的同时,阅读教学还应与审美、陶冶情操相结合。现行 PEP 小学英语教材中的 Read and write 和 Story time,其中蕴藏着丰富多彩的美育因素(如语言美、文化美、运动美等),教师可结合阅读故事进行审美教育,从而落实"教会学生做人"这一素质教育的根本目标。

二、阅读教学中任务的实施

英语阅读教学通常分为 pre-reading, while-reading, post-reading 三个环节。这三个环节相互紧扣、层层递进,不同的教学环节有不同的教学目标,这就要求我们在不同的环节设计不同的任务,不断激发学生的学习兴趣,让不同层次的学生不停参与,乐于参与。

1. Pre-reading

这一部分要求教师把学生的注意力集中到目标语言、话题、文化情景中来，激发学生的阅读欲望。笔者在实践中通常会做如下设计：

（1）预测任务。借助大屏幕向学生展示配套图片，让学生根据图片所提供的情景对课文内容进行预测。例如：PEP（五上）Unit3 What's your favourite food? B 中的 Read and write 一文，先向学生呈现图片，提出引导性问题：① What does the monkey like? ② Does the rabbit like grapes? ③ Why does Zip like carrot juice? 通过讨论，学生对故事的发生有一个大致模糊地了解，让他们结合自己已有的知识，进行预测，为确认自己的预测是否正确，学生充满期待地进行下一步阅读。

（2）头脑风暴。提出一个主题，让学生通过思考或讨论对所学内容相关的词语进行一番联想、拓展，既达到对所学知识的巩固，又为课文学习打好铺垫。如：PEP（五上）Unit6（B）中的 Read and write——About a village 在导入时，提出 What do you think of when you see "village"?

学生运用所学知识自由想象跟"village"相关的内容：rivers; bridges; clean water; blue sky; white clouds; green grass; mountains; 学生还会想到：run on the grass; go fishing; climb mountains; no tall buildings; fresh air... 这是一个学生用所学知识表达自己观点和思想的过程，谈论美丽的小村庄的同时，享受着来自乡村的风景，能够调动他们积极思考，引发他们学习新知识的动机。同时也引出了新的知识点，为接下来的课文阅读教学打下了基础。更重要的是，在一系列活动中，都围绕着环境美来展开，教师还可以借机提出"How to protect our enviroment?"的问题，开展环保教育。

需要注意的是，在实施这些任务的时候，要求学生能够有较高的参与热情，否则任务的完成将无法达到预期的结果。

（3）自由讨论。阅读前让学生进行 free talk，内容可以是学生自己定，也可以是教师提供。形式上可以是讲故事、表演、朗诵、谈论人物、事件等。例如：PEP Book7 Unit4A Read and write，笔者提出一个与学生密切相关的问题：Do you know your parents well? 并据此调查了一系列问题：

When is your father's birthday?

What does your father do?

Where does he work?

How does he go to work?

What's his favourite food?

……

在调查这一系列问题的同时进行小组竞赛，评出最了解父母的小组和个人，给予表扬，鼓励全班同学更多了解父母，适时地渗透"爱家人，爱父母"的情感教育。接着，引入今天的话题："Wu Yifan has an aunt and an uncle. Do you know anything about them?"由于前面的感情和语言铺垫,学生学习这段短文,丝毫不觉得费力,并且充满感情地学习这篇短文。

2. While-reading

通过这一环节的学习,学生将获取文章的整体信息。任务的设计既要让学生全身心的投入,又要注重培养学生良好的阅读习惯。

(1)信息沟任务。信息沟,是人们对人或事物的了解、知晓的程度存在差距,这一差距能使人产生进一步了解、知晓的欲望。信息沟任务是学生要完成多组信息互补,协商完成的活动。教师可以创造信息沟以促使学生投入到交际活动中去,促使学生带着对所需信息的渴求心理去运用语言。例如:学习 PEP book5 Unit3B 中 Read and write 中出现 What's your favourite fruit? 这一单元重点句型,笔者根据这一重点句型布置下面这项调查任务:

T: I'm a reporter. I'm from CCTV7. (问一学生)What's your favourite fruit?

S: My favourite fruit is grapes.

T: Now,you are the reporters. (调查开始)

见:调查表

Name	What's your favourite fruit? (在所选项上划√)
Tom	apple grapes banana orange pear mango
××	apple grapes banana orange pear mango
××	apple grapes banana orange pear mango

将学生分成 A、B 两组,将这两份表格分别发给 A、B 的学生手中,让学生通过询问对方填写自己需要的信息。在进行此任务时注意强调学生不可看对方的信息,必须通过英语交流来完成信息的交换。调查任务主要是沟通信息,具有学习自主性的特征,能给学生带来交流上的成就感,学生乐于接受。

(2)比较任务。学生对相似或相异的事物进行比较,找出相同或不同之处。可培养学生的观察能力,增强学生的学习兴趣,并锻炼学生的思维能力和口头表达能力。例如:PEP5 Unit1 My New Teachers 让学生通过比较 math teacher 和 P. E. teacher,找出两者的相同和不同点。这种比较还使学生了解了不同文化间的差异,如形容人不要用 fat,形容男士不能用 pretty 等,体现了语言的文化背景教学,学生对此很有兴趣。

(3)记忆大挑战任务。让学生在规定的时间内完成整个文章或文章片段的阅读,然后根据记忆完成信息、总结大意、复述故事或就文章内容进行问答。例如:在学习 PEP book8 Unit1A 中的 Read and write 时,笔者设计了小组合作阅读课文中的对话活动,教师用课件出示一些判断题:

①There are three monkeys. Two are big, one is small. （　）

②The yellow monkey is taller than the brown one. （　）

③The yellow monkey is stronger than the brown one. （　）

④The little monkey is 38cm tall. （　）

⑤The little monkey is younger. （　）

⑥The yellow monkey is about 150cm tall. （　）

⑦The brown monkey's tail is 40cm tall. （　）

⑧Ben is taller than the little monkey. （　）

⑨Ben is funnier than the monkey. （　）

先让学生浏览一下判断题,这样学生学会了带着任务快速阅读,既增加了对语言的理解,又培养了学生快速阅读的技巧。同时,记忆挑战还可激发他们的竞争意识,发挥大脑潜能。

3. Post-reading

做好这一步,师生应当具有一定创造性。教师可以要求学生利用作者所传递的信息,凭借自己的社会背景知识和生活经验,进一步理解和吸收读物中没有明确表述的,却又与主题有联系的思想和信息,这是整堂阅读课的点睛之笔。此时任务的设计要求能够把学生的思维进一步扩展,把学生的感情推向高潮,学生在完成这一阶段的任务后,对文章将有更深的理解,对语言的运用会进一步提高。

(1)实际性任务。语言源于生活,脱离实际生活的语言是不存在的,"任务型"教学是连接语言与实际生活的桥梁。教师教给学生语言形式,通过创设情景,让学生完成任务,培养学生自我把握语言功能的能力。

在学习"There be"句型时,由于小学生对物体的空间位置难以理解,进而难以掌握"There be"句型所表达的特殊含义。教师用本句型为学生写了一段介绍自家厨房的短文,尽管学生对"There be"句型没什么兴趣,但都想知道教师家的厨房是什么样子,于是认真仔细地去读,教师趁机让学生根据这段话画一个平面图,小学生对画画有极大的兴趣,生怕画错,所以读得格外仔细。课后,教师要求学生根据自己家的实际情况,用"There be"句型介绍一下自己家的厨房,他们对此有很大的兴趣。

(2)调查任务。就学生自身情况进行调查,或让部分学生进行角色扮演,其他学生对所扮演角色的某个方面进行提问调查,然后将调查结果汇报给全班学生。

例如:PEP book4 Unit6 Meet My Family 小组活动,让部分学生设想 20 年后的自己,其他同学扮演记者,对他们通过问题进行调查,并进行报道。

此类活动可发挥学生想象,激发他们兴趣,调动他们积极性,报道环节更能很好培养学生综合运用语言的能力,同时渗透了理想教育。要求教师在实施这一具体任务时对学生的要求更明确化,让学生尤其是初次接触此类任务的学生了解两者的不同,减少错误,增强信心,以利于今后参与活动的积极性。

Name	
job	
hobby	
favourite class at school	
...	

（3）创造性任务。创造性任务是学生在所学知识基础上自己进行想象、加工或创新的过程。创造性任务可以是几种任务的综合活动。不一定要当堂完成，可以延伸到课外。

例如：PEP4 Unit4（A Weather Report）

布置学生听当天的天气预报，中英文皆可，然后用英文说一段"Weather report"，可提供样板，Good morning. This is the weather report. It's warm in Beijing. It's cool in Lhasa. It's hot in Guangzhou. . . . 还可以提供难词和词组 South China，big cities，the weather，Beijing ，warm，cold ，hot，. . .完成后在班上进行展示，评出最佳天气预报。

以上任务的实践并非一定只能设置在 pre-reading，while-reading 或 post-reading 等具体环节中，教师可根据不同课程内容、不同环节特点设置符合教学目标、适合学生发展的任务。

三、结束语

任务型教学反映了英语教学从形式到意义、从知识到能力、从语言到文化的重心转移。任务型阅读教学是在观察学生参与各种学习活动表现并对其分类的基础上，逐步演变而成的一种既灵活、又操作性较强的阅读教学模式。任务型教学在阅读课堂教学中以学习任务为主线，以学生活动为主体，以教师调控、帮助为辅，不断让学生参与其中，让学生充满热情地主动学习。体现了"以学生为主体，以任务为中心和以活动为方式"的教学理念，对激发学生学习兴趣和培养学生英语运用能力起着重要的作用。

本文所列举的任务设计，只是笔者在实践过程中对前人经验的总结和运用，要提高小学阅读课的教学质量，还需不断探索，不断提升自身素质，以设计出更符合教学目标更适合学生发展的任务，促进学生语言综合能力的发展。

善用指读，辅助低段英语认读教学

杭州绿城育华小学　沈春玲

新课标小学英语一级读写目标要求学生能够在指认物体的前提下认读所学词语。小学低段英语教学中，单词和句型的认读教学既是重点又是难点。目前低年级学生在单词和句型的认读上普遍存在以下问题：能够流利地朗读课文，却不认识英语课本上单个的单词和句子；花很多时间去认读单词和句子，但是这些单词复现在新的课文里，却还是不认识。新课标指出：英语教师要根据教学目标、学生的需要以及当地客观条件，积极地和创造性地探索有效的教学方法。笔者在实践中发现，指读可作为教师的得力助手，辅助低段英语单词和句子认读教学。

一、指读的概念及作用

指读是指在教授单词、句型或者朗读课文时教师指导学生一边用手指着字，一边读出字的音，原则是按单词中或句中文字的顺序，手指要指准那个字母或字，并且眼睛要注意那个字，达到眼、手、口、脑综合运用。这样才能完成字音、字形的结合工作，使它们合二为一。

指读是帮助学生集中注意力和认识单词、句子的有效手段。指读让学生手有所指，目有所视，能唤起学生的有意注意，刺激大脑兴奋中枢，有助于学生迅速积极地处理学习信息。指读有利于儿童集中注意力，帮助他们把字音与字形对应起来，是一种行之有效的识字方法。一是由于低年级学生的阅读能力差，眼、脑、口不能很好地配合，教棒一指，学生的注意力就会集中。二是看形发音，音形结合便于学生识单词。同样，低年级学生指读句子和课文，有利于眼、脑、口的协调，实现音形结合，以读促识，提高识字效率。三是指读时，孩子能眼到、手到、口到、耳到，不认识的单词反反复复地映入其脑海中，无意中就会记住大部分单词的形。

二、巧用"指读"，辅助单词教学

1.巧用指读，连接单词的音和形

教师教授新词时往往是单词图片一起出示，然后指着图片教读音，再指着单词念读音。这时候老师已经是在运用"指读"。但是这种蜻蜓点水似的教法还不能让学生对所学单词有深刻的印象，如果下次碰到，可能还是认不出这个单词。如果我们在课堂教学上能够进一步巧用"指读"，将单词分音节指读，效果就不一样了。

案例1　新标准英语1A第一模块的词汇教学panda，orange，blue，yellow等，我都先制作好图文结合的单词卡片，然后将单词中的元音涂上红色轮廓，最后课堂上我采用了分音节并用手指读的教学方式：pan—da　o—range　blue　yel—low。

用手指着单词红色部分的元音先读，再指着辅音字母朗读，最后再合读。在认读这些单词的过程中，指读法可以让低年级学生在英语听觉能力较弱的情况下，听清楚单词里包含的每一个音素，从而降低学生模仿单词的难度，也能防止学生在模仿发音时漏音，提高读音的正确性。更重要的是，这样指着单词里的每一个字母或者字母组合对应着拼读单词，可以让学生感受到不同字母及字母组合都对应着相应的读音。课堂上长期坚持这种"指读"分音节拼读训练，学生就能够认识这些字母及字母组合，也自然会将将单词的音和形连接在一起，自然也会认读单词了。

2.巧用指读，反馈单词的教学效果

课堂反馈是提高课堂教学有效性的杠杆，它既能鉴别教学得失，调整教学策略，改进教师教学行为，又能够诊断学习困难，激发学习动机，监控和改进学生学习行为。喜欢做游戏是孩子的天性。激发小学生认读英语的兴趣是培养小学生英语认读习惯的首要任务。日常教学中我们巧用指读游戏，还可以反馈学生学习认读词汇的效果。

指读游戏："眼"捷"手"快

教师把当堂课上学过的所有新词汇集于黑板上或者是一张PPT上，然后指着单词一一带读，如果老师领读的音和老师手指的单词是相吻合的，那么学生就跟读，如果不相吻合（有错误），学生必须把老师手指单词的正确读音大声读出来。这样他们就顺利避过老师埋下的地雷，老师将被扣分。如果学生跟读了错误的读音，那么他们就踩到了老师埋下的炸弹，班级被扣分。

案例2　新标准英语3A第6模块第一单元学习了五个英语词组：go to the park，go swimming，play football，watch TV，read books.在采用幻灯片出示、领读、练习这五个词组后，我便将这五个词组汇集在一张幻灯片上（如右图所示），运用炸弹游戏来检测学生对这五组单词的认读和巩固认读。在游戏中我故意经常把watch TV和read books两个词的读音调换，让学生去辨

新词汇集图

别，因为这两个词组学生从没有接触过，在认读上会显得陌生和困难些，在炸弹游戏中，这两个词反复纠音会让学生关注其音和形。

这个游戏很受欢迎，对学生而言也非常有挑战性，他们首先要认读这些单词，然

后看老师的指读,再辨音、再给单词纠音。游戏巧用了教师"指读"、学生纠音的方法,有效地反馈了学生认读单词的情况。学生也在游戏中对单词进行了再认读。

3.巧用指读,引导单词语调

英语教学单词的学习最后都要用于交际,交际中的单词有不同的音调。所以在单词教学时,教师就应该有意识地把单词的音调渗透进去。低年级学生应该简单了解单词的朗读有升调和降调两种。在指读单词时,教师可以在单词整体朗读时巧用手指作出相应的降调和升调手势,学生会在模仿朗读的同时更加明白单词的朗读语调。例如:father ↗ father ↘。

三、妙用"指读",辅助句子教学

1.妙用指读,连接句子音与形

英语是一种拼读语言,由字母构成词,由词构成句子。句子的认读教学就是要逐步培养学生按意群进行认读甚至按句子来整体阅读。在教学中巧妙地运用"指读"帮助学生将句子的音和形连接起来,让学生能把听到的音和书本上所对应的那个单词或是句子指出来。

新课程每个模块都围绕一个主题讲述一个故事。课文里有很多长句成为了低年级学生课文朗读的绊脚石。然而巧妙地运用指读,从句子的末尾开始逐字往前练习,句子朗读的困难将轻松解决。

案例 3　新标准 2B 第 3 模块第一单元有这样类长句:We have music and Art in the afternoon. 对于二年级的学生而言这个长句很难读好。笔者就把这个长句写到黑板上,然后指读长句,从句子的末尾开始练习朗读,先点着句子末尾的词让学生练习朗读 afternoon,后是 in the afternoon,接着朗读:Art in the afternoon. 再朗读 music and Art in the afternoon。最后朗读 We have music and Art in the afternoon. 这种从后面单词点起开始朗读的方式,学生很有兴趣。读过几遍之后,学生就能够流利地朗读出这个长句,还能够用这个句型回答我提的问题。

这个长句学生能够流利地朗读出来,首先由于"指读"让学生认清了句子里的每个单词,将句子的音和形连接了起来。其次,从末尾朗读的方法让学生产生兴趣,学生觉得这样指读句子非常有意思。最后,从末尾开始指读句子让学生将末尾最难词语都读流利了,困难也就解决。妙用"指读"可帮助学生在句子的学习上达到事半功倍的效果。

2.妙用"指读",巩固句子的朗读

在语言的习得过程中,遗忘快是很多人的切身感受,而小学生有意注意力差,更容易将课上学得的知识忘记。为了巩固学生对句子的认读,在句子的教学中,我设计了"指读"活动,效果颇好。

活动一：指指、点点、读读

这个活动是在句型新授完毕之后，让学生听句子在课文中找到相应的句子并用手指出来，同桌之间相互检查，答案是否正确，大声地朗读出来。

案例 4　新标准第三册第八模块：How do you go to _____? I go to _____ by _____. 第一单元可第二单元的主要句型就是 How do you go to _____? I go to _____ by _____? 在出示新句型，带读和引导学生理解句意之后，我就让学生翻开书，听课文录音，并且边听边用笔点着课文心里默读，并把 How do you go to _____? I go to _____ by _____. 这个句子画上横线。听音完毕之后，学生向我汇报。汇报结果如下：How do you go to school? I go to school by car/ by bus/ by bike/ on foot.

这项活动效果很好，学生也很感兴趣，因为这种"听音、找句子、指读"的活动不是很难，学生基本上都能够找到句子，他们很有成就感。这个活动可以检查学生对句子的认读，也可以加深对课文的熟悉程度。

活动二：你指、我指、大家读

这项活动是在课文朗读时，老师领读课文，学生用手点着跟读；或者是学生听录音指着课文跟读。生生之间，可以是同桌合作，一个学生读句子，一个学生把句子指出来，这样的活动不仅可以巩固新学句型，还可以锻炼学生听说能力。

活动三：指读接力赛

这项活动适用于检测学生的认读能力。教师把课文领读完毕之后，然后把课文投射到电视大屏幕上，以小组为单位请学生到屏幕前接力指读课文，每个学生指读一个句子，小组竞赛。指读接力赛中每个学生虽然只指读一个句子，小组合作完成一篇课文的朗读，但是在指读接力赛中教师可以检测到每一个学生的认读情况。

3. 妙用"指读"，引导句子语调

低年级的孩子学习英语，课文录音的模仿是一项非常重要的学习任务。英语中用于表达思想的句子可以用不同的语调读出说话人的心情：高兴、伤心、无奈、怀疑、命令、愤怒等。这些表达情绪的句子在口语中就会用升调和降调、升降调或者降升调读出来。学生在模仿课文的录音时，由于录音速度快，学生很不容易把握好句子的调，很容易搞混淆。在指读的同时，用手指来帮助学生导向句子的升降调。学生就能够准确地把握语调，将课文模仿得像。

案例 5　新标准 2B 第 4 模块第二单元课文的模仿朗读。课文里是 Amy 和妈妈的对话。Amy 已经饿了，可是晚餐时间还没有到。Amy 只好饿着肚子等待，终于到了晚餐的时点了，Amy 又兴奋又急切地准备吃晚餐。

这段对话虽然不算长，但是表达的情绪却有多种，所以录音中说话人的语调也是不停地变换的。录音速度快，语调变换多。为了能让学生模仿得像，我先是让学生静听录音，然后是把课文放到投影仪下，让学生边听，我边指着课文中的句子用手指的高低走向来引导学生的朗读。经过 15 分钟的训练之后，学生能够很好地理解这段对话并能够很好地将这段对话模仿出来。

四、慎用"指读"的考虑

运用指读法能够有效提高学生注意力,能让学生提高认读能力,提高学习效率。但是,随着学生年龄的增长,英语词汇量的累积增多,英语程度加深,这时教师要培养学生整体的认读习惯,为以后的快速阅读打好基础。这时指读的方法就不再适合了。"指读"是一种认字方法,不是阅读方法,认读课文后朗读时,应当不用手指,长期运用指读来进行阅读,会影响阅读的速度,养成不良的阅读习惯。

给予个性沐浴 收获别样精彩

——小学英语"个性化"作业的设计与实施

杭州市西兴实验小学 陈 华

一、问题的提出

现在小学英语作业在布置上普遍存在两个极端:一是作业布置随意性较大,缺乏系统性,作业形式单一乏味,抄抄、背背的机械练习较多,很少考虑学生的天性;二是在"减负"口号的影响下,不布置课外作业。为此,我们一直在思考这样一个问题:如何个性化地设计作业,并结合可行的作业评价,让学生幸福地享受作业,而不是让作业成为他们的负担。本文从个性化作业的设计、实施、评价等几方面来展开。

二、个性化作业的设计类型

1. 设计趣味性作业,发展学生语言能力

传统作业大多围绕教学大纲设计,很少考虑学生的个性发展或兴趣特长的差异。依据"多元智能"理论,教师在设计作业时,应该充分考虑学生的个性发展。比如,让爱好表演的学生根据课文内容自编英语短剧,在练习英语口语的同时发展其表演能力;让有美术特长的学生根据所学内容进行英语单词卡片的制作,或根据英文意思展开想象进行思考创作;让喜欢音乐的学生根据所学英文进行歌曲的简单创作或套用,利用音乐的特质和自己的音乐特长巩固和促进英语的学习。

在教了 recycle 中 Let's act 后,我们给学生布置了下列作业:制作一本小人书并表演其情节。学生自由组合,擅长美术的学生负责设计和书写,有表演天赋的同学担任小演员,有音乐特长的学生自告奋勇当"小音乐制作人"。大家都不甘落后,小组竞争相当激烈。

兴趣是学生作业的内驱力,因此,对看电视抱有浓厚兴趣的学生,可以让他们在看电视的同时注意收集电视上与学习相关的英语信息,或是电视台图标中的英文设计等;让喜欢吃零食的学生收集食品包装袋上的简单英文说明;让爱好打电脑游戏的学生阅读理解游戏中的英文说明;等等。这样,就能让学生将英语学习融入到自己感兴趣的事情中,做到寓学于乐,学习与兴趣发展两不误,使学生对英语学习产生浓厚持久的兴趣。

2. 设计创造性作业,点燃学生思维火花

教材为学生提供了大量的儿歌、歌曲、故事等学生感兴趣的教学内容,教师除了布置有声作业外,还可设计如"儿歌新创"、"故事新编"等要求创新的作业。如学了"This is the way I brush my teeth"这首歌曲后,教师可以要求学生重新填词,进行一场"老歌新唱"的演唱会,学生利用学过的或自学的一些日常生活的动词词组,编出一首又一首新歌,大家跃跃欲试,边唱边演,热情高涨。

3. 设计交际性作业,促进亲子活动与同伴互动

交际性任务的设计要遵循信息互补的原则,教师在设计任务时应想放设法让学生运用语言去获取信息或传递信息。教师让学生以小组为单位,表演课文内容,或改编课文内容,表演短剧,与指定的合作伙伴打电话或互发 e-mail 等,这样的合作性学习满足了学生自我表现的欲望,充分发挥了他们的学习主动性。

如学生学完 My Home 这一单元后,我们设计了这样一个课外任务:先与父母共同设计一个理想家园的房屋结构图,并给每个房间标注英文名称,再用教师提示的句型"(1)This is my home, there is... there are... (2)I like a flat with... (3)I want my home with..."来表达自己的意思,最后带着各自的意愿和设计图参与学习小组的讨论,推选出"最经济房屋"、"最美观设计"。这个任务既培养了学生用英语获取信息表达意愿的能力,又培养了学生的审美情趣及对"家"的理解与爱护,一举多得。

4. 设计层次性作业,尊重学生个体差异

在布置作业时要考虑到学生学习能力的差异,根据优等生、中等生、学困生三种情况进行作业设计,既让学困生跳一跳能摘到"果子",又能保证优等生免受"饥饿"之苦。我们可根据教学目标将作业设计成 A、B、C 三个类别。其中,A 类作业偏重于综合能力的运用,C 类作业偏重于基础知识的巩固和积累,B 类作业介于两者之间,学生根据自身学习水平选择作业。

比如,学了 My Family 中的 Let's talk 后,给学生设计以下三类作业,让学生自选一题。A 类作业:学生可以自由想象设计一张全家福(a family photo),然后描述照片;B 类作业:由两个同学自由组合表演文中的对话(dialogue);C 类作业:能看着课本听懂录音,选择部分片段进行表演。这样的作业设计能满足不同层次学生的要求,能力强的可选择难的做,能力弱的可以做简单的。值得一提的是,布置这样的作业,我们不能硬性规定哪些学生做哪类作业,否则会伤害学生的自尊心,而要让他们自主选择,要让每一位学生都感到"我能做,我会做",从而体验成功的喜悦。

5. 设计运用性作业,促进学生应用

(1)写一份假期旅游探亲计划:学生学习了"What are you going to do?"这一句型,回家和家长一起商讨后写一份假期的旅游探亲计划。

(2)写一篇小文章:学生学习了 Family Tree, My Bedroom, My Friends 等文章后,自己写一些介绍自己家庭、家居或人物等短文。教师鼓励学生积极向《英语周报》、《大家学英语》、《小学英语》等各类英语报刊投稿,提高他们的写作热情。

6. 设计生活化作业，开拓学生思维空间

小学阶段所要学的英语，与日常生活紧密相关。

日常生活型作业一：水果、学习用品、家庭成员名称、家庭生活用品等在生活中随处可见。学完这些单词后，教师可要求学生们将这些物品归类，贴标签，如 book，pen，table 等。为了美观，学生们用心书写单词，贴在各类物品（或图片）上，布置成一个个美丽的小房间、小文具店、小家具店等等。这样既能帮助记忆单词，也能提高书写水平。

日常生活型作业二：在我们生活周围，可以发现许多英文商标、中英文广告、标牌，我让学生随时留意，自己去收集、摘抄。学生兴趣盎然，反馈回来的作业十分丰富。如 CCTV（中央电视台），MADE IN CHINA（中国制造），等等。还可推荐学生收看一些英语动画节目，如"小太阳俱乐部，巧虎英语"等，这样学生既欣赏了节目，又学到了英语，可谓一举两得。这样不但可以提高兴趣，增长知识，还能培养良好的习惯和自觉学习的意识。

三、个性化作业的评价

（一）作业完成个性化

在作业设计个性化的同时，也要考虑学生完成作业过程的个性化。个性化的作业在完成方式上必定有所创新，不会是统一时间统一上交作业本的传统模式。过程个性化要真正让学生通过体验，获得传统作业无法获得的发展优势。

1. 自主选择作业内容

以自主为原则，增强作业内容的可选择性，把作业的选择权交给学生。每个学生根据自己的兴趣爱好，从个人实际出发选择作业的内容，可以是适合自身特长的作业，可以是自己比较有兴趣做的作业，也可以是适合自己水平能力的作业。在完成作业的过程中，全体学生都可获得成就感，同时也能激励学困生的学习积极性。

2. 自主选择作业数量

在布置作业时，教师应考虑大多数学生的情况。而在选择作业的过程中，学生可以根据自己的实际情况决定作业的数量。比如，学生可以在保证质量的情况下，申请减少或增加单词记忆和抄写、课文朗诵、对话朗诵等的数量。

3. 自主选择作业完成方式

自主性作业应当允许学生选择完成的方式，可以在与爸爸妈妈的合作下完成，也可以和小伙伴合作完成。比如，和爸爸妈妈一起办一张英语小报，分角色进行对话，和同学一起完成英语短剧的排练和表演，等等。

自主选择作业的内容、数量和完成方式，体现了作业的层次性和弹性化。困难学生需要比别人花更多的时间才能完成的学习任务，可以让他们自主选择作业的完成方式和完成时间，这样可以提高作业效果并兼顾学生的个性差异。当然，对自觉性不高的学生,要有切实可行的措施保证其作业的质量,不能放任不管。

(二)作业评价个性化

无论作业设计的内容多么新颖,方法多么先进,如果在评价方面依然如故,新内容和新方式的价值就根本体现不了。因此,改变作业的评价方式十分重要。

1. 根据能力差异实施评价

评价是为了让学生认识自我、树立自信。评价体现个性,可以让不同层次的学生获得不同程度的进步。对困难学生要多采用表扬性评价用语,如"Much better than before.""Try your best, you are clever.""You will do it better next time."教师要寻找他们的闪光点,及时肯定他们的点滴进步,从而调动他们学习的积极性。对一般学生要采用激励性评价用语,既揭示不足又指明努力的方向,促使他们努力向上,如"I am sure you can.""You can do it well, come on!""Well done! But try to make your handwriting nicer."对优秀学生要采用竞争性评价用语,坚持高标准、严要求,促使他们要更加严谨、谦虚,不断超越自己,如"Do you want to be the best? Then don't stop.""You may work more carefully next time."评价不仅要鼓励不同类型、不同层次学生积极参与到学习活动中去,而且要努力张扬个性化的学习品质。

2. 根据作业差异实施评价

教师在批改和评价中,要尊重学生的想法,换位思考,保护学生完成作业的热情,理解学生完成作业时的心理状况,多给予肯定和表扬。如,对于对话、朗读作业完成得好的,老师可以奖给红五星或笑脸,并放入他们的学习档案袋;对于书写工整、字体优美的笔头作业,鲜红的"Wonderful handwriting"是给予学生最好的礼物。此外,对于难易程度不同的作业,学生所花费的时间和精力各不相同,教师应根据作业的类型、完成的质量等进行综合客观的评价。

3. 增强评价自主性,实施多元评价

笔者改变过去单一主体的评价形式,让学生也参与到作业评价中去。采用学生自评、小组互评、教师总评等多主体评价,让学生通过这样的评价,及时纠正自己的错误,指出别人的错误,正确评价自己与他人,真正培养学生主动探索的主体意识。教师也可以让家长参与评价,请家长对孩子在家中、学校的表现作出正确客观的评价,真正实现评价主体多元化与评价结果真实化。

作业是课堂教学的补充和延续,是学生巩固所学知识的手段,也是英语课程改革的一个重要内容。个性化作业为布置作业提供了一条新思路。实践证明,通过个性化作业的实施,学生学习英语的积极性提高了,越来越喜欢老师布置的英语作业,每个学生都获得了不同程度的成功。当然,每一种新的教学方法都要经过不断磨砺才会趋于完善,个性化作业也一样。如何更好地发挥它的作用,并使其不断发展与完善,还有待于我们广大教师不断探索。

小学英语学业评价的实践研究

杭州市萧山区育才小学　曹　丹

一、小学英语学业评价的理论与现状

《英语课程标准》明确提出："对学生的评价要采用形成性评价与终结性评价相结合的方式。既关注结果,又关注过程,使对学习过程和对学习结果的评价达到和谐的统一。"科学的评价能使学生在英语学习过程中不断体验进步和成功,认识自我,建立信心,促进学生综合运用语言能力的全面发展;使教师获取英语教学的反馈信息,对教学行为进行反思和适当的调整,促进教师不断提高教学水平;使学校及时了解课程标准的执行情况,改进教学管理,促进英语课程的不断发展和完善。从评价时间来看,评价贯穿于学习的全过程;从评价内容来看,包括对学生用英语进行听、说、读、唱、演的技能和综合运用语言进行交际的能力进行检测;从评价方式来看,是由师评、生评,自评与互评有机组合进行;从评价性质来看,属于包含进步测试、诊断性测试、学业成就测试等多元性质的测试;从评价的功能来看,"形成"和"改进"是英语评价的主要功能。

随着时代进步与社会需求,我区已将英语设为小学阶段的主要学科,打破了以往语文、数学占主导地位的局势。但是考试指挥棒的作用仍然使我们的基础教育处于"涛声依旧"的现状。如今,我区小学英语实行期末抽测,许多教师一味关注学生的考试成绩,忽略了学生学习英语的综合能力的培养,这无疑给我们的孩子施加了无形的压力,对学生的学业评价也会有所偏差。为了让学生拥有一个愉快轻松的学习环境,并能在其中享受学习带来的乐趣,打下坚固的基础,掌握灵活的语言运用技能。因此,有必要对小学英语教学实施多元评价,即建立多样化和可选择性的、能注重学生个别差异、更能体现以人为本的评价模式。

二、小学英语学业评价的实践研究

对小学生学业状况进行评价,首先要加强对学生学习状况形成过程的评价,这种评价主要通过形成性评价进行。其次,要对学生经过一定阶段学习的结果进行评价,这种终结性评价主要通过展示性评价和水平性评价进行。根据课标精神和课程改革的要求我们制定了小学英语学业评价体系表（见下表）。

小学英语学业评价体系表

小学英语学业评价分类	形成性评价	课堂评价
		作业评价
		录音评价
		家长评价
	阶段性评价	步骤：单元笔试评价→ 单元口试评价→ 单元自我反思→ 单元小结
	终结性评价	综合评价
		期末检测

九层之台，始于垒土；合抱之木，生于毫末。通过多元评价在小学阶段的实施，初步培养了学生良好的学习态度和策略，将为他们的可持续发展奠定坚实的基础。根据英语课程标准的基本理念，结合纲要的学习，我试着采用以下一系列评价手段来评价学生的学习和自己的教学。

（一）形成性评价

1. 课堂评价

主要是记录学生的课堂表现。它包括学生的问答、对话、朗读、游戏、比赛、会话等活动。一方面，教师在课堂上不要吝啬你的表扬，要适当地运用评价的作用。平时课堂上对表现好的同学，可以用"Good"，"Great"，"OK"，"Very good"，"Excellent"，"You are clever!"等。当学生取得一点儿进步就要抓住时机利用评价的积极作用，特别是平时不怎么活跃的学生更应夸张一点，使学生在英语的学习过程中体验进步与成功。另一方面，学生在课堂每完成一项活动或任务，就可以给自己加一颗星，在家长、教师和自我督促下不断进步。教师除了多用鼓励性的语言外，可利用小学生争强好胜的心理特点，在教学的各个环节引入竞争机制，设计各种奖项。为了便于评价，可采用小组合作学习的方式进行评价。哪一组参与积极、纪律好、表现好可得集体奖。这样既培养了学生的合作意识又培养了学生的集体荣誉感。

2. 作业评价

作业评价分校内作业和回家作业两大部分。凡是作业全对，书面整洁，就能得☆；回家作业中如遇到△作业，就是选择性作业，可做可不做，如果选择做了且正确，便能另得 1 颗☆。针对学生能力的不同，设置星级作业，选择适合自己的作业并完成，便能得到相应的☆。所有作业所得☆，每单元统计 1 次，并计入学业成绩统计表。

3. 录音评价

录音评价即"悄悄语评价"，是只存在于学生个人、家长与教师之间的一种评价形式，即要求学生将一星期内所学课文按老师的要求录在空白磁带上，并将磁带每星期交给老师检查。老师在听完磁带后，将评语也录在磁带上。评语以鼓励性为主，如"你的作业完成得真不错，可要坚持哟!""你的作业完成得较认真，但你 it 与 it's 的发音不够清楚，老师希望你再听几遍录音，明天与老师当面交流，好吗？加油!"录音评价这种独特的形式，它的优点在于：（1）能满足初学者的好奇心。一般情况下，作业无外乎是口头的和笔头的，像这种录音形式的作业极少见，他们在做这样的作业时很新奇；能听到自己读的英语，令他们对这项作业充满神秘感。（2）能引导学生多说，多辨。每个学生都有向上的一面，为了能让自己录的音听起来更好，他们势必多练几遍，尽全力以最佳状态投入；而且通过录音，也可使学生自己在与原磁带比较时，找出自己的语音、语调错误之处，加速其良好语感的形成。（3）能帮助那些胆小的学生消除害羞心理，避免上课时讲错的尴尬场面，在培养其自信心上能起到相当大的作用。

4. 家长评价

家长也是教育评价的主体之一，因为家长既是教育活动的直接参与者，也是教育结果的重要责任者。家长对学生，对学校以及对整个教育都会经常做出自己的价值判断，并直接对子女做出经常性的评价。

（二）阶段性评价

按步骤实施：

1. 笔试评价

每单元结束，针对学生的学习情况进行单元检测，即笔试评价。目的在于让学生对自己本单元学习情况有个大致的了解及回顾，也能让教师及时反思自己的教学。

2. 口语评价

口试可以考查学生运用语言进行实际交际的能力，可看出学生语言的熟练程度。口试的重点应落在语言的标准、语调的自然、语速的流利及语言的运用上。口试可分为单元口试和期末口试。单元口试内容分 2 大部分，个人基础朗读和 4 人小组场景会话，场景会话内容由小组成员根据单元主题编写，经老师审核后进行。期初每班选出 8 位英语口语能力较强的学生进行指导，分成四组口语评委，每组评委负责 1 大组的口语检测。评委到老师处测试。

3. 自我反思

每单元进行完笔试、口试评价后，学生联系自己的平时表现，进行单元反思小结；教师根据学生的各方面表现，联系实际书面数据，反思改进教学方法。

（1）学生反思。学生反思主要是引导学生对自己的学业作出评价，提出今后进一步端正学习态度、改进学习方法、提高学习能力的计划或打算。写成反思日记，交到老师处，由老师对学生的自我评价进行再评价。也可以让学生在同学中交流，强化自我反思的成效。

（2）教师反思。主要针对学生的学业情况，从培养学生学习兴趣，激发学习动机；运用多种方式，组织实施教学；组织开展活动，丰富学习内容和形式等几个方面进行自我评价,并就改进教学方法,提出自我完善的方案。

4. 单元小结

单元小结,即对学生进行几个方面的单元综合评价(平时作业评价、笔试评价、口试评价等),全方位地了解一个学生的单元表现,并发放单元表扬信,记入学业评价表。这样既鼓励学生取得优秀的成绩,也为学生学习下单元提供了动力,指引了方向。

(三)终结性评价

1. 综合评价汇总

注意将评价坚持到底,为学生建立一份学习档案,将每学期学生的自评、互评、教师评价和家长评价以书面形式进行汇总,做出学期综合性评价。

2. 期末检测

期末检测评价通常与区别优劣,分出等级联系在一起,容易引起评价对象的焦虑,因而备受人们批评。但有研究表明:适度的焦虑可以提高学习兴奋度。更何况终结性评价也是检测学生语言综合运用能力发展的重要手段,较好地反映出教学的效果,所以,期末检测评价还是十分必要的。在实际操作中,我通常也采用"口试、听力和笔试"等形式。

小学中、低段基本以形成性评价为主,形成性评价占 80% 左右,高段适当增加终结性评价的比例,但不能超过 50%。

三、小学英语学业评价的成效与思考

(一)小学英语学业评价的成效

以上的评价方式在教学中发挥了积极作用,主要表现在五个方面:一是通过强化情感激励,激发了学生的学习动机和学习兴趣;二是通过形成性评价,全面准确地反映了学生的学习发展过程;三是通过正向激励,增强了学生的学习能力,让他们提高了自信心,及时调整学习策略;四是在自主评价中增强了学生的合作意识,培养了他们合作学习和人际交往的能力;五是通过自我评价和合作评价增强了参与意识,提高了学生自主学习的积极性和能力。

(二)关于小学英语学业评价的思考

小学英语学业评价的改革实践,使笔者认识评价改革之不易,作为一项系统工程,还有许多值得思考的地方。具体而言:

1. 评价手段注意以激励为主

根据学生的年龄特点,在反馈、评价学生时,教师需时刻注意以表扬、奖励为主,批评、惩罚为辅。不过这并不意味着教师可以滥用表扬、批评或者可以对学生的错误睁一只眼,闭一只眼。奖励作为外部强化的手段虽然能增强学生的学习动机,但使用不当也可能会降低学生的学习动机,因此要注意使用的分寸。

2. 评价方式注意以定性评价为主

用量化方法评价,可以比较客观地反映学生的学习情况,但也会导致学生对分数的崇拜。因此在评价过程中,要多运用评语、行为观察、学习日记、情景测验和成长记录袋,记录学生的各种行为表现、作品或者思考等描述性的内容,深入地再现学生发展的过程。定性评价不但具体客观地描述出学生发展的独特性,而且较好地全面反映学生发展的状况。将定性评价与定量评价有机结合使用,对于发现学生的潜质,充分调动其学习积极性和主动性,有着非常重要的意义。

3. 强调自我评价

要改变单一的由教师评价学生的状况,使评价成为每个学生积极参与的交互活动,重视学生在评价过程中的主体地位,实现评价主体的多元化,采用老师评价、家长评价、同学评价以及学生的自我评价。自我评价可以让学生进一步认识自己、了解自己,不断改进并获得发展。我们要重视、强化自我评价,积极引导学生反思学习活动过程的情感态度,激发自我评价的发展,培养其自我评价的能力。

改变学生学习方式：科学课高效教学的突破口

杭州市朝晖中学　李素芳

众所周知，改变学习方式是新课程改革的重要任务之一，也是实现有效教学的重要任务之一。要改变学习方式，首先要改变教学方式，转变教学观念。当然，观念的转变是一项艰巨工程，需要着力去做，使之达到"五变"：一是变"在听中学"为"在做中学"、"在玩中学"；二是变"被动地学"为"主动地学"、"自主地学"；三是变"单一个体地学"为"独立自主与合作交流相结合地学"；四是变"机械模仿地学"为"探究创新地学"；五是变"单一向书本学"为"多提供各种经历在体验中学"。在教学中，只有真正贯彻"以学生发展为本"的理念，真正让学生处于主体地位，真正让学生主动构建知识，才有可能实现课堂的高效教学。

那么，如何使我们的课堂教学达到这"五变"呢？

一、课堂的有效提问

一个恰到好处的问题，可以提高学生的思维能力和思维积极性，它能够使学生全神贯注进行思考、进入良好的思维情景。反之，一个不严谨、不科学的问题，则使学生茫然、无所适从，打击学生的思维积极性，它能使学生精力分散、进入无序的遐想中。因此，教师的提问，必须有严密的科学性、逻辑性。一方面，所提出的问题是能促进学生发展的，对学生的知识、技能有提高的，并且是由浅入深、循序渐进的；另一方面，问题提出后还要善于引导学生去讨论、思考、探究，并给予学生充足的讨论、思考、探究时间，鼓励学生积极回答。即使学生回答错误，也不能打击学生的积极性。总之，不要使课堂成为教师包办，设问式的教学。

如在讲二氧化碳的性质时，首先演示：向放有一高一低两支蜡烛的烧杯中倾倒二氧化碳的实验和向一个集满二氧化碳气体的软塑料瓶中加三分之一的水并振荡的实验，学生被现象深深吸引，这时教师及时提出问题：为什么低的蜡烛先熄灭，而高蜡烛后熄灭？这说明二氧化碳具有哪些性质？学生会立即围绕问题积极的思考，通过对现象的分析不难得出：二氧化碳具有密度比空气大的物理性质和不燃烧也不支持燃烧的化学性质的结论。教师对学生的回答表示赞赏和肯定之后，紧接着提出：充满二氧化碳的软塑料瓶加水振荡后为什么变瘪呢？学生的思维更活跃，纷纷举手抢答，教师这时候请一位同学回答，并要求其他同学判断回答是否正确，全体同学的思维都集中在此问题上，对问题的答案进行交流，充分体现了学生间的交流与合作。教师然后继续提问：通过上面的讨论二氧化碳有哪些物理性质？学生轻松地总结出二氧化碳通常情况下是无色、无味的气体，密度比空气大，能溶于水的物理性质。这样改变了以往教学中教师讲，学生被动学习的模式，使学生在轻松、愉快、自主探究的情况下获取知识。当学生沉浸在获取知识的喜悦中时，教师继续提问：二氧化碳可溶于水，二氧化碳能与水反应吗？为说明这个问题我们来做一组探究实验。把学生的注意力引入到新的问题情景中来，充分调动学生进一步学习的积极性。当学生看到四朵紫色石蕊染成的干燥的小花，第一朵喷醋酸后变红，第二朵喷水不变色，第三朵放入二氧化碳气体中也不变色，第四朵喷水后放入二氧化碳气体变红，而把变红的小花取出加热后又变紫。学生对实验产生极大的兴趣，在兴趣的驱使下，学生的好奇心得到最大限度的满足，探究意识增强，主动参与课堂教学，使教学的高效性得到充分的体现。学生主动获取知识的能力提高，通过小组讨论与交流，最终得到二氧化碳能与水反应生成碳酸，碳酸能使紫色石蕊试液变红；而碳酸受热易分解的化学性质。教师接着提问：如何检验二氧化碳？学生立即在脑海中搜索已有的知识，明确利用澄清的石灰水，看澄清的石灰水是否变浑浊的方法来检验，从而得出二氧化碳能与澄清石灰水发生反应而变浑浊的结论。就在这样逐次推进、步步深入的提问中，教师以问题引导学生有步骤有层次地自主学习，并进行不断思考，完成了本节课的教学内容。

任何一种高效的、成功的教学方法都离不开学生的参与。一切教育影响只有通过学生自身的积极活动才能转化为学生内在的精神财富，才能使学生得到成长与发展。教师的教，要通过学生的学才能见成效。知识的获取只有通过学生直接参与、尝试后的亲身体验与感受才有高效。为此，科学课堂教学应从过去以教师为中心、以教材为线索去传授机械性、模仿性、重复性的知识，转向以学生为中心、以问题为线索，让学生在解决问题的过程中学会思维，进而学会学习，从而提高学习能力（尤其是思维能力），完善其人格，为其终身发展奠定基础。

二、课堂的有效探究

科学新课标十分重视探究性学习，将倡导探究性学习列为新课标的基本理念之一。科学探究是新课标的灵魂。科学探究能力和对科学探究的理解是在发现探究学习的过程中形成的，探究是以培养学生的发现、探究能力，重组知识的综合能力、运用知识解决问题能力为着力点，重在培养学生的创新精神和实践能力，发展学生的逻辑思维和批判性思维能力，培养学生对科学知识的开放态度和创新精神。其中教师起到的是指导者、组织者的导师作用，学生是在开放的活动中自主地、探究性地获得知识和能力，引导学生进行探究为主的创造性的学习策略构成了高效教学的有效行为。

如："探究影响酶催化作用的因素"的学习。在学习活动中，笔者事先没有告诉学生具体的设计和操作方法，教学过程中主要是帮助学生自己去探究，从问题的提出、探究方案的设计、探究过程的开展直到探究结论的得出在很大程度上都是学生自主完成的,教师随时提供了协调、引导、点拨和答疑。最后,在学生总结经验教训的基础上,笔者帮助他们进一步提高。因而教学活动不只停留在探究活动的形式和外壳,而是从探究活动的特性——学生的自主构建出发进行设计。结果,课堂上学生的探究兴趣和热情都很高,思维活跃,提出了多种不同的方案,也出现不同的实验现象和效果。通过及时组织讨论,学生在知识和方法上都得到了高效的提高。具体如下:

情境引入:酶是生物细胞制造的具有催化能力的蛋白质。温度高低对淀粉酶催化作用是否有影响,如果有影响,什么温度下它的催化效果最佳?同学们对此展开热烈的讨论,有的同学认为直接加入冷淀粉溶液中;有的同学认为直接加入 37℃ 淀粉溶液中,有的同学认为直接加入煮沸淀粉溶液中。

根据上述现象请学生讨论后试着提出问题。

提出问题:做唾液淀粉酶对淀粉催化作用实验时,对水温有要求吗? 为什么? 最适宜的温度应该是多少? 接着在学生提出问题的基础上请学生做出假设,并及时纠正。

做出假设:唾液淀粉酶对淀粉催化作用要在适宜的温度下(温水)才能发挥最佳催化效果。

再引导学生以小组为单位设计实验方案,教师适时指导。

设计方案:列举一组学生的方案如下(各组的方案不同):

(1)选取 3 支洁净的试管,编上号,分别加入 2 毫升 1‰ 淀粉溶液

(2)将 3 支试管分别放入沸水、冰水、37℃ 左右的热水中约 5 分钟。

(3)在 3 支试管中各注入 1 毫升新鲜的淀粉酶溶液,摇匀后,再分别放入沸水、冰水、37℃ 左右的热水中约 10 分钟。

(4)在 3 支试管中各滴入 1 滴碘液,然后摇匀。

(5)根据实验现象,推出实验结论。

实施试验:学生按照设计方案开始进行试验,学习情绪高涨。

结果讨论:实验现象非常明显,在冷水、沸水中淀粉不分解,而在 37℃ 中的淀粉被分解。由此现象推出结论:温度对酶的活性有一定的影响,过高、过低都降低酶的活性,只有在适宜温度时酶才能发挥最大活性。

表达交流:学生分组派代表向全班同学汇报本组的探究方案、实施过程、探究结果以及获得的经验和教训,共享成果。有个别小组没有成功,大家一起帮助寻找失败的原因,原来该组同学实验中不经过步骤 2 直接进入步骤 3 导致的。这时我要求学生用已学过知识加以解释。

当然,课堂的高效教学并非是件易事,如果从时空上看,应是花时间最少,成效最大;如果从结果上看,应是学生有较多的得益;如果从效应上看,师生的心理、人格、思维、情感等方面均能产生高效应。实现课堂高效率的因素是多方面的,上述列举的两方面做法是自己近两年来实践研究较多的,我将继续"上下而求索"。

小学科学探究中提高对话实效性的研究

杭州市求是教育集团浙大附小　吴　晓

一、科学探究中对话实效性的现状及原因分析

对话与教学是紧密联系的,正如克林伯格所指出的:"在所有的教学中,进行着最广义的对话。不管哪一种教学方式占支配地位,这种相互作用的对话是优秀教学的本质性的标识。"科学探究中的对话是在学生原有或实践体验基础上,与他人分享所得信息,交换彼此看法,实现共同建构科学概念的重要环节和方式。

现实中科学探究的对话情况如何呢? 笔者通过对大量教学片断的整理、分析,发现以下问题:

(一)对话内涵浅薄

对话教学的核心价值在于:师生共同面对"话题",平等交流、真诚沟通,从而形成思维的碰撞,激发出新的思想,帮助学生从知识的接收器提升为概念的建构者。而不少教师往往把经历和眼光投注到形式层面,为了追求课堂气氛的浓烈,把简单问题复杂化、烦琐化,对话过程表演化,对话内容浅层化,这就导致无法帮助学生自主建构科学概念。

(二)对话思维僵化

不少科学课,为了尊重学生学习主体性和需求多样性,过分强调非预设性,认为对话应该随课堂而生成,学生只要玩得开心就好。这样,对话前没有给学生独立思考的时间,也没有在对话过程中合理利用更多学生的思维。实质上,这样的对话是伪对话,本该确定的目标没有确定,本该落实的目标没有落实,使得学生对话时无法从无序到有序、从感性到理性、从局部到系统,只能处于僵化阶段,直接影响对话实效。

(三)对话内容随意

我们经常看到这样的情况:学生不善于独立思考,一味地依附甚至盲从别人,或者不关注客观实证,仅凭一次实验,或者是别人说的情况,甚至是主观想象就下结论。而教师依次听取学生汇报后,便宣告对话结束。这样随意而为的"对话",漠视对话内容的真实性、规范性和科学性。

（四）对话形式单一

对话教学在呈现形式上可以是师生对话，生生对话，学生与文本对话，还可以是学生与自我对话；它可以是有声语言的彼此交流，也可以是内心无声的追问和反省。但目前广泛存在的师问生答形式，却会让学生被一个接一个的连环问牵着鼻子走，教师依然保持着话语霸权，对话者的主体性被削弱，广泛性被制约，积极性被挫伤，实效性被牺牲。

二、提高科学探究中对话实效性的途径和方法

（一）教师引领，深入对话内涵

1. 反复斟酌"关键语"，理清对话脉络

关键语，即平时所说的"引导语"、"小结语"、"过渡语"。引导语能帮助学生确认所有相关的原发及继发问题，以得到一个问题的大致框架。好的引导语，可以帮助学生明确思考的问题，帮助扩大思维广度和深度；失败的引导语，往往使学生茫然不知所措，思维停留在泛泛的层面上。

如 A 老师执教《研究纸》：

师：（出示一张纸）打印纸大家都认识吗？今天我们就来研究一下我们身边最熟悉的纸。

师：（引导语）如果给你一张白纸，你估计你能发现它的多少个特征？

生：（开始有点呆愣，然后有一个学生站起来）我估计我能发现 5 个。（教师予以表扬，并写在黑板上）

于是学生纷纷举手发言：10 个，30 个，25 个……

师：（引导语）那你准备用哪些方法来研究这张纸呢？

学生讨论了 2 分钟。

生：用放大镜看一看。

生：对着阳光看一看。

……

再看 B 老师执教《研究纸》：

师：纸是我们身边最常见的物体之一，纸有哪些作用？（学生说说各种纸的作用）

师：（引导语）今天我们不是来研究纸的作用，而是着重来研究纸的特点。（出示一张白纸）给你这样一张白纸，允许破坏，你能利用你所有的感觉器官——眼、耳、口、鼻、手，来观察它的特点吗？怎么观察？

学生：用手摸一摸是不是光滑；用耳朵听一听，纸摇动的时候发出的声音，撕纸的声音；用鼻子闻闻气味；尝一尝纸的味道……

A 老师的第一句引导语不需要学生思维参与，基本无效；第二句指向模糊，学生

不清楚探究目的和方法,探究无法高效开展。而 B 老师的导入关键语解决了课堂中容易会出现的把纸的作用与纸的特点混为一谈的问题,能帮助学生明确探究目的和方法,使思维得以深入,活动得以高效开展。

因此,关键性语句,课前要经过反复斟酌。提问要有针对性,少用一些"猜想一下,它有哪些特点""你打算怎样来观察?""怎样来做实验?"这类语言,用对学生有确切指导作用的语言,如"和原来的状态相比,它发生了哪些变化?""如果出现(某种)情况,会怎样?""利用我们现有的材料(提供部分材料),请你设计一个合适的实验来证明……"

2. 充分挖掘"矛盾点",掌握对话"火候"

追问是科学课堂教学中对话策略的重要组成部分。为帮助学生弄懂弄通模糊点,教师往往在一问之后再次提问,穷追不舍,直至学生正确理解。掌握"火候"的追问无疑是启迪学生思维、促进学生发展、实现有效学习的重要手段。

如《观察水》片段:

师:每一个小组的水槽里都有水,仔细观察,看看有哪些新的发现,用你喜欢的方式记录下来,好吗?

(学生分组观察、记录)

师:观察好了吗? 说说你们的发现!

生:我用手指拨水,看见水面上有一圈圈波纹,手指上还有一些小泡泡。

生:我把手伸进水里,感觉水是凉的。

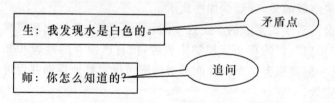

生:水好像和玻璃一样,看不出有什么颜色,所以是白色的。

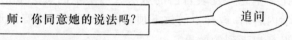

生:不对,墙是白色的,水应该是没有颜色的。

生:无色的,如果是白色的话,那应该跟墙的颜色一样啊! 但水跟墙的颜色不一样。

从这个片段反映出的,学生对无色这一概念的理解是比较模糊。然而,教师的一句追问,让学生对水无色的特性所原有的模糊点产生思维碰撞,最终在思维的火花中解决模糊点。

（二）同伴互助，激活对话思维

1. 小组讨论，给对话"留白"

基于合作探究的生生对话，是课堂教学中非常具有潜力的资源。我们往往希望学生之间的交流一触即发，不断发展。但很多时候学生思维是需要一定时间的，学生能静下来思考是一种很好的习惯。因此在与同伴对话时，要允许学生沉默，帮助学生"留白"，使学生能在对话"留白"处实现思维的发展。

如《一杯水能溶解多少食盐》：

师：这样一杯 100ml 水中，能溶解多少食盐，我们怎样才能知道？

讨论安排实验：

(1)补充问题并猜测：这杯 100ml 水中能溶解多少克盐？

(2)小组讨论并达成意见统一，把小组的猜测填在表中。

(3)讨论实验方法（加盐的方法）。

师：怎样才能尽快地得出准确结果呢？ 只给你们 5 次加盐的机会，你们有办法吗？ 该怎么做？ 生沉默。

师：没关系，先自己思考一下，实在想不出可以与组内同学交流一下。

生思考并交流。

生：我们第一次可以先加 10 克，因为上一节课 25ml 水中已经溶解了将近 9 克。接下去就可以根据前一次盐溶解的快慢程度调整加盐的多少了。

生：我们可以观察第一次盐溶解速度快慢，速度很快，说明还可以溶解很多盐，我们下一次可以多加些，如果溶解的慢，就要少加些盐了。

"只给 5 次加盐的机会"，对于四年级的学生这个问题并不简单，学生出现沉默非常正常，设计这样的对话"留白"，目的在于促使学生思考，把自己原有的经验和知识储备全部调出来为解决这一问题服务。而同伴间的对话则可以更好地帮助并促进学生思维的发展，提高对话实效。

2. 班级辩论，让思维碰撞

引导学生进行主题对话，让学生充分发表自己的想法。当学生的想法呈正反两方，一时无法继续预设中的教学内容时，教师不妨放下预设内容，采用辩论赛的形式，引导学生激烈争辩，可能会取得意想不到的效果。

如《动物的卵》教学片段：

教师提出鸡蛋不适合孵化小鸡的 2 个观点：(1)鸡蛋虽然有个硬卵壳，却很脆弱，很易碎，而且这样的卵壳阻挡了空气，小鸡不就没有呼吸的空气了吗？ 还不如不要卵壳。(2)鸡蛋内部只有卵白和卵黄吗？ 难道小鸡是由卵白和卵黄发育而来的吗？ 如果不是，要它们有什么用呢？

生：老师，我觉得你说的不对，我在一本书上看到过，卵壳上有很多小气孔，可以透空气的。

生：我同意他的观点，而且鸡蛋里还有一个气室，可以用来储存空气。

师：又出现了一个气室？（板书：气室）

生：老师，小鸡是从卵黄里长出来的，卵白是提供营养的。

生：我觉得你们说的都不对，小鸡是从胚里发育出来的。

师：胚？（板书：胚）

生：鸡蛋的壳虽然硬，但是必须要脆弱一点的，因为不然的话小鸡孵出来以后就不能啄破壳出来了。

……

"与同伴对话"的过程中，教师只需听学生说，适时提炼重要的知识，并板书。教师倾听者、引导者的地位充分体现，学生与学生间对话成为主角。学生通过积极主动的对话过程，使相关"动物的卵（鸡蛋）"这一概念的内涵逐渐清晰。

（三）文本提升，促进对话严谨

1. 借用编码，让对话清楚准确

小学阶段的学生抽象思维较弱，面对一大片数据，往往会说不清楚，大大影响对话的实效，这就需要教师帮助整理汇总，减小交流、思考的难度。如何让学生在数据中找到更加有效的规律，并进行对话分析呢？如果适当利用折线等其他图表来表示，效果会更明显，如教学《我们的小车》中就使用表格，绘制出折线图：

拉力大小（克）	小车运动快慢
2 克	13.2 秒
4 克	8.5 秒
6 克	4 秒
8 克	1.56 秒
10 克	1.45 秒
12 克	1.5 秒

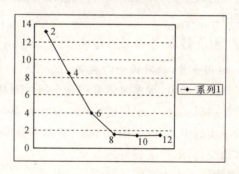

与纯数据表格相比，折线图形更直观，能帮助学生看得清楚。学生根据数轴表（右图）的变化来得到相应的结果，一目了然，对话实效自然得以提高。教会学生简单的统计方法，学会自己寻找其中的规律，这有一定的难度。但只要学生形成习惯、培养出能力后就可以一劳永逸。让学生结合图寻找规律，进行对话，能帮助他们减少对复杂、烦琐统计知识的畏惧性，锻炼思维的严密性、逻辑性，从而使对话也更具有科学严谨性。

2. 依托板书，让对话形象明了

板书是教学过程中思维轨迹和活动有结构的体现，它不光展示了课堂中重要的精彩的内容，方便了师生对本课的回顾小结，也能很好地展示一堂课的思路、知识点中的逻辑联系，这对帮助学生通过交流建构科学概念很有帮助。

如《热是怎样传递的》一课，教师在对话的同时，请学生分别把热在铜棒上、铜片上的传递情况用箭头在板书中标注(如图),利用简单的箭头和圆圈,学生就能较轻松地建构热传递的方式:"从物体热的一端(或热的物体)逐渐传到物体冷的一端(或冷的物体)"这一科学概念。

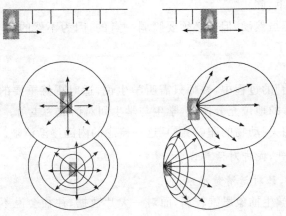

从上面板书设计例子可以看出,板书设计得好,可以反映出递进式教学的清晰思路、深层思考和得出重要结论的探究过程,在提高对话实效上具有重要的作用和意义。讲究的板书是一副富有理性的思维导图,是一节课的思维流程,是核心概念形成的流程图。

(四)媒介运用,丰富对话形式

1. 运用手势,让对话全面直观

在日常教学中,很多时候都用到全班性对话,这是大多数课堂教学的最基本的也是最重要的形式之一,如何能让所有学生都参与对话,保证人人都有思维参与呢?笔者在教学实践中,尝试采用以手势、身体姿势等身体语言方式为主的非言语交流代替部分言语交流,取得了较好的效果。

如《物体在水中是沉还是浮》一课:

在探究初期,需要学生推测一个装有一半水的"双黄连口服液"瓶子在水中的沉浮状态。

师:你们认为这个瓶子放入水中会沉还是会浮?

生(众人):沉的! 浮的! 沉的!……

不沉不浮的……

半沉半浮的……

(很多学生开始跟着起哄,根本无法静心思考,合理推测。见此情景,教师急忙调整,用手势示意学生安静)

师:请同学们用动作表示自己的推测,如果认为某一种物质在水中会沉,请蹲下;如果认为会浮,就起立;如果暂时不能判断的,坐着不动;如果有其他推测,请举手示意。

（生全部都安静地根据自己的思考表现出相应的身体语言）

对照开始采用传统的对话媒介——语言，能真正参与其中的学生并不多。而通过方式调整后，利用身体语言作为对话媒介，所有学生都能参与其中，因为担心说错而不敢对话的现象也不会出现。同时，教师在很短的时间内就能清楚了解学生的概念水平。同理，每课的巩固练习环节，也可让学生用手势表达选择题和判断题的答题情况，可让师生客观、及时、高效地了解本课的学习达成情况。

2. 借用编码，让对话有趣高效

小学阶段的学生，其语言表达能力有限，如果需要边思考边表述交流，难度更大。因此在遇到较难表述的内容时，学生往往会说不清楚，这将大大影响对话的实效。笔者在《相貌各异的我们》一课的教学实践中借用了编码的方法，帮助学生降低交流难度。

教学案例：

师：说说吴老师的形状有怎样的特征呢？

生1：是双眼皮、圆鼻子、V发际、无耳垂、尖下巴。

生2：不对，应该是双眼皮、圆鼻子、平发际、有耳垂、尖下巴……

生3：好像也不对吧！

师：吴老师的形状到底如何？我们可以尝试做一个编码：

把眼皮定为1，双眼皮则为1A，单眼皮为1B，

鼻头定为2，圆鼻头为2A，尖鼻头为2B，……

那吴老师的形状编码应该是怎么样的呢？

（笔者本人是双眼皮、圆鼻子、平发际、无耳垂、尖下巴，性形状编码就是1A2A3B4B5A）

师：你们的形状又是怎样的呢？会不会有人跟我一样呢？……

人脸部形状有很多样，而形状的表现形态也有很多样，当这两种"多样"相结合时，呈现的结果也是多样的。为了能更好地帮助学生发现这一规律，同时能进行有实效的对话，笔者引导学生将脸部形状和形状的表现形态进行编码。运用这样的方法，学生能很快确定自己的形状编码，并能有效地与同学的形状编码比较，方便交流，提高对话实效。

三、问题和思考

要提高科学探究的对话效果，除了上述措施外，还受教师本身的科学素养、教学机智等因素的影响。它需要一个长久探索积累的过程。

对于教师而言，面对大班额的学生，该如何在了解了学生原有水平后，针对参差不齐的学生组织有效对话呢？教师该如何照顾各层面的学生，在面向全体的同时而不失因材施教呢？既然学生的能力有所不同，在对话中又该如何进一步深化对话层次，让学生既能吃饱又能吃好呢？这些问题都值得教师在教学实践中继续研究探讨。

高中生物概念图教学的思考和实践

浙江传媒学院实验中学　郭芦芳

在生物新课程的学习过程中,有一系列的概念,而有些概念之间存在相关的联系,如果我们能利用图示的方式来表示这些概念及它们的相互关系,使隐形知识显性化、可视化,就能便于学生整体把握生物学科内在的知识联系,形成完整的知识网络。这就是伴随着新课程而来的概念图。我国现行的高中生物课程的教学都非常重视概念图的教学。实践证明:利用概念图在进行课堂授课、知识点的整理复习、对学生掌握知识情况的了解等方面有着非常重要的作用,能提高学生的理解能力和记忆能力,有利于学生思维的发展和综合能力的提高。

一、概念图界定和理论认识

(一)概念图的界定

概念图是一种用节点代表概念、连线表示概念间关系的图示法,是一种用于组织和表征知识的有用工具。通常,它是将有关某一主题不同级别的概念或命题置于方框或圆圈中,再以各种连线将相关的概念和命题连接,形成关于该主题的概念或命题网络。这种把概念之间的意义联系以科学命题的形式有机地联系起来的空间结构图,叫做概念图。概念图的结构包括概念、命题、连接和层级结构。在概念图中,命题是两个概念之间通过某个连接词而形成的意义关系;连接表示不同知识领域概念之间的相互关系;层级结构是概念的展现方式,一般情况下是最概括的概念置于概念图的最上层,从属的概念安排在下面,把说明概念的具体例子或图示写在概念旁。

(二)概念图教学的理论基础

1.心理学原理

奥苏伯尔把知识学习分为五类:表征学习、概念学习、命题学习、知识的运用、解决问题与创造。这里的概念学习是指学习者认识一类事物的共同本质特征的学习。命题是知识的基本单元,一个命题是由几个概念构成的复合观念,所以命题学习必须在概念的基础上进行。在生物教学中我们采用概念图的教学,让学生在熟悉和掌握一些概念基础上,通过连接词把各命题之间形成一种知识的联系,表示出概念及概念之间关系,构成一张知识的网络。这样可以让学生对知识深层和系统的理解、掌握,为问题解决和知识的应用打好基础。

2.建构主义理论

建构主义认知论认为,学生知识的获得是学习主体主动建构的结果,每个学习者都应基于自己与世界相互作用的独特经验去积极建构自己的知识,并赋予新经验以意义。建构主义教学观强调,教学应通过设计一项重大任务或问题,以支撑学习者积极的学习活动,帮助学习者成为学习活动的主体。概念图制作过程就是学生主动建构知识的过程,体现了以学生为中心,注重学生的自主性和自我监控学习。用概念图来考察学生组织和理解知识的变化,在教学设计上充分利用了概念图的直观性和联系紧密等特点引导学生去思考讨论,自己得出结论。

3.思维教学

思维是人脑的功能,意义建构、问题解决都必须经过学习者积极主动的思考才能成功。学生主动地参与学习,积极地思维,把蕴含于知识中的学习方法转化为个体的品质。概念属于陈述性知识,是知识的基础。绘制概念图实际上是帮助学生整理资料→整合知识→形成某主题的已有知识图→在已有知识结构中嵌入新概念→在长时记忆系统中固定学习内容→修正与完善。概念图绘制有助于促进学生高级思维发展。

二、概念图教学的操作步骤和流程

(一)示范概念图

高中生物在高二年级开课,这时学生对概念图是比较陌生,在学习《分子与细胞》模块的第一章时,就应该有意识的引进概念图。一般而言,学生初次学习概念图时应首先向学生介绍概念图的定义、用途、组成,并分析概念图的结构。可以以学生熟悉的内容为知识领域由教师先准备好一个概念图展示给学生看,让学生熟悉、了解概念图,知道概念图四要素:概念、命题、连接和层次结构。

(二)绘制概念图

学生对概念图了解和领悟后,可以让学生尝试绘制概念图。高中生物教材中有三种概念图绘制类型:①填空式概念图;②群概念图;③核心概念图。这是一个由易到难的循序渐变过程,开始可以让学生在填空式概念图中填写相关的概念或连接词,熟悉后教师可以列出一些相关的概念让学生尝试构建群概念图,再后教师可以规定一定领域内容让学生自己找出相关的概念构建概念图,最后可以让学生以一个核心概念为中心绘制核心概念图,如可以以细胞、蛋白质、DNA、新陈代谢等中心概念绘制核心概念图。这样通过对建构概念图的内化,再到自主建构概念图,激发学生学习生物持久的兴趣,激励学生不断提高对自己能力的欲求,不断增强自己的学习信心,从而提升综合能力。

在绘制概念图时教师要告诉学生概念图构建的方法技巧和操作流程：

概念图构建的操作流程为：①确定一定的知识领域，列出这知识领域相关的概念。②将列出来的概念按内涵外延大小排序，外延最大概念放在图的顶端，其余的概念一层一层往下排（概念名词要用方框和圆圈圈起来，而连接词则不用，概念图中每个概念只出现一次）。③用线条把概念连接起来，概念间的连线可以是单向、双向或无方向的。连线上注明连接词语（连接词语应能说明两个概念之间的关系）。④寻找概念图不同部分概念之间交叉连线的联结，并标明连接线。⑤把说明概念的具体例子或图示写在概念旁。

(三)修改和完善概念图

初步的概念图构建好以后，随着学生对原有知识的理解深化，可以对概念图不断的修改和完善，直至满意为止。让学生用概念图策略来探究概念间的逻辑关系，从而完成概念的有意义建构，这样可以使新学概念建立与原有概念之间的联系，既有助于学生对概念的理解与把握，也便于记忆。在促进学生具体概念理解的传统教学策略基础上，进行概念图的制作教学应该会比教师直接进行概念图教学呈现取得更好效果。

三、概念图在生物教学中的应用

(一)便于教师了解学生原有知识

在上新课前为了了解学生原有知识的情况，教师可以编一张填空式概念图，让学生填空，可以填概念或连接词，这样可以很快了解学生原有知识掌握的情况。如图表一是对学生初中内环境知识点掌握情况了解的一张概念图。

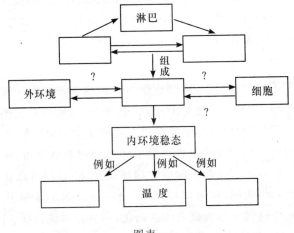

图表一

（二）便于教授新课

在新课讲授时，教师可以将概念与概念的内在联系设计成问题，边提问边构建，在提问这样一个师生互动的过程中，让学生感受每一部分内容中所涉及的知识点以及相关概念，如在细胞器、可遗传变异的学习过程中，我们一边讲授一边绘画，这样学生可以非常清楚地看到老师的整个绘画过程，这个过程一方面可以使学生了解到概念之间的关系，使学生更加容易理解一些概念的含义和概念之间的关系，达到知识有效迁移；另一方面，也可以让学生感受一下老师是如何利用概念图对知识进行分类与知识之间的关系表示，从而使学生对概念图有进一步的了解。如图表二是讲授可遗传变异图的概念图：

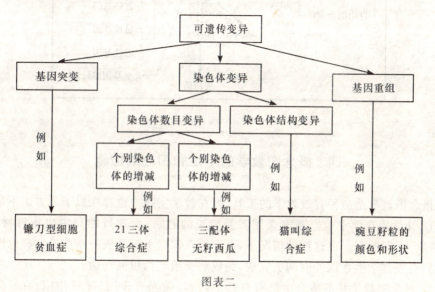

图表二

（三）便于系统的整理和复习知识

概念图比较适用于生物概念较多，联系比较密切但分布比较散乱的知识。学生在学习了很多概念和了解了绘制概念图技巧的基础上，教师可以给出一些如基因、细胞、蛋白质等核心概念放手让学生绘制概念图，在课堂上分组合作绘制，每组派代表展示，教师及时纠正错误。这样可以激发学生的好奇心和求知欲，使学生主动积极的构建知识网络，从而完成概念的有意义建构。图表三是以基因为核心概念构建的概念图，让学生进行"基因畅想"，其知识包含了遗传变异整个领域，知识网络非常清晰，一目了然，便于学生理解和记忆，同时培养学生的发散思维，取得很好的复习效果。

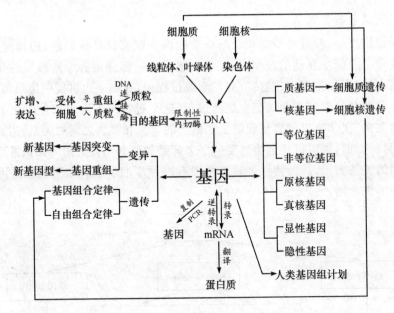

图表三

四、概念图教学的不足和相应的措施

概念图教学是一种有效教学的工具,但在教学实践中也存在以下几方面不足:

1. 让学生在课堂上绘制概念图需要较长的时间,而现行的高中生物教材内容多、难度大、课时少。在这样的情况下,不可能在课堂上经常安排学生绘制概念图,因此我们要安排学生在课外时间去完成,完成后交给老师批阅评讲。

2. 概念图教学并不适合生物所有教学内容,像光合作用、呼吸作用、有丝分裂、减数分裂、遗传定律、基因控制蛋白质的合成等内容用图像法教学会取得更好的教学效果。因此我们要视教学内容来定合适的教学方法,但有时将概念图教学与其他方法有机结合进行教学,可以取得更有效的教学效果。

3. 在概念图教学中在个体差异方面会关注的少一些,这样不利于全体学生的发展。因此在教学中要有意识地注意个体差异,特别是要多关注那些"弱势群体",教师可以采用让学生自选主题,自选概念进行概念图的构建,用发展性评价方式来评价学生,及时鼓励,让好生更好,让每个学生都有不同程度的提高和发展。

以学生为中心,以概念为载体,以概念图技术为平台,以"教"促"学"的概念图教学,在生物教学中可以取得很好的教学效果,有助于培养学生发散思维,使学生更容易形成完整的认知结构,有利于学生的认知发展。

科学学科"长周期"作业的优化设计

杭州市育才教育集团第二实验小学　郑小荣

一、反思当前长周期作业设计

长周期作业是相对于课堂内教师布置的学习任务而言的,是教师布置的以问题为中心的、能充分激发学生聪明才智的、需要通过调查研究才能完成的、时间跨度相对较长的作业。学生完成长周期作业的过程是:发现问题——提出问题——提出假设——评价验证——得出结论。但是很多教师对于长周期作业真正的意义并未在教学实践中体现,往往存在这种现象:

在一个教学内容完成后,教师会对新学知识进行回顾,然后提问"对今天学习内容你还有什么问题想研究吗?"学生讨论汇报后,教师说:"由于时间关系,这些问题我们到课外去研究。"再如,三下科学要求学生养蚕宝宝,对蚕宝宝的观察要经历一个月的时间,很多老师总是完成教学任务后要求学生回去自己观察,观察什么,怎么观察却不曾提及。

类似的情况,比比皆是。作业设计的随意性、盲目性让学生对作业无从下手,这不仅扼杀了学生学习科学的兴趣,更阻碍了学生科学素养的提高。曾有老师做过调查:有 82％的学生因为作业而伤脑筋,有 45％的学生将不要布置太多的作业作为对老师最大的希望。反思现在的小学科学长周期作业的设计,教师往往从自身意志出发,而忽略了学生的心理需求,单一的作业形式让学生毫无兴趣可言,也导致很多学生逐渐养成了不良的学习习惯。

看着学生一张张失去童真的脸,强烈的自责感笼罩着我,为什么我不能换种作业方式,用学生的眼光看待世界? 为什么我就不能设计既能深化课堂学习又具有趣味和挑战性的作业,让学生像看电视、上网一样上瘾呢?

二、探索小学科学长周期作业设计的优化

怎么样设计可以提高长周期作业的实效,在实质上提高学生的科学素养? 我认为以下几种长周期作业形式较为有效:

（一）生活实践性作业——让科学回归生活

儿童心理学研究表明：在人的心灵深处有一种根深蒂固的需要，这就是希望感到自己是个发现者、研究者和探究者，而在儿童的精神世界上，这种需要非常强烈。针对学生心理需求，教师可以根据教学内容，引导学生从生活实践中去发现问题、提出问题，引导学生探索解决问题的方法或途径，并把探索的过程、感受用实验报告的形式记录下来。

如学习了杠杆，让学生寻找生活的杠杆类工具，并判断这种工具是省力、费力还是既不省力也不费力，再如，学习环境与能量单元，组织学生参观污水处理厂、示范农田、发电厂等，请专家作报告，并要求参加劳动或服务，以增强学生的生活实践经验，培养学生为公众服务的意识，写好参观心得。

再如，在进行三年级上《植物》和《动物》单元的教学前可以布置这样的专题作业：饲养一种小动物或种植一盆花或一棵草，观察动物吃食、活动、睡觉的生活习性；观察植物的发芽、开花、结果的过程。观察它们在不同天气、不同季节中的不同情况，并能在课堂中说说自己的发现。而对于小学高段的学生则要求他们把自己在观察过程中的现象和新发现一一记录下来，再让他们写成观察报告。

这种作业，会因更多实践体验的介入使之更厚重、更富有生活气息，同时学生在观察实践中获得直接的经验并获取第一手资料，不仅增强了学生的动手和观察能力，也培养了学生分析解决问题的能力。实践证明，这种贴近生活的作业在培养学生学习的兴趣、毅力、责任心、自信心、成就感和时间管理能力等方面都发挥了积极作用。

（二）趣味性作业——让学生积极性充分调动

苏霍姆林斯基认为："所有的智力方面的工作大都依赖于兴趣。"教学实践证明：兴趣是最好的老师，是学生学习的动力。教师只有从孩子的兴趣出发，设计富有创意、形式新颖、与生活紧密联系并充满趣味的作业，才能激发学生科学学习的兴趣。如果作业富有趣味性，刺激性，他们就会积极地完成它。作业的形式和内容多样化非常有利于调动学生学习的兴趣，布置作业的目的是为了给学生提供充分的练习以确保巩固性学习。

1.富有创造的科学小制作

教师在设计长周期作业时，可以要求学生在学习内容中拓展，进行科学小制作。例如研究小灯泡电路时，就做一个小台灯。鼓励学生利用身边的废旧物品等简易材料来搞科学小实验。通过动手动脑，学生不仅运用了科学知识，而且亲手动手设计、使用工具，克服困难，解决所遇到的各种问题，聪明才智得到表现，特别是自己制作的成果带给他们难以表达的兴奋、快乐和成就感。

2.快乐的手抄报

爱画画几乎是所有学生的天性，孩子们天生就是个小画家。教师可以结合教学内容，设计一些与绘画有关的作业——手抄报。这种方式可以很好的巩固、应用所学的知识。例如教学六年级上《能量》单元后，教师要求学生出一期手抄报。以小组为单位，以"能量与我们"为主题，设计手抄报；要求发挥想象，富有创造力；要涂有颜色，注明小组成员；时间在一周之内。

这样的作业，学生感到新鲜有趣。不仅巩固了学生所学的知识，而且能激活学生的思维，使学生把作业变成作品。在活动的过程中，学生就是学习的主人，体验着科学学习的快乐。

（三）层次性作业——让每个学生体会成功的喜悦

由于受文化环境、家庭背景及自身因素的影响，学生之间的知识和能力差异是存在的。有差异的学生做着无差异的作业，势必会造成有些学生"吃不饱"，有些学生"受不了"。因此，"尊重学生个体的差异"，让不同层次的学生都能获得成功的体验，就必须"鼓励学生选择适合自己的学习方式"。教师在布置科学作业时，一定要重视学生的个体差异，体现学生的主体地位，使作业有一定的层次，便于学生选择练习的量和难度，给不同层次的学生留下发挥空间，使不同层次的学生都能在原有的基础上有所收获。如设置"星级"作业，根据学生层次的不同，把科学作业分为三个"星级"。一星级的作业偏重于基础知识的巩固，适合学习基础差些的学生；二星级作业介于一星级和二星级之间，适合中等程度的学生做；三星级作业偏重于综合能力的运用，适合程度好的学生完成。星级作业内容和完成方式由学生自主选择。由于层次作业的分量、难度适宜，选择自主，同学们都乐于完成。不同层次的学生完成作业不再有难度，这激发了学生完成作业的乐趣。特别是那些学习差的学生在完成作业的过程中，不再对做作业产生反感，体验到成功的喜悦，自然会积极主动地完成作业，学习能力也会慢慢地提高。但我并不是要求学生完成当前所在等次的作业，而是更高一层次的作业，也就是：第一层次的学生完成第二层次的作业，第二层次的学生则要完成第三层次的作业，第三层次的学生由自己选择。如皮亚杰的"期望效应"所说：当教师把自己的期望投射给学生，成为学生自主的期望，从而使教师达到期望。

（四）养成性作业——为孩子生命奠基

"播种习惯，收获性格；播种性格，收获命运。"习惯的习得与养成是孩子受用一生的奠基性工程。因此，科学教师在为小学生设计作业时，要从自主探究合作及各类科学学习的习惯入手，注重对他们科学素养的培养。将各种能力的培养有机地结合在一起，这更有利于激励学生自主地去进行学习，久而久之，习惯成自然。

（五）开放性作业——让学生成为学习的主动者

一直以来，作业的形式、内容都由教师做统一的规定，这往往忽视了孩子的个性要求。新课标指出："教师要把凡是学生能够自己独立完成事情都给学生留出空间，让学生有机会去思考、决定；去体验、感悟；去创造、应用。"学生是完成作业的主体，每个学生都有自己独特的内心世界、精神世界和内在感受，有着不同于他人的观察、思考和解决问题的方式，他们之间存在个性差异。

执教教科版《科学》三年级上"校园的树木"时,教师让学生观察一棵树的各部分并拓印树皮。结果有许多学生将拓印的树皮进行比较,发现树皮的裂缝有大有小。这时,学生争论开了:"我的树皮裂纹大,我的树最好。""我的树皮裂纹小,我的树光滑。"看到如此情景,教师没有立刻制止,而是引导学生:"同学们都认为自己的树是最好的,到底裂纹能不能说明树的好坏呢?就让我们一起去观察自己的大树吧!",结果,同学们观察同一种树,树皮裂纹大的树,树干有87厘米粗;而树皮裂纹小的树,树干仅有18厘米。他们就猜测:"裂纹的大小与树的年龄有关。"就此猜测,学生继续观察,发现裂纹越大,树干越粗,树龄就越长;裂纹越小,树干越细,树龄就越小。

得到这个结论,有同学马上联想到:"树皮有裂纹,就好像人老了有皱纹一样,年纪越大,皱纹就越深。"有同学就不满,"我爸爸年纪不大,但皱纹已经很深了,"一位同学就说:"那是被你气的。"全班哄堂大笑,这时,有个学生就说:"我要好好学习,不让爸爸妈妈操心,皱纹就不会加深了。"全班顿时鸦雀无声。

在这个活动过程中,学习便是一个不断发现问题、分析问题和解决问题的动态过程。这不仅巩固了观察方法,学生的思想和情感在活动的过程中不断被撞击。同时,在学生争论的过程中,渐渐打开了思维,并且破除了思维定势的束缚,更加清楚地明白了裂纹和树龄的关系。学生选择思考,体验成功。

三、优化作业评价提高作业实效

恰当的作业任务设计,教师全程参与和有效的指导,分析作业或作品的评价指标,是教师实施作业、作品分析评价的基础。在科学学习中,学生科学素养的形成是一个长期、鲜活的过程,学习的发展呈现多元化趋势,具有显著的个体差异。对于长周期作业的评价,可以建立档案袋,一般说来,档案袋存放的资料可以包括,学生在完成长周期作业形成的各种材料:可以是照片,小制作,小发明,探究报告或观察日记等等,考虑到小学生年龄的因素,档案袋可由任课老师统一保存和管理。档案袋的登记、整理与保存工作量大,教师需付出更多的劳动。为减轻负担、提高工作效率与发挥档案袋的评价作用,科学教师或许能从下面几点措施中得到启示:

(1)学生参与。教师可让学生轮流参与全班同学档案袋的管理工作。

(2)规范登记。采用规范化表格或电子表格进行登记,以利于对记录的分类、重组与评价。

(3)及时反馈。定期对档案袋中的材料进行阶段性评价并及时反馈给学生,以激励学生重视并不断丰富自己的档案袋,以避免记录中断。

(4)弹性反馈——问卷。每个学期,对学生进行问卷调查,了解教师作业设计和批改的情况及学生存在的问题,可以改进自身的作业设计,进一步提高作业设计的实效性,可设计一下问题:①你喜欢哪位教师的作业?为什么?请具体说明。②哪位教师的批改对你有激励作用?请举例。③你喜欢什么样类型的作业?

浅析高中物理课堂教学的有效提问

杭州市艮山中学　史先钗

在课堂教学中,提问应有非常重要的地位与作用。美国教学法专家斯特林·卡尔汉认为:"提问是教师促进学生思维、评价教学效果以及推动学生实现预期目标的基本控制手段。"提问是课堂教学中常见的环节,有效的课堂提问能调动学生思维的积极性,有助于教学质量的提高。怎样的课堂提问才是有效提问呢? 如何进行有效提问呢? 笔者根据平时的课堂教学实践谈谈自己的粗浅看法。

一、对有效提问的理解

在新课程背景下,有效提问指教师在课堂教学过程中提出的问题能引发学生的心理活动,促进学生思维能力的发展,实现教学目标,并通过师生的互动而生成新的问题的一种教学活动方式。有效提问是课堂教学过程中教师与学生之间的相互交流与互动。即要求教师在教学中要善于利用目标提问,要充分发挥提问的激发心智功能,达到激发兴趣与思考,主动参与学习,积极寻求问题的答案,并在积极寻求答案的过程中发现一些新的问题。

新课程要求以问题为纽带,提倡学生带着问题走进教室,同时也带着问题走出教室。课堂教学评价要由注重结果转向过程性评价,由关注教师的教学行为转向师生的互动交往,由关注学生回答转向关注学生提出问题、质疑问题。

二、课堂教学中有效提问的措施

(一)首先要解决"问什么"——明确教学目标,联系学生实际设计问题

教师提问首先要考虑到本堂课的教学目标,联系学生实际和教材实际,精心备课,设计课堂提问,将一堂课的教学目标通过一个个问题给予呈现。如《太阳与行星间的引力》教学中,教师通过上节课《行星的运动》复习中提出问题:"行星为什么这样运动?"——猜想原因:太阳对行星的引力作用。进一步提出"太阳对行星的引力与什么因素有关?"——根据已知规律(开普勒第一、第二定律和牛顿第三定律)推出太阳与行星间的引力遵从的规律。"地球使地面上物体下落的力,与太阳使行星运动的力是不是同一种力?"——月—地检验。"自然界任意两个物体之间是否都有这样的

力?"——让学生带着问题进入下一堂课《万有引力定律》。

　　教师在备课时设计的问题难度要适中,要符合学生的知识水平和接受能力,让学生"跳一跳,够得着"。问题提出后,不能让学生随口给出答案,必须让他们经过思考才能回答。教师还应设计富有启发性的问题,激发学生的学习兴趣,为他们扬起思维的风帆,培养他们分析问题和解决问题的能力。只有这样的课堂提问,才能将学生的思维"发动起来"。

　　(二)其次要解决"问谁"——让每个学生都有回答问题的机会

　　"为了每一位学生的发展"是新课程的核心理念,这要求教师在课堂提问时做到面向全体学生,可以采取轮答、抢答、分组辩答等方式,促进全体学生的思维,让每一个学生都能尝试到成功的喜悦。学生基础不同,理解能力不同,思维方式不同,这些都要求教师设计问题时应充分考虑,让水平高的学生回答难度大些的问题,让水平低的同学回答难度小些的问题。即使同一问题,让不同学生回答,认识有深有浅,分析不同,可集思广益。如在《行星的运动》一课中,首先通过学生自主学习本堂课的内容和课后的阅读材料,提出行星是怎样运动的问题,不同的同学有不同认识:有的同学的回答是行星绕太阳转;还有的同学的回答是行星绕太阳轨道是椭圆轨道;也有同学提出了:在古代,人们对于天体的运动存在着地心说和日心说两种对立的看法等等,教师在学生回答的基础上进行补充、讲解教学内容,在教学过程中要以教师主导、学生为主体,并且面向全体学生,让每一个学生均有回答问题的机会,促进学生的思维不断拓展。

　　(三)最后要解决"怎么问"——关注物理学科特点和学生的思维障碍

　　真正实现有效提问,教师要考虑到学科的特点和关注学生学习高中物理的思维障碍。由于高中物理知识具有概括性和抽象性,学生若不能真正把握知识的内涵、联系及其区别,则在运用物理知识进行物理思维时往往会产生一些思维障碍,出现各种错误。如相近的物理概念的混淆造成对物理概念的不理解,潜在的错误观念对学习思维的干扰,物理公式之数学化造成的思维偏差等,所以物理教师在课堂教学中针对学生学习高中物理的思维障碍特点,要善于采用恰当的策略进行有效提问,这样才能有效地实现教学目标,提高课堂教学效果。

　　1.教师在课堂中提问应注重师生的双向互动。因此在课堂提问中,首先要让学生听后产生浓厚的兴趣,继而积极思考,能激发学生提出问题,形成师生互问,共同研讨,达到理解掌握。

　　第一,教师设置的提问需问在学生存疑处,有疑问才会有争论,有争论才能辨别是非,也才能引起学生探求知识真理的兴趣,特别是经过教师的引导,同学之间的交流,使问题得到解决,会有一种"洞然若开"、"豁然开朗"之感。这不仅使学生心理上、精神上得到满足,而且增强了学生学习的自信心。

　　第二,提问设置要有启发性,问题设置要能激起学生探究的兴趣。启发性提问能激起学生强烈的学习兴趣和动机,引起学生探究知识本质的愿望,促进学生思维。启发性提问更能促进学生积极思考,发展学生的创新思维,使学生在掌握知识的同时发展智力,培养能力。

第三,教师在课堂提问时应根据不同的教学目的和内容,采用不同的方法,在设计提问时要注意经常变换手法,切忌采用一个固定的模式,即使是同一个内容,在不同的场合下进行提问,也要注意转换角度,让学生有一种新鲜感。

2. 提问倡导问题生活化,即教师提的问题要贴近学生的生活,将问题置于现实的生活情境之中,激发学生主体参与的强烈愿望,让他们在生活中学习,在学习中更好地生活,从而获得鲜活的知识,并使情操得到真正的陶冶。

如我们在关于牛顿运动定律的应用课中,常常遇到如下的典型习题:有一辆汽车原来做匀速直线运动,突然遇到紧急情况刹车,已知汽车质量 m,汽车刹车过程的制动力恒为 f,设驾驶员的反应时间为 t_0,问从驾驶员发现情况到完全停车,共经过多少距离? 若将这一习题改成:某一特殊路段的速度规定不能超过 $40km/h$,有一辆卡车遇紧急情况刹车,车轮抱死滑过一段距离后停止。交警测得刹车过程中在路面擦过的痕迹长度是 $14m$,从厂家的技术手册中查得该车轮胎与地面的动摩擦因数是 0.7。假如你是一位交警,请你来陈述该卡车是否超速行驶?

很显然,后一种提问比前一种提问有效,它将问题置于真实的生活情境中,让学生觉得物理就在自己的身边,体会到物理知识在生活中的应用价值,这样有利于激发学生学习的兴趣,学习时易于理解和接受。

3. 教师提出问题后,应该给学生留有充足的思考时间,学生学习的过程是激活思维的过程,同时要鼓励学生发问,重视学生提出的问题,鼓励学生提出不同观点、不同解法、不同思路等,教师要以欣赏者的角色,以满腔热情、赞扬的语言予以鼓励,鼓励学生敢问、敢想、敢说。

哈佛大学流传的名言:"教育的真正目的就是让人不断地提出问题、思索问题。"以"问"引"问"策略,就是要发挥有效提问的这种作用。我觉得课堂教学中教师有效提问的最高价值性应该就在于此。这里的以"问"引"问"策略中的第一个"问"是指教师提出问题,第二个"问"是指学生发现问题、提出问题。以"问"引"问"指的就是教师提出问题引导或指引学生发现问题、提出问题。

4. 教师提问时要注意体态语言,对学生回答的问题要多一些肯定性的、激励性的评价。

从心理学的角度来说,教师的面部表情、语言语调、举手投足以及师生间的人际关系,对学生思维活动的开展都有一定的影响。如提问时教师表现出不耐烦、动辄训斥、刁难,则会使学生惧怕、回避,甚至生厌,阻碍教学进程。相反,老师面带微笑,期盼与鼓励的目光则增强学生的信心,使其思路清晰,回答准确,语言优美,从而更加喜爱老师及该项课程。对回答正确又有独到见解的学生,教师当然应该充分肯定,还应给予必要的赞扬。对于回答不够全面的同学,教师也要给予充分的肯定,并进一步启发学生全面考虑问题。而对于回答错误的学生,教师在不伤学生自尊心的前提下,明确指出其不正确,并加以进一步启,给他们再一次站起来回答的勇气,而不能模棱两可,一味地表扬或迁就学生。教师应注意将激励性评价和否定性评价有机结合起来,注意方法和方式,以关心、爱护和理解学生为出发点,达到有效提问后的有效评价。

　　新课程课堂教学中通过教师创设有效问题,关注学生回答,最终让我们的学生在课堂中大胆提出问题、质疑问题,将课堂45分钟成为生生之间、师生之间的思维碰撞,促进学生能力提升,教师教学能力提高的快乐的45分钟。

巧用"心理效应"，上好《品德与社会》的起始课

杭州市求是教育集团浙大附小　吴欢巧　饶晓媛

一、几丝担忧——不识新课"真面目"

清朝李渔在《闲情偶寄》中写道，"开卷之初，当以奇句夺目，使人一见而惊，不敢弃去。"做文章如此，一堂好的起始课亦应如此。对于学生来说，每学期《品德与社会》的第一节课，是师生之间心与心交流的序幕，是品德课堂教学焕发生命活力的新序曲，也是学生今后学习品德的兴趣关键点。然而在《品德与社会》的起始课中，我们却捕捉到这样一些镜头，不由得让人产生几丝担忧。

镜头一：

上课铃声响后，教师说："这学期我们将要学习一门新的课程，请大家拿出《品德与社会》这本书，翻开目录，看看这册有哪几个单元？共几课？"生回答后，师简单小结："看来你们对这册的内容已经有所了解，相信你们可以学好这门课。"接着，就开始第一课的教学。

镜头二：

几句简单的开场白后，教师一脸严肃地告诉学生："你们已经是四年级的学生了，对《品德与社会》课的作业我这里也要提几点要求，相信你们一定能做到。"紧接着，教师滔滔不绝地布置起了作业："第一，每次课前要做好预习，完成几个调查作业，第二，要用心填好课文中所有表格，第三，老师说的重点内容要记熟……""啊，怎么这么多作业啊！""哎，真没劲！"几个学生情不自禁地低声嘟囔道。

镜头三：

在简单了解本册书的基本内容后，教师开始对《品德与社会》课程长篇大论地进行了讲解："这是一门综合课程，设计的思路是一条主线，点面结合，综合交叉，螺旋上升。通过学习，你们的社会生活经验会更丰富，各方面能力会得到很大的提高，你们有信心学好吗？"学生面面相觑，愣了好一会后，才听到几声"有"。

……

这样的例子还有很多，每学期的期初听课，总会听到老师们这样的抱怨："《品德与社会》每学期安排起始课有用吗？""我不知道该怎么上这样的课？"……看来不少老师对于《品德与社会》起始课的认识，就像"不识庐山真面目"一般，的确让人担忧。

二、几许反思——心存学生"找出路"

教育心理学家奥苏伯尔曾讲过：如果要把教育心理学的全部内容归结为一句话，那就是我要知道学生的经验是什么，没有这个，一切教育都是无效的。《品德与社会》的起始课同样要求从学生发展的现实和可能出发，不但要让学生了解本册基本学习内容，更重要的是要调动起学生学习《品德与社会》的热情，为今后更好地投入本册的学习定下良好的基调。从前面的几个镜头中，可以看出老师们也花了一定的心思，试图让学生了解这门课程，但实际的结果却违背了教学的初衷。究其原因，我们认为有以下几点：

（一）形式只求"走过场"

所谓"走过场"，就是形容办事只在形式上过一下，却不实干。品德课堂教学中，无论是采用什么样的教学方法或形式，都要根据学生的需要，只有这样，才能真正提高学生的道德认识，以引领学生更好地生活。像镜头一的《品德与社会》起始课，只是为了完成教学任务，草草了事，这种只求形式"走过场"的教学行为，就会导致学生无法了解本册的学习内容，也会影响学生接下来的品德学习。

（二）要求只念"紧箍咒"

观音菩萨为了引导孙悟空护唐僧取经，给他戴上了紧箍咒。确实，有了"紧箍咒"以后，孙悟空桀骜不驯的性格收敛了不少，对唐僧也顺从多了。然而，在镜头二的《品德与社会》起始课中，教师为了学生能学好该门课程，不知不觉中，也给学生戴上了无形的"紧箍咒"。这样，学生对学习任务是明确了，但如此多的要求只会增加学生的心理负担。

（三）激情只唱"高调子"

"发表似乎高明但脱离实际的论调，通常用来形容言语上的巨人行动上的矮子。就是平常我们所说的唱'高调子'。"镜头三中的教师在调动学生积极学习的情绪时，不顾他们是否听得明白，只是一味地唱"高调子"，还以为学生会因为有这样"高深"的理论而喜欢学习《品德与社会》这门课程。但是，结果却事与愿违，学生不仅没弄清学习《品德与社会》的目的，反而更迷糊了。

在《品德与社会》起始课中出现的这些现象，没有做到从学生的实际出发，没有重视学生在教育过程中的主体性。《品德与社会》教学要求教师必须遵循学生道德学习和品德形成的科学规律，精心设计学法，通过教师有效的引导，达成品德课的多维目标，只有心存学生，才能走出《品德与社会》起始课的"新路"。

三、几度探索——用心谱写"新序曲"

在一次理论学习中，笔者接触到了著名心理学专家汤笑教授的《心理效应解读》一书，使我们豁然开朗。心理效应，是指大多数人在相同的情景之下对某种相同的刺激产生同样或相似的心理反应的现象。它的种类很多，普遍存在于每个人身上，出现于各种场合，会对一个人的行为和心理活动产生影响或发生作用。那么，在《品德与社会》起始课中应用心理效应，是否可以让《品德与社会》教学奏响新的序曲？笔者试着以浙教版三上《品德与社会》起始课为突破口，不断探索和实践，力图带来《品德与社会》起始课堂的有效乃至高效。

引入环节——首因效应先声夺人

"起句当如爆竹，骤响易彻。"

　　　　　　　　　　　　　　　　　　　　——明代文学家谢榛

首因效应有时又称为第一印象的作用，指的是知觉对象给知觉者留下第一印象对社会知觉的影响作用。教学实践表明：教师留给学生的第一印象如何，容易使学生产生一种"先入为主"的心理定势。品德起始课中，我们在引入环节就要重视登讲台前的准备，关注开场白的设计，让首因效应达到先声夺人的效果。

1. **重视登讲台**

要用好首因效应来上好《品德与社会课》的起始课，登讲台前，教师应该对本门学科和本册教材有个全面的了解。我们除了要认真钻研《品德与社会》课程标准，分析本册教材内容体系结构，了解该册教材的呈现特色外，还要明确学生需要掌握的一些学习方法，选择合适的方式来教学，使学生从一开始就拉近与品德学科的距离，并对未来的课程和活动有个美好的期待。（见表一）

表一　三上《品德与社会》登讲台准备表

教材特色	图文并茂提示内容　提示语点明教学主题　关键词体现教学重点			
	多样活动引导学习　诗歌歌曲激发情感			
内容体系	主题	我在成长	我与家庭	我与学校	我与社会
	单元	我们一起在成长	我的家庭	为中华之崛起而读书	七彩的社会生活
学习方法	介绍搜集资料方式：上网、读书报、看电视、询问他人……			
	商讨调查访问方法：实地调查、人物采访、问卷搜集……			

2. **关注开场白**

教育心理学中十分强调："教师给学生的第一印象，对教师威信的形成有重大影响。""第一印象"好比演员登台亮相，"第一炮"打响了，才能博得满堂彩。每学期伊始,当我们带上《品德与社会》教材,走进教室,面对一张张可爱而企盼的面孔,站在讲台上的我们更要关注开场白的首因效应。

在三上《品德与社会》的起始课中,我们的开场白是这样的:同学们,欢迎你们升入三年级! 从今天起,你们又跨上了一个更高的台阶。三年级是一个美好的年级,现在,我们要一起学习一门新的课程。在这里,(音乐起)我们将一起成长,充满信心地发挥自己的优势,学习别人的长处;在这里,我们会了解到每个人都有一个幸福的大家庭,家人关爱着我们成长……(相机出示含有各单元主题的图片)你想知道这些内容出自哪里吗? 让我们走进书本中吧。

在悠扬动听的《我要飞翔》的音乐声中,学生听到的是这样一番富有感染力的语言描述,看到的是一幅幅生动形象的图片,学生的情感之门由此而敞开,对今后的学习怎能不充满向往? "首因效应占得先机",这样"如爆竹般骤响易彻"的开场白,一下子就抓住了学生的心,他们兴致勃勃地投入到下一环节的学习中。

展开环节——门槛效应　循序渐进

"攻人之恶勿太严,要思其堪受;教人之善勿太高,当使人可从。"

——明代洪自成《菜根谭》

心理学家认为,在一般情况下,人们都不愿接受较高较难的要求,相反,人们却乐于接受较小的、较易完成的要求。在实现了较小的要求后,人们才慢慢地接受较大的要求,这就是"门槛效应"对人的影响。在起始课的展开环节中就可以应用"门槛效应"。根据三年级学生的实际情况,分别设定不同的"门槛","要思其堪受",让学生"可从",循序渐进,逐步逐项掌握本节课的内容。

第一道门槛:"走近课本——我们来闯关"

游戏可以满足儿童的天性,教学中穿插游戏可以把许多枯燥的学习内容和机械操练变成充满趣味性的各种活动,实现"寓教于乐"的目的。在展开环节中,我们先安排了"走近课本——我们来闯关"这一游戏活动,第一关是让学生看书后,在表格内选择单元填写单元主题和相关课题,第二关让学生说说自己对课文的初步印象,来帮助学生完成了解本册的内容这一学习任务。

第二道门槛:"亲近学法——我们来交流"

"门槛效应"启发我们,教育学生,需要给学生留点空间,需要有一个"度",只有掌握好"火候、分寸、尺度",才能"恰到好处"。在顺利地跨过第一道门槛后,我们接着组织学生回忆以前搜集资料的方法,并针对本学期"调查访问"这一研究资料的新方法进行交流。在跨越第二道门槛中,学生通过"亲近学法",明确了具体用什么方式展开调查访问。

第三道门槛 :"贴近计划——我们来制定"

凡事"预则立,不预则废"。也就是说每个人做任何一件事情之前,有了计划才能达到目标。品社起始课中制订学习计划对于学生在今后的品德学习来讲是至关重要的。为此,我们让学生在对本册学习内容和学习方法了解的基础上,分小组有针对性地制定本学期品社学习计划。

俗话说："一口吃不出胖子"，教师在教学中应该由小到大、由易到难、由浅入深地安排学习内容，我们把展开环节的教学内容细化成若干个呈阶梯状的经过努力可以达到的小"门槛"。由于跨越小"门槛"难度不大，学生就容易产生尝试的念头，形成了良性循环的开端。

升华环节——期望效应　推波助澜

"是以立功之士，莫不翘足引领，望内响应。"

——三国·魏·陈琳《檄吴将校部曲文》

真诚的期待和不懈的努力，终会结出预期的果实。这就是著名的"期望效应"。在《品德与社会》起始课的情感升华环节，运用"期望效应"，可以为燃起学生学习品德的热情之火推波助澜。

1. 谈收获

师：今天大家学得非常投入，相信你们一定有不少收获吧，谁愿意和大家来分享？

生：我知道了这册的《品德与社会》学习内容真丰富，其中《天生我才必有用》这课内容我最感兴趣了。

生：我学到了实地调查、人物采访、问卷搜集等方法，还和组内同学说好了以后一起调查访问呢！

生：通过和组里的成员一起制订学习计划，我知道自己在搜集资料上还要多下功夫，课前就做好充分的准备，这样《品德与社会》课才能学得更好。

看着学生争先恐后举起的小手，听着他们积极响亮的发言，我知道他们在这节课当中不但收获颇丰，而且喜欢上了《品德与社会》课。

2. 表决心

师（顺势引导）：同学们，展望今后的品德学习，你们又决心怎么做呢？请你们将它写在老师发给你们彩色音符卡上。（音乐起，学生开始写话并进行交流）

生：《品德与社会》课这么有意思，我以后上课会认真听讲，积极发言的！

……

最后，师生共同将彩色音符贴在黑板的五线格上，黑板上很快呈现出了一支飞扬的七彩乐曲。

师（深情小结）：今天是学习品社的第一课，我们很愉快地走近了课本，了解了学法，制订了计划。如果说《品德与社会》课是一首歌，我们已经将悠扬婉转的序曲谱写好了，相信在接下来的品德课中，我们能奏出更加悦耳动听的曲谱！

教师对学生高度的期望，真诚的鼓励，会产生一种温暖的、关心的、情感上的支持；教师的殷殷期望，犹如教学的催化剂，能调动起学生的品社学习积极性。在这节品社起始课的升华环节教学中，教师巧用期望效应，立足于学生的情感的激发，让学生谈收获、表决心，学生"莫不翘足引领，望内响应"。

四、几多期待——起始课堂"再憧憬"

"转轴拨弦两三声,未成曲调先有情。"一首好歌,只要序曲一响,听众心灵中的琴弦就会被拨动。课堂教学也同样如此,引人入胜的《品德与社会》起始课,如果能巧用多种心理效应的积极作用,既能吸引学生的注意力,调整学生的学习状态,又能为学生的品德可持续发展定下基调。我们运用心理效应进行三上《品德与社会》起始课的实践研究,只是"抛砖引玉"。我们期待,能有更多一线教师加入到《品德与社会》起始课的研究队伍中来;我们憧憬,心理效应在品社起始课中绽放出更加灿烂的光芒!

关爱融化小自我，感恩催化真行动

——以品德课《家人关怀我成长》的教学为例

杭州市滨江区西兴实验小学　孔海燕

《品德与生活（社会）》力求构建以儿童生活为基础、以活动为载体，并延伸到生活实践中的开放式教学流程。结构完美、布局合理的思品课堂教学，可以增强课堂教学的艺术魅力。教师在实际的教学中应多为学生营造真实的生活情境，提供丰富的活动素材，引导儿童在活动中进行体验和感悟，经历一个"润物无声"的过程，慢慢熏陶其情感，渐渐孕育其品质。

下面以小学第一册第二单元"我的家庭"中《家人关怀我成长》一课为例，谈谈在低年级思品课堂中的设计理念及其实施策略。

教学目标定位：

家庭是社会的细胞，特别是对小学阶段的学生来说，家庭与他们的生活态度、生活能力的形成有着最直接、最密切的联系。面对独生子女家庭随之产生的一系列问题，如：学生缺乏伙伴交往、自我中心、任性、自理能力差、父母教育方式不当、单亲家庭等给学生心理带来的影响，我们将教育的着眼点放在：通过学习使学生进一步体会家庭亲情，感受父母的关爱、抚育的辛劳；学会初步的自立，具有初步的家庭责任感。

在此，激发和深化情感是第一位的，有了充分的情感体验，尊敬、关心和孝敬父母就会成为一种自觉意愿。所以我将这堂课的教学目标确定为：

1. 知道自己的成长离不开家庭，感受父母长辈的养育之恩，萌发感激之情。

2. 体会到在自己的成长过程中父母所付出的辛勤劳动，能以恰当的方式表示对他们关心，孝敬父母长辈。

3. 有独立料理自己的生活的意识，初步培养家庭责任感。

教学活动的实施与反思：

一、课首——引人入胜的 FLASH 欣赏

教育家董政枢说："好的开头，有如春色初展，鲜花含露，叫人钟情。"教师在上品德课的开始通过讲故事、猜谜语、表演小品等方式来导入新课，以一个新鲜美丽的开头激发学生的道德情感活动。引入的关键是要有磁性。有了磁性才能调动情感，满足好奇心，点燃学习愿望，才能使学生怀着极大的学习兴致和探究热情去参与活动。

在上课一开始，我就安排了学生最乐于看的动画片 FLASH 动画《游子吟》，"临

行密密缝,意恐迟迟归。谁言寸草心,报得三春晖。"通过师生有感情地朗读,说意思,引起情感共鸣,产生情感想象,思想感情的理解水到渠成。在声声吟诵声中揭开本课的主题:我们都有一个温暖的家,家里有疼我们、爱我们的爸爸、妈妈、爷爷、奶奶、外公、外婆,在他们的关怀下,我们才能茁壮成长。

二、课中——波澜起伏的情感体验

模拟一个真实的世界,才能激发孩子们说实话,说真话,诉真情。课中我密切联系学生生活实际,安排了 3 个相互联接、情感体验螺旋上升的子活动:情境感受——统计体悟——价值辨析,实现在活动中学习,在活动中发展。

活动一:"情境感受"

道德情感指教学情境具有激发学生学习动力的功效。教育家第斯多惠说得好:"我们认为,教学的艺术不在于传授的本领,而在于激励、唤醒、鼓舞,而没有兴奋的情绪怎么能激励人,没有主动性怎么能唤醒沉睡的人,没有生气勃勃的精神怎么能鼓舞人呢?"

我们将情感目标定位为:能够体会到父母养育我们长大不容易,激发学生爱父母的思想感情;能用自己的方式爱父母长辈,学会感恩。那么在教学中,如何才能更好地培养学生爱父母的道德情感呢?

1. 利用媒体,创设情境,激发情感

利用多媒体技术创设多样的情境,能使学生在特定的情境中不仅获得大量生动、形象的具体表象,而且受到特定的气氛感染,使认识和情感过程统一在同一情境之中,这样可以收到单纯讲授难以达到的效果。

首先,我出示了一组图片,配上音乐,声情并茂地向他们讲述:当你们一生下来,爸爸妈妈便为你们操劳,你们不会吃饭,是你最亲爱的妈妈,用甘甜的乳汁把你慢慢喂养大;当你学会走路了,是爸爸妈妈不顾腰酸背痛,弯着腰扶着你一步一步向前走;当你们病了,爸爸妈妈又抱着你到处求医,日夜守护……通过富于表现力的配乐朗诵,幻灯片的再现、音乐的渲染、语言的描述,学生在静听中思索,入境悟情,激发学生原有的经验积淀,使学生获得一种实实在在的体验。

趁热打铁,我紧接着追问:"爸爸妈妈的点点滴滴都倾注着对儿女的爱。你能说说爸爸妈妈在你成长道路上付出的爱吗?"这时的学生争先恐后,如数家珍,娓娓道来,点点滴滴都是父母情。

在学生畅诉完爸爸妈妈对自己的关爱后,我满怀深情地对同学们说:"我们成长的每一个脚步都倾注着家人的爱。伴随着第一声啼哭,我们来到这个多姿多彩的世界,从牙牙学语到蹒跚学步,从稚嫩懵懂到长大懂事,我们每一天都生活在家人的关爱里,家人对我们的爱真是说也说不完!让我们把这种爱浓缩在这首歌中吧!"在《爸爸妈妈真正好》这首歌中,学生自然而然地感受父母长辈的养育之恩,从而萌发感激之情。

2. 捕捉细节,拓展情节,生发情感

无情不能育德,真情所在,金石可开。从某种意义上说,品德课就是一门积极的情感培育课。品德课堂要回归生活,教师要善于编织一条微妙的情感纽带,引导学生去感受自己身边真实的生活事实和典型的案例,以触动其心灵,生发情感,从而去感悟,引发认识的升华。最终在情感的驱动下真正表现在行动上。德育的价值就会因情感的介入而得到彰显,学生就会因善良情感的浸润而显示出生命的亮色。

如:在让学生体会"父母赚钱不容易"这一教学环节中,如果仅仅让学生知道他们在哪里上班、干什么,那是不可能知道父母的辛酸,触动学生的心灵的。不知道父母的苦,又怎么能体会做父母的不容易呢? 又怎么去爱父母呢? 要晓之以理,必须动之以情。由于小学生的表达能力还不完善,并且所叙述的故事事过境迁,往往仅仅是一个故事的梗概,而细节在学生的表述中往往一闪而过。试想粗线条的故事梗概能打动你的心灵吗? 因此,老师必须用心去捕捉情节中的细节,比如追问、补充等等。如在后面的教学环节中,"父母养育我们不容易"这一过程中,很多学生回答了自己生病时,父母送自己上医院一例,我抓细节进行追问,送医院途中,天气怎样? 父母是怎样着急的……当一学生在说父母亲在路边焦急地等出租车,而出租车迟迟不来时,妈妈急得哭了,学生也感动地哭了。人非草木,孰能无情? 特别是儿童,情感更是丰富。"只有源于儿童实际生活的教育活动才能引发他们内心的道德情感、真实的道德体验和道德认识。"

活动二:"统计体悟"

1. 展示调查情况(前几天布置学生调查家人一天中为自己付出的时间)。

2. 计算调查结果:如果以这个时间为平均数,一月呢? 一年呢? 十年呢?

3. 谈感想:看了这些计算结果,你心中有何感想呢?

学生从一组组具体的数据中,直观地感受到一天中家人就为自己做那么多的事,在成长岁月里的无数个日日夜夜家人要为自己付出多少汗水和辛苦! 从而真真切切地感受家人为我们付出的爱是数不尽、算不完的。

活动三:"价值辨析"

1. 播放小故事(《孝顺女儿》)。

2. 学生谈体会。

3. 小小评判员(如果你是小明,看到自己喜欢的玩具会怎么样? 如果你是小明的好朋友,该怎么劝劝他?)。

在活动中,我主要引导学生学会换位思考,以"平等的眼光"客观、公正地相互评价,让学生懂得爱不仅是对自己的迁就,还包括对自己的严格要求,同时也提示学生自己的事情自己做,做事情动脑,勇于克服困难,犯错误要勇于承认,这也是对家长爱心的回报。

三、课尾——回味无穷的情感升华

学生的道德情感一旦形成,将激励着学生自觉地去履行道德义务和行为规范,为他们从小形成良好的思想品德和文明习惯奠定基础。因此,要让学生在生活中真正"动"起来,积极参加实践体验活动,从中接受道德知识,选择行为方式,获得情感体验,并在活动中获得自身的发展。如果仅仅停留在情感的体验阶段,那么三分钟过后就会热度消退。如果抓住时机,趁热打铁,用情感调动学生激发起来的热情和内驱力,进行意志的磨炼,情感就会向意志转化。

1. 设问(爸爸妈妈为我们倾注了无限的爱。现在我们长大了,成为三年级的小学生了,那么我们该怎样报答爸爸妈妈呢?)。

2. 小组讨论(关心父母,我们可以做哪些事,使父母高兴?)。

3. 小组代表发言。

4. 教师归纳小结并板书:

(1)不让父母操心,自己能做的事自己做。

(2)不让父母劳累,主动做父母的小帮手。

(3)不让父母生气,认真听取父母的教导。

(评议:学生说一件事,老师画一段爱心,画到半个爱心为止。因为会说并不等于会做,让学生明白做比说更重要。)

四、课后延伸——实实在在行动至上

课堂教学的结尾,不要简单地考虑如何用精要的语言总结全课,采用这种类似于打句号或标出休止符的设计是不可取的,而要着重考虑如何将主题活动所追索的意义由课堂延伸到学生的课外时空。道德教育是一个循序渐进、反复训练、螺旋上升的过程,单靠某一课的教学想达到目的无疑是不切实际的。

无论是《品德与生活》还是《品德与社会》教材,都应有选择的让学生在课后延伸操作,巩固深化教学内容。在学生充分谈论可以为家人做些什么后,如教师只满足于学生在此时的表达,那么这节课的收获可能就只是使学生知道"要关心家人","为关心家人,我们可以做些什么"。不过,教学并没有到此为止。在学生"献计献策"后,我与学生商定:开展一次"让我为您分忧活动"。要求每位学生为父母或者长辈做一件力所能及的事情,事无巨细,贵在坚持。

为真正落实这一活动,我设计发放活动记录表,与学生家长们一起,共同对活动情况进行检测评价。课后,学生各自行动起来。一段时间后,很多家长向教师反映,自己的孩子最近长大了许多。有位家长说:"最近,孩子老是问我累不累,还主动给我捶背……"另一位家长说:"前些天,孩子让我教她做饭。现在,她放学回家会用电饭煲煮饭，并且自觉地写作业等我们下班。"……

学生们自己也从活动中获得了真切的体会和认识，不仅产生了共鸣，而且加强了对行为习惯的培养："我体会到妈妈平时做家务真的很辛苦。""我帮爸爸做事，爸爸很高兴，我也很开心！""原来我也可以为父母做一些事情，我真高兴！我要继续为父母做点事"……

关爱融化小自我，感恩催化真行动。小学思品活动课是缓慢而优雅的教育过程中最触动孩子心灵的内容。在这一案例中，结合课堂教学所固有的环节设计，通过一系列通俗平实的实践活动，将学生的课堂学习与他们的实际生活联系了起来，引领了他们的生活，提升和发展了他们的生活能力和生活品质。

当前音乐教学中应当关注的几个"过度"现象

浙江传媒学院实验中学　　胡剑慧

音乐新课程对实施音乐教学的若干基本理念作了较全面的归纳,提出了以音乐审美为核心、以兴趣爱好为动力、注重个性发展、提倡学科综合等理念。这些理念是指导音乐教育与教学的理论基础,也是引导学生进行有效音乐学习的指针。本文通过看、听、讨论等形式就现阶段音乐教学中存在的一些问题和出现的一些"过度"现象,就如何理解、把握、运用好这些理念,提出自己的一些思考,与大家商榷。

一、过度追求学科综合,忽视音乐学科的本色

综合,是基础教育改革的一个基本理念,是学科体系向学习领域的伸展,它体现了现代教育的一种发展趋势。音乐学科是在多学科的基础上发展和形成的,是一门具有独立性、综合性和实践性的边缘学科。从心理学的角度而言,"通感"这一心理现象,也使得音乐学科与姐妹艺术相互融合成为必要和可能,另一方面,作为最主要的艺术门类,音乐也同广泛的文化领域有着天然的联系,这也使得音乐课程同其他非艺术课程之间的相互融合成为可能。如:音乐教学可与语文的诗词、戏剧沟通,体育课的广播操、韵律操与音乐节奏感等能有效结合,音乐作品的创作往往也和民族、地理、环境、历史条件、生活习俗等密切联系。

但是,过度综合就是舍本求末了,有的老师为了做到学科综合,可谓绞尽脑子。如:一次有位教师在上《七子之歌》时,为了使学生了解该曲的创作背景,从而能更好地理解、表现歌曲,他用大半节课时间进行课件展示,讲解澳门的由来、回归等等。而歌曲的教唱却匆匆而过,有关音乐知识内容更是少之又少。整节课可以看出该教师的辛苦,但不知这节课属于音乐课? 还是历史、地理课?

如何理解"提倡学科综合"? 音乐课程的综合,是以音乐为本的综合,在音乐课程中贯彻综合原则,可以有以下具体做法:其一,在音乐教学中充分结合各方面进行教学,如感受与鉴赏,表现、创造、音乐文化等结合。其二,与其他艺术形式结合进行教学,如舞蹈、美术、戏剧等。其三,与其他非艺术课程进行适度的结合。例如"新课程环境与歌唱教学的专题研究"活动中,一节小学六年级的《中国、中国,我爱你》歌曲教唱课,教师就较好地将相关学科知识巧妙地渗透在音乐教学中:

教师在黑板上,用了一串无任何规律可言的音符(简谱):

师导言:同学们,我们来做个听音游戏吧!看到黑板上红色的音符了吗?我们从这里开始(教师指点某音符)听到老师弹到哪个音,你就把线连到这个音为止。(请一学生上来,其他学生下面进行)

随着同学连线的进行,慢慢展现在我们面前的竟然是一幅中国地图,高声部音符连结而成的是黄河,低声部音符连结而成的是长江。该教师用中国地图导入到新课主题《中国、中国,我爱你》,真是巧妙!更让人佩服的是在整个过程中,自然地进行了学科的综合:地图——地理课;几组画画,激发爱国情感——思政学科;有感情的朗诵诗歌——语文学科,还紧紧围绕音乐学科的特点,加强音乐技能的训练,如听音训练、二声部的练习等等。

只要教师做个有心人,有意识地积累素材为音乐教学所用,并在教学中合理、适度地运用其他的学科知识,就能最大限度地提高音乐教学效果,真正做好新课标提倡的学科综合。

二、过度追求教学形式的多样,忽视了音乐基础教学

以往的教材编排过分强调自身严密的逻辑体系以及时序安排,没有给教师和学生留下创造的空间,与音乐学科本身的创造性格严重相悖。在教学形式和教学方法上,重教师的教授,轻学生的主动参与,对音乐知识与技能的认识也存在严重误区,单纯地以乐理知识和识谱技能作为音乐知识与技能的主体,并过分强化了知识的理解色彩和技能的技术作用,轻视对音乐的表现与鉴赏,从而导致了音乐知识和技能的片面化倾向。因此,我们必须适当淡化音乐知识技能教学内容,走出这种范围狭小的音乐培训式的学习,拓展音乐学习的领域和空间,还普通音乐学习以应有的面貌。但随着新课程的实施,许多教师对新课程的理解发生偏差,从而导致当前中小学音乐教育出现了新的失衡现象。如:歌曲教唱,往往很少从歌谱进行教学,或者跟唱几遍,就进入歌词教学。同样,欣赏教学、听磁带后就过去。当学生还没有较好掌握、学会的情况下,就开始加入节奏、律动、表演等形式,整节课看似节奏快、内容丰富,形式多样,几乎在后半节课中,教师都会设计学生进行四人小组或多人小组讨论,讨论内容八九不离十的是歌曲创作或不同形式的表演。有些教师用了多种教学手段,看似调动了学生的学习积极性,但展示过程中有唱歌跑调的,还有无艺术可言的搞笑版表演,离预计的教学目标甚远。

《音乐课程标准解读》指出:"在基础教育中的任何课程,只要是一门学科,必然会有系统的知识和技能体系。因此。对于基础音乐教育来说,知识与技能的教学是必要的,这既是人的整体素质中的音乐文化素质的需要,同时也为学生进一步学习音乐奠定了基础,为学生在音乐上的持续发展提供了平台。"所以那种纯粹营造一个玩的气氛,而不能在玩中吸取知识和养分的课堂教学是不十分成功的。基础和创新不是非此即彼,双基并非全部,探究也并非全部,而是二种平衡和融通,我们必须在传统教

学中融入探究性教学和研究性学习的基础因子,以立足于真实情景下的双基教学为基础,与学生探究活动为主的教学模式互为融通。我们说:过度舍弃音乐技能的音乐教育,只能是"空中楼阁"、"无本之木",而没有创新指导的知识技能基础训练是傻练,是"花岗岩上盖茅房"。从教学方法上来说,授人以"鱼"不如授人以"渔"。由此可见,科学地实施创新教育要掌握两条原则:一是要教给学生必要的基础知识和技能;二是要在掌握基础知识和基本技能的基础上,调动学生的创新思维,即把有形的知识点用无形的创新活动串联起来,把音乐知识和技能的学习放在丰富、生动的具体音乐实践活动中,将兴趣、情感、智慧等因素紧密结合,通过体验、探究、合作、综合等方式和过程来得以完成。

又举《中国、中国,我爱你》课堂教学为例,教师在学生唱会歌曲后,并未草草收场,而是进入下一个拓展活动,同样用了分组讨论的形式,让学生从歌曲的速度、力度来理解、感受歌曲的情绪,这种教师引导学生掌握必要的技能技巧,并紧紧围绕音乐学科特点的讨论,综合培养了学生的分析、处理作品以及表现作品的能力。当学生掌握的技能技巧越娴熟,其自信心也就越强,表现音乐的艺术水平也就越高。所以在音乐教学中,不管是学唱、学奏歌曲、乐曲,欣赏或表现音乐作品,还是要挖掘歌曲、乐曲的内涵美。

三、过度追求多媒体运用,忽视了音乐教师的专业技能

多媒体教学是现代科学技术与教育发展的产物。在新课程改革的浪潮上,许多教师由最初的害怕、拒绝多媒体到现在整节课都离不开课件。我们所见的多的是漂亮的课件,少听见的是真实的琴声、歌声。有这样一次公开课:课时过半,多媒体出现问题,不听使唤,而这位老师的手指甲留的很长,连钢琴都很难弹好,一脸尴尬,不知道如何面对师生。难怪该校其他学科的教师说:"这样的音乐课我也能上。"要知道,激情语言的引导,充满感情的演唱,即时的伴奏和范奏,是一名音乐教师的基本功。这种师资模范作用和师生间情感的交流也是任何现代化手段很难替代的。罗马诗人贺拉斯说的好:"只有唯一的方式可以打动人心,就是向他们显示自己被打动。"也许我们的教师并没有像多媒体展示的名家们那么优美的歌声和高超的演奏能力,但教师饱满热情的演唱,激情投入的演奏,脸上洋溢的欢快、喜悦之情,甚至一些肢体语言,学生会比前者更容易被感染,更能引起学习欲望,所以作为一名教育者绝不能丢弃自己的专业技能。

四、过度追求对学生的激励,忽视学生判断能力的培养

在课程改革中特别强调对学生的激励性评价和肯定性评价,教师要为学生创造宽松的环境,要充分尊重学生的人格,维护学生在音乐学习方面的自尊心与自信心,

欣赏学生在音乐鉴赏和表现方面的才能。采用表扬、鼓励的手法,以培养激发学生的音乐兴趣。但采用这种方法要因人而异,要考虑不同的教育对象。那如何把握好这个评价机制,如何培养学生的判断能力呢?

有相当一部分教师过于频繁地使用激励手法。记得一次听实习生上课,实习生请同学站起来唱歌,被请的男生唱歌时大声喊叫、跑调十分明显,然而实习生却表扬说:"唱得很好!"惹得全班同学大笑。这种欠妥的"激励"方法,其结果往往适得其反。又如,随着现代教育的发展,教育上求异求新的教学日渐活跃,这本是好事,特别是音乐更具有"不确定性"特点,即同一首作品,有不同的感受,我们提出音乐不谋求统一答案,使学生的想象力和创造性思维得到充分的发挥,但原则性、概念性的错误(如:乐段的分析、音色的辨别等),作为教师应马上指出、纠正,要知道教师多一分适当鼓励,会给学生多一分学习动力和信心。同样,教师及时必要的纠正,也会使学生少一次不必要的失误。再举《中国、中国,我爱你》的歌曲教唱,在二声部的训练时,老师在肯定的同时,也指出了高声部的不足,还形象地引导学生要唱出黄河的气势,并不时地提醒同学们的坐姿和声音的要求。表扬鼓励一定要实事求是,恰如其分;言不由衷或者言过其实的表扬鼓励会适得其反。

总之:实施新课程的音乐课堂必须是真实的、高效而又理性的,这需要我们不断反思我们的教学行为,进而改革完善我们的教学实践。无论是新课改还是新理念,无论什么方法都要以学生为主体和中心进行音乐教学,适度才是最好的。只有当教师正确认识,适度引导,全面把握,使学生主动参与了音乐教学,体验音乐审美活动才会产生赏心悦目的愉悦心理效应。

小学高段歌唱技能训练活动三策略

杭州市娃哈哈小学　章静丽

《艺术课程标准》指出:要"着力改变艺术学习中的机械模仿与枯燥训练,不以单纯掌握专业知识技能为目标",这是完全正确的。但在音乐教学实践中也出现了偏差,尤以小学高段歌唱教学为甚。有的教师把必要的歌唱技能训练活动等同于机械模仿与枯燥训练,教学中花费过多的时间讲歌曲的背景,讨论对歌词的认识与理解,几乎把音乐课上成了思品课或是语文课,有的教师放弃对学生必要的专业知识技能目标的达成,对学生诸如音准、节奏等问题视而不见,放任自流。

另一方面,小学生经过低段、中段四年的音乐学习,对唱歌依然持有浓厚的兴趣,他们中大多已具备一定的歌唱基础,唱歌能力明显提高,特别是音准、节奏上表现尤为突出。同时,教材在曲目的选择、技能要求上都有一定的难度和深度。而由于生理和心理上的变化,高段学生逐渐热衷于流行歌曲。12、13 岁的少年逐渐进入审美萌芽期,他们不再受到写实标准的束缚,开始发展自己对特定艺术家和特定艺术作品的兴趣。同时,由于变声,使部分学生变得不敢唱或不自信地唱。

笔者根据《音乐课程标准》理念及音乐教育心理理论,在教学中实施有效歌唱教学,在歌唱技能训练中采用了以下策略:

一、趣味训练激发学生歌唱的兴趣

1. 歌唱常规训练活动设计

学生入校第一节课起,就开始逐步接受歌唱常规的训练,但是学生到了高年级,歌唱姿势、歌唱状态等总还是经常需要教师提醒。为此,笔者设计了一些活动。例如在发声训练或是唱歌前,教师弹奏一组旋律:2/4 01 23 | 45 67 | 10 50 | 10 ‖ 起初,教师把此"听旋律"活动作为提醒学生注意歌唱坐姿或站姿的一种手段,通过一段时间训练,师生会把这样的提醒作为一种互动手段,有时教师在歌唱前省略这一环节,学生们自己会用"啦"唱出这段旋律,并且快速进入歌唱状态。又如教学中,学生坐得疲惫了,让学生站起来,进行比赛活动:看谁的气息长,谁能能保持住,通过师生的活动,不仅在玩中训练呼吸,更活跃了课堂气氛。课堂中,高段学生较关注师生间的互动,更爱用自己喜欢的方式去参与学习和活动,通过趣味性的歌唱常规训练活动,学生意识到唱歌是一件很有趣的事,他们把类似于这样的常规训练看成是一种

游戏或是活动,极大程度地培养了兴趣。

2. 发声训练活动的设计

实践中,笔者设计了一些发声训练活动:如训练学生找高位置声音的感觉时,让学生听教师用两种不同的声音位置说话,再通过互动,让学生模仿、展示,使学生明白声音的高位置是怎么发出来的,听起来是怎样的效果。这样的训练尤其受高段男生欢迎,当一些男生争先恐后地上讲台试着高位置说话时,教室里顿时充满了笑声,连平时不爱开口唱歌的学生都觉得有意思。再如运用游戏式的轮唱练习进行唱歌活动,不但能让学生在活动中体会到相互合作所带来的愉悦感,还能建立较好的"和声感"。总之,当学生在沉浸于趣味性的训练活动中时,学生已经完全不自觉地融入到歌唱技能的学习中,这样的教学体现趣味性,学生喜爱,效果明显。

二、灵活训练促进学生歌唱的技能

1. 选准教材歌曲灵活地进行技能训练

由于课程的特点,我们不可能对每首歌都面面俱到地教唱,笔者通过抓住歌曲某方面进行技能训练,并且持之以恒,取得很大的效果。每首歌曲通常有特定的技术含量,有的以情感表达为主线,有的以连音、气息连贯为主要技能要求,还有的以弹跳音、断音为要求等等。再如在教五年级歌曲《雨花石》时,学生唱歌曲结尾总是唱不好,不是大声喊叫就是不敢出声。笔者为此设计高位置头声训练,并作为这首歌曲的重点练习。再如:六年级歌曲《同一首歌》可以作为连音、有气息支持的歌唱技能训练歌曲,要求学生用手指划出连音线,在歌唱时每位学生都用手势表示音的连贯,并且有气息支持;《红河谷》作为二部合唱体验声音和谐的重点歌曲;五年级《小白船》作为二部合唱及表现力的重点训练等等。

2. 选择合适的课外歌曲进行特定的技能训练

小学高段学生的求知欲强,信息量大,接受能力强,教师可以补充一些深受学生喜爱的、有特定技术含量的歌曲进行技能训练。比如古诗词的朗诵、欣赏是乐感性训练行之有效的方式。在五年级欣赏课中,通过艺术歌曲《春晓》的欣赏,让学生感受音乐与诗句结合的完美贴切,通过古诗朗诵、复听再到小声哼唱,让学生进行乐感训练。在歌曲《红蜻蜓》教学中先让学生练习二声部《月亮下山》练习,通过声部配合均匀、力度表现有起伏,能获得极佳的和声效果,为歌曲教学奠定了基础。再如把五年级教材歌曲《故乡的小路》换成《大海啊,故乡》,同样是歌唱故乡情,而后者更能发挥学生的声音效果,更受学生欢迎,特别是歌曲引子部分二声部用"啊"和"嗯"轻声哼鸣时,极大程度表现了思念家乡的情怀,通过力度变化、气息地控制、学生深情地演唱,学生深深感受到歌唱的"音色美"、"情感美",从而体会歌唱的乐趣。

三、强化训练满足学生歌唱的成功感

1. 精选歌曲进行完美表现的强化训练

每学期各年级可以挑选一至两首歌曲精心磨炼,通过强化训练使学生尽可能体现歌曲的旋律美与歌词美,在歌唱中获得成功感。如教六上年级教材《同一首歌》,初学时采用先全体学生都学唱第二声部,重点进行第二乐句及结束句个低音音准的训练;第二课时进行二声部歌词教学,先对每一句歌词进行咬字吐字纠正,做到字正腔圆,再进行二声部歌词练习,并通过看歌手蔡国庆与小荧星合唱团的演出视频,激发学生的歌唱欲望,然后再提出呼吸、气息、情感的要求,并对每一步要求强化训练,同时对每一句作细致的评价。第三课时教学着重进行情感的处理,教师问学生:歌曲中你最激动的乐句在哪里? 用什么力度来演唱、表达歌曲情感? 用哪些不同的演唱形式合适? 还能加上动作表演吗? 经过热烈讨论后确定运用不同的力度和演唱形式,并加上一些动作来表现这首歌曲。笔者在五六年级每学期可以各选一至两首教材中的经典歌曲进行完美表现的强化训练,如五上年级选《晚风》、《如今家乡山连山》,五下年级选《小鸟小鸟》、《春雨蒙蒙地下》,六上年级选《同一首歌》、《茉莉花》,六下年级选《邮递马车》、《踏雪寻梅》。通过实践活动使学生加深对这些歌曲的印象,基本能做到背唱这些歌曲;并在此基础上树立学生歌唱的信心,使他们能运用一些歌唱技巧表达歌曲的情感,更重要的是让学生获得了歌唱的愉悦和成功感。

2. 根据歌曲表现要素进行强化训练

教学中还可以根据歌曲的特点进行某方面的强化训练。开学初,教师可以统筹安排整册教材歌曲强化训练的侧重点,即部分歌曲注重音准的强化训练,部分歌曲作为歌词咬字吐字训练,还有的进行强化情感处理等技能训练。例如第十册教材中《小白船》、《童心是小鸟》可以强化音准练习的歌曲,强化咬字吐字练习可以选《天也在召唤》、《小鸟、小鸟》、《铃儿响叮当》等歌曲。《春雨蒙蒙地下》、《小鸟小鸟》可以作为情感表现的强化训练,《迷人的火塘》、《巴塘连北京》可以作为演唱不同民族风格歌曲的强化训练。教材歌曲的教学重点经过整体安排、策划后,使学生的歌唱技巧能在每一节课后有质提升。笔者认为,富有歌唱性的舒展旋律或灵动跳跃的歌曲都是进行个常训练和体验的好材料,并且通过一些辅助性动作能更快解决技能上的一些难点。选择特别适合歌唱表现的歌曲作为重点学唱或训练改变了以往单调乏味的教学方式,使学生体验到歌唱的乐趣。通过强化性的训练,能使学生在有限的课堂教学中充分享受歌唱的快乐,并在唱会歌的基础上有了进一步的突破——唱好歌。

以上所述的三个策略是笔者在多年的小学高段歌唱教学实践中,逐渐积累的经验,通过实践研究,歌唱训练活动变得生动、有趣了,能让学生在浓郁的艺术氛围和良好的人文情境中主动开口唱歌,轻松习得歌唱技能;能让学生用圆润、明亮的声音声情并茂地演唱;丰富学生的情感体验、培养学生的审美情趣,激发学生学习音乐、学习歌唱的兴趣。当然,笔者认为还应把握好歌唱技能训练的"度",小学课堂音乐教学不同于合唱团歌唱技能训练,对训练要求不能过高,如选择练习曲应慎重,一些过于专业的练习曲由于技巧上的难度会让学生望而却步,影响学生学习歌唱的信心和进程;再如对训练要求不能面面俱到,歌唱的基础要求有很多,如果一节课一会儿强调呼吸、吐字,一会儿要求共鸣、情感,会使学生因顾及太多,结果哪一样也做不好。因此,歌唱训练中,应该找到一两个切入点,有侧重地进行训练。

总之,歌唱技能训练是提高学生音乐素养和音乐审美能力的必要前提,教师应充分挖掘学生歌唱的潜能,只有声音越来越美,学生歌唱才会越来越快乐。

浅谈农村小学如何开展美术社团活动

余杭区三墩镇中心小学　　王　颖

一、美术课堂教学与美术社团活动的开展

美术教学是指以美术课程内容为中介的教师"教"和学生"学"相结合或相统一的活动。美术课堂教学与美术社团活动开展是相辅相成的。只有学校都重视美术课堂教学，美术社团活动才能开展得更好。美术社团是课堂教学的补充和延伸，与课堂教学相比更具灵活性、可塑性，学生非常乐意参加。美术社团的成员不应该太多，约20人左右，参加美术社团活动的人员除了自愿以外还要有美术方面特长。活动要固定，而且不能轻易暂停。教师要做到精心计划，精心备课，精心上课，才能保证美术社团活动的深度、广度和力度。

美术社团活动应在充分保障美术课堂的正常教学基础上开展。美术课程标准指出："兴趣是学习美术的基本动力之一。应充分发挥美术教学特有的魅力，使课程内容与不同年龄阶段学生的情感与认知相适应，以活泼多样的课堂内容呈现形式和教学方式，激发学生的学习兴趣，并使这种兴趣转化为持久的情感态度。"美术社团活动的开展是在完成美术课堂教学基础上，使一部分对美术有特殊爱好或有美术方面特长的学生在课余时间组织他们在一定的场所学习美术知识技能，使他们的观察力、想象力、创造力、美术知识技能等方面都得到进一步的提升与发展。

与城市的孩子们相比，农村的孩子们接受美术学习的机会少。在开展社团活动这方面，有的农村小学仍然没有开展；有的农村小学只是开展一些比较简单的书画练习；而有的农村小学则展现出丰富斑斓的美术社团成果。很多方面超过了城市小学。

我曾赴义乌参观了主题为"拉根线条去散步"的义乌市各个地区的美术社团活动作品展。展场上有来自义乌城区小学和农村小学共十几所学校的上千件不同形式的美术作品。较吸引人眼球却是来自农村小学的美术作品。他们的作品形式多样，想法奇异，给人以强烈的震撼力。有利用鸡毛、鸭毛、破旧草席、蚊香、一次性纸杯和破的乒乓球等废旧资源组成的"时尚"服装展；有利用当地特色编织的草帽展、用家乡的竹子做成的"房子"等。作品的构思都很奇特，形式极其新颖，深受欢迎。

由此看来，要开展农村小学美术社团也不是不可能。

二、有效开展农村小学美术社团活动的建议和方法

（一）结合美术课堂教学开展农村小学美术社团活动

美术课堂教学以普及型的常识学习为主，通过生动有趣的内容和方式，让学生初步了解、认识和体验美术的魅力。在此基础上，可以根据学生的能力和意愿，开展提高型的美术社团活动。使学生能够在较全面地掌握相应的基础美术知识技能的同时有所提高。这样一方面学生对自己本身有所了解的知识会比较容易感兴趣，另一方面学生对本身已了解的知识进行再深入地了解、认识、学习，也降低了一定的难度。

（二）结合课程资源的开发利用开展农村小学美术社团活动

开发利用课程资源是美术课程的有机组成部分。美术课程资源按照空间分布的不同，可以分为校内美术课程资源和校外美术课程资源。农村地区课程资源特别是素材性课程资源是丰富多彩的，杭州市西湖区留下镇中心小学对于如何做好新课程资源开发和利用就是一个很好的例子：

留下镇中心小学把西溪文化当作了地方资源，使西溪文化变成了校本课程。希望孩子们成为"西湖"西溪的第二个最深厚的风景。美术教研组长季晓林老师在美术社团活动中用就地可取的材料来做一些美术作品，既方便又有新意。她让学生利用蔬菜瓜果的形和色，用藕、萝卜、南瓜、菜叶、洋葱等变成一辆辆新西溪的观光旅游车。起初，孩子们的设计只图个"漂亮，有吸引力，有西溪的味道"。车子上用足西溪的特产，柿子凳子、藕形轮子，荷叶顶篷。连用色都想到景区不同季节的色彩，春天里设计桃花红，秋天里设计柿子黄，夏天里设计荷叶绿。渐渐地，孩子们开始在观光车的功能上动起脑筋。观光车讲环保，有同学设计了风速车，车上扬起一张"帆"；考虑为孩子和老人服务，和别的车子不同，还有的同学设计的观光车用上了"磁悬浮"；"我要设计一辆水陆空三用的高科技观光车，让游客想在天上看杭州，就上天；想游西溪，就下水"，孩子的想象插上了翅膀……（如图一、图二）

图一　　　　　　　　　　　　　　　　图二

（三）充分挖掘老师及学生等"活"资源，办好农村小学美术社团

1. 充分发挥老师自身的资源

很多农村小学美术老师会觉得在农村要搞好美术社团活动很困难。他们觉得在农村受到很多现实因素的制约，使得美术课外教学资源十分紧缺。其实美术教师自身的思维方式、心理素质、价值观念、教育思想、知识修养、教育教学技术等都是重要的课程资源。美术教师在开展美术社团活动时要想提高教育水平、教学质量，除了不断地学习和吸收、取人之长补己之短外，主要是在教育、教学过程中努力实践、反复探索。教师素质的自我完善是长期累积的过程，要不断地完善自己，只有付出辛勤，才会收获丰硕。

2. 挖掘家长、学生的"活资源"

家长、学生也是不可忽视的课程资源。家长的思想观念在很大程度上影响着孩子的学习状况和学校的教学工作。他们都有一定的生活体验和情绪体验。不同家庭之间又存在着背景和经历的差异，这种差异正是孩子间互相交流、互相学习的联结点。教师如能仔细与家长、学生沟通经验，并加以利用，就能发挥潜在效益为课程资源所用。再次，学生的兴趣也可以成为课程资源。教师要善于把基于学生兴趣之上的信息作为课程资源加以开发和利用，使教学内容更加丰富，贴近学生的兴趣爱好。

（四）与其他课程结合，做活做好农村小学美术社团活动

课程不是孤立的。小学生的学习生活不应由于学科的分设而分割成一个个片段，他们的学习生活应是丰富的。不同的社团活动在不同的社团教学中展现不同的画面。综合地思考每一活动的教育意义，挖掘内在的学科教育元素，让学科教学更贴近学生生活实际，才能实现学生对学科知识的深刻体验。在这里，我仍以留下镇中心小学开展的一些社团活动为例，简单介绍如何结合其他课程做好农村小学美术社团活动。

留下镇中心小学曾举办过题为"同一条河"的一系列同课异构的社团活动。参与的社团有美术、语文、音乐等学科的多个社团。这些社团活动的开展都是在一个整体的大主题下，从多个不同的教育元素来考虑的。在美术学科的社团活动中，将社团中的教学内容与其他学科的社团活动内容相结合，学生把在语文、音乐等学科中学到的知识、技能与美术相结合，进行策划、制作与展示，体会美术与生活环境及传统文化的关系。通过与其他学科的整合，学生们对留下镇的人文资源、自然环境、历史传统等都有了更深刻的了解。这些不同学科的课程，通过同一主题的整合，学生对知识的掌握就比较系统化，在进行综合探索活动过程中，学生们受到了广泛的文化熏陶，培养了兴趣又学到了知识。

（五）加强交流沟通，紧跟时代步伐，开展好农村小学美术社团活动

农村小学美术社团的建设除了开展有自身特色的美术活动外，应紧跟时代的步伐，不断地向城市以及较好的农村兄弟学校借鉴、相互学习。

留下镇中心小学的季老师为了能更好地办好美术社团活动，平时经常与自己学校的美术老师还有兄弟学校的美术老师一起探讨，相互借鉴。她还经常利用周末前往杭州市区、上海等美术教育相对发达的城市"取经"。看各地的美术画展，了解当前最新的美术教育动态，并把自己的所见拍成相片，将它们带回去进行整理、分类。有了平时的积累，季晓林老师就能很好地上好每堂美术课，美术社团的辅导工作也总是有其特殊想法和创意。

农村小学美术社团建设是农村小学美术教育中很重要的一方面。美术教育的一个重要任务，就是要促进学生的智力发展，培养学生的想象力、观察力、创造力，在他们稚小的心灵中埋下美的种子，使他们成为爱美、会美、不仅外表美，而且心灵美，还能创造美的一代新人。在这方面，美术社团大有可为。